OSINT
Auditorías de seguridad
y ciberamenazas

Explorando la inteligencia
de fuentes abiertas

OSINT
Auditorías de seguridad
y ciberamenazas

Explorando la inteligencia
de fuentes abiertas

José Manuel Ortega Candel

La ley prohíbe
fotocopiar este libro

OSINT. Auditorías de seguridad y ciberamenazas
Thema: UR Seguridad informática
Bisac: COM053000
© José Manuel Ortega Candel
© De la edición: Ra-Ma 2025

Editado por:
RA-MA Editorial
Calle Jarama, 3A, Polígono Industrial Igarsa
28860 PARACUELLOS DE JARAMA, Madrid
Teléfono: 91 658 42 80
Fax: 91 662 81 39
Correo electrónico: *info@grupoeditorialrama.com*
Internet: *www.ra-ma.es* y *www.ra-ma.com*
ISBN impreso: 979-13-8776-437-1
ISBN ePub: 979-13-87764-38-8
Depósito legal: M-11108-2025
Maquetación: Antonio García Tomé
Diseño de portada: Antonio García Tomé
Filmación e impresión: Safekat
Impreso en España en junio de 2025

ÍNDICE

INTRODUCCIÓN

En un mundo cada vez más digitalizado, donde la información fluye a una velocidad vertiginosa, la seguridad de los sistemas y datos se ha convertido en una preocupación primordial. Las ciberamenazas evolucionan constantemente, y los atacantes utilizan una amplia gama de técnicas para comprometer sistemas y robar información confidencial. Para hacer frente a esta realidad, es fundamental contar con herramientas y metodologías que permitan detectar y prevenir posibles ataques.

Una de estas herramientas es la Inteligencia de Fuentes Abiertas (OSINT). OSINT implica la recopilación, análisis y evaluación de información disponible públicamente para obtener una visión general de una situación, persona, organización o evento. En el ámbito de la ciberseguridad, OSINT se ha convertido en una herramienta indispensable para identificar vulnerabilidades, detectar amenazas emergentes y comprender el panorama de amenazas.

Este libro te guiará a través del apasionante mundo de las auditorías de seguridad utilizando OSINT. Aprenderás a utilizar diversas técnicas y herramientas para recopilar información de fuentes abiertas, analizarla y convertirla en inteligencia accionable. Desde la búsqueda de información en redes sociales hasta el análisis de código fuente, descubrirás cómo aprovechar al máximo el potencial de OSINT para proteger tus sistemas y datos.

OBJETIVOS

Este libro tiene como objetivo principal equipar a los lectores con las habilidades necesarias para llevar a cabo auditorías de seguridad eficientes utilizando la inteligencia de fuentes abiertas (OSINT). A través de un enfoque teórico-práctico, los lectores adquirirán los conocimientos y las herramientas para:

- Comprender los fundamentos de OSINT: definir y comprender el concepto de OSINT, sus aplicaciones en el ámbito de la ciberseguridad y su importancia en la detección de amenazas.

- Identificar fuentes de información relevantes: aprender a identificar y evaluar las diversas fuentes de información disponibles públicamente, como redes sociales, foros, bases de datos y motores de búsqueda, para obtener datos relevantes para una auditoría de seguridad.

- Desarrollar habilidades de investigación: dominar técnicas de búsqueda avanzada, filtrado y análisis de información para extraer inteligencia valiosa de grandes volúmenes de datos.

- Utilizar herramientas de OSINT: conocer y utilizar las herramientas y plataformas más populares para la recopilación y análisis de información, como Maltego, Shodan, OSINT Framework, entre otras.

- Realizar análisis de riesgos: evaluar la información recopilada para identificar posibles vulnerabilidades, amenazas y riesgos a la seguridad de una organización.

- Generar informes de inteligencia: elaborar informes claros y concisos que presenten los hallazgos de la investigación y recomendaciones para mejorar la seguridad.

A lo largo del libro, se proporcionarán ejemplos prácticos para que los lectores puedan aplicar los conocimientos adquiridos.

1

INTRODUCCIÓN A LA INTELIGENCIA EN FUENTES ABIERTAS (OSINT)

1.1 INTRODUCCIÓN

La inteligencia de fuentes abiertas (OSINT) se refiere a la inteligencia derivada de fuentes de datos disponibles públicamente. En esta publicación se cubren las principales herramientas OSINT a tener en cuenta para un investigador de seguridad. Básicamente, las herramientas OSINT se utilizan en la fase de reconocimiento para recopilar tanta información sobre el objetivo como sea posible. Estas herramientas de inteligencia de código abierto utilizan funciones de inteligencia artificial para extraer datos de la Web sobre todas las coincidencias posibles con el objetivo deseado.

Con las herramientas OSINT, el proceso de reconocimiento se simplifica, lo que permite una optimización de las búsquedas de información sobre nuestro objetivo. El uso de herramientas de inteligencia de código abierto reduce de forma drástica la cantidad de permutaciones y combinaciones que se deben tratar, con respecto a la información recopilada. Esto conduce a una combinación efectiva de los ataques clásicos de ingeniería social en el objetivo, que a su vez se puede utilizar para obtener más información.

OSINT (Open Source INTelligence o Inteligencia de fuentes abiertas) es una forma de gestión de recopilación de inteligencia que implica encontrar, seleccionar y adquirir información de fuentes disponibles públicamente y analizarla para producir inteligencia que nos pueda servir en nuestras investigaciones y procesos de auditoría.

Ha habido opiniones a favor y en contra de los niveles actuales de recopilación de inteligencia de código abierto, sobre todo después de las filtraciones de Snowden. Una de las preguntas que nos podríamos hacer es cómo definir el límite entre la privacidad personal y la seguridad de los gobiernos, empresas y personas en general.

El grado en que se puede recopilar información es grande y el campo es amplio. La velocidad, el volumen y la variedad son suficientes para que OSINT se pueda considerar un problema de "Big Data". Las herramientas para manejar las herramientas que interactúan con los datos como Maltego y Spiderfoot se están convirtiendo en los enfoques más populares hoy en día. Estos enfoques todavía requieren configuración y cierta cantidad de conocimiento para obtener la información.

1.2 PRINCIPALES DEFINICIONES Y CASOS DE USO

Para definir el término OSINT podemos encontrar otras definiciones del término, como son las siguientes:

▸ OSINT consiste en la recopilación de información, para su posterior análisis, de fuentes de acceso público como foros, redes sociales, periódicos. En general, en lo que nos afecta como usuarios, todo aquello que pongamos online de forma pública y a partir de lo cual otros puedan obtener información sobre nosotros y extraer conclusiones.

▸ OSINT es una forma de gestión de recopilación de inteligencia que consiste en buscar, seleccionar y adquirir información de fuentes disponibles públicamente y analizarla para producir inteligencia procesable.

▸ OSINT hace referencia a la inteligencia recopilada a través de fuentes de acceso público. El proceso incluye la búsqueda, selección y adquisición de la información, así como un posterior procesado y análisis de la misma con el fin de obtener conocimiento útil y aplicable en distintos ámbitos.

Dos términos importantes y relacionados con OSINT son los de código abierto y la información disponible de forma pública:

▸ Código abierto se refiere a información expuesta de forma pública sin la expectativa de la privacidad. La información de código abierto puede estar públicamente disponible, pero no toda la información públicamente disponible es de código abierto. Las fuentes abiertas se refieren al medio de información públicamente disponible y no están limitadas a personas físicas. La inteligencia de código abierto es la disciplina de inteligencia que pertenece a la inteligencia producida a partir de información disponible públicamente que se recopila, explota y difunde de manera oportuna a un público apropiado con el fin de abordar un requisito de inteligencia e información específico.

▸ La información disponible de forma pública son datos, hechos, instrucciones u otro material publicado o transmitido para el consumo público general, disponible a petición de un miembro del público en general, visto legalmente o escuchado por cualquier observador casual, o puesto a disposición en una reunión abierta al público general.

La inteligencia de fuentes abiertas es aquella recopilada a partir de fuentes disponibles al público. En la comunidad de inteligencia, el término "abierto" se refiere a las fuentes abiertas, disponibles al público (a diferencia de las fuentes privadas o semiprivadas). De esta forma, se podría definir OSINT como una forma de recolectar información y datos a los que aplicarle una cierta inteligencia lo cual implica encontrar, seleccionar y adquirir información desde fuentes públicas, como buscadores, para poder analizarla y obtener gran cantidad de información acerca de una determinada temática.

En muchos sentidos, la información de código abierto tiene algunos de los mayores valores para la inteligencia debido a la amplia gama de información diversa y confiable disponible para el análisis y la explotación. El rápido desarrollo tecnológico ha cambiado radicalmente el carácter y las formas de búsqueda, análisis, procesamiento y explotación de OSINT. Entre los casos de uso de la utilización de OSINT podemos destacar:

- Conocer la reputación online de un usuario u organización.
- Auditorías de empresas y diferentes organismos con el fin de evaluar el nivel de privacidad y seguridad.
- Evaluar tendencias de mercados.
- Identificación y prevención de posibles amenazas en el ámbito militar o de la seguridad nacional.
- Como aspecto negativo, es utilizado por cibercriminales para planificar y lanzar ataques de amenazas persistentes avanzadas (APT) y Spear Phishing.

1.3 CICLO DE VIDA DE OSINT

El ciclo de vida de OSINT es un proceso iterativo que requiere de habilidades analíticas, conocimientos técnicos y una comprensión profunda de las fuentes de información disponibles. Al seguir este proceso, los investigadores pueden obtener información valiosa para tomar decisiones informadas y resolver problemas complejos... Entre las diferentes fases que podemos encontrar dentro del ciclo de vida de OSINT podemos destacar:

- Identificar el objetivo.
- Identificar las fuentes abiertas potenciales para recoger información.
- Adquirir o extraer los elementos de información en su contexto.
- Analizar y normalizar la información realmente útil.
- Visualizar las dependencias producidas y entender mejor su estructura.
- Calificar y enriquecer los resultados.

Open Source Intelligence es el área encargada del tratamiento de la información, la cual abarca las etapas de toma de requisitos, definir las fuentes de información, adquisición a partir de dichas fuentes, tratamiento, procesamiento de la información la cual es conseguida de fuentes públicas, análisis e inteligencia.

El proceso OSINT se resume en las siguientes fases:

- **Requisitos**: es la fase en la que se establecen todos los requerimientos que se deben cumplir, es decir, aquellas condiciones que deben satisfacerse para conseguir el objetivo.
- **Identificar fuentes de información relevantes:** consiste en especificar, a partir de los requisitos establecidos, las fuentes de interés que serán recopiladas. Hay que tener presente que el volumen de información disponible en Internet es prácticamente inabordable por lo que se deben identificar las fuentes de información relevante con el fin de optimizar el proceso de adquisición. Cualquier fuente expuesta en internet que sea de carácter abierto y gratuito es una fuente OSINT aún más si esta fuente se encuentra indexada por los buscadores.
- **Adquisición**: etapa en la que se obtiene la información a partir de los orígenes obtenidos en la fase anterior de identificación de fuentes.
- **Procesamiento**: consiste en dar formato a toda la información recopilada de manera que posteriormente pueda ser analizada.
- **Análisis**: es la fase en la que se genera inteligencia a partir de los datos recopilados y procesados. El objetivo es relacionar la información de distintos orígenes buscando patrones que permitan llegar a alguna conclusión significativa.
- **Presentación de inteligencia**: consiste en presentar la información obtenida de una manera eficaz, de manera que pueda ser correctamente explotada. Se genera un informe alineado con el objetivo del proyecto.

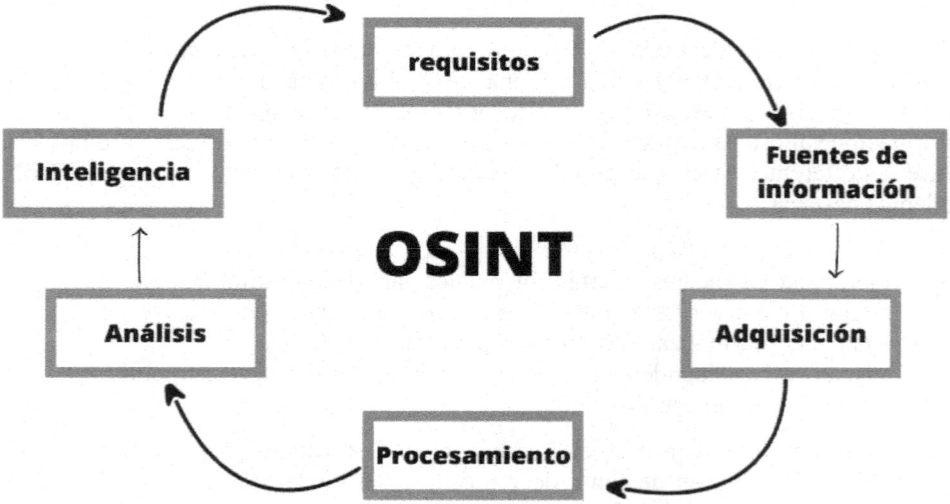

Figura 1.1. Etapas del ciclo de vida de OSINT

1.4 OSINT VS INVESTIGACIÓN

Algunos pueden comentar que dado que OSINT usa información públicamente disponible, no es diferente de una investigación, aunque sí que podemos encontrar diferencias entre sí. Por ejemplo, una diferencia entre una investigación tradicional y la investigación basada en OSINT es que normalmente las relacionadas con OSINT deben completarse dentro de unas limitaciones de tiempo.

A veces, las respuestas a preguntas de investigación basadas en OSINT son simplemente las mejores conjeturas basadas en las evidencias disponibles en ese momento. Esto se debe a que si no se encuentra una respuesta utilizando OSINT lo suficientemente rápido, es posible que la información haya cambiado hasta el punto en que si pasa demasiado tiempo, la información seguramente no nos sea útil.

A diferencia de la investigación tradicional, la inteligencia de fuentes abiertas (OSINT) enfrenta el desafío adicional de que sus objetivos a menudo intentan ocultar la verdad. Esto se debe a que las operaciones de inteligencia, incluso al emplear fuentes abiertas, se realizan con un grado inherente de secretismo. Mantener esta discreción requiere una seguridad operativa y unas habilidades que los investigadores tradicionales quizás no poseen.

1.5 OSINT Y PRIVACIDAD

La metodología de inteligencia de fuentes abiertas es una síntesis de múltiples campos como ciencia de datos, estadística, aprendizaje automático, programación, bases de datos e informática. Tal es la importancia que han adquirido los profesionales en OSINT, que, actualmente, las empresas están vinculando a sus procesos a profesionales que sepan buscar información y tengan conocimiento estadístico y predictivo de altos volúmenes de datos.

Desde el punto de vista de los analistas es una herramienta muy buena para obtener conocimiento a partir de grandes cantidades de datos. Pero desde el punto de vista de la persona u organización analizada puede no serlo tanto. Quizá estemos dando demasiada información sobre nosotros mismos o los datos relacionados puedan llevar a extraer conclusiones que, de algún modo, nos perjudiquen. Eso hace que personas y organizaciones preocupadas por proteger su identidad digital, se pregunten cómo podemos defendernos del OSINT.

La realidad es que no es posible hacerlo totalmente, ya que, por muy cuidadosos que seamos con la información que publicamos, no podemos evitar que sean otros los que suban a la red información sobre nosotros. Por ejemplo, los perfiles ocultos y bots que se pueden crear en redes sociales sobre personas que ni siquiera tienen cuenta en esa red social. No obstante, hay consejos que pueden ser útiles y que consisten en controlar la creación activa de la huella digital y en intentar controlar también la pasiva.

Es importante tener en cuenta que cualquier información que publicamos en Internet o a la que permitimos acceso por parte de terceros, acaba escapando a nuestro control y que por tanto desconocemos el uso que se le va a dar y si puede volverse en nuestra contra. La responsabilidad de la protección de nuestra privacidad, si bien en algunos casos está medianamente cubierta, es fundamental ser conscientes de que debe empezar por nosotros mismos.

La creación activa de la huella digital es aquello que publicamos de forma consciente en Internet. Toda esta información que a veces publicamos y que podemos controlar mediante el uso de:

▶ **Sentido común**: no poner fechas de nacimiento completas en los perfiles de usuario, no anunciar cuándo nos vamos de vacaciones, no incluir datos o fotos de menores de edad, no dejar que éstos usen las redes sociales sin la supervisión de un adulto, comprobar con los motores de búsqueda que no aparezcan más datos sobre nosotros que los deseados.

▶ **Control de acceso a recursos:** utilizar contraseñas fuertes, usar un doble factor de autenticación, utilizar los mecanismos de privacidad proporcionados por la aplicación que estemos usando, y el uso de técnicas criptográficas son algunas de las cosas que pueden ayudarnos a evitar que un tercero tenga acceso a datos o recursos no deseados relacionados con nuestra identidad digital.

▶ **Nivel de detalle de los datos:** consiste en modificar los datos personales para aumentar su ambigüedad y generalizar los mismos en la medida de lo posible con el objetivo de reducir el nivel de detalle del usuario. Por ejemplo, podríamos no tener activada la función de geolocalización en perfiles de redes sociales como twitter o linkedin.

Por otro lado, la creación pasiva de la huella digital es lo que dejamos en Internet sin ser conscientes de ello. Esta huella podemos controlarla mediante la utilización de canales anónimos como los siguientes

▶ **Mix Networks:** consiste en un grupo de nodos interconectados que forman una red en la que cada uno oculta la entrada y salida de información mediante técnicas criptográficas. Las más conocidas son Mixmaster y Mixminion.

▶ **TOR:** red de comunicaciones distribuida que mantiene el anonimato de las IP origen y destino en los nodos intermedios mediante transmisiones cifradas por capas. Generalmente se combina con el uso de Privoxy en el navegador para eliminar elementos de rastreo de navegación, como huella del navegador, cookies, etc.

▶ **I2P:** a diferencia de la red TOR, en vez de utilizar circuitos de nodos intermedios, se utilizan túneles unidireccionales de entrada o de salida, donde el cliente establece un túnel de salida que se comunicará con el túnel de entrada del servidor. Esto aumenta la velocidad y favorece la privacidad.

Existen servicios como el de **Terms of Service Din't Read** https://tosdr.org que catalogan los servicios online en base a diferentes parámetros y los clasifican en varias categorías. El objetivo es evaluar aspectos como mantener el control del copyright, no compartir información de los usuarios con terceros, poder modificar las condiciones de uso del servicio sin necesidad de informar a los usuarios, etc. derivando todo este análisis en una clasificación por categorías de muy buena «Class A» a muy mala «Class E».

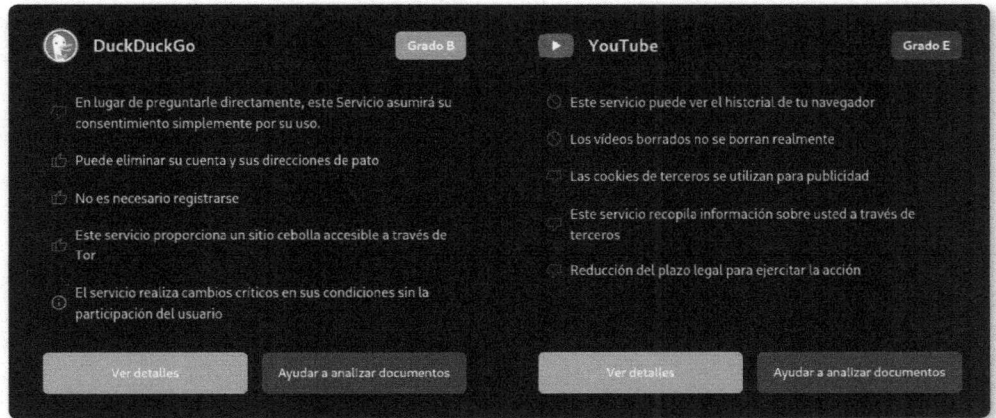

Figura 1.2. Clasificación que realiza Terms of Service Din't Read

Muchas de las técnicas que utilizan estas empresas para obtener la información son vistas como demasiado intrusivas por parte de cada vez más usuarios. La solución que proponen, en ocasiones obligadas por la legislación actual, consiste en notificar a los usuarios de que se va a recopilar determinada información, pudiendo estos últimos aceptar o rechazar las condiciones de uso.

1.6 VENTAJAS Y DESVENTAJAS DE OSINT

La inteligencia recopilada a partir de fuentes de acceso público (OSINT) ha cobrado una especial relevancia en los últimos años, principalmente promovida por la proliferación del uso de Internet y de las redes sociales. Existe una enorme cantidad de información disponible en la red, «Deep Web» incluida, que puede resultar de gran interés en muy diversos campos que abarcan desde la seguridad de la información, la reputación online o la identificación y gestión de posibles riesgos a la seguridad nacional.

Otro aspecto significativo, es la aparición en el mercado laboral de la figura del analista de ciberinteligencia, el cual es el encargado de implementar y gestionar los sistemas OSINT. Todo esto ha provocado que diferentes países destinen cada vez más recursos a implementar estos sistemas, creando incluso organismos como Open Source

Center (OSC) en Estados Unidos o asociaciones como Eurosint en Bélgica, encargadas de analizar los datos públicos con el fin de identificar y prevenir amenazas.

La inteligencia sobre fuentes abiertas tiene también la ventaja que se puede usar para "respaldar" y confirmar la credibilidad y confiabilidad de la información derivada de otras fuentes de información clasificada sin tener que revelar esas fuentes clasificadas. Entre las principales ventajas que aporta el uso de OSINT podemos destacar:

▶ Prevenir y detectar de manera temprana posibles ataques a empresas, organizaciones en general y personas.

▶ Análisis de robos y fugas de información, y lucha contra el fraude online.

▶ Investigación de personas, organizaciones, objetivos, eventos, etc.

▶ Monitorización y análisis de influencias de lo que se habla en redes sociales, foros, canales IRC, chats y blogs.

▶ Análisis de relaciones entre personas, empresas, países, asociaciones y demás organizaciones.

▶ Apoyo en la resolución de problemas relacionados con la justicia, servicios de inteligencia, etc.

OSINT ofrece otras ventajas como cualquier otra forma de inteligencia, entre las que podemos destacar:

▶ **Legal**: en su mayor parte las actividades de OSINT son legales, al menos en la mayoría de los países occidentales.

▶ **Capaz de automatizar muchas de las tareas**: mediante el uso de las herramientas adecuadas, algunas actividades de recolección de OSINT pueden ser automatizadas.

▶ **Eficaz para proporcionar respuestas rápidamente**: las herramientas y técnicas OSINT permiten recopilar información las 24 horas del día, los 365 días del año.

A la hora de utilizar herramientas OSINT se pueden identificar los siguientes problemas:

▶ **Demasiada información:** como ya se ha puesto de manifiesto, la cantidad de información pública disponible en Internet es más que notable. Es por ello, que se debe realizar un proceso muy exhaustivo a la hora de identificar y seleccionar las fuentes de información de interés que van a ser recopiladas, y que posteriormente servirán para la generación de inteligencia. El hecho de utilizar un catálogo extenso de fuentes conlleva obviamente un mayor gasto de tiempo y recursos a la hora de implementar el sistema.

▼ **Fiabilidad de las fuentes**: es importante valorar previamente las fuentes que van a nutrir el sistema de información ya que una selección errónea de las mismas puede provocar resultados erróneos y desinformación.

▼ **Posibilidades de desinformación o engaño**: por ejemplo, si los medios de comunicación están destacando un evento determinado o una situación, no significa automáticamente que sea cierto. Es un fenómeno de política global que las organizaciones y agencias gubernamentales estén utilizando los medios de comunicación para canalizar y presentar su propia versión de la verdad, tratando de influenciar o desinformar al público.

1.7 FUENTES PÚBLICAS OSINT

Una de las mayores ventajas que tenemos es la variedad de fuentes a partir de las cuales un analista puede buscar información. Entre la lista de fuentes podemos destacar las siguientes categorías:

▼ **Academias**: material didáctico, conferencias, presentaciones, trabajos de investigación y estudios tanto impresos como en papel en una variedad de temas, tales como, economía, geografía, relaciones internacionales, seguridad regional, ciencia, tecnología, etc.

▼ **Escuela y universidades:** son una buena fuente de información. Muchas universidades en todo el mundo sirven como "centros de excelencia" en diversas áreas de interés de los analistas de inteligencia. Algunas universidades publican repositorios en abierto donde comparten trabajos fin de grado, tesis doctorales y otros documentos relacionados con la actividad académica.

▼ **Gobiernos y agencias de inteligencia:** bases de datos, información publicada e informes impresos sobre una amplia variedad de cuestiones económicas, ambientales, geográficas, humanitarias, de seguridad, científicas y tecnológicas.

▼ **Empresas privadas:** mantienen una gran cantidad de información: bases de datos, información publicada e informes impresos sobre una amplia variedad de cuestiones económicas, ambientales, geográficas, humanitarias, científicas y tecnológicas. La mayoría de esta información no está publicada pero está disponible si se solicita.

▼ **Investigadores privados e intermediarios de la información:** dedican su tiempo y sus carreras a desarrollar experiencia "especial" en ciertas áreas y métodos de investigación que pueden ser particularmente útiles para un analista de inteligencia.

▼ **Fuentes de medios tradicionales:** durante muchos años fueron las únicas fuentes de inteligencia abierta, esta categoría incluye periódicos, revistas, medios de difusión, radio y televisión.

▶ **Wikis**: los wikis se utilizan para crear sitios web colaborativos y para potenciar los sitios web de las comunidades. Tal vez la wiki más conocida es la enciclopedia en línea Wikipedia, sin embargo, hay muchos tipos de wikis, algunos con un enfoque muy específico. Los wikis pueden ser una fuente valiosa cuando se trata de un tema o problema sobre el cual el recopilador de información tiene información limitada. La mayoría de los wikis incluyen referencias externas a los materiales que ayudan en el proceso de corroboración. Desde una perspectiva de inteligencia, la wiki puede proporcionar el conocimiento de la materia en un problema, así como la dirección a más información.

▶ **Fuentes RSS (Really Simple Syndication):** es una familia de formatos de fuentes web que se utiliza para publicar contenido actualizado, que incluye, entre otros, entradas de blog, titulares de noticias y podcasts. Un documento RSS contiene un resumen del contenido de un sitio web asociado o el texto completo. Desde una perspectiva de fuentes abiertas, el valor de los canales RSS, cuando están disponibles en un sitio web, es que cualquier información nueva o cambios en el contenido se envían a los usuarios suscritos sin la necesidad de verificar cada sitio.

1.8 OSINT EN LA WEB PROFUNDA O DEEP WEB

La deep web se puede considerar como el mayor repositorio de información al que los motores de búsqueda convencionales no tienen acceso directo. A diferencia de las páginas en la web visible a la que pueden acceder los motores de búsqueda, la información en la web profunda generalmente es inaccesible por los robots y crawlers que almacenan las páginas que van visitando y crean los índices de motores de búsqueda, obteniendo de esta forma una especie de caché de búsqueda.

La web profunda no utiliza técnicas de búsqueda estándar. La forma más efectiva de buscar en la web profunda es utilizar las herramientas de búsqueda que están diseñadas para explorar bases de datos específicas. Las estimaciones dicen que la web profunda contiene 500 veces más de contenido que se encuentra en la web visible. Hay 4 tipos principales de contenido que constituyen la web profunda:

▶ **Bases de datos sólo accesibles a través de redes ocultas:** la información almacenada en las bases de datos sólo es accesible cuando se está conectado a redes específicas como la red TOR.

▶ **Documentos clasificados**: esta categoría incluye archivos multimedia, archivos de gráficos, software y documentos en formatos como Portable Document Format (PDF).

▶ **Contenido disponible en sitios protegidos con contraseñas u otras restricciones:** los motores de búsqueda no identificarán el contenido de los sitios web protegidos por algún grado de acceso a través de una protección de contraseña o una red privada virtual (VPN).

⊳ **Páginas excluidas por sus propietarios:** un propietario de una página web que no le interese que su página sea indexada en los motores de búsqueda puede insertar metaetiquetas especiales que harán que la mayoría de los motores de búsqueda no indexen ni rastreen la página.

1.9 OSINT COMO DISCIPLINA DE INTELIGENCIA

La fuente de la información, el tipo de información y los medios de recopilación distinguen a OSINT de otras disciplinas de inteligencia. Las fuentes abiertas transmiten, publican o distribuyen información no clasificada para uso público. Los métodos y técnicas para recopilar información disponible públicamente de fuentes abiertas no son invasivas. Otras disciplinas de inteligencia utilizan fuentes confidenciales o técnicas intrusivas para recopilar información privada.

⊳ **Fuente confidencial:** es cualquier persona, grupo o sistema que proporciona información con la expectativa de que la información, la relación o ambos estén protegidos contra la divulgación pública.

⊳ **Información privada**: son datos, hechos, instrucciones u otro material destinado o restringido a una persona, grupo u organización en particular. Por ejemplo, la información clasificada requiere protección contra la divulgación no autorizada y está marcada para indicar su estado de clasificación cuando está en forma documental o legible.

El proceso de recopilación de inteligencia tiene el objetivo de producir información actual y relevante que sea valiosa para un atacante o un competidor. Los nuevos tipos de amenazas requieren una recopilación continua, procesamiento e intercambio de información entre las organizaciones de inteligencia para lograr la detección y gestión más rápida de estas amenazas (al tiempo que se reducen los costos de adquisición y gestión de la información necesaria). De esta forma, los servicios de inteligencia se trasladaron a un modelo de colección de todas las fuentes, y también reformaron su estructura para adaptarse a este modelo.

OSINT se puede considerar la única disciplina de inteligencia que combina la mayoría de los requisitos anteriores. Aunque las fuentes abiertas se usaban con frecuencia en el proceso de inteligencia, su valor se consideraba secundario. La adquisición sistemática de información no clasificada rara vez se consideraba una prioridad de inteligencia. En estos últimos años las cosas han cambiado, la importancia de OSINT es ampliamente reconocida. Podemos decir que las razones principales que destacaron la importancia de OSINT como disciplina de inteligencia son las siguientes:

⊳ Los servicios de información y las agencias de inteligencia tienen que hacer frente a la creciente necesidad de mayor afluencia a nivel recopilación, procesamiento y análisis de información, lo que a su vez ha fomentado una creciente apreciación del valor y la utilidad de OSINT.

▶ La evolución de Internet y el surgimiento de la web colaborativa han alertado a los analistas de seguridad sobre el potencial de nuevas herramientas y tecnologías para recopilar, analizar y distribuir conocimiento.

1.9.1 EL PROCESO DE INTELIGENCIA

La inteligencia es el producto resultante de la recopilación, procesamiento, integración, evaluación, análisis e interpretación de la información disponible sobre naciones extranjeras (su política, sus ideas políticas y tesis, etc.), naciones, fuerzas o elementos hostiles o potencialmente hostiles, o áreas de intereses reales o potenciales.

El objetivo de la inteligencia es brindarle a las organizaciones y a su personal una respuesta a tiempo, relevante, precisa, predictiva y adaptada a una pregunta específica u otros aspectos de interés. La inteligencia apoya la planificación, preparación, evaluación y ejecución de operaciones.

El proceso de asignación de tareas, recopilación, procesamiento, análisis y difusión de la inteligencia se denomina ciclo de inteligencia. El término "proceso de inteligencia" se refiere a los pasos o etapas en la inteligencia, desde los responsables de las políticas que perciben una necesidad de información, hasta la entrega de un producto de inteligencia analítica por parte de la comunidad. El análisis puede comenzar a partir de una revisión y evaluación de las fuentes abiertas relevantes, a lo que se agregaría "el conocimiento especial que no se puede obtener sin utilizar fuentes y métodos de inteligencia".

La mayoría del análisis de inteligencia es de naturaleza predictiva y sigue un patrón simple: describe lo que se conoce, para resaltar las interrelaciones que forman la base del juicio, y ofrece un pronóstico. Por supuesto, las estimaciones precisas dependen al menos tanto del modelo mental utilizado por el analista como de la precisión e integridad de la información en sí misma.

1.9.2 DISCIPLINAS DE INTELIGENCIA

Las fuentes de inteligencia tradicionales se diferencian unas de otras en función de dónde se recopilan los datos. Podemos diferenciar ocho disciplinas básicas de inteligencia:

▶ **USERINT (User intelligence):** es la recopilación y el análisis de información sobre un usuario con servicios de Internet. La idea de esta disciplina es recopilar información sobre un usuario con diferentes herramientas y técnicas para encontrar y analizar lo que recopilamos y de esta forma hacer un perfil del usuario.

▶ **Human Intelligence (HUMINT):** es la recopilación de información por parte de un humano. Utiliza fuentes humanas y una variedad de métodos de recopilación, pasivos y activos. La inteligencia de origen humano es la forma más antigua de recopilación de inteligencia. Un ejemplo es la información obtenida de las interacciones con individuos a través de foros en línea restringidos o sólo para miembros. Las actividades HUMINT son también de aplicación en el campo empresarial, ya sea a la hora de entrevistar un posible candidato a un puesto de trabajo, en las entrevistas de seguridad para detectar posibles insiders dentro de la organización o a la hora de llevar a cabo reuniones de negociación.

▼ **Geospatial Intelligence (GEOINT):** incluye la explotación y el análisis de imágenes e información geoespacial para describir, evaluar y representar visualmente las características físicas y las actividades geográficamente referenciadas en la Tierra. La inteligencia geoespacial se recopila a partir de datos geoespaciales, que incluyen imágenes satelitales y de reconocimiento, mapas, datos de GPS y otras fuentes de datos relacionadas con las ubicaciones.

▼ **Imagery Intelligence (IMINT):** se deriva de la explotación de imágenes recogidas por sensores de infrarrojos, láser, sensores multiespectrales y radar. La inteligencia de las imágenes se recopila a partir de representaciones visuales, incluida la fotografía y el radar. IMINT no suele ser una fuente de inteligencia de amenaza cibernética.

▼ **Measurement and Signature Intelligence (MASINT):** los sistemas de recolección MASINT incluyen, entre otros, sensores de radar, electro-ópticos, acústicos, de radiofrecuencia, de detección nuclear y sísmicos. La inteligencia de medición y de firma se obtiene a partir de medios técnicos, excluyendo señales e imágenes.

▼ **Open Source Intelligence (OSINT):** se produce a partir de información públicamente disponible recopilada, explotada y diseminada de manera oportuna a un público apropiado para abordar un requisito de inteligencia específico. La inteligencia de fuentes abiertas se obtiene de fuentes disponibles públicamente, incluidas noticias, redes sociales y bases de datos comerciales, así como una variedad de otras fuentes no clasificadas. Los informes publicados sobre amenazas de ciberseguridad son un tipo de OSINT. También se puede aplicar técnicas OSINT sobre direcciones IP o nombres de dominio que son públicamente accesibles; por ejemplo, una consulta WHOIS que detalla quién registró un dominio malicioso.

▼ **Signals Intelligence (SIGINT):** se produce explotando los sistemas de comunicaciones extranjeros y los emisores que no son de comunicaciones. La inteligencia de señales incluye la inteligencia derivada de la interceptación de señales, incluida la inteligencia de comunicaciones (COMINT), la inteligencia electrónica (ELINT) y la inteligencia de señales de instrumentación extranjera (FISINT). La mayor parte de la recopilación de inteligencia técnica corresponde a SIGINT, porque, después de todo, las computadoras funcionan con señales electrónicas, por lo que cualquier elemento derivado de una computadora u otro dispositivo de red podría considerarse SIGINT.

▼ **Communications Intelligence (COMINT):** es una subcategoría de inteligencia de señales que se ocupa de tratar mensajes o información de voz derivada de la interceptación de las comunicaciones.

▶ **Electronic Intelligence (ELINT):** se refiere a la recopilación de inteligencia mediante el uso de sensores electrónicos. Su enfoque principal radica en la inteligencia de las señales que no son de comunicaciones. Los datos ELINT generalmente son altamente clasificados y están protegidos como tales.

▶ **Foreign Instrumentation Signals Intelligence (FISINT):** es una subcategoría de SIGINT, que supervisa principalmente la comunicación no humana. Las señales de instrumentación extranjeras incluyen telemetría (TELINT), sistemas de seguimiento y enlaces de datos de vídeo.

▶ **Technical Intelligence (TECHINT):** se deriva de la recopilación y análisis de amenazas y equipos militares extranjeros y material asociado con el fin de prevenir sorpresas tecnológicas, evaluar capacidades científicas y técnicas extranjeras, y desarrollar contramedidas diseñadas para neutralizar las ventajas tecnológicas de un adversario.

En este punto, podríamos mencionar otras disciplinas de inteligencia que surgieron a lo largo de los años, como la inteligencia cibernética (**CYBINT**) y la inteligencia financiera (**FININT**), pero la mayoría de estos términos ya están cubiertos en los anteriores.

1.9.3 INCIDENTES E INVESTIGACIONES

Este es uno de los conjuntos de datos más completos utilizados en inteligencia de amenazas donde los investigadores pueden identificar múltiples aspectos de la amenaza, incluidas las herramientas y técnicas que se utilizan.

Por ejemplo, los honeypots son dispositivos que están configurados para emular máquinas o redes y recopilar información sobre las interacciones con estos dispositivos. La información de un honeypot puede ser útil siempre que conozca el tipo de honeypots de los que proviene, qué estaban monitoreando y la naturaleza de las interacciones.

1.9.4 MÉTODOS DE RECOLECCIÓN DE INFORMACIÓN

Es importante comprender si la información se recopila principalmente a partir de incidentes o investigaciones, o si se recopila de un sistema de recolección automatizado, como un honeypot o un sensor de red. Aunque conocer los detalles exactos de la colección no es imprescindible, es preferible tener una comprensión básica de dónde provienen los datos sin comprometer los recursos de la colección, aunque en ocasiones se prefiere mantener la confidencialidad de las fuentes. Cuantos más detalles se tengan sobre la forma en que se recopiló la información, mejor será su análisis.

Es en la fase de reconocimiento donde el investigador obtiene la mayor cantidad de información posible sobre su objetivo. Para ello, podemos usar diferentes métodos de recolección de información que podemos categorizar como activos o pasivos.

▼ Los métodos **activos** requieren interactuar directamente con el objetivo. Una recolección activa de inteligencia podría ser un escaneo de puertos de un sistema.

▼ Los métodos **pasivos** se basan en la recopilación de información sin interactuar directamente con el objetivo, normalmente mediante la recopilación de información de un servicio de información de terceros, como dns o whois o la recolección de información sobre una organización a partir de sitios en redes sociales como linkedIn, donde las personas suelen compartir información relacionada con la compañía ya sea de forma directa o indirecta.

1.10 CONCLUSIONES

Este capítulo ha establecido las bases a nivel teórico de la Inteligencia en Fuentes Abiertas (OSINT) como una disciplina que permite la recopilación de información valiosa a partir de datos accesibles de forma pública. Hemos explorado su amplio abanico de aplicaciones, desde la ciberseguridad y la investigación periodística hasta la inteligencia de negocios y la gestión de riesgos, demostrando su versatilidad y relevancia en el mundo actual. La comprensión del ciclo de vida de OSINT proporciona un marco estructurado para llevar a cabo investigaciones efectivas, asegurando que la información se recolecta, procese y analice de manera sistemática para generar inteligencia útil.

Finalmente, hemos situado a OSINT como una disciplina fundamental dentro del proceso de inteligencia, resaltando su interacción con otras formas de inteligencia y su aplicación en la resolución de incidentes y la conducción de investigaciones. La diversidad de métodos de recolección de información disponibles para los profesionales de OSINT subraya la necesidad de un enfoque estratégico y adaptativo. En los capítulos siguientes, profundizaremos en las herramientas y técnicas específicas que permiten a los profesionales de OSINT explotar de forma eficaz este gran océano de información.

HERRAMIENTAS OSINT

2.1 INTRODUCCIÓN

Herramientas que se suelen utilizar para recopilar, analizar y procesar fuentes OSINT existen muchas, desde el tradicional hacking con buscadores, el uso de buscadores especializados como Shodan para buscar servidores o namechk y similares para localizar nombres de usuarios, herramientas de recolección de metadatos como exiftool, servicios para extraer información de dominios, así como herramientas destacadas para recoger todo tipo de información sobre un determinado dominio como Maltego o SpiderFoot.

En este capítulo, analizamos las herramientas más destacadas dependiendo de la información que nos interese recolectar.

2.2 HACKING CON BUSCADORES

Los principales buscadores permiten consultar toda la información que indexan. Así mismo, permiten especificar parámetros concretos de manera que se pueden realizar búsquedas con mucha mayor precisión que la que utilizan los usuarios habitualmente. Dependiendo del buscador que estemos utilizando, podemos recurrir a cadenas de búsqueda específicas que son comunes en la mayoría de los buscadores. Por ejemplo, si buscamos usuarios de Linkedin para una determinada organización, podemos utilizar la siguiente cadena de búsqueda:

```
site: linkedin.com intitle: "| Linkedin" "company"
```

Muchos buscadores disponen también de APIs para realizar búsquedas. Las API normalmente requieren de un token para realizar las consultas, en ocasiones gratuito y en otras hay un coste por cada petición que se realice a la API.

2.2.1 GOOGLE CSE (GOOGLE CUSTOM SEARCH ENGINE)

CSE son las siglas de "Custom Search Engine" o "motor de búsqueda personalizado" y permite que se puedan crear un conjunto de datos y sitios previamente filtrados para obtener mejores resultados de búsqueda en el motor de Google.

La API de búsqueda personalizada de Google permite a los desarrolladores configurar un motor de búsqueda personalizado (CSE) que se utiliza para buscar sobre un conjunto específico de dominios definidos y luego acceder a los resultados en diferentes formatos. Una vez tengamos configurado nuestro CSE, podemos obtener fácilmente los resultados. La dirección para realizar las búsquedas personalizadas en google es https://cse.google.com.

Figura 2.1. Funciones de búsqueda de Google CSE

Al crear nuestro motor de búsqueda personalizado, se genera una URL pública sobre la cual podemos realizar nuestras búsquedas utilizando la configuración definida.

2.2.2 GOOGLE HACKING DATABASE

Google Hacking DataBase (GHDB) https://www.exploit-db.com/google-hacking-database es un proyecto que surgió hace algunos años donde la gente comparte sus dorks personalizados, nombre que se le da a las búsquedas avanzadas que hacen uso de operadores para conseguir cierta información. En el caso del buscador de Google los principales son los siguientes:

▶ **site**: permite definir una búsqueda que muestre los resultados de un sitio en concreto. La siguiente consulta mostrará resultados dentro del dominio indicado.

```
site: dominio.es
```

▶ **intitle**: buscará la cadena que le sea pasada como parámetro, pudiendo estar sólo parte de dicha cadena en el título. La siguiente consulta permitirá buscar servidores que tengan que ofrecer un listado de archivos mediante un index of.

```
intitle:"index of /"
```

▶ **allintitle**: similar al anterior pero indicando de forma expresa y obligatoria que toda la cadena que sea definida tiene que aparecer en el título. La siguiente consulta buscará todos los resultados que coincidan exactamente.

```
allintitle:"index of /admin/"
```

▶ **inurl**: permite buscar una determinada cadena dentro de la URL.

▶ **allinurl**: similar al anterior, con la diferencia que todo debe aparecer obligatoriamente en la URL. La siguiente consulta devolverá aquellos servidores que muy posiblemente sean vulnerables a un SQL injection.

```
allinurl:"and+1=0+union+select+1"
```

▶ **intext**: permite hacer una búsqueda de la cadena en el texto de los resultados. La siguiente consulta nos podría mostrar cuentas de correos de Google con su usuario/email y contraseña.

```
intext:"@gmail.com password=''
```

▶ **allintext**: permitirá buscar los resultados que solo contengan de forma exacta lo que hemos buscado. Este comando nos permite buscar cuentas de google.es.

```
allintext:"@google.es:pass"
```

▶ **cache**: permitirá ver una página en la caché de Google, por lo que no será necesario conectarse a la página real. Esto es muy práctico en la fase de fingerprinting en un test de intrusión. Esto mostraría la página de un determinado dominio que tiene Google en caché.

```
http://webcache.googleusercontent.com/search?q=cache:domain
```

▶ **info**: proporcionará cierta información acerca de un dominio. La siguiente consulta solicitará si queremos mostrar la página en caché, si queremos ver webs similares, si queremos ver aquellas páginas que tengan un enlace a python.org, si queremos buscar las diferentes páginas de python.org o si queremos buscar las web donde aparezca python.org.

```
info:python.org
```

▶ **link**: permite buscar las páginas que tienen un determinado link.

- ◤ **ext**: permite buscar la cadena introducida como extensión del archivo. La siguiente consulta nos permitirá hacer búsquedas donde los resultados sean archivos php.

```
ext:php
```

- ◤ **filetype**: Google permite realizar búsqueda por tipo de archivo. La siguiente búsqueda obtendrá aquellos servidores que exponen el archivo **robots.txt**, que es un archivo utilizado por los servidores web para informar a los motores de búsqueda sobre los directorios o archivos que deben indexar y sobre lo que no se les permite examinar. Desde el punto de vista de un atacante, nos podría revelar si hay un directorio en el servidor que es accesible pero oculto de forma pública.

```
filetype:txt inurl:robots
```

A continuación, se muestran algunos ejemplos específicos:

- ◤ **Obtener servidores vulnerables**. Es importante especificar que el resultado depende de lo que se desee buscar, ya sea una vulnerabilidad o configuraciones por defecto. En este caso se muestra cómo sería posible obtener las configuraciones de un servidor para capturar las credenciales de acceso vía web y ftp.

```
filetype:config inurl:web.config inurl:ftp
```

- ◤ Index of de sitios gubernamentales:

```
(site:gob.* || site:gov.*) intitle:"index of /" intext:"Last modified Size
Description"
```

- ◤ Servidores ftp gubernamentales:

```
(site:gob.* || site:gov.*) inurl:"ftp://ftp" site:ftp.*
intext:warning intext:/var/www/ ext:php (site:gob.* || site:gov.*)
```

- ◤ **Localizar documentos confidenciales**. Para localizar documentos de carácter confidencial, lo que se podría hacer es filtrar la búsqueda únicamente a un dominio específico y buscar de diversas formas la palabra 'confidencial' o 'confidential'. Algunos ejemplos podrían ser los aquellos en donde se buscan documentos que no sean públicos, documentos que sean algún tipo de reporte y datos confidenciales referentes a contabilidad y datos bancarios. La siguiente consulta nos permite buscar archivos con extensión .xls que contengan la palabra password.

```
site:gob.* filetype:xls password
```

- ◤ Archivos confidenciales de sitios gubernamentales:

```
(site:gob.* || site:gov.*) && (intitle:confidential || intitle:confidencial)
ext:pdf
```

```
(site:gob.* || site:gov.*) intext:"confidential reports" ext:pdf
```

- ◤ Podríamos buscar archivos con la ruta **/etc/passwd** públicos en sitios gubernamentales que potencialmente podrían permitir acceso al servidor.

```
inurl:"/etc/passwd" ext:php (site:gob.* || site:gov.*)
intext:root:x:0:0:root:/root:/bin/bash ext:php (site:gob.* || site:gov.*)
```

▶ **Localizar servidores vulnerables a SQL Injection**. Con el objetivo de localizar vulnerabilidades web, se podría por ejemplo buscar por un error muy típico de MySQL que es "Warning: mysql_fetch_array", indicando que hay un error en la consulta que está realizando la aplicación web a la base de datos y que muy posiblemente sea susceptible a un SQL Injection. Para buscar servidores vulnerables podríamos realizar las siguientes consultas:

```
intext:"warning mysql_fetch_array" inurl:.php?*= ext:php

site:<dominio> intext:"sql syntax near" | intext:"syntax error has occurred"
| intext:"incorrect syntax near" | intext:"unexpected end of SQL command"
| intext:"Warning: mysql_connect()" | intext:"Warning: mysql_query()" |
intext:"Warning: pg_connect()"
```

▶ Las siguientes consultas nos permiten obtener servidores que tengan expuesto algún tipo de fichero en función de la extensión.

```
site:<dominio> ext:xml | ext:conf | ext:cnf | ext:reg | ext:inf | ext:rdp |
ext:cfg | ext:txt | ext:ora | ext:ini

site:<dominio> ext:doc | ext:docx | ext:odt | ext:pdf | ext:rtf | ext:sxw |
ext:psw | ext:ppt | ext:pptx | ext:pps | ext:csv

site:<dominio> ext:bkf | ext:bkp | ext:bak | ext:old | ext:backup
```

La base de datos de Hacking de Google localizada en el dominio de exploit-db https://www.exploit-db.com/google-hacking-database le permite buscar consultas que estén predefinidas.

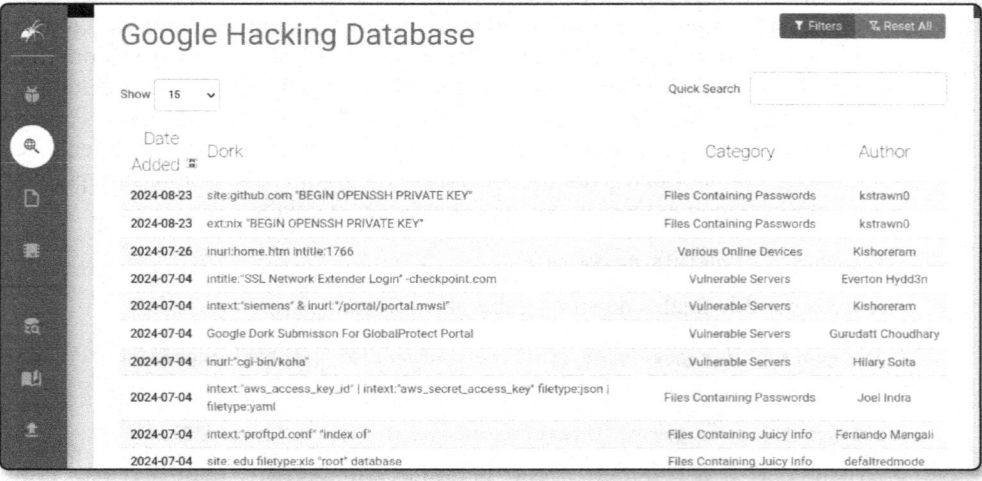

Figura 2.2. Ejemplos de cadenas búsqueda de Google Hacking DataBase

Por ejemplo, el siguiente dork proporciona información sobre servidores ssh que tengan expuesta información crítica sobre el acceso a los mismos.

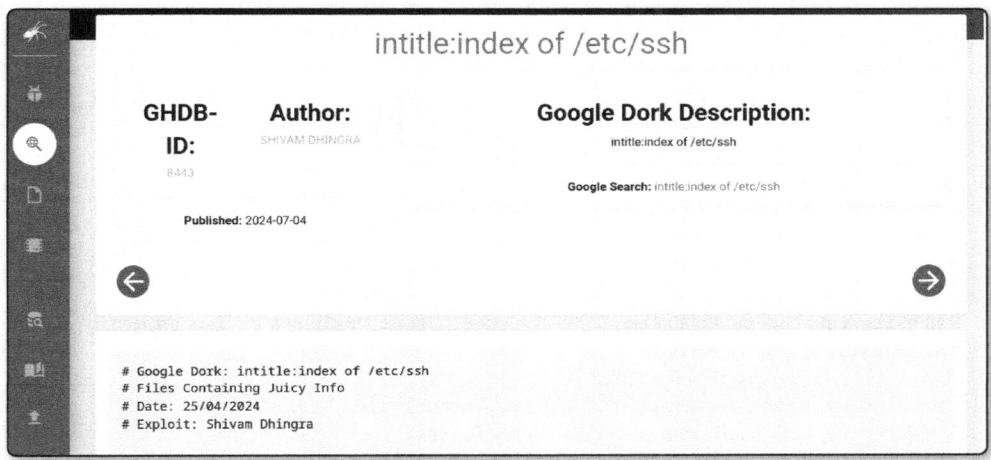

Figura 2.3. Dork para obtener servidores ssh que tengan información expuesta

2.2.3 GOOGLE DORKING AUTOMÁTICO

En Github podemos encontrar proyectos como el de https://github.com/opsdisk/pagodo. El objetivo de este proyecto es desarrollar un script de Google dorking pasivo para recopilar páginas web y aplicaciones potencialmente vulnerables. El script **pagodo. py** lee el fichero de google_dorks.txt para comenzar a recopilar aplicaciones y sitios web potencialmente vulnerables. Estas son las categorías de dorks que tiene para probar:

```
categories = {
    1: "Footholds",
    2: "File Containing Usernames",
    3: "Sensitives Directories",
    4: "Web Server Detection",
    5: "Vulnerable Files",
    6: "Vulnerable Servers",
    7: "Error Messages",
    8: "File Containing Juicy Info",
    9: "File Containing Passwords",
    10: "Sensitive Online Shopping Info",
    11: "Network or Vulnerability Data",
    12: "Pages Containing Login Portals",
    13: "Various Online devices",
    14: "Advisories and Vulnerabilities",
}
```

Estos son algunos de los dorks con los que prueba. La lista completa de dorks se puede encontrar en https://github.com/opsdisk/pagodo/tree/master/dorks.

```
inurl:cart.php?m=features&id=
"Bu Site Ticimax E-Ticaret yazılımı ile hazırlanmıştır."
Powered by: Arab Portal inurl:mod.php?mod=html
Powered by NKINFOWEB VSp © 2009
Powered by: PHPDirector 0.30 or nurl:videos.php?id=
"Powered by RedCat" inurl:index.php?contentId=
powered by x7 chat 1.3.6b
intext:Powered by Infront
Powered by Info Fisier.
Powered by WHMCompleteSolution - or inurl:WHMCS
inurl:"product_desc.php?id=" Powered by Zeeways.com
"Website powered by Subdreamer CMS & Sequel Theme Designed by indiqo.media"
"Desenvolvido por WeBProdZ"
inurl:"inurl:file.php?recordID="
"Powered by myBusinessAdmin and Red Cow Technologies, Inc."
"Powered by cityadmin and Red Cow Technologies, Inc."
"Powered by RealAdmin and Red Cow Technologies, Inc."
mod.php?mod=publisher&op=printarticle&artid=
```

La herramienta utiliza **Python** como lenguaje de programación y la base de datos de **exploit-db** para los tipos de dorks que haya especificado y podrá ejecutar estos dorks contra un dominio que desee investigar.

```
$ python pagodo.py -d <dominio> -g <fichero_dorks>
$ python pagodo.py -d www.python.org -g dorks/all_google_dorks.txt
2025-01-05 18:33:29,687 [MainThread  ] [INFO] Initiation timestamp: 2025-01-
05T18:33:29.687189
2025-01-05 18:33:29,687 [MainThread  ] [INFO] Search ( 1 / 7536 ) for Google
dork [ site:www.python.org intitle:"Ganglia" "Cluster Report for" ] using
User-Agent 'Mozilla/5.0 (iPod; U; CPU iPhone OS 4_2_1 like Mac OS X; he-
il) AppleWebKit/533.17.9 (KHTML, like Gecko) Version/5.0.2 Mobile/8C148
Safari/6533.18.5' through proxy ''
2025-01-05 18:33:29,687 [MainThread  ] [INFO] Requesting URL: https://www.
google.com/
2025-01-05 18:33:29,866 [MainThread  ] [INFO] Stats: start=0, num=100, total_
valid_links_found=0 / max_search_result_urls_to_return=100
2025-01-05 18:33:29,867 [MainThread  ] [INFO] Requesting URL: https://www.
google.com/search?hl=en&lr=lang_en&q=site%3Awww.python.org+intitle%3A%22Ganglia
%22+%22Cluster+Report+for%22&num=100&btnG=Google+Search&tbs=li:1&safe=off&cr=&fi
lter=0
2025-01-05 18:33:30,214 [MainThread  ] [INFO] No valid search results found on
this page.  Moving on...
2025-01-05 18:33:30,214 [MainThread  ] [INFO] Results: 0 URLs found for Google
dork: intitle:"Ganglia" "Cluster Report for"
2025-01-05 18:33:30,214 [MainThread  ] [INFO] Sleeping 59.4 seconds before
executing the next dork search...
```

2.2.4 DORKTEM

DorkTerm   https://yogsec.github.io/DorkTerm/   permite   automatizar   el   proceso de creación y ejecución de estas consultas, lo que permite a los usuarios identificar rápidamente posibles problemas de seguridad, como páginas de inicio de sesión expuestas, archivos confidenciales y vulnerabilidades de software. Estas son las búsquedas especializadas que la herramienta puede ejecutar automáticamente para encontrar información potencialmente vulnerable en sitios web:

▶ **site: example.com inurl:login - Busca páginas de inicio de sesión**: esta búsqueda identifica portales de inicio de sesión en el sitio web objetivo. Páginas de inicio de sesión expuestas pueden ser objetivos principales para ataques de fuerza bruta o relleno de credenciales.

▶ **site: example.com inurl:admin - Busca páginas de administración**: esta búsqueda busca interfaces administrativas, que, si son accesibles, podrían otorgar a un atacante control total sobre el sitio web.

▶ **site: example.com ext:php - Busca archivos PHP**: encontrar estos archivos puede ayudar a identificar posibles vulnerabilidades en el código del sitio web.

▶ **site:example.com ext:sql - Busca archivos SQL**: los archivos SQL pueden contener volcados de bases de datos o información confidencial. Su exposición podría provocar importantes filtraciones de datos.

▶ **site:example.com ext:xml - Busca archivos XML:** los archivos XML pueden contener datos de configuración, mapas del sitio u otra información confidencial.

▶ **site:example.com ext:json - Busca archivos JSON:** los archivos JSON se utilizan para el intercambio y la configuración de datos, y su exposición podría revelar datos confidenciales o claves API.

▶ **site:example.com "index of" - Encuentra vulnerabilidades de listado de directorios:** esta búsqueda identifica servidores web que tienen habilitado el listado de directorios, lo que puede exponer archivos y carpetas que no deberían ser accesibles públicamente.

▶ **site:example.com filetype:log - Busca archivos de registro**: los archivos de registro pueden contener información valiosa sobre la actividad del sitio web, incluidos errores, acciones del usuario y direcciones IP.

▶ **site:example.com filetype:txt - Busca archivos de texto:** los archivos de texto pueden contener una amplia gama de información, incluidos datos de configuración, notas e incluso contraseñas.

▶ **site:example.com inurl:wp-content - Identifica directorios de contenido de WordPress**: esta búsqueda se dirige específicamente a sitios web de WordPress, identificando directorios que contienen complementos, temas y contenido cargado. Esta información se puede utilizar para identificar posibles vulnerabilidades en las instalaciones de WordPress.

2.2.5 BÚSQUEDA AVANZADA CON ADVANGLE

Advangle http://advangle.com es un buscador que permite realizar búsquedas avanzadas con el objetivo de mejorar la precisión de las búsquedas en Google y Bing. Con esta utilidad podemos refinar nuestras búsquedas añadiendo parámetros adicionales. Desde esta pantalla podemos crear y editar parámetros para realizar la búsqueda más afinada posible.

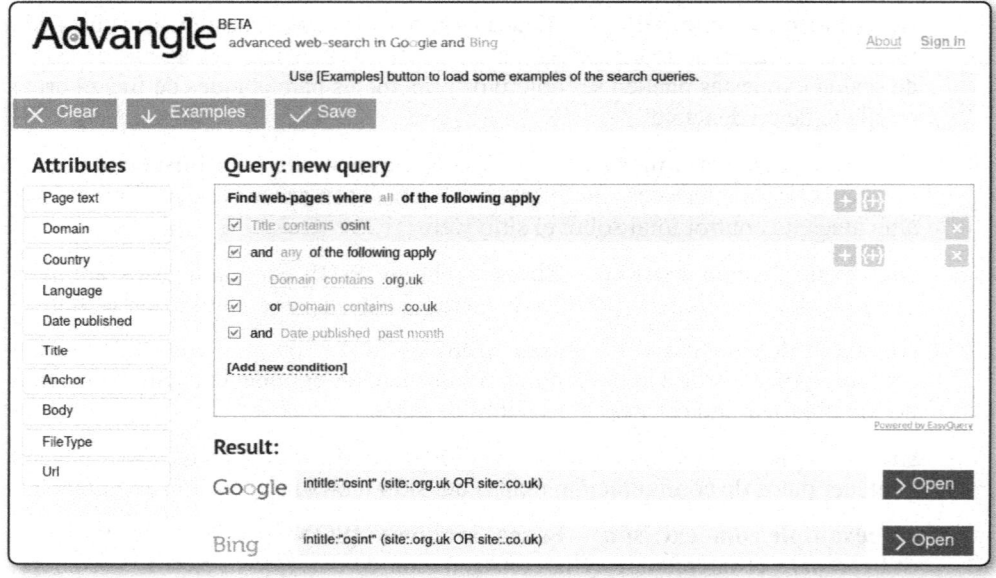

Figura 2.4. Búsquedas avanzadas con Advangle

Este buscador alternativo se divide en tres partes, una columna izquierda con los atributos de la búsqueda, la parte central donde introducimos los parámetros de búsqueda, y en la parte inferior otra con los resultados que más se adaptan a nuestra búsqueda dependiendo del buscador.

Lo mejor de esta herramienta es que nos deja ir añadiendo parámetros para encontrar la búsqueda más efectiva cercana a lo que queremos. De hecho, mientras aprendemos a usar esta aplicación, están a nuestra disposición diferentes ejemplos de búsquedas para comprobar cómo están hechas y si en realidad pueden ofrecernos los resultados que estamos buscando.

2.3 MOTORES DE BÚSQUEDA ALTERNATIVOS

Además de los motores de búsqueda de buscadores clásicos como Google y Bing, podemos encontrar otros motores que realizan las búsquedas en múltiples sitios al mismo tiempo, entre los que podemos destacar Carrot2 y DuckDuckGo. Carrot2 http://search.carrot2.org organiza los resultados de búsqueda en temas.

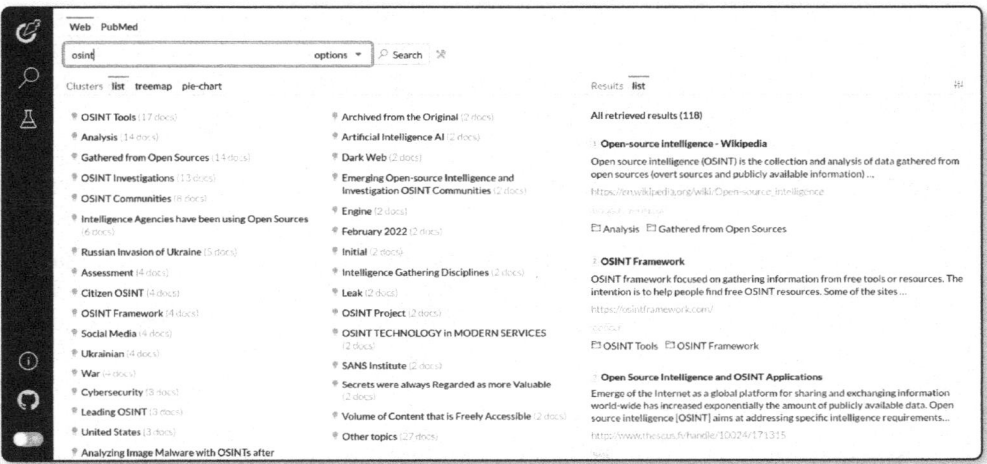

Figura 2.5. Búsqueda en Carrot2

DuckDuckGo https://duckduckgo.com también ofrece una excelente experiencia de búsqueda, incluyendo la agrupación de resultados por temas. Además, no rastrea las búsquedas que se realicen, lo que lo convierte en una opción muy atractiva para quienes valoran su privacidad.

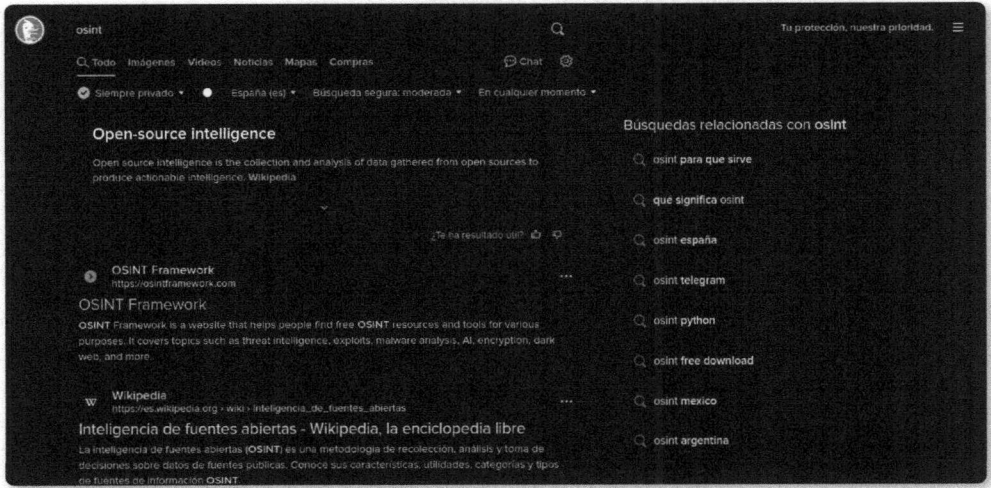

Figura 2.6. Búsqueda en DuckDuckGo

Otro motor de búsqueda basado en la privacidad es Starpage https://www.startpage.com/es/. Aunque utiliza como base los resultados de Google, lo hace protegiendo la privacidad de los usuarios y sin que realicen ningún tipo de seguimiento a nuestra navegación. Proporciona con vista completamente anónima y los pocos anuncios que contiene son contextuales en lugar de conductuales, por lo que podremos utilizarlo prácticamente de la misma forma que utilizamos Google pero sin el efecto secundario que tiene este sobre nuestros datos personales.

2.4 BUSCADORES ESPECIALIZADOS

Los buscadores especializados son herramientas diseñadas para encontrar información específica dentro de un campo de conocimiento particular. A diferencia de los buscadores generales como Google, que indexan una gran variedad de páginas web, los buscadores especializados se centran en un nicho temático específico, lo que les permite ofrecer resultados más precisos y relevantes. Entre las principales características de estos buscadores podemos destacar:

- ▶ **Mayor precisión**: al centrarse en un tema específico, los buscadores especializados pueden ofrecer resultados más relevantes y ahorrarte tiempo en la búsqueda.

- ▶ **Fuentes confiables:** muchos buscadores especializados indexan principalmente contenido académico, científico o profesional, lo que garantiza la calidad y fiabilidad de la información.

- ▶ **Características avanzadas**: algunos buscadores especializados ofrecen herramientas adicionales, como filtros por fecha, tipo de documento o autor, lo que te permite afinar aún más tus búsquedas.

Algunos ejemplos de buscadores especializados son:

- ▶ **Shodan** https://www.shodan.io/ se considera como el "Google para las cosas conectadas". En lugar de buscar páginas web, Shodan indexa dispositivos conectados a Internet, como cámaras IP, routers, servidores y más. Permite entre otras cosas localizar dispositivos basándose en el software, la dirección IP, la ubicación geográfica, etc.

- ▶ **NameCHK** https://namechk.com/ es un buscador que te permite comprobar la disponibilidad de nombres de usuario en una amplia variedad de plataformas, desde redes sociales hasta foros y tiendas online. Permite comprobar si un nombre de usuario está disponible en más de 150 servicios online. De este modo, se pueden saber los servicios que utiliza un usuario en concreto, ya que habitualmente la gente mantiene dicho nombre para todos los servicios que utiliza. Además, disponen de una API que permite automatizar las consultas.

- ▶ **Sherlock** https://sherlockproject.xyz es un buscador de cuentas de usuario que permite buscar un nombre de usuario en múltiples plataformas sociales y sitios web. Es útil para realizar investigaciones en línea o para verificar la seguridad de cuentas.

2.4.1 BÚSQUEDA DE IMÁGENES INVERSAS

Los buscadores de imágenes inversas son herramientas muy útiles en la actualidad que te permiten tomar una imagen y buscar información relacionada con ella, como su origen, otras versiones o sitios web donde aparece. Estos buscadores utilizan algoritmos avanzados para comparar la imagen que subes con una enorme base de datos de imágenes. De esta manera, pueden encontrar imágenes similares, versiones modificadas o la fuente original. Estos buscadores tienen las siguientes **funciones**:

▶ **Verificar la autenticidad de una imagen:** puedes descubrir si una imagen ha sido manipulada o si es falsa.

▶ **Encontrar el origen de una imagen:** si te gusta una imagen, puedes encontrar el sitio web original donde fue publicada.

▶ **Encontrar imágenes similares:** puedes buscar imágenes con un estilo o temática similar para tus proyectos.

▶ **Detectar contenido duplicado:** puedes identificar si alguien está utilizando tus imágenes sin tu permiso.

▶ **Encontrar más información sobre una imagen:** puedes descubrir detalles sobre la imagen, como la fecha en que fue tomada o el lugar donde fue capturada.

Entre los principales buscadores de imágenes inversas podemos destacar:

▶ **Google imágenes** https://images.google.com: es el buscador de imágenes inversas más popular y fácil de usar. Simplemente arrastra y suelta la imagen en la barra de búsqueda.

▶ **Image Raider** https://www.imageraider.com: permite realizar búsquedas de imágenes y ver los sitios web donde se encuentran alojadas.

▶ **TinEye** https://www.tineye.com: se especializa en encontrar imágenes idénticas o muy similares. Es similar a la búsqueda por imagen que incorpora Google imágenes.

▶ **Yandex Images** https://yandex.com/images: el buscador de imágenes de Yandex también ofrece una función de búsqueda inversa muy potente.

▶ **Bing Images** http://www.bing.com/images: el buscador de imágenes de Microsoft también permite realizar búsquedas inversas.

▶ **ImgOps** http://imgops.com: servicio online que permite realizar una búsqueda inversa de imágenes en sitios como Google, Bing, Reddit y Yandex.

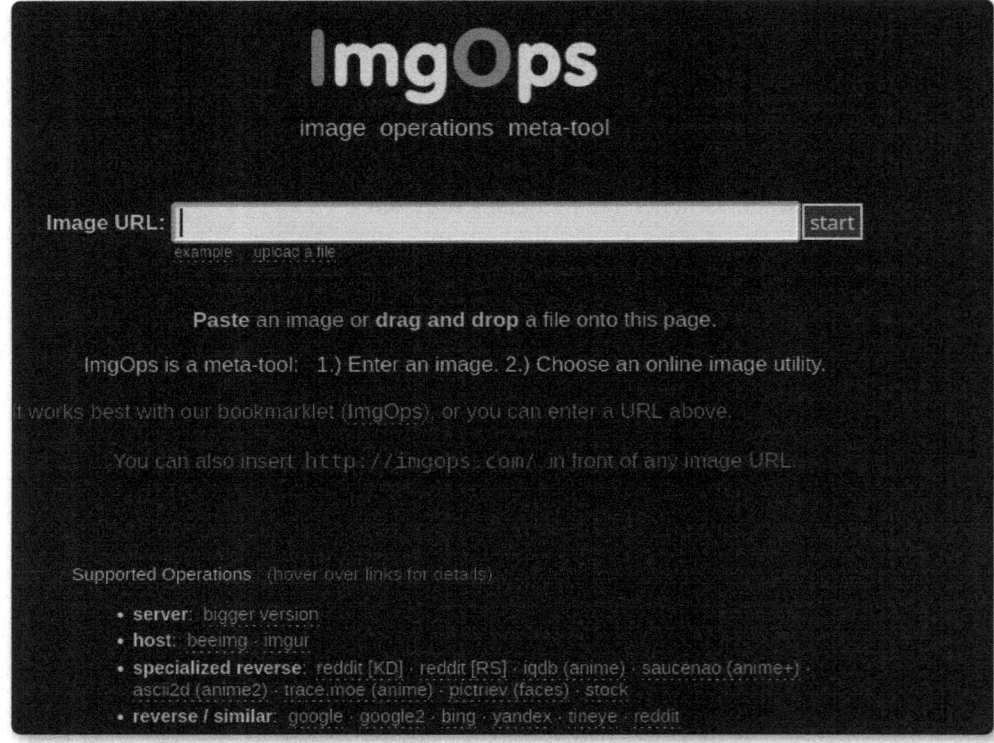

Figura 2.7. Búsquedas de imágenes con ImgOps

2.4.2 BÚSQUEDA DE CÓDIGO FUENTE EN REPOSITORIOS

Los repositorios de código fuente proporcionan gran cantidad de información durante las evaluaciones de seguridad, desde credenciales, posibles vulnerabilidades hasta detalles de infraestructura, etc. Por ejemplo, GitHub es una plataforma de colaboración y control de versiones extremadamente popular que debe tener en cuenta.

Una buena forma de buscar código de otros proyectos es hacerlo en servicios de alojamiento de código como github, gitlab, bitbucket, etc. Se pueden encontrar todo tipo de cosas interesantes en el código alojado a través de repositorios que incluyen vulnerabilidades web, 0days en aplicaciones web, problemas de configuración y claves secretas.

Los desarrolladores, normalmente confían el código con contraseñas o claves de acceso a las APIs. Sin embargo, al realizar búsquedas en los repositorios de código fuente, en ocasiones se pueden recuperar estos datos confidenciales que luego pueden utilizarse para lanzar un ataque contra la infraestructura alojada del cliente. Entre los principales buscadores de código fuente podemos destacar:

- **SearchCode** https://searchcode.com permite realizar la búsqueda de código fuente en múltiples repositorios de forma simultánea como Github, Bitbucket, Google Code, Codeplex, Sourceforge, Fedora Project, GitLab.

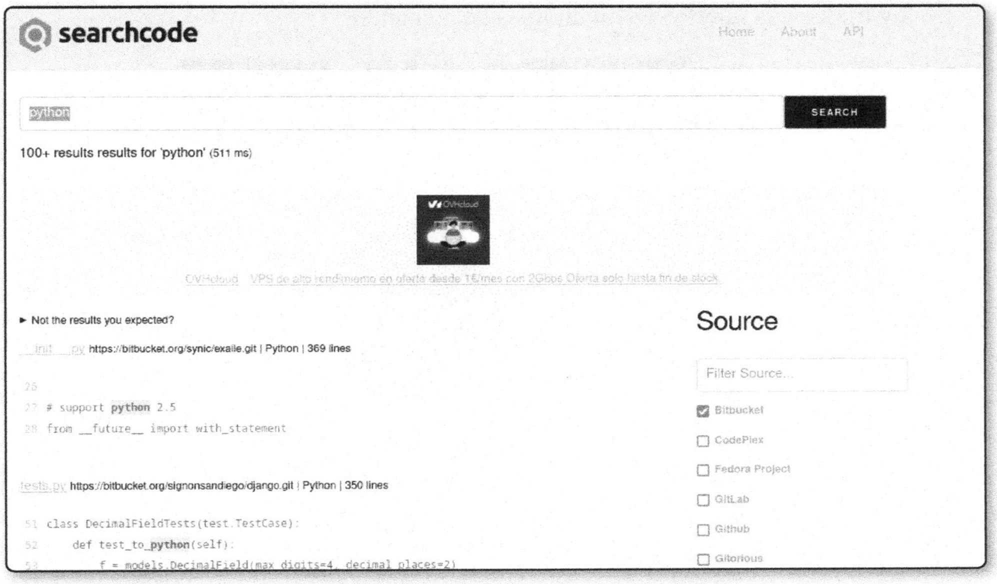

Figura 2.8. Búsqueda de código fuente en SearchCode

- **NerdyData** https://nerdydata.com permite realizar búsquedas de tecnologías web, etiquetas, descripciones y cualquier patrón que se puedan identificar en el código de un sitio web.

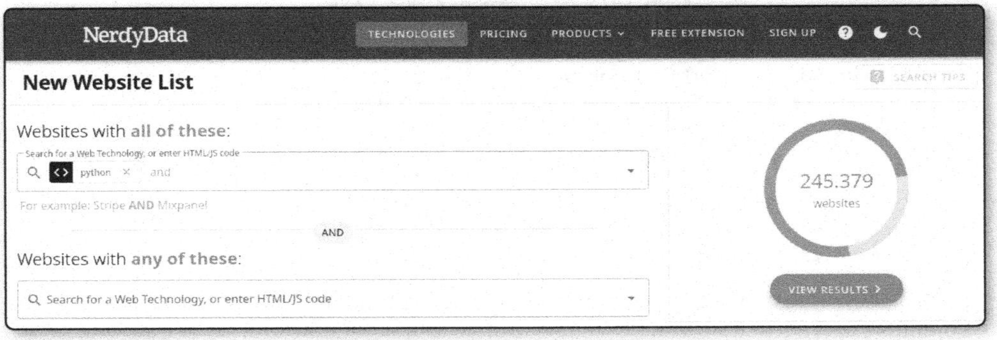

Figura 2.9. Búsqueda de código fuente en NerdyData

▼ **Gitminer** https://github.com/UnkL4b/GitMiner es una herramienta de búsqueda avanzada y automatización en Github. Esta herramienta tiene como objetivo facilitar la búsqueda por código o fragmentos de código en github a través de la página de búsqueda del sitio. Se trata de una herramienta desarrollada en Python 3 y ofrece una interfaz en modo línea de comandos.

Figura 2.10. Logo de GitMiner

Una de las opciones de búsqueda que ofrece es la posibilidad de utilizar la cookie que obtenemos al registrarnos en el servicio de github. Esta cookie se tendrá que pasar por parámetro en el script para que realice la búsqueda. Los parámetros que acepta el script son:

```
-h, --help              show this help message and exit
 -q 'filename:shadow path:etc', --query 'filename:shadow path:etc'
                         Specify search term
 -m wordpress, --module wordpress
                         Specify the search module
 -o result.txt, --output result.txt
                         Specify the output file where it will be
                         saved
 -r '/^\s*(.*?);?\s*$/gm', --regex '/^\s*(.*?);?\s*$/gm'
                         Set regex to search in file
 -c <cookie>
```

La instalación de esta herramienta se puede simplificar utilizando Docker con los siguientes comandos:

```
$ git clone http://github.com/UnkL4b/GitMiner
$ cd GitMiner
$ docker build -t gitminer .
$ docker run -it gitminer -h
```

▶ **SourceGraph** https://sourcegraph.com/search es una herramienta online que permite buscar código dentro de los repositorios de github.

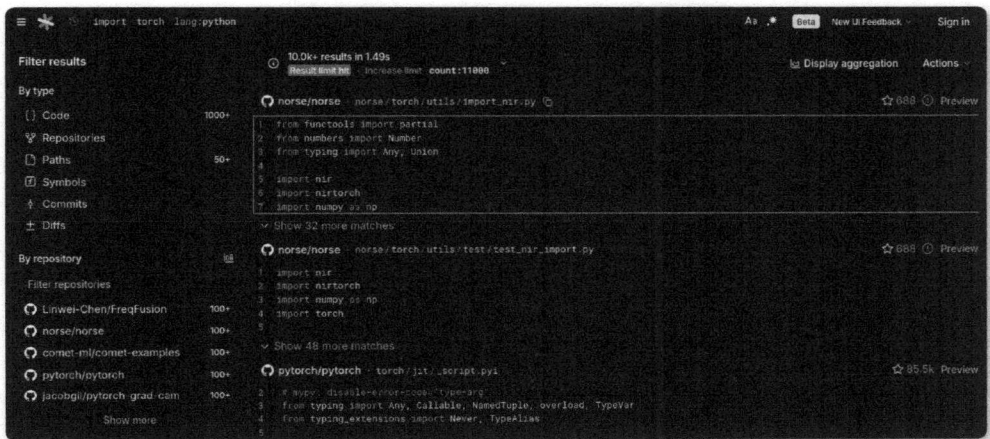

Figura 2.11. Búsqueda de código fuente en SourceGraph

▶ **GitHubCloner** https://github.com/mazen160/GithubCloner permite automatizar el proceso de clonación de todos los repositorios en una cuenta de Github.

▶ **Búsqueda de secretos**: existen otras herramientas que automatizan el proceso de búsqueda de secretos en repositorios de código fuente como Gitrob, truffleHog, git-all-secrets.

- https://github.com/michenriksen/gitrob
- https://github.com/dxa4481/truffleHog
- https://github.com/anshumanbh/git-all-secrets

2.4.3 BÚSQUEDA DE INFORMACIÓN DE PERSONAS

Existen buscadores que permiten realizar búsquedas a través de diferentes parámetros como nombres, direcciones de correo o teléfonos. A partir de datos concretos, localizan a usuarios en servicios como redes sociales, e incluyen posibles datos relacionados con ellos como números de teléfono o fotos. Algunos de los portales que incorporan este servicio son:

▶ **Spokeo** http://www.spokeo.com es un motor de búsqueda de personas que organiza listados de páginas blancas, registros públicos e información de redes sociales.

▶ **PeekYou** https://www.peekyou.com permite la recopilación de información sobre una persona que está disponible en varios servicios de redes sociales.

▶ **YouGetSignal** https://www.yougetsignal.com proporciona herramientas OSINT para verificar números de teléfono, direcciones IP, datos whois, ubicación geográfica.

2.4.4 THE HARVESTER

The harvester https://github.com/laramies/theHarvester es una herramienta open source incluida en diferentes distribuciones linux enfocadas a la seguridad como Kali Linux, que además puede ser descargada desde su repositorio de github para su instalación. Se trata de una herramienta para obtener información sobre direcciones de email, nombres de subdominio, puertos abiertos/banners y nombres de empleados desde diferentes fuentes públicas.

El objetivo es recopilar correos electrónicos, subdominios, hosts, nombres de empleados, puertos abiertos y banners de diferentes fuentes públicas, como motores de búsqueda, servidores de claves PGP y otras bases de datos.

Esta herramienta ha sido desarrollada en **Python** y permite recuperar información de un dominio específico relacionado con cuentas de correo, subdominios, usando información pública de los motores de búsqueda como google o bing. Las opciones disponibles son:

```
-d: identifica el dominio a buscar; Normalmente el dominio o el sitio web del
target.
-b: identifica la fuente para extraer los datos. Con esta opción podemos
especificar el motor de búsqueda como google, bing, linkedin, twitter.
-l: esta opción de límite le indica al recolector limitar el número de
resultados.
-f: esta opción se utiliza para guardar los resultados finales en un archivo HTML
y XML. Si se omite esta opción, los resultados se mostrarán en la pantalla y no
se guardarán.
```

```
root@kali:~# theharvester
*********************************************************************
*                                                                   *
* | |_| |_   __    /\  /\__ _ _ __ __   ___  ___ ___ _| |_ ___ _ _  *
* | __| '_ \/ _ \ / //_/ _` | '__\ \ / / _ \/ __|_ _| __/ _ \ '_|  *
* | |_| | | |  __// __ \ (_| | |   \ V /  __/\__ \ | | ||  __/ |    *
*  \__|_| |_|\___|\/  \/\__,_|_|    \_/ \___||___/ |_|  \__\___|_|  *
*                                                                   *
* TheHarvester Ver. 3.0.0                                           *
* Coded by Christian Martorella                                     *
* Edge-Security Research                                            *
* cmartorella@edge-security.com                                     *
*********************************************************************


Usage: theharvester options

        -d: Domain to search or company name
        -b: data source: baidu, bing, bingapi, dogpile, google, googleCSE,
                          googleplus, google-profiles, linkedin, pgp, twitter,
vhost,
                          virustotal, threatcrowd, crtsh, netcraft, yahoo, all

        -s: start in result number X (default: 0)
```

```
       -v: verify host name via dns resolution and search for virtual hosts
       -f: save the results into an HTML and XML file (both)
       -n: perform a DNS reverse query on all ranges discovered
       -c: perform a DNS brute force for the domain name
       -t: perform a DNS TLD expansion discovery
       -e: use this DNS server
       -p: port scan the detected hosts and check for Takeovers (80, 443, 22,
21, 8080)
       -l: limit the number of results to work with(bing goes from 50 to 50
results,
          google 100 to 100, and pgp doesn't use this option)
       -h: use SHODAN database to query discovered hosts

Examples:
       theharvester -d microsoft.com -l 500 -b google -h myresults.html
       theharvester -d microsoft.com -b pgp
       theharvester -d microsoft -l 200 -b linkedin
       theharvester -d apple.com -b googleCSE -l 500 -s 300
```

Por ejemplo, el siguiente comando obtiene direcciones de email del dominio python. org utilizando el buscador Bing.

```
$ theharvester -d python.org -l 200 -b bing
```

2.4.5 GITHUB OSINT

GitHub OSINT https://github.com/hackstep/github-osint es una herramienta implementada en Python que permite recolectar nombres de usuario y direcciones de correo electrónico a partir de una cuenta de GitHub. Este script de Python revisará un repositorio de GitHub especificado y recuperará toda esa información de los comentarios y los proyectos que se han subido a esa cuenta. Para su instalación, podríamos utilizar los siguientes comandos:

```
$ git clone https://github.com/vulnbe/github-osint.git
$ cd github-osint
$ pip install -r requirements.txt
```

Para ejecutarlo podemos hacerlo directamente con el script **github-osint.py**

```
$ python3 github-osint.py [-h] [--forks] [--verbose]
               [--token TOKEN] [--threads THREADS]
               --owner OWNER

optional arguments:
  -h, --help         show this help message and exit
  --owner OWNER      user or organisation name, eg. vulnbe
  --forks            include forks
  --verbose          show debug info
  --token TOKEN      GitHub API token (for better rate limits)
  --threads THREADS  thereads to fetch data

$ python3 github-osint.py --owner vulnbe –verbose
```

```
https://api.github.com/repos/vulnbe/aws-mfa-helper
    Alexey Pronin <a@vuln.be>
https://api.github.com/repos/vulnbe/aws-suricata-playground
    Alexey Pronin <a@vuln.be>
https://api.github.com/repos/vulnbe/aws-traffic-mirror-lambda
    Alexey Pronin <a@vuln.be>
https://api.github.com/repos/vulnbe/bsimm
    Alexey Pronin <a@vuln.be>
https://api.github.com/repos/vulnbe/burpsuite-copy-as-xmlhttprequest
    Alexey Pronin <a@vuln.be>
    GitHub <noreply@@github.com>
    Alexey Pronin <24279065+vulnbe@users.noreply.github.com>
https://api.github.com/repos/vulnbe/chrome-proxy-extension
    Alexey Pronin <a@vuln.be>
    Alexey Pronin <24279065+hackstep@users.noreply.github.com>
https://api.github.com/repos/vulnbe/codeql-javascript-unsafe-jquery-plugin
    Alexey Pronin <a@vuln.be>
    GitHub <noreply@github.com>
    Xavier RENE-CORAIL <xavier.renecorail@gmail.com>
https://api.github.com/repos/vulnbe/elastalert-profiler
    Alexey Pronin <a@vuln.be>
https://api.github.com/repos/vulnbe/fakedns
    Alexey Pronin <24279065+hackstep@users.noreply.github.com>
https://api.github.com/repos/vulnbe/github-osint
    Alexey Pronin <24279065+hackstep@users.noreply.github.com>
    GitHub <noreply@github.com>
    Operator0x0A <92077557+Operator0x0A@users.noreply.github.com>
    Alexey Pronin <24279065+vulnbe@users.noreply.github.com>
    Alexey <24279065+hackstep@users.noreply.github.com>
    Alexey Pronin <a@vuln.be>
https://api.github.com/repos/vulnbe/greenbone-source-edition-overlay
    Alexey Pronin <a@vuln.be>
    GitHub <noreply@github.com>
    Alexey <24279065+vulnbe@users.noreply.github.com>
    Alexey Pronin <24279065+vulnbe@users.noreply.github.com>
https://api.github.com/repos/vulnbe/harborsecv
    Alexey Pronin <a@vuln.be>
https://api.github.com/repos/vulnbe/homebrew-gnuradio
    Alexey Pronin <a@vuln.be>
https://api.github.com/repos/vulnbe/netcat-docker
    Alexey Pronin <24279065+vulnbe@users.noreply.github.com>
https://api.github.com/repos/vulnbe/nodemcu-dht-prometheus
    Alexey Pronin <a@vuln.be>
https://api.github.com/repos/vulnbe/opendistro-elasticsearch
    Alexey Pronin <a@vuln.be>
https://api.github.com/repos/vulnbe/opendistro-kibana
    Alexey Pronin <a@vuln.be>
https://api.github.com/repos/vulnbe/openvas-docker
    Alexey <24279065+vulnbe@users.noreply.github.com>
    GitHub <noreply@github.com>
    Alexey Pronin <vulnbe@asus>
    Alexey Pronin <24279065+vulnbe@users.noreply.github.com>
https://api.github.com/repos/vulnbe/poc-rebar3
    Alexey Pronin <a@vuln.be>
```

```
    GitHub <noreply@github.com>
    Alexey Pronin <24279065+vulnbe@users.noreply.github.com>
https://api.github.com/repos/vulnbe/poc-rebar3-helper
    Alexey Pronin <a@vuln.be>
https://api.github.com/repos/vulnbe/poc-yaws-cgi-shell-injection
    Alexey Pronin <a@vuln.be>
https://api.github.com/repos/vulnbe/poc-yaws-dav-xxe
    Alexey Pronin <a@vuln.be>
https://api.github.com/repos/vulnbe/vulnbe.github.io
    Alexey Pronin <a@vuln.be>
    vulnbe <vulnbe@users.noreply.github.com>
```

Si alcanzamos el límite de peticiones de la API de GitHub, podríamos utilizar un token generado desde https://github.com/settings/tokens.

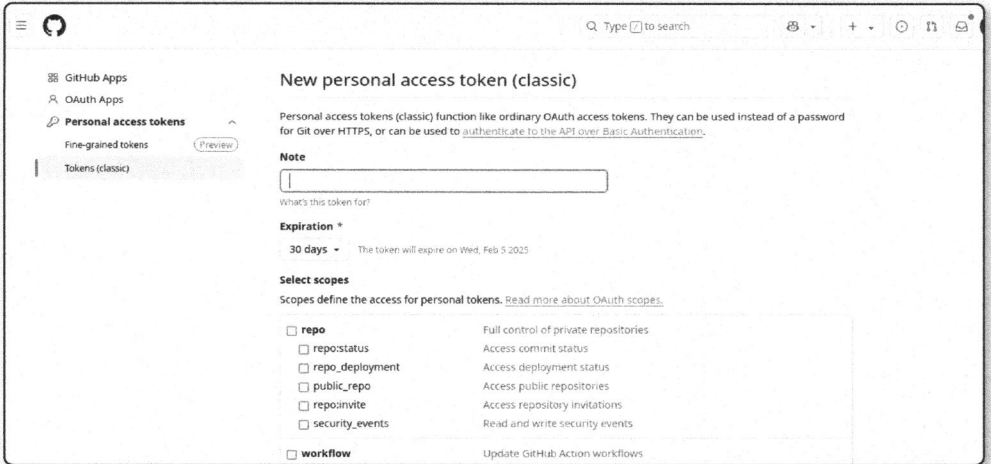

Figura 2.12. Generación de tokens en GitHub

2.4.6 OSINT SPY COMO MOTOR DE BÚSQUEDA

OSINT-SPY   https://github.com/SharadKumar97/OSINT-SPY   puede   encontrar información sobre una persona, un correo electrónico, una organización, la geolocalización de una persona, nombres de dominio, dispositivos disponibles públicamente en Internet, etc. Incluye la recopilación de datos de diversas fuentes públicas y su API. Entre las principales características podemos destacar:

▶ Obtener información a partir de una dirección IP, dominio, dirección de correo electrónico o dirección BTC (bitcoin).

▶ Descubre la última información de bloques de bitcoin.

▶ Comprobar si un sitio web en particular es vulnerable a heartbleed.

▶ Análisis de malware y archivos maliciosos.

```
Usage: osint-spy.py [options]
      Options:
      -h,               --help            show this help message and exit
      --btc_block                         Get latest bitcoin block info
      --btc_date                          Get bitcoin block info by date,
example - 20190614
      --btc_address                       Get info of any bitcoin wallet
address
      --ssl_cipher                        List out supported SSL ciphers
used by any domain
      --ssl_bleed                         Check whether server is
vulnerable to heart bleed or not
      --domain                            Do domain recon
      --email                             Do email recon
      --device                            Explore the Internet of Things.
Example - opensips,asterisk,juniper,windows10
      --ip                                WHOIS IP Lookup
      --malware                           Send files to VirusTotal for
malware analysis
      --json                              Show output in JSON format
```

2.4.7 PWENDORNOT

pwnedOrNot https://github.com/thewhiteh4t/pwnedOrNot es un script desarrollado en Python que comprueba si la cuenta de correo electrónico se ha visto comprometida en fugas de información de servicios. Para ello utiliza el servicio de https://haveibeenpwned. com/ para probar cuentas de correo y busca la contraseña en dumps de Pastebin. Con toda esta información, pwnedOrNot puede encontrar contraseñas para correos comprometidos.

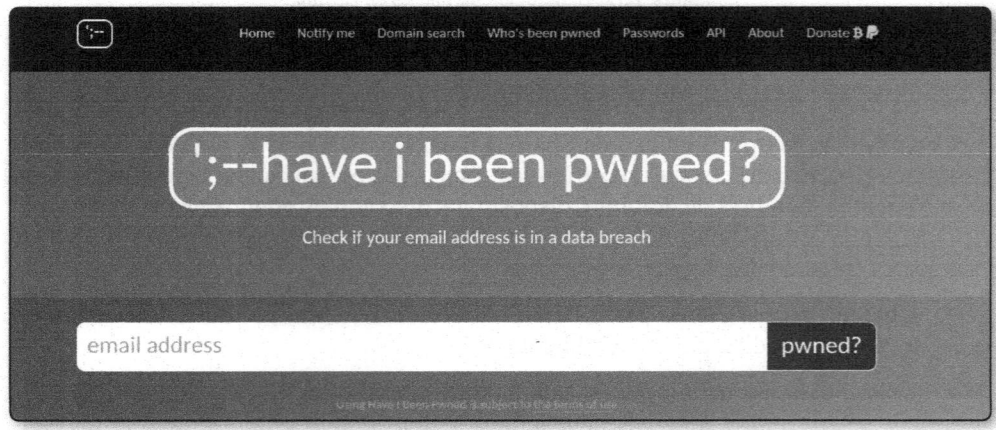

Figura 2.13. Servicio para comprobar si un correo ha sido comprometido

Para el funcionamiento de esta herramienta necesitamos obtener un API Key desde https://haveibeenpwned.com/API/Key.

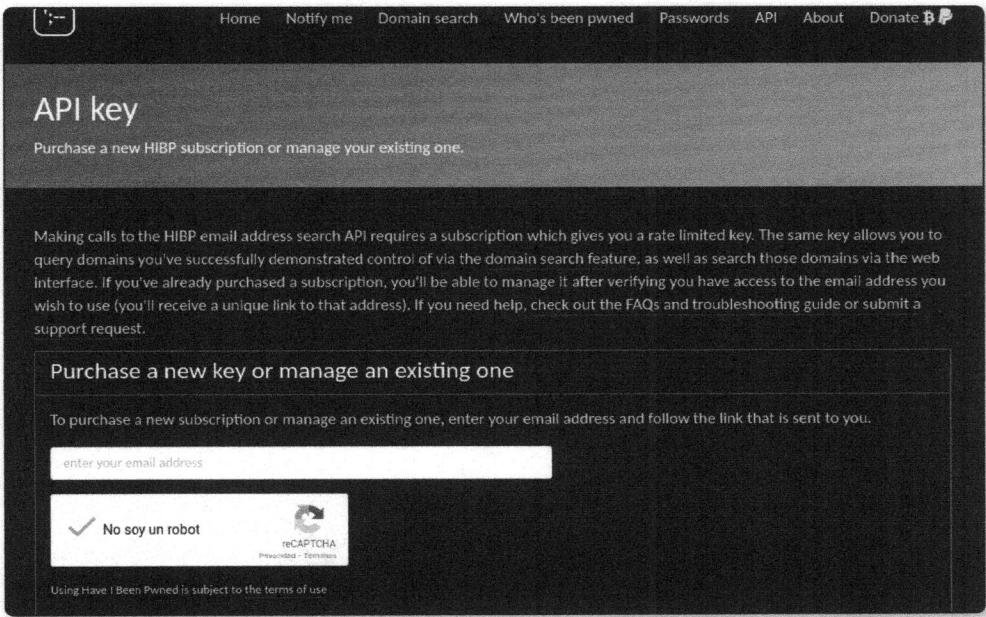

Figura 2.14. Obtener API Key del servicio https://haveibeenpwned.com

Para su instalación, podríamos ejecutar el script **install.sh** disponible en el repositorio:

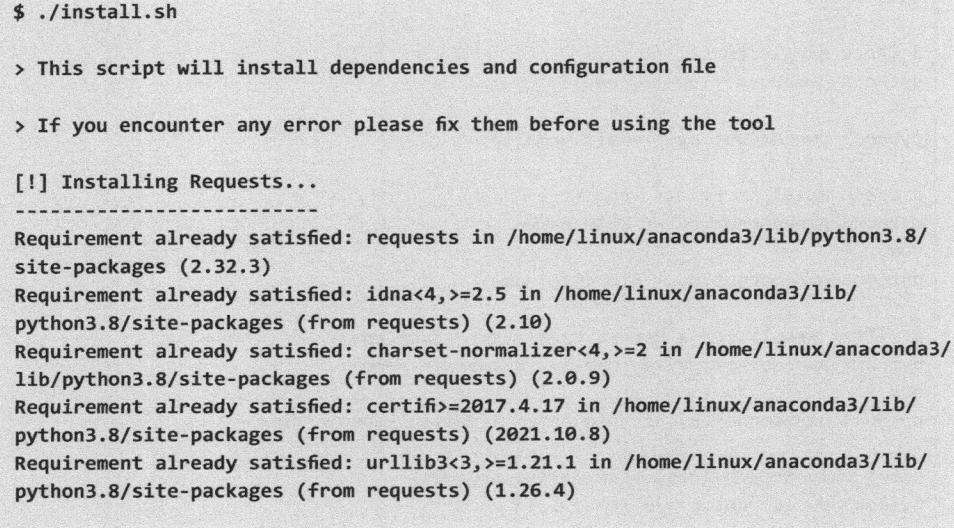

```
$ ./install.sh

> This script will install dependencies and configuration file

> If you encounter any error please fix them before using the tool

[!] Installing Requests...
--------------------------
Requirement already satisfied: requests in /home/linux/anaconda3/lib/python3.8/
site-packages (2.32.3)
Requirement already satisfied: idna<4,>=2.5 in /home/linux/anaconda3/lib/
python3.8/site-packages (from requests) (2.10)
Requirement already satisfied: charset-normalizer<4,>=2 in /home/linux/anaconda3/
lib/python3.8/site-packages (from requests) (2.0.9)
Requirement already satisfied: certifi>=2017.4.17 in /home/linux/anaconda3/lib/
python3.8/site-packages (from requests) (2021.10.8)
Requirement already satisfied: urllib3<3,>=1.21.1 in /home/linux/anaconda3/lib/
python3.8/site-packages (from requests) (1.26.4)
```

```
[notice] A new release of pip available: 22.2 -> 24.3.1
[notice] To update, run: pip install --upgrade pip
Requirement already satisfied: html2text in /home/linux/anaconda3/lib/python3.8/
site-packages (2024.2.26)

[notice] A new release of pip available: 22.2 -> 24.3.1
[notice] To update, run: pip install --upgrade pip
-------------------------
[!] Creating Directory : /home/linux/.config/pwnedornot
[!] Copying config.json...
[+] DONE
```

Para ejecutar la herramienta, podríamos usar un correo electrónico y nos devuelve si ese correo ha sido comprometido o no.

```
$ python3 pwnedornot.py -h

usage: pwnedornot.py [-h] [-e EMAIL] [-f FILE] [-d DOMAIN] [-n] [-l]
                     [-c CHECK]

optional arguments:
  -h, --help                show this help message and exit
  -e EMAIL, --email EMAIL   Email Address You Want to Test
  -f FILE, --file FILE      Load a File with Multiple Email Addresses
  -d DOMAIN, --domain DOMAIN Filter Results by Domain Name
  -n, --nodumps             Only Check Breach Info and Skip Password Dumps
  -l, --list                Get List of all pwned Domains
  -c CHECK, --check CHECK   Check if your Domain is pwned

# Examples

# Check Single Email
python3 pwnedornot.py -e <email>
#OR
python3 pwnedornot.py --email <email>

# Check Multiple Emails from File
python3 pwnedornot.py -f <file name>
#OR
python3 pwnedornot.py --file <file name>

# Filter Result for a Domain Name [Ex : adobe.com]
python3 pwnedornot.py -e <email> -d <domain name>
#OR
python3 pwnedornot.py -f <file name> --domain <domain name>

# Get only Breach Info, Skip Password Dumps
python3 pwnedornot.py -e <email> -n
```

```
#OR
python3 pwnedornot.py -f <file name> --nodumps

# Get List of all Breached Domains
python3 pwnedornot.py -l
#OR
python3 pwnedornot.py --list

# Check if a Domain is Pwned
python3 pwnedornot.py -c <domain name>
#OR
python3 pwnedornot.py --check <domain name>
```

2.4.8 H8MAIL

H8mail https://github.com/khast3x/h8mail es una herramienta diseñada para buscar información sobre direcciones de correo electrónico a través de internet que hayan sido comprometidas. En términos más simples, es como un detective digital que busca pistas sobre una dirección de correo electrónico en diferentes servicios web.

▶ **Buscar filtraciones de datos:** H8mail verifica si una dirección de correo electrónico ha sido expuesta en alguna filtración de datos masiva (como las que ocurren cuando una empresa sufre un hackeo y se roban los correos electrónicos de sus usuarios).

▶ **Investigación en línea**: se puede usar para encontrar información pública relacionada con una dirección de correo electrónico, como perfiles en redes sociales, publicaciones en foros o menciones en noticias.

▶ **Seguridad informática:** ayuda a evaluar el riesgo de que una cuenta de correo electrónico haya sido comprometida.

La instalación se puede realizar desde el repositorio oficial de Python https://pypi.org/project/h8mail/ utilizando el siguiente comando:

```
$ pip3 install h8mail
```

Una vez instalado, podríamos consultar los parámetros que ofrece con la opción -h:

```
$ python3 h8mail -h

usage: h8mail [-h] [-t USER_TARGETS [USER_TARGETS ...]]
              [-u USER_URLS [USER_URLS ...]] [-q USER_QUERY] [--loose]
              [-c CONFIG_FILE [CONFIG_FILE ...]] [-o OUTPUT_FILE]
              [-j OUTPUT_JSON] [-bc BC_PATH] [-sk]
              [-k CLI_APIKEYS [CLI_APIKEYS ...]]
              [-lb LOCAL_BREACH_SRC [LOCAL_BREACH_SRC ...]]
```

```
               [-gz LOCAL_GZIP_SRC [LOCAL_GZIP_SRC ...]] [-sf]
               [-ch [CHASE_LIMIT]] [--power-chase] [--hide] [--debug]
               [--gen-config]
```

Email information and password lookup tool

optional arguments:
  -h, --help   show this help message and exit
  -t USER_TARGETS [USER_TARGETS ...], --targets USER_TARGETS [USER_TARGETS ...]
                        Either string inputs or files. Supports email pattern
                        matching from input or file, filepath globing and
                        multiple arguments
  -u USER_URLS [USER_URLS ...], --url USER_URLS [USER_URLS ...]
                        Either string inputs or files. Supports URL pattern
                        matching from input or file, filepath globing and
                        multiple arguments. Parse URLs page for emails.
                        Requires http:// or https:// in URL.
  -q USER_QUERY, --custom-query USER_QUERY
                        Perform a custom query. Supports username, password,
                        ip, hash, domain. Performs an implicit "loose" search
                        when searching locally
  --loose   Allow loose search by disabling email pattern
                        recognition. Use spaces as pattern seperators
  -c CONFIG_FILE [CONFIG_FILE ...], --config CONFIG_FILE [CONFIG_FILE ...]
                        Configuration file for API keys. Accepts keys from
                        Snusbase, WeLeakInfo, Leak-Lookup, HaveIBeenPwned,
                        Emailrep, Dehashed and hunterio
  -o OUTPUT_FILE, --output OUTPUT_FILE
                        File to write CSV output
  -j OUTPUT_JSON, --json OUTPUT_JSON
                        File to write JSON output
  -bc BC_PATH, --breachcomp BC_PATH
                        Path to the breachcompilation torrent folder. Uses the
                        query.sh script included in the torrent
  -sk, --skip-defaults Skips Scylla and HunterIO check. Ideal for local scans
  -k CLI_APIKEYS [CLI_APIKEYS ...], --apikey CLI_APIKEYS [CLI_APIKEYS ...]
                        Pass config options. Supported format: "K=V,K=V"
  -lb LOCAL_BREACH_SRC [LOCAL_BREACH_SRC ...], --local-breach LOCAL_BREACH_SRC
[LOCAL_BREACH_SRC ...]
                        Local cleartext breaches to scan for targets. Uses
                        multiprocesses, one separate process per file, on
                        separate worker pool by arguments. Supports file or
                        folder as input, and filepath globing
  -gz LOCAL_GZIP_SRC [LOCAL_GZIP_SRC ...], --gzip LOCAL_GZIP_SRC [LOCAL_GZIP_SRC
...]
                        Local tar.gz (gzip) compressed breaches to scans for
                        targets. Uses multiprocesses, one separate process per
                        file. Supports file or folder as input, and filepath
```
```

```
                            globing. Looks for 'gz' in filename
  -sf, --single-file        If breach contains big cleartext or tar.gz files, set
                            this flag to view the progress bar. Disables
                            concurrent file searching for stability
  -ch [CHASE_LIMIT], --chase [CHASE_LIMIT]
                            Add related emails from hunter.io to ongoing target
                            list. Define number of emails per target to chase.
                            Requires hunter.io private API key if used without
                            power-chase
  --power-chase             Add related emails from ALL API services to ongoing
                            target list. Use with --chase
  --hide                    Only shows the first 4 characters of found passwords
                            to output. Ideal for demonstrations
  --debug                   Print request debug information
  --gen-config, -g          Generates a configuration file template in the current
                            working directory & exits. Will overwrite existing
                            h8mail_config.ini file
```

La herramienta funciona consultando una gran cantidad de bases de datos y sitios web donde se almacena información sobre direcciones de correo electrónico. Cuando introduces una dirección de correo, la herramienta busca coincidencias y te muestra los resultados.

```
$ h8mail -t target@example.com
```

Internamente utiliza un fichero de configuración **h8mail_config.ini** donde podemos añadir las API keys de los servicios que utiliza.

```
[h8mail]
; h8mail will automatically detect present keys & launch services accordingly
; Uncomment to activate
;hunterio =
;snusbase_token =
;;weleakinfo_priv =
;;weleakinfo_pub =
;hibp =
;leak-lookup_pub = 1bf94ff907f68d511de9a610a6ff9263
;leak-lookup_priv =
;emailrep =
;dehashed_email =
;dehashed_key =
;intelx_key =
;intelx_maxfile = 10
;breachdirectory_user =
;breachdirectory_pass =
```

Los servicios que podríamos configurar son:

Servicio	Descripción
https://haveibeenpwned.com	Este sitio web verifica si la dirección del correo electrónico ha sido comprometida o no. Este sitio web recopila una gran cantidad de volcados de bases de datos que contienen información sobre todos los miles de millones de cuentas filtradas.
https://haveibeenpwned.com/Pastes	URL de los archivos de texto que mencionan los objetivos
https://hunter.io	Hunter se utiliza para encontrar y verificar la dirección de correo electrónico profesional.
https://snusbase.com	Snusbase es un motor de búsqueda de base de datos que recopila datos de sitios que han sido hackeados y proporcionar esos datos a sus usuarios.
https://leak-lookup.com	Número de resultados de filtraciones que se pueden buscar
https://scylla.so	Contraseñas en texto claro, hashes, nombres de usuario, IPs, dominios
https://dehashed.com	Contraseñas en texto claro, hashes, nombres de usuario, IPs, dominios
https://intelx.io	Contraseñas en texto claro, hashes, nombres de usuario, dominio
https://breachdirectory.tk	Contraseñas en texto claro, hashs, nombres de usuario, IPs, dominios

2.4.9 HOLEHE

Holehe https://github.com/megadose/holehe es una herramienta de código abierto diseñada para identificar si un correo electrónico está asociado a cuentas en diferentes plataformas en línea. Funciona al simular el proceso de recuperación de contraseña en diversos sitios web, buscando coincidencias con el correo electrónico proporcionado. La instalación se puede realizar desde el repositorio oficial de Python https://pypi.org/project/holehe/ utilizando el siguiente comando:

```
pip3 install holehe
```

Otra forma de instalarlo es hacerlo a través del código fuente:

```
$ git clone https://github.com/megadose/holehe.git
$ cd holehe/
$ python3 setup.py install
```

También se podría utilizar Docker para ejecutar la herramienta utilizando el siguiente fichero Dockerfile:

```
FROM python:3.11-slim-bullseye
COPY . /opt/holehe
WORKDIR /opt/holehe
RUN python3 setup.py install
```

```
$ docker build . -t my-holehe-image
$ docker run my-holehe-image holehe test@gmail.com
```

Una vez instalado, podríamos consultar los parámetros que ofrece con la opción -h:

```
$ docker run my-holehe-image holehe -h
usage: holehe [-h] [--only-used] [--no-color] [--no-clear] [-NP] [-C]
              [-T TIMEOUT]
              EMAIL [EMAIL ...]

holehe v1.61

positional arguments:
  EMAIL                 Target Email

options:
  -h, --help            show this help message and exit
  --only-used           Displays only the sites used by the target email
                        address.
  --no-color            Don't color terminal output
  --no-clear            Do not clear the terminal to display the results
  -NP, --no-password-recovery
                        Do not try password recovery on the websites
  -C, --csv             Create a CSV with the results
  -T TIMEOUT, --timeout TIMEOUT
                        Set max timeout value (default 10)
```

2.5 OTROS MOTORES DE BÚSQUEDA

Los motores de búsqueda son una enorme fuente de clasificación, análisis y búsqueda de información acerca de un objetivo. Por este motivo, se hace uso de las búsquedas avanzadas que permiten los diferentes motores de búsqueda como herramientas pasivas de reconocimiento web y de búsqueda de sitios web vulnerables. Asimismo, existe un motor de búsqueda específico como shodan, que permite la búsqueda de dispositivos conectados a internet, principalmente sistemas de supervisión, monitorización y adquisición de datos. Por ejemplo, podemos encontrar servicios con los cuáles obtener información a partir de un dominio:

▸ **Domaintools** http://whois.domaintools.com: es uno de los servicios referentes en este ámbito ya que incorpora un gran número de funcionalidades. Cabe destacar que permite crear alertas a usuarios que registran dominios, monitorizar dominios e IPs, crear alertas para dominios nuevos que contengan ciertas palabras, e incluso un servicio de investigación para amenazas relacionadas con denegación de servicio, spam, fraude o malware.

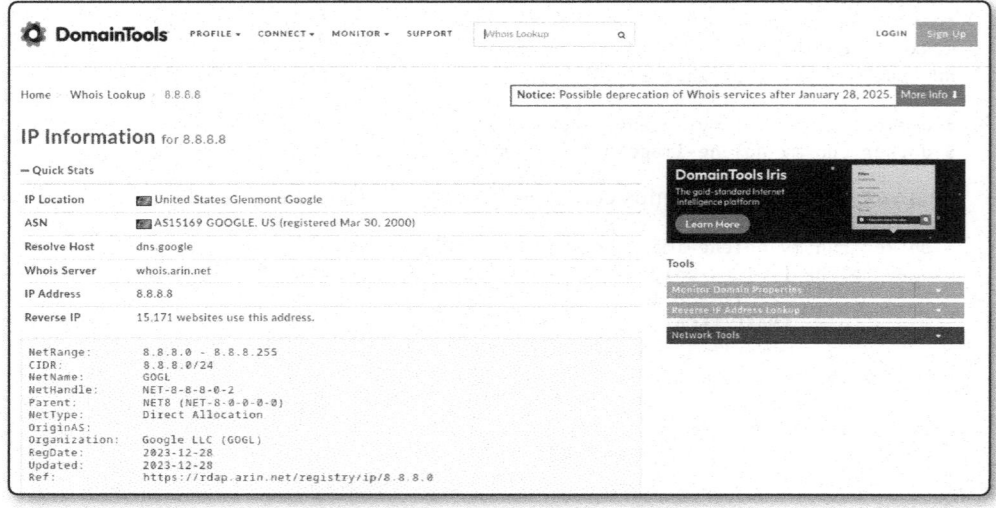

Figura 2.15. Obtener información para una dirección IP

▸ **Robtex** https://www.robtex.com: muestra la fiabilidad del dominio, su posición en el ranking Alexa, el listado de subdominios, los servidores de correo o el ISP que utiliza.

▸ **IPNeighbour** https://www.ipneighbour.com: permite obtener el listado de dominios que comparten servidor con el dominio indicado.

2.5.1 ROBTEX

Robtex https://www.robtex.com/ se trata de un servicio considerado como la navaja suiza de internet. Permite obtener, sin dejar rastro alguno en el objetivo, consultas sobre los dominios, subdominios, servidores DNS. Este tipo de consultas suelen categorizarse como footprinting activo, aunque, al realizarlo a través de este servicio, se lleva a cabo de manera pasiva.

Este servicio utiliza diferentes fuentes para recopilar información pública sobre direcciones IP, nombres de dominio, nombres de host, rutas, etc. Posteriormente indexa los datos en una base de datos y proporciona acceso gratuito a los mismos. Robtex proporciona una gran cantidad de información sobre un dominio entre la que podemos destacar:

▸ **Búsqueda de DNS inversa.** Permite buscar un número de IP para averiguar qué nombres de host lo apuntan. Los registros DNS inversos funcionan no solo para la dirección IP, sino también para los registros MX (servidor de correo) y los registros de servidores de nombres.

▸ **Búsqueda por dirección IP y obtener qué nombres de host lo apuntan**. Los registros DNS inversos funcionan no solo para la dirección IP, sino también para los registros MX (servidor de correo) y los registros de servidores de nombres.

▶ **Whois**. Permite realizar búsquedas para un dominio registrado en varias bases de datos. En esta base de datos es posible encontrar información de contacto del registro de dominio junto con la fecha de registro y la fecha de vencimiento. Entre los principales datos que se pueden obtener podemos destacar el propietario del dominio, la dirección ip, direcciones de correo, fechas de creación y actualización de dominios.

Disponemos también de una API que devuelve los datos de geolocalización y de red de una dirección IP. https://freeapi.robtex.com/ipquery/<dirección_ip>. Por ejemplo, la siguiente consulta https://freeapi.robtex.com/ipquery/8.8.8.8 devuelve la respuesta en formato JSON:

```
{"status":"ok","act":[{"o":"dns.google","t":1643550746}],"acth":[{"o":"g
oogle-public-dns-a.google.com","t":1643550747}],"pas":[{"o":"easymacao.
com","t":1502146206},{"o":"73ldvunq.com","t":1501351840},{"o":"opon.com.
cn","t":1501352406},{"o":"dc-20363e99abf1.skgrader.tk","t":1497273068},{"o"
:"aqb029.com","t":1555678182},{"o":"texwff.net","t":1527997086},{"o":"phre
ek.de","t":1506111284},{"o":"itnovo.com","t":1491719020},{"o":"n23999.com",
"t":1576462182},{"o":"vns66jj.com","t":1505282792}],"pash":[{"o":"beautifu
lagony.info","t":1498868389},{"o":"easymacao.com","t":1613254599},{"o":"73
ldvunq.com","t":1589141225},{"o":"nugraha.com","t":1521410905},{"o":"bzly.
gov.cn","t":1488104799},{"o":"xn--cnq17rc0ni4a.cn","t":1506096329},{"o":"me
umlaboratorium.net","t":1581563249},{"o":"craftbeerhq.com","t":1497272993},
{"o":"50661.red","t":1505943755},{"o":"flowerpowermosquito.com","t":14932944
73}],"city":"Mountain View","country":"United States","as":15169,"asname":"
Google Google, Inc","asdesc":"NeuStar NeuStar, Inc","whoisdesc":"Google LLC
(GOGL)","routedesc":"SP_BEEKSFX","bgproute":"8.8.8.0/24"}
```

2.5.2 DNSVIZ

DNSViz http://dnsviz.net es una herramienta para visualizar el estado de una zona DNS. Proporciona un análisis visual de la cadena de autenticación DNSSEC para un nombre de dominio y su ruta de resolución en el espacio de nombres DNS, y enumera los errores de configuración detectados por la herramienta.

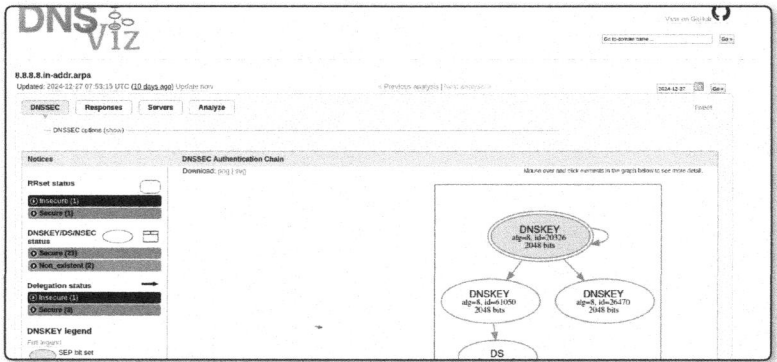

Figura 2.16. Visualizador de DNS

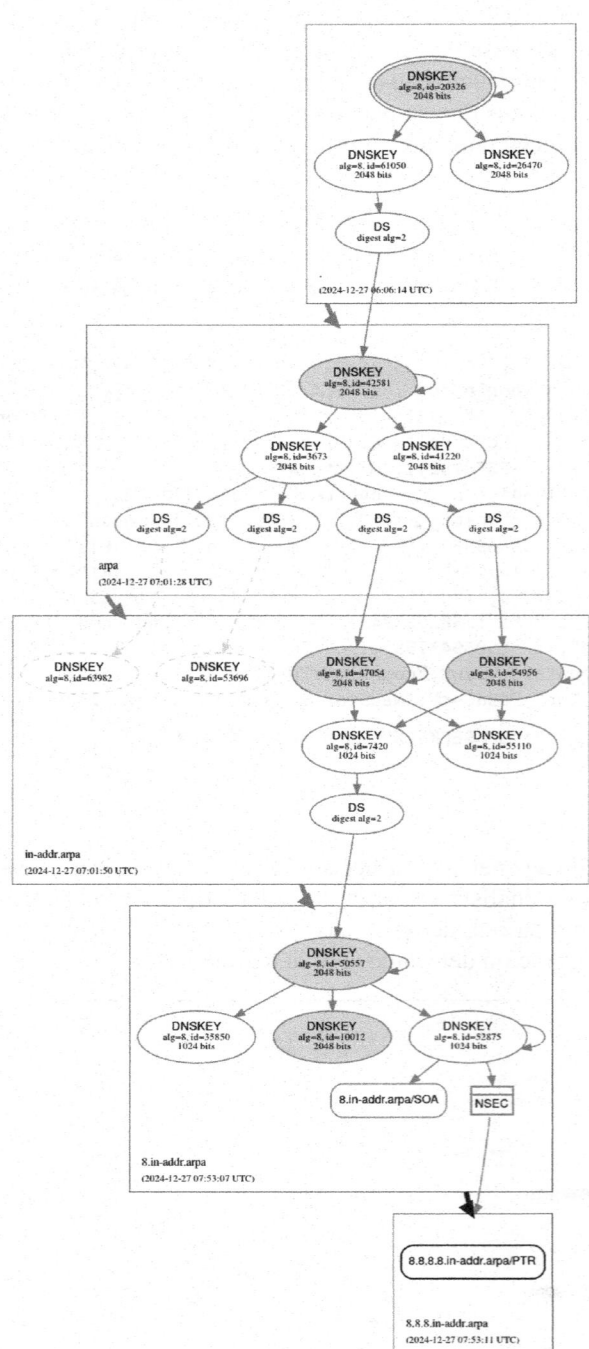

Figura 2.17. Visualizador de DNS

2.5.3 RED BITCOIN

Bitcoin Who's Who http://bitcoinwhoswho.com es un servicio donde puedes descubrir nuevas conexiones en la blockchain de bitcoin. Muestra una lista de apariciones de sitios web de direcciones de bitcoin, junto con la identificación de la cartera, las transacciones recientes y las direcciones IP.

Este servicio proporciona toda la información disponible sobre una dirección de bitcoin, por ejemplo, nombre del wallet, dirección IP, últimas transacciones, historial de transacciones. Entre las principales **características** podemos destacar:

- ▼ Búsqueda y verificación de una dirección de bitcoin.
- ▼ Buscar transacciones asociadas a una dirección de bitcoin.
- ▼ Comprobar una dirección de BTC para encontrar sitios web o perfiles conectados.

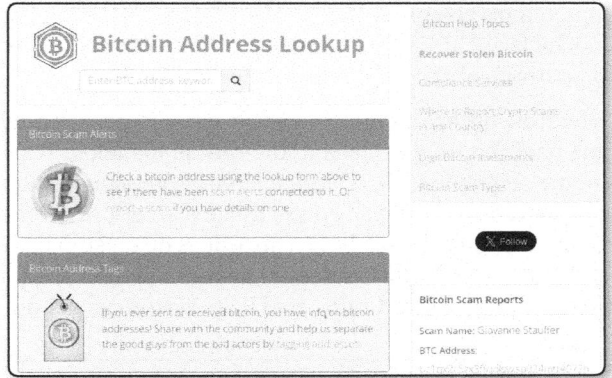

Figura 2.18. Buscar direcciones de Bitcoin

También ofrece la posibilidad de detectar cuando una dirección de bitcoin es fraudulenta:

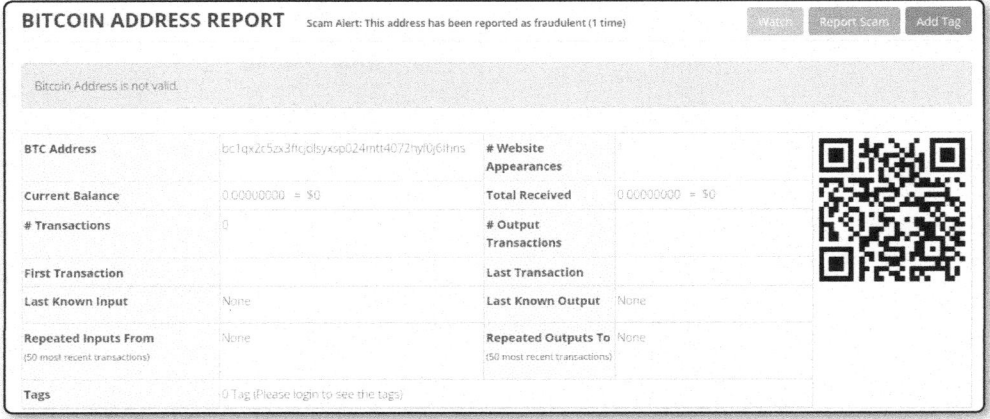

Figura 2.19. Dirección de Bitcoin fraudulenta

2.5.4 ARCHIVO DE PÁGINAS Y WAYBACK MACHINE

Una página almacenada en caché es una instantánea o una versión de una página web guardada en un momento específico y almacenada por un servidor web como copia de seguridad. De esta forma es posible acceder a varias copias de una página web guardada a lo largo de los años. Verificar una versión en caché de una página en lugar de la versión actual es útil si la página original no está disponible debido a una congestión de Internet o si el sitio web está caído, o simplemente si el propietario del sitio lo ha eliminado.

Las páginas en caché suelen ser guardadas y almacenadas por grandes empresas en grandes servidores web. Dado que tales servidores suelen ser muy rápidos, en ocasiones se puede acceder a una página almacenada en caché de una forma más rápida que si tratamos de acceder a la página activa en sí misma.

Con estas herramientas es posible acceder a páginas que no son accesibles directamente pero sí se encuentran en la caché de los buscadores. El poder acceder a copias archivadas de esta información permite el acceso a información histórica.

▶ **Wayback Machine** https://archive.org es un servicio que permite acceder a varias copias de una página web guardada a lo largo de los años. Wayback Machine es un sitio web que se puede utilizar para encontrar versiones anteriores de páginas web, lo que permite ver sitios web en sus estados anteriores. Podemos utilizar este servicio para generar una lista de URLs históricas de un sitio para poder utilizarlas en un diccionario. La forma de obtener el historial de urls es utilizando un par de * en la URL. En este ejemplo vemos las URLs históricas del dominio python.org

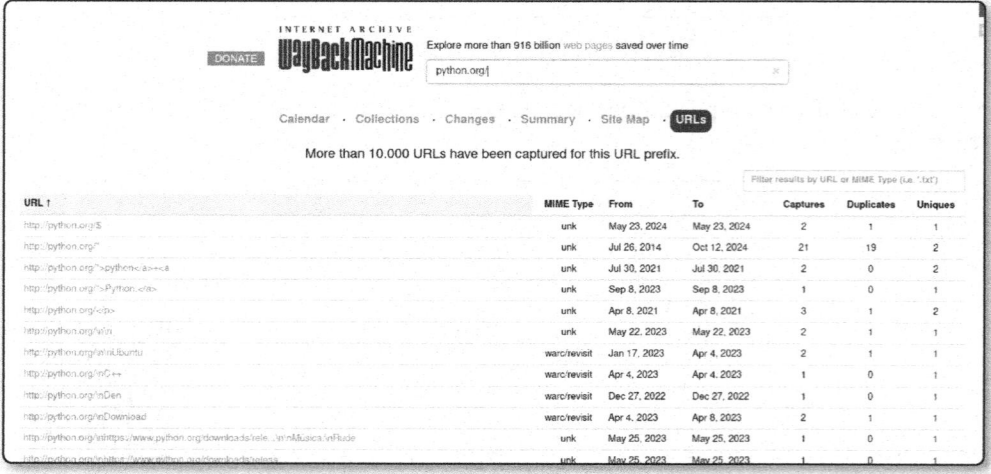

Figura 2.20. Obtener histórico de URLs de un dominio

▶ **Archive.is** http://archive.is es un servicio que los investigadores pueden usar para tomar una "instantánea" de una página web que siempre estará disponible para el investigador, incluso si la página original desaparece.

▶ **VisualPing** https://visualping.io permite recibir alertas por correo electrónico si cambian las páginas web que desea monitorizar. Podemos indicarle una determinada zona de la página en la cual estemos interesados a analizar.

Figura 2.21. Herramienta para detectar cambios en una página web

▶ **Waybackpack** https://github.com/jsvine/waybackpack es una herramienta de línea de comandos que permite descargar el contenido de Wayback Machine para una URL determinada. Se trata de una herramienta desarrollada en Python y tiene como dependencia el módulo requests y es compatible con Python 3.

```
$ pip install waybackpack
```

Con esta herramienta es posible recuperar los archivos en su estado original y descargarlos en la carpeta indicada en formato raw.

```
$ waybackpack www.google.es -d descargas/ --raw
```

En lugar de descargar los archivos, si sólo queremos visualizar la lista de snapshots, podemos hacerlo con el parámetro --list.

```
$ waybackpack www.google.es --list
```

Podemos indicarle también una fecha a partir de la cual buscar.

```
$ waybackpack www.google.es  -d descargas/ --to-date 2024
```

2.5.5 ENCONTRAR SITIOS WEB SIMILARES

Los sitios web que encuentran páginas similares son herramientas muy útiles para diversas tareas, como:

- ▸ Investigación de mercado: identificar a la competencia y analizar sus estrategias.
- ▸ SEO: encontrar nuevas oportunidades de palabras clave y backlinks.
- ▸ Descubrimiento de contenido: encontrar sitios web con contenido relevante para tus intereses.

Estos servicios utilizan algoritmos complejos para analizar el contenido, la estructura y los enlaces de un sitio web. Luego, comparan esta información con bases de datos de otros sitios web para encontrar aquellos que tienen características similares.

- ▸ **SimilarWeb** https://www.similarweb.com/es: una de las herramientas más populares, ofrece datos detallados sobre el tráfico, los competidores y las tendencias de cualquier sitio web.

- ▸ **Ahrefs** https://ahrefs.com: principalmente conocido por su suite de herramientas SEO, Ahrefs también ofrece una función para encontrar sitios web similares basados en el perfil de backlinks.

- ▸ **SEMrush** https://es.semrush.com: otra herramienta SEO completa que incluye un módulo para encontrar sitios web con temática similar.

- ▸ **SimilarSites** https://www.similarsites.com: una herramienta especializada en encontrar sitios web con contenido similar, basada en un análisis semántico.

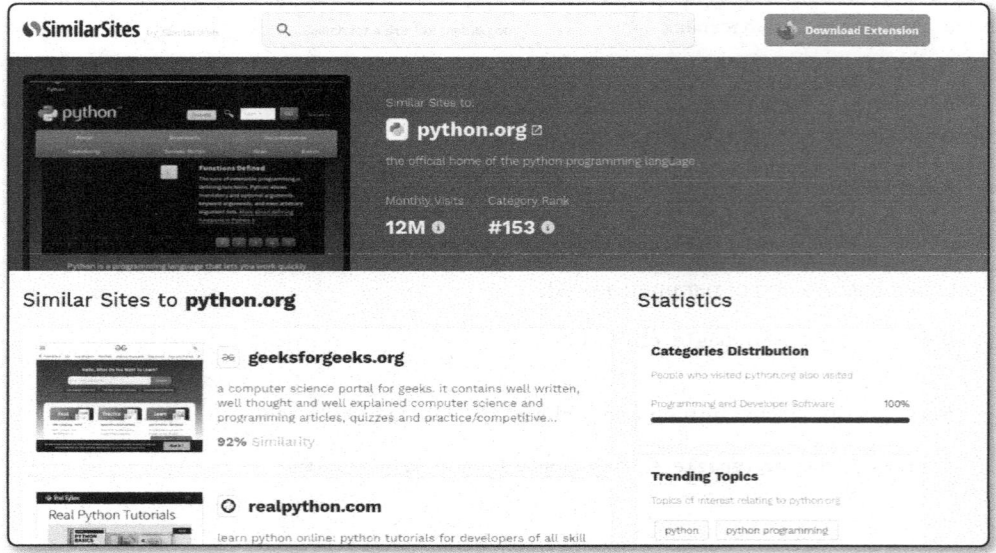

Figura 2.22. Herramienta para obtener sitios similares a un sitio web

2.6 PLUGINS OSINT PARA GOOGLE CHROME

Google Chrome y Firefox suelen ser los buscadores más usados para las investigaciones de OSINT. Además, que brindan los mejores complementos y extensiones para que nuestro trabajo sea mucho más fácil. Desde el punto de vista de las extensiones, en Chrome podemos encontrar algunas que pueden ser interesantes durante las investigaciones de OSINT.

2.6.1 THREATPINCH LOOKUP BROWSER

ThreatPinch Lookup Browser https://github.com/cloudtracer/ThreatPinchLookup proporciona información sobre herramientas al detectar en sitios web cadenas que contengan IPv4, MD5, SHA2, CVE. En el repositorio de github encontramos más información de cómo utilizarlo.

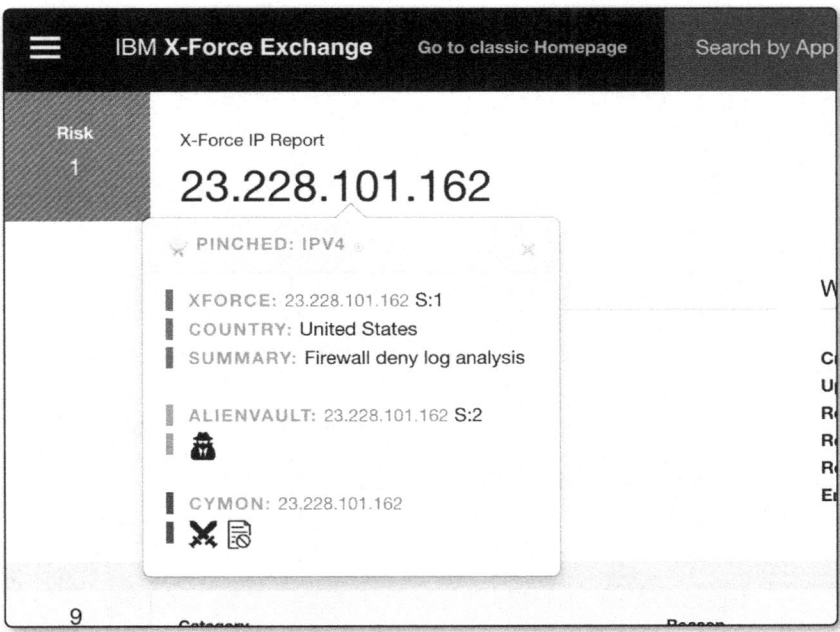

Figura 2.23. Herramienta para obtener información sobre una dirección IP

La herramienta está disponible como plugin de Chrome en la dirección:

https://chrome.google.com/webstore/detail/threatpinch-lookup/ljdgplocfnmnofb hpkjclbefmjoikgke?authuser=1 y funciona en forma de plugin para Chrome que crea ventanas emergentes al detectar IPv4, MD5, SHA2 y CVE mientras vas navegando. Si al navegar detectamos una IP o cadena que queremos analizar basta con seleccionarla con el plugin.

2.6.2 VORTIMO OSINT-TOOL

Vortimo https://www.osint-tool.com es una extensión para navegadores web (como Chrome) diseñada para facilitar la investigación en línea. Permite a los usuarios:

▶ **Buscar información rápidamente**: sobre dominios web, direcciones IP, personas y más.

▶ **Extraer datos**: como correos electrónicos, números de teléfono y otra información relevante de las páginas web.

▶ **Analizar imágenes:** buscar información adicional sobre imágenes, como su origen y modificaciones.

▶ **Tomar notas**: organizar la información encontrada durante la investigación.

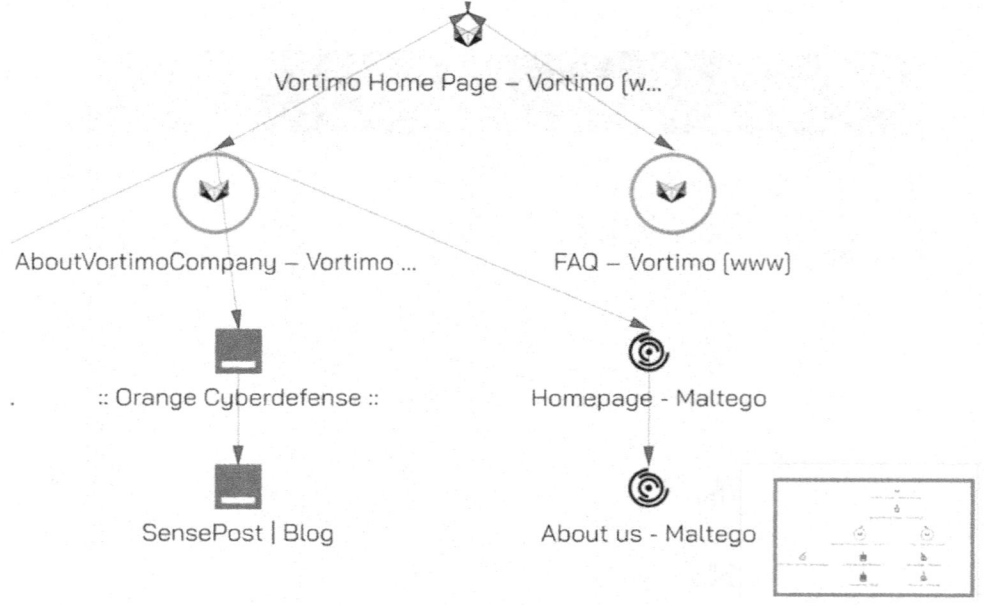

Figura 2.24. Herramienta para obtener información sobre un dominio

2.7 API HACKER TARGET

La API HackerTarget https://hackertarget.com es un conjunto de herramientas y servicios diseñados para ayudar a profesionales de la ciberseguridad e investigadores a recopilar información sobre sistemas conectados a internet. Esta API ofrece una amplia gama de funciones que permiten analizar direcciones IP, realizar búsquedas de DNS, y llevar a cabo evaluaciones de seguridad básicas.

Una de las funcionalidades más destacadas es su conjunto de herramientas para el análisis de direcciones IP. Con esta API, puedes obtener información detallada sobre un dominio, como el propietario, el registrador y otros datos técnicos. Además, puedes realizar búsquedas inversas de DNS para determinar el nombre de host asociado a una dirección IP, geolocalizar una dirección IP para conocer su ubicación aproximada, y trazar la ruta que siguen los paquetes de datos para llegar a un destino.

2.7.1 NMAP COMO ESCÁNER DE PUERTOS

Hacker Target proporciona un servicio para realizar un escaneo de puertos para una determinada dirección IP https://hackertarget.com/nmap-online-port-scanner. La exploración de puertos TCP probará una dirección IP contra puertos comunes para determinar si están abiertos y realizar una detección del servicio en caso afirmativo.

```
Starting Nmap 7.80 ( https://nmap.org ) at 2025-01-06 22:14 UTC
Nmap scan report for dns.google (8.8.8.8)
Host is up (0.0017s latency).

PORT      STATE     SERVICE
21/tcp    filtered  ftp
22/tcp    filtered  ssh
23/tcp    filtered  telnet
80/tcp    filtered  http
110/tcp   filtered  pop3
143/tcp   filtered  imap
443/tcp   open      https
3389/tcp  filtered  ms-wbt-server
Nmap done: 1 IP address (1 host up) scanned in 1.26 seconds
```

Un simple escaneo de puertos TCP puede determinar rápidamente el estado de un servicio o firewall. Hay que tener en cuenta que este escaneo sólo evaluará los servicios comunes (21) FTP, (22) SSH, (25) SMTP, (80) HTTP, (443) HTTPS y (3389) RDP. Al revisar los resultados de un escaneo de puertos TCP, generalmente es posible determinar si un firewall está bloqueando todo el tráfico a los puertos que no están disponibles. Si algunos puertos están en un estado cerrado y algunos filtrados, esto indica que un firewall o enrutador puede estar bloqueando el tráfico.

2.7.2 TRACEROUTE

Traceroute https://hackertarget.com/online-traceroute es un comando que se utiliza para examinar los saltos que seguirá la comunicación a través de una red hasta alcanzar la dirección IP del router destino. Esta asignación se realiza buscando cada dirección IP del enrutador que responde contra los servicios basados en GeoIP.

```
Start: 2025-01-06T22:19:00+0000
HOST: apitools4                              Loss%   Snt   Last
Avg  Best  Wrst StDev
  1.|-- 10.204.3.49                          0.0%     2    0.3
 0.3   0.3   0.3   0.0
  2.|-- 10.204.35.11                         0.0%     2    0.4
 0.4   0.4   0.4   0.0
  3.|-- 10.204.32.2                          0.0%     2    3.3
```

```
2.1   1.0   3.3   1.6
   4.|-- lo0-0.gw3.atl1.us.linode.com                        0.0%    2    0.5
0.8   0.5   1.0   0.4
   5.|-- ae48.r21.atl01.ien.netarch.akamai.com              0.0%    2    0.6
0.6   0.6   0.7   0.1
   6.|-- a23-203-144-49.deploy.static.akamaitechnologies.com 0.0%    2    2.0
13.2  2.0  24.5  15.9
   7.|-- 172.253.71.211                                      0.0%    2    0.8
0.9   0.8   1.0   0.1
   8.|-- 216.239.47.35                                       0.0%    2    3.5
2.6   1.7   3.5   1.3
   9.|-- dns.google                                          0.0%    2    0.7
0.7   0.7   0.8   0.1
```

2.7.3 DNSLOOKUP

Un dominio tiene una serie de registros asociados y podemos realizar consultas sobre un servidor DNS para determinar la dirección IP del dominio principal (registro A), servidores de correo (registros MX), servidores DNS (servidores de nombres NS) y otros elementos como registros TXT.

El comando más común que se utiliza es **nslookup** que está disponible en muchos sistemas operativos, incluidos Windows y la mayoría de las distribuciones de Linux. Otra herramienta que se encuentra en sistemas basados en Linux es la herramienta dig. En general, esta es una herramienta más avanzada que tiene una serie de características que nslookup no posee.

▶ https://hackertarget.com/dns-lookup/

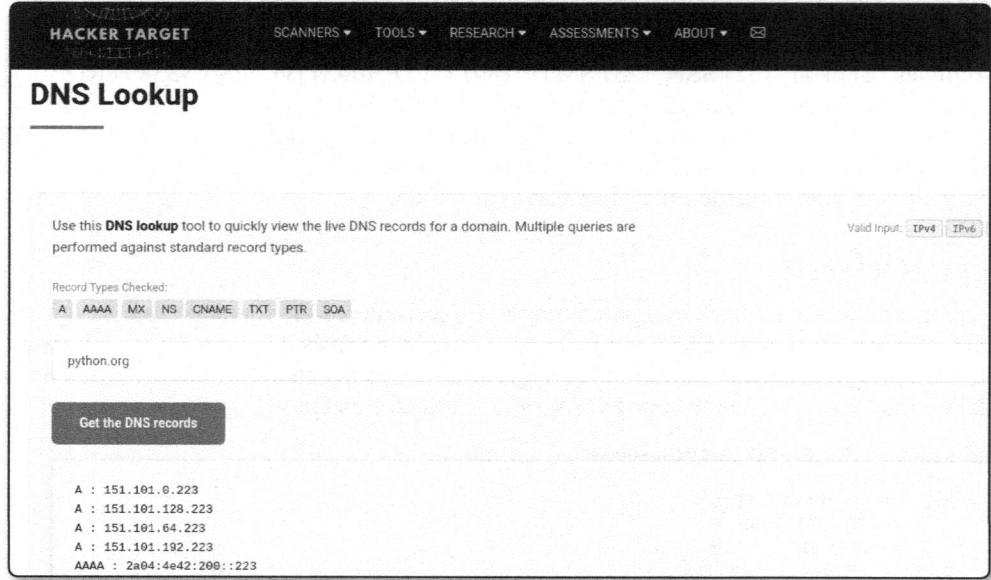

Figura 2.25. Herramienta online para obtener servidores DNS

⚑ https://api.hackertarget.com/dnslookup/?q=python.org

```
A : 151.101.192.223
A : 151.101.64.223
A : 151.101.0.223
A : 151.101.128.223
AAAA : 2a04:4e42::223
AAAA : 2a04:4e42:400::223
AAAA : 2a04:4e42:200::223
AAAA : 2a04:4e42:600::223
MX : 50 mail.python.org.
NS : ns-1134.awsdns-13.org.
NS : ns-2046.awsdns-63.co.uk.
NS : ns-484.awsdns-60.com.
NS : ns-981.awsdns-58.net.
TXT : MS=73147F1EC0843C399CF17F586EC6B8EAF8C57961
TXT : 888acb5757da46ad83b7e341ec544c64
TXT : _globalsign-domain-verification=B57sRQpmte4G4w-
gavZbVNmmNsMxGp5kcL19UP2599
TXT : libera-1298aas
TXT : google-site-verification=9852CbTRhQ51-9gCUayPbGYqJeBle_MXLb6E4AL_qQk
TXT : google-site-verification=dqhMiMzpbkSyEhgjGKyEOMlEg2tF0MSHD7UN-MYfD-M
TXT : google-site-verification=QALZObrG12OVG81WUE40uVSMCAka316yADn9ZfCU5OA
TXT : v=spf1 mx a:mail.wooz.org ip4:188.166.95.178/32
ip6:2a03:b0c0:2:d0::71:1 include:stspg-customer.com include:_spf.google.com
include:mailgun.org ~all
TXT : status-page-domain-verification=9y2klhzbxsgk
TXT : google-site-verification=w3b8mU3wU6cZ8uSrj3E_5f1frPejJskDpSp_nMWJ99o
SOA : ns-2046.awsdns-63.co.uk. awsdns-hostmaster.amazon.com. 1 7200 900
1209600 86400
```

2.7.4 REVERSE DNS

Un registro DNS inverso (o registro PTR) es una entrada que resuelve una dirección IP a un nombre de host. En este punto la búsqueda directa es la más conocida, donde un registro A que encuentra una dirección IP a partir de un nombre de host para que se pueda acceder a un servicio de Internet.

Cuando un atacante o un pentester evalúa una organización, lo primero que intentará será obtener una lista de posibles nombres de host, direcciones IP y bloques de red IP que están relacionados con la organización objetivo. Con esta herramienta DNS inversa no solo puede resolver direcciones IP individuales sino también un rango de direcciones IP o una búsqueda sobre todo el dominio DNS inverso.

⚑ https://hackertarget.com/reverse-dns-lookup
⚑ https://api.hackertarget.com/reversedns/?q=8.8.8.8

```
8.8.8.8 dns.google
```

2.7.5 WHOIS Y BÚSQUEDA INVERSA DE IP

Whois es el nombre del protocolo que se utiliza para preguntar a los servidores operados por registros de internet, que contienen información sobre cada recurso (dirección IP o nombre de dominio) registrado en internet. Se puede buscar tanto por dirección IP como por nombre de dominio. La información obtenida incluye direcciones físicas, direcciones de correo electrónico, nombres y números de teléfono. La API de HackerTarget proporciona el siguiente servicio https://hackertarget.com/whois-lookup para obtener los registros Whois a partir de una dirección IP o nombre de dominio.

```
NetRange:       8.8.8.0 - 8.8.8.255
CIDR:           8.8.8.0/24
NetName:        GOGL
NetHandle:      NET-8-8-8-0-2
Parent:         NET8 (NET-8-0-0-0-0)
NetType:        Direct Allocation
OriginAS:
Organization:   Google LLC (GOGL)
RegDate:        2023-12-28
Updated:        2023-12-28
Ref:            https://rdap.arin.net/registry/ip/8.8.8.0



OrgName:        Google LLC
OrgId:          GOGL
Address:        1600 Amphitheatre Parkway
City:           Mountain View
StateProv:      CA
PostalCode:     94043
Country:        US
RegDate:        2000-03-30
Updated:        2019-10-31
Comment:        Please note that the recommended way to file abuse complaints are
located in the following links.
Comment:
Comment:        To report abuse and illegal activity: https://www.google.com/
contact/
Comment:
Comment:        For legal requests: http://support.google.com/legal
Comment:
Comment:        Regards,
Comment:        The Google Team
Ref:            https://rdap.arin.net/registry/entity/GOGL
```

```
OrgTechHandle: ZG39-ARIN
OrgTechName:   Google LLC
OrgTechPhone:  +1-650-253-0000
OrgTechEmail:  arin-contact@google.com
OrgTechRef:    https://rdap.arin.net/registry/entity/ZG39-ARIN

OrgAbuseHandle: ABUSE5250-ARIN
OrgAbuseName:   Abuse
OrgAbusePhone:  +1-650-253-0000
OrgAbuseEmail:  network-abuse@google.com
OrgAbuseRef:    https://rdap.arin.net/registry/entity/ABUSE5250-ARIN
```

Entre los principales casos de uso para una búsqueda Whois podemos destacar:

- **Respuesta a incidentes e inteligencia de amenazas:** las ventajas de una búsqueda whois para aquellos que responden a un incidente de seguridad es identificar el ISP (Proveedor de servicios de internet) que posee una dirección IP particular. A partir de esta información, se puede contactar al propietario del dominio y avisar al proveedor de la presencia de tráfico malicioso.

- **Registros históricos de Whois:** permiten que un investigador busque detalles en los datos whois. Por ejemplo, se pueden usar los registros de whois para encontrar una dirección de correo electrónico en varios dominios y determinar cuándo apareció por primera vez la dirección de correo electrónico en un registro whois.

- **Solución de problemas de red con Whois**: un especialista de seguridad de redes que investiga una ruta a través de Internet puede ver si una red en particular está introduciendo una latencia significativa. Mediante una búsqueda de whois, se puede determinar quién es el propietario de la red en cuestión y ponerse en contacto con los responsables de esa red.

La técnica conocida como búsqueda inversa de IP es una forma de identificar nombres de host que tienen registros DNS asociados con una dirección IP. Es una técnica común en entornos de hosting compartido donde un servidor web se puede configurar para múltiples servidores virtuales a partir de una sola dirección IP. Para realizar la búsqueda inversa disponemos de los siguientes servicios:

- **ViewDNS.info** permite realizar búsquedas inversas de whois. Por ejemplo, si queremos saber en cuantos dominios se usa una cuenta de email concreta o un nombre concreto podríamos utilizar el servicio http://viewdns.info/reversewhois.

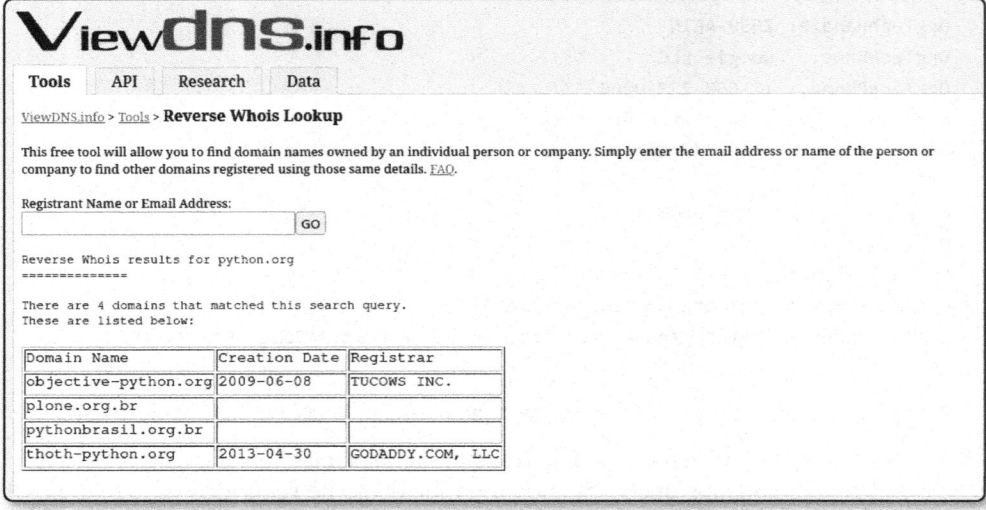

Figura 2.26. Herramienta online para realizar búsqueda inversa

▶ **WhoXY** https://www.whoxy.com permite descubrir dominios adicionales usando búsquedas de WHOIS inversas.

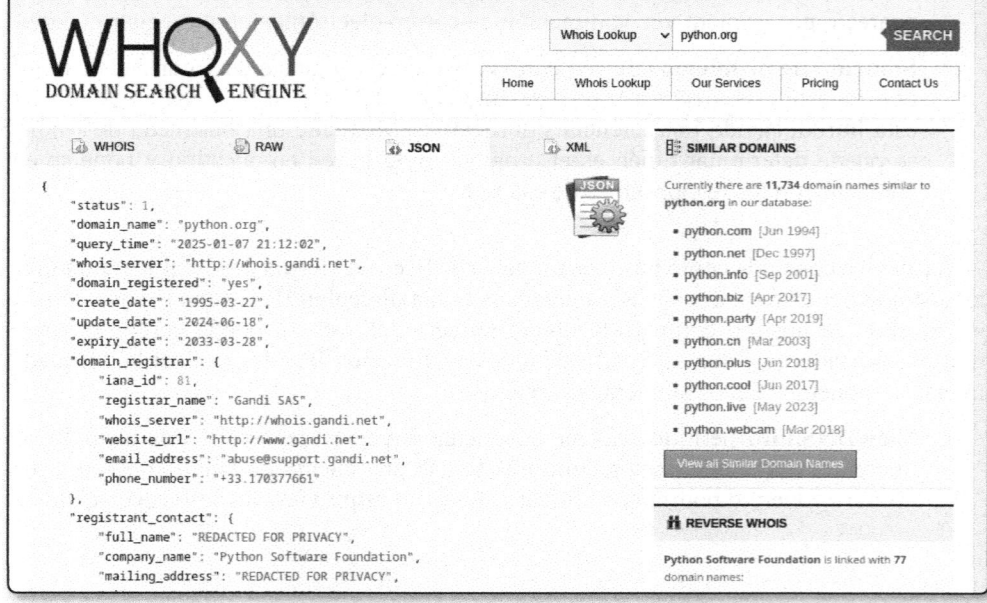

Figura 2.27. Herramienta online para realizar búsqueda inversa

2.7.6 COMPROBAR CABECERAS DE UN SITIO WEB

Se puede recopilar una gran cantidad de información en las cabeceras HTTP devueltas por un servidor web. Se pueden identificar datos como la versión del servidor, las cabeceras relacionadas con las cookies y las tecnologías de aplicaciones web. Esta información se puede usar simplemente para recolectar información o planificar un ataque contra el servidor web. Habría dos formas de obtener esta información con el servicio de hacker target.

▼ https://hackertarget.com/http-header-check
▼ https://api.hackertarget.com/httpheaders/?q=http://www.python.org

```
HTTP/1.1 301 Moved Permanently
Connection: close
Content-Length: 0
Server: Varnish
Retry-After: 0
Location: https://www.python.org/
Accept-Ranges: bytes
Date: Tue, 07 Jan 2025 21:22:42 GMT
Via: 1.1 varnish
X-Served-By: cache-iad-kcgs7200110-IAD
X-Cache: HIT
X-Cache-Hits: 0
X-Timer: S1736284962.417936,VS0,VE0
Strict-Transport-Security: max-age=63072000; includeSubDomains; preload

HTTP/1.1 200 OK
Connection: keep-alive
Content-Length: 50294
x-frame-options: SAMEORIGIN
content-type: text/html; charset=utf-8
via: 1.1 varnish, 1.1 varnish
Accept-Ranges: bytes
Date: Tue, 07 Jan 2025 21:22:42 GMT
Age: 1449
X-Served-By: cache-iad-kiad7000081-IAD, cache-iad-kjyo7100176-IAD
X-Cache: MISS, HIT
X-Cache-Hits: 0, 5
X-Timer: S1736284963.501753,VS0,VE0
Vary: Cookie
Strict-Transport-Security: max-age=63072000; includeSubDomains; preload
```

2.7.7 EXTRAER ENLACES DE UN SITIO WEB

HackerTarget es una herramienta invaluable para recopilar información sobre dominios y direcciones IP que nos permite extraer enlaces de un sitio web de forma masiva.Habría dos formas de obtener esta información con el servicio de hacker target.

▼ https://hackertarget.com/extract-links/
▼ https://api.hackertarget.com/pagelinks/?q=www.python.org

```
http://www.wxpython.org/
https://wiki.python.org/moin/PythonBooks
https://docs.python.org/3/license.html
http://roundup.sourceforge.net/
http://trac.edgewall.org/
https://peps.python.org
https://www.python.org/psf/
http://planetpython.org/
http://wiki.python.org/moin/Languages
https://pyfound.blogspot.com/2024/12/12psf-grants-program-charter-updates-
part-3.html
//jobs.python.org
http://www.web2py.com/
https://twitter.com/ThePSF
https://devguide.python.org/
https://wiki.qt.io/PySide
//docs.python.org/3/tutorial/controlflow.html
https://dearpygui.readthedocs.io/en/latest/
https://wiki.python.org/moin/PythonEventsCalendar#Submitting_an_Event
https://wiki.python.org/moin/
https://www.openstack.org
https://xon.sh
http://pandas.pydata.org/
https://docs.python.org
//docs.python.org/3/tutorial/
http://www.djangoproject.com/
//docs.python.org/3/tutorial/controlflow.html#defining-functions
http://pyfound.blogspot.com/
https://pyfound.blogspot.com/2024/12/psf-grants-program-charter-updates-tldr.
html
https://blog.python.org
http://www.scipy.org
https://status.python.org/
https://fosstodon.org/@ThePSF
https://pyfound.blogspot.com/2024/12/psf-grants-program-charter-updates-
part-1.html
https://github.com/python/pythondotorg/issues
https://pypi.org/
http://wiki.python.org/moin/TkInter
http://pycon.blogspot.com/
https://github.com/python/cpython/issues
http://www.riverbankcomputing.co.uk/software/pyqt/intro
https://saltproject.io
https://kivy.org/
http://buildbot.net/
https://mail.python.org/mailman/listinfo/python-dev
https://pyfound.blogspot.com/2024/12/psf-grants-program-charter-updates-
part-2.html
http://flask.pocoo.org/
https://www.linkedin.com/company/python-software-foundation/
http://tornadoweb.org
https://docs.python.org/faq/
```

```
https://psfmember.org/civicrm/contribute/transact?reset=1&id=2
http://www.pylonsproject.org/
https://wiki.gnome.org/Projects/PyGObject
http://www.ansible.com
http://brochure.getpython.info/
http://docs.python.org/3/tutorial/introduction.html#using-python-as-a-
calculator
https://wiki.python.org/moin/BeginnersGuide
http://bottlepy.org
https://policies.python.org/python.org/Privacy-Notice/
//docs.python.org/3/tutorial/introduction.html#lists
http://ipython.org
https://pyfound.blogspot.com/2024/12/announcing-python-software-foundation.
html
```

2.8 FASE DE RECONOCIMIENTO SOBRE SITIOS WEB

La fase de reconocimiento es la primera fase de una prueba de pentesting, en la cual el objetivo del pentester es encontrar la mayor cantidad de información posible sobre el sitio web objetivo. Las tecnologías backend y frontend usadas por el sitio web pueden conducir a la construcción de vectores de ataque dedicados con el objetivo de explotar vulnerabilidades en versiones de software específicas. Para identificar esta información se puede hacer uso de herramientas como **Wappalyzer** https://www.wappalyzer.com y **Builtwith** https://builtwith.com.

Wappalyzer tiene una base de datos de firmas de aplicaciones web que le permite identificar más de 900 tecnologías web de más de 50 categorías. La herramienta analiza múltiples elementos del sitio web para determinar sus tecnologías, para ello analiza elementos HTML como los siguientes:

- Cabeceras de respuesta HTTP del servidor.
- Meta etiquetas HTML.
- Archivos JavaScript tanto de forma separada como incrustados en el HTML.
- Contenido específico de HTML.
- Comentarios específicos de HTML.

También disponemos de módulos en Python para obtener esta información de forma automatizada desde un script.

- https://github.com/claymation/python-builtwith
- https://pypi.org/project/builtwith

```
>>> import builtwith
>>> builtwith.builtwith('http://wordpress.com')
{'web-servers': ['Nginx'], 'ecommerce': ['WooCommerce'], 'cms':
['WordPress'], 'programming-languages': ['PHP'], 'blogs': ['PHP',
'WordPress']}
```

```
>>> builtwith.builtwith('http://python.org')
{'javascript-frameworks': ['Modernizr', 'jQuery', 'jQuery UI']}
>>> builtwith.builtwith('http://www.googgle.es')
{'web-servers': ['Nginx']}
```

▶ https://github.com/chorsley/python-Wappalyzer

```
>>> from Wappalyzer import Wappalyzer, WebPage
>>> webpage = WebPage.new_from_url('http://python.org')
>>> wappalyzer = Wappalyzer.latest()
  warnings.warn(
>>> wappalyzer.analyze(webpage)
{'jQuery UI', 'jQuery', 'Modernizr', 'Varnish'}
>>> wappalyzer.analyze_with_categories(webpage)
{'jQuery UI': {'categories': ['JavaScript libraries']}, 'jQuery':
{'categories': ['JavaScript libraries']}, 'Modernizr': {'categories':
['JavaScript libraries']}, 'Varnish': {'categories': ['Caching']}}
>>> wappalyzer.analyze_with_versions_and_categories(webpage)
{'jQuery UI': {'versions': ['1.12.1'], 'categories': ['JavaScript
libraries']}, 'jQuery': {'versions': ['1.8.2'], 'categories': ['JavaScript
libraries']}, 'Modernizr': {'versions': [], 'categories': ['JavaScript
libraries']}, 'Varnish': {'versions': [], 'categories': ['Caching']}}
```

Otra herramienta desarrollada en Python y permite identificar las tecnologías de un sitio web es https://github.com/ShielderSec/webtech

```
$ webtech -h

Usage: webtech [options]

Options:
  -h, --help             show this help message and exit
  -u URLS, --urls=URLS   url(s) to scan
  --ul=URLS_FILE, --urls-file=URLS_FILE
                         url(s) list file to scan
  --ua=USER_AGENT, --user-agent=USER_AGENT
                         use this user agent
  --rua, --random-user-agent
                         use a random user agent
  --db=DB_FILE, --database-file=DB_FILE
                         custom database file
  --oj, --json           output json-encoded report
  --og, --grep           output grepable report

$ webtech -u http://www.google.com

Target URL: http://www.google.com
Detected technologies:
     - Google Web Server
```

A partir de los resultados de estas herramientas, podemos utilizar otras como droopescan https://github.com/droope/droopescan que permiten realizar escaneo de vulnerabilidades a partir de los CMS detectados. La herramienta la podemos encontrar en el repositorio oficial de Python.

```
$ pip install droopescan
```

También la podemos ejecutar a partir del código fuente ejecutando el script.

```
$ git clone https://github.com/droope/droopescan.git
$ cd droopescan
$ pip install -r requirements.txt
$ ./droopescan scan --help
```

2.9 ESCÁNER DE PUERTOS CON SCANLESS

Un escáner de puertos es una herramienta que permite descubrir información sobre los servicios que se ejecutan en un host. La ventaja de utilizar herramientas como Scanless es que puedes realizar escaneos de forma pasiva sin enviar paquetes directamente al puerto objetivo. Esto lo hace una alternativa más discreta y menos detectable que los escáneres de puertos tradicionales como Nmap.

Scanless es una herramienta desarrollada en **Python3** https://github.com/vesche/scanless que permite realizar scanner de puertos en varios servicios de forma online. La herramienta la podemos instalar con el siguiente comando:

```
$ pip install scanless
```

Con el siguiente comando podemos ver la lista de scanners que utiliza la herramienta.

```
$ scanless --list
+----------------+-----------------------------------------+
| Scanner Name   | Website                                 |
+----------------+-----------------------------------------+
| hackertarget   | https://hackertarget.com                |
| ipfingerprints | https://www.ipfingerprints.com          |
| pingeu         | https://ping.eu                         |
| spiderip       | https://spiderip.com                    |
| standingtech   | https://portscanner.standingtech.com    |
| viewdns        | https://viewdns.info                    |
| yougetsignal   | https://www.yougetsignal.com            |
+----------------+-----------------------------------------+
```

Para realizar un escaneo sobre un dominio podemos hacerlo usando las opciones que muestra el comando de ayuda. Con la opción -a le indicamos que realice el escaneo en todos los servicios disponibles.

```
$ scanless -h
usage: scanless [-h] [-v] [-t TARGET] [-s SCANNER] [-r] [-l] [-a] [-d]

scanless, an online port scan scraper.

optional arguments:
```

```
-h, --help              show this help message and exit
-v, --version           display the current version
-t TARGET, --target TARGET
                        ip or domain to scan
-s SCANNER, --scanner SCANNER
                        scanner to use (default: hackertarget)
-r, --random            use a random scanner
-l, --list              list scanners
-a, --all               use all the scanners
-d, --debug             debug mode (cli mode off & show network errors)
```

El siguiente comando realizaría un escaneo completo sobre un el dominio **scanme.nmap.org** utilizando el servicio de **viewdns**:

```
$ scanless -t scanme.nmap.org -s viewdns
Running scanless v2.1.6...

viewdns:
PORT       STATE   SERVICE
21/tcp     closed  ftp
22/tcp     open    ssh
23/tcp     closed  telnet
25/tcp     closed  smtp
53/tcp     closed  domain
80/tcp     open    http
110/tcp    closed  pop3
139/tcp    closed  netbios-ssn
143/tcp    closed  imap
443/tcp    closed  https
445/tcp    closed  microsoft-ds
1433/tcp   closed  ms-sql-s
1521/tcp   closed  oracle
3306/tcp   closed  mysql
3389/tcp   closed  ms-wbt-server
```

2.10 OBTENER INFORMACIÓN SOBRE UN DOMINIO

Cuando se trata de investigar un dominio, las herramientas OSINT pueden proporcionar una gran cantidad de datos valiosos. A continuación, analizamos las herramientas más destacadas para obtener información sobre un dominio.

2.10.1 RECONDOG

ReconDog https://github.com/s0md3v/ReconDog es una herramienta que reúne algunas de las funcionalidades básicas de recopilación de información. Para recopilar toda la información utiliza los servicios del api de HackerTarget. Se trata de una herramienta desarrollada en python con las siguientes utilidades:

▶ **Censys**: utiliza el servicio de censys.io para recopilar una gran cantidad de información sobre una dirección IP.

▶ **NS lookup**: búsqueda de servidor de nombres.

▶ **Port scan**: escanea los puertos TCP más comunes.

▶ **Detect CMS:** puede detectar la mayoría de sistemas gestores de contenido.

▶ **Whois lookup:** realiza una búsqueda de whois.

▶ **Detect honeypot**: utiliza shodan.io para verificar si el target objetivo es un honeypot.

▶ **Find subdomains**: utiliza el servicio findsubdomains.com para encontrar subdominios.

▶ **Reverse IP lookup**: realiza una búsqueda de IP inversa para encontrar dominios asociados con una dirección IP.

▶ **Detect technologies**: utiliza wappalyzer.com para detectar tecnologías web.

La instalación se puede realizar desde el script en Python que se puede encontrar en el repositorio, compatible con Python 3.6: https://github.com/s0md3v/ReconDog. La interfaz en forma de asistente es la forma más sencilla de utilizar esta herramienta.

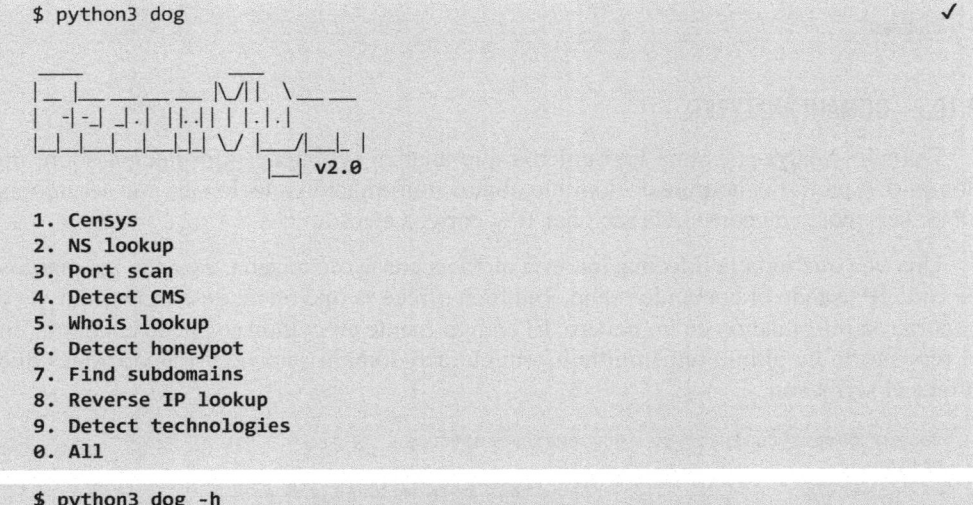

```
$ python3 dog                                                          ✓

 __   __            __    __  ___  __
|  | |  |  __ __ __ |\/|| \  \__ __
|  -| -_| _|-| || .|| | || |.|  |.|-|
|__|__|__|__|| \/ |__/|__| |
                    |__| v2.0

1. Censys
2. NS lookup
3. Port scan
4. Detect CMS
5. Whois lookup
6. Detect honeypot
7. Find subdomains
8. Reverse IP lookup
9. Detect technologies
0. All
```

```
$ python3 dog -h
usage: dog [-h] [-t TARGET] [-c CHOICE] [--domains] [--ips]

options:
  -h, --help  show this help message and exit
  -t TARGET   target
  -c CHOICE   choice
  --domains   stdin type: domain
  --ips       stdin type: i
```

```
$ python3 dog -t python.org -c 2                                          ✓
A : 151.101.128.223
A : 151.101.64.223
A : 151.101.192.223
A : 151.101.0.223
AAAA : 2a04:4e42::223
AAAA : 2a04:4e42:400::223
AAAA : 2a04:4e42:200::223
AAAA : 2a04:4e42:600::223
MX : 50 mail.python.org.
NS : ns-981.awsdns-58.net.
NS : ns-2046.awsdns-63.co.uk.
NS : ns-1134.awsdns-13.org.
NS : ns-484.awsdns-60.com.
TXT : google-site-verification=w3b8mU3wU6cZ8uSrj3E_5f1frPejJskDpSp_nMWJ99o
TXT : MS=73147F1EC0843C399CF17F586EC6B8EAF8C57961
TXT : google-site-verification=9852CbTRhQ51-9gCUayPbGYqJeBle_MXLb6E4AL_qQk
TXT : google-site-verification=QALZObrGl2OVG8lWUE40uVSMCAka316yADn9ZfCU5OA
TXT : status-page-domain-verification=9y2klhzbxsgk
TXT : libera-1298aas
TXT : _globalsign-domain-verification=B57sRQpmte4G4w-gavZbVNmmNsMxGp5kcL19UP2599
TXT : 888acb5757da46ad83b7e341ec544c64
TXT : v=spf1 mx a:mail.wooz.org ip4:188.166.95.178/32 ip6:2a03:b0c0:2:d0::71:1
include:stspg-customer.com include:_spf.google.com include:mailgun.org ~all
TXT : google-site-verification=dqhMiMzpbkSyEhgjGKyEOMlEg2tF0MSHD7UN-MYfD-M
SOA : ns-2046.awsdns-63.co.uk. awsdns-hostmaster.amazon.com. 1 7200 900 1209600
86400%
```

2.10.2 DOMAIN ANALYZER

Domain Analyzer es una herramienta que analiza y obtiene información sobre un dominio. A partir del nombre de dominio obtiene información relacionada con servidores DNS, servidores de correo, direcciones IP y correos electrónicos.

Una vez que toda la información está almacenada y organizada, escanea los puertos de cada IP usando el comando nmap. También ofrece la opción de descargar archivos y exportar la información en un fichero. El código fuente en python se puede encontrar en el repositorio de github https://github.com/eldraco/domain_analyzer. Las opciones que ofrece el script son:

```
usage: domain_analyzer.py -d <domain> <options>
options:
  -h, --help                   Show this help message and exit.
  -V, --version                Output version information and exit.
  -D, --debug           Debug.
  -d, --domain          Domain to analyze.
  -L <list>, --common-hosts-list <list>  Relative path to txt file containing
common hostnames. One name per line.
  -j, --not-common-hosts-names       Do not check common host names. Quicker but
you will lose hosts.
  -t, --not-zone-transfer         Do not attempt to transfer the zone.
```

```
  -n, --not-net-block          Do not attempt to -sL each IP netblock.
  -o, --store-output           Store everything in a directory named as the
domain. Nmap output files and the summary are stored inside.
  -a, --not-scan-or-active       Do not use nmap to scan ports nor to search
for active hosts.
  -p, --not-store-nmap         Do not store any nmap output files in the directory
<output-directory>/nmap.
  -e, --zenmap                 Move xml nmap files to a directory and open zenmap
with the topology of the whole group. Your user should have access to the
DISPLAY variable.
  -g, --not-goog-mail            Do not use goog-mail.py (embebed) to look for
emails for each domain
  -s, --not-subdomains           Do not analyze sub-domains recursively. You will
lose subdomain internal information.
  -f, --create-pdf             Create a pdf file with all the information.
  -1, --world-domination         Scan every gov,mil,org and net domains of every
country on the world. Interesting if you don't use -s
  -r, --robin-hood             Send the pdf report to every email found using
domains the MX servers found. Good girl.
  -w, --not-webcrawl             Do not web crawl every web site (in every port)
we found looking for public web mis-configurations (Directory listing, etc.).
  -m, --max-amount-to-crawl      If you crawl, do it up to this amount of links
for each web site. Defaults to 50.
  -F, --download-files           If you crawl, download every file to disk.
  -c, --not-countrys           Do not resolve the country name for every IP and
hostname.
  -C, --not-colors             Do not use colored output.
  -q, --not-spf                Do not check SPF records.
  -k, --random-domains           Find this amount of domains from google and
analyze them. For base domain use -d
  -v, --ignore-host-pattern      When using nmap to find active hosts and to port
scan, ignore hosts which names match this pattern. Separete them with commas.
  -x, --nmap-scantype            Nmap parameters to port scan. Defaults to: '-O
--reason --webxml --traceroute -sS -sV -sC -PN -n -v -F' .
  -b, --robtex-domains           If we found a DNS server with zone transfer
activated, search other UNrelated domains using that DNS server with robtex and
analyze them too.
  -B, --all-robtex             Like -b, but also if no Zone Transfer was found.
Useful to analyze all the domains in one corporative DNS server. Includes also
-b.
```

Para su ejecución utilizamos el parámetro -d para indicarle el dominio y el resto son opcionales dependiendo del grado de detalle que deseemos. Ejemplo de comando:

```
$ python domain_analyzer.py -d python.org -b -o -g -a -n
Domains still to check: 1
  Checking if the hostname python.org. given is in fact a domain...

Analyzing domain: python.org.
  Output directory name: python.org.
  Output summary file: python.org./python.org..txt
  Checking NameServers using system default resolver...
    IP: 205.251.193.228 (US)
      HostName: ns-484.awsdns-60.com
```

```
        Type: NS
          HostName: 228.193.251.205.in-addr.arpa          Type: PTR
        IP: 205.251.196.110 (US)
          HostName: ns-1134.awsdns-13.org
          Type: NS
          HostName: 110.196.251.205.in-addr.arpa          Type: PTR
        IP: 205.251.195.213 (US)
          HostName: ns-981.awsdns-58.net
          Type: NS
          HostName: 213.195.251.205.in-addr.arpa          Type: PTR
      IP: 205.251.199.254 (US)
          HostName: ns-2046.awsdns-63.co.uk
          Type: NS
          HostName: 254.199.251.205.in-addr.arpa          Type: PTR


        Checking MailServers using system default resolver...
        IP: 188.166.95.178 (NL)
          HostName: mail.python.org
          Type: MX
          HostName: 178.95.166.188.in-addr.arpa          Type: PTR

      Checking the zone transfer for each NS... (if this takes more than 10 seconds,
    just hit CTRL-C and it will continue. Bug in the libs)
        No zone transfer found on nameserver 205.251.193.228
        No zone transfer found on nameserver 205.251.196.110
        No zone transfer found on nameserver 205.251.195.213
        No zone transfer found on nameserver 205.251.199.254
    Checking 192 most common hostnames using system default resolver...
        IP: 151.101.132.223 (US)
          HostName: www.python.org.
          Type: A
        IP: 188.166.95.178 (NL)
          HostName: mail.python.org
          Type: MX
          HostName: 178.95.166.188.in-addr.arpa          Type: PTR
          Type: SPF
          HostName: mail.python.org.
          Type: A
        IP: 151.101.132.223 (US)
          HostName: www.python.org.
          Type: A
          HostName: test.python.org.
          Type: A
          HostName: 223.132.101.151.in-addr.arpa          Type: PTR
```

2.10.3 WIG (WEPAPP INFORMATION GATHERER)

WIG https://github.com/jekyc/wig es una herramienta desarrollada en Python3 de recopilación de información de aplicaciones web, que puede identificar sistemas de gestión de contenido y otras aplicaciones administrativas. Las opciones que ofrece el script son:

```
usage: wig.py [-h] [-l INPUT_FILE] [-q] [-n STOP_AFTER] [-a] [-m] [-u] [-d]
              [-t THREADS] [--no_cache_load] [--no_cache_save] [-N]
              [--verbosity] [--proxy PROXY] [-w OUTPUT_FILE]
              [url]

WebApp Information Gatherer

positional arguments:
  url                 The url to scan e.g. http://example.com

optional arguments:
  -h, --help          show this help message and exit
  -l INPUT_FILE       File with urls, one per line.
  -q                  Set wig to not prompt for user input during run
  -n STOP_AFTER       Stop after this amount of CMSs have been detected. Default:
                      1
  -a                  Do not stop after the first CMS is detected
  -m                  Try harder to find a match without making more requests
  -u                  User-agent to use in the requests
  -d                  Disable the search for subdomains
  -t THREADS          Number of threads to use
  --no_cache_load     Do not load cached responses
  --no_cache_save     Do not save the cache for later use
  -N                  Shortcut for --no_cache_load and --no_cache_save
  --verbosity, -v     Increase verbosity. Use multiple times for more info
  --proxy PROXY       Tunnel through a proxy (format: localhost:8080)
  -w OUTPUT_FILE      File to dump results into (JSON)
```

Cada CMS detectado se muestra junto con la versión más probable del mismo. Internamente lo que hace es obtener el sistema operativo en el servidor a partir de las cabeceras 'server' y 'x-powered-by'.

```
$ python wig.py http://www.python.org

wig - WebApp Information Gatherer


Redirected to https://www.python.org
Continue? [Y|n]:y
Scanning https://www.python.org...
_____ SITE INFO _____
IP                      Title
151.101.128.223
151.101.64.223
151.101.192.223
151.101.0.223


_____ VERSION _____
Name                    Versions              Type
Django                                        CMS

_____ SUBDOMAINS _____
Name                    Page Title            IP
https://blog.python.org:443  Python Insider   151.101.132.223
```

```
http://blog.python.org:80    Python Insider    151.101.132.223

_____ INTERESTING _____
URL                          Note               Type
/robots.txt                  robots.txt index   Interesting


_____
Time: 39.6 sec               Urls: 662          Fingerprints: 40401
```

2.10.4 CMSEEK

Herramienta desarrollada en Python https://github.com/Tuhinshubhra/CMSeeK que permite detectar las versiones de los cms que utilizan aplicaciones web. Entre las principales características podemos destacar:

▼ Análisis y detección de CMS. El listado de CMS que es capaz de detectar se encuentra en el fichero cmss.py https://github.com/Tuhinshubhra/CMSeeK/blob/master/cmseekdb/cmss.py. Es capaz de detectar la versión de los CMS más conocidos como wordpress, joomla o drupal, así como la identificación de la página de administración de dichos sitios y ficheros de configuración que estén expuestos de forma pública.

▼ Funcionalidades de fingerprinting:
  ● Cabeceras de respuesta HTTP.
  ● Tag meta generator.
  ● Análisis del código fuente.
  ● Fichero robots.txt.

```
USAGE:
        python3 cmseek.py (for guided scanning) OR
        python3 cmseek.py [OPTIONS] <Target Specification>

SPECIFING TARGET:
        -u URL, --url URL            Target Url
        -l LIST, --list LIST         Path of the file containing list of sites
                                     for multi-site scan (comma separated or
one-per-line)

MANIPULATING SCAN:
        -i cms, --ignore--cms cms    Specify which CMS IDs to skip in order to
                                     avoid flase positive. separated by comma
",""

        --strict-cms cms             Checks target against a list of provided
                                     CMS IDs. separated by comma ","

        --skip-scanned               Skips target if it's CMS was previously
detected.

RE-DIRECT:
        --follow-redirect            Follows all/any redirect(s)
```

```
        --no-redirect              Skips all redirects and tests the input
target(s)

USER AGENT:
      -r, --random-agent           Use a random user agent
      --googlebot                  Use Google bot user agent
      --user-agent USER_AGENT      Specify a custom user agent

OUTPUT:
      -v, --verbose                Increase output verbosity

VERSION & UPDATING:
      --update                     Update CMSeeK (Requires git)
      --version                    Show CMSeeK version and exit

HELP & MISCELLANEOUS:
      -h, --help                   Show this help message and exit
      --clear-result               Delete all the scan result
      --batch                      Never ask you to press enter after every
site in a list is scanned

EXAMPLE USAGE:
      python3 cmseek.py -u example.com                       # Scan
example.com
      python3 cmseek.py -l /home/user/target.txt             # Scan the
sites specified in target.txt (comma separated)
      python3 cmseek.py -u example.com --user-agent Mozilla 5.0  # Scan
example.com using custom user-Agent Mozilla is 5.0 used here
      python3 cmseek.py -u example.com --random-agent        # Scan
example.com using a random user-Agent
      python3 cmseek.py -v -u example.com                    # enabling
verbose output while scanning example.com
```

Ejecución:

```
$ python cmseek.py -v -u prestashop.com
[+]   CMS Detection And Deep Scan  [+]

[i] Scanning Site: http://prestashop.com
[+] User Agent: Mozilla/5.0 (Windows; U; Windows NT 6.1; en-US)
AppleWebKit/533.19.4 (KHTML, like Gecko) Version/5.0.2 Safari/533.18.5
[+] Collecting Headers and Page Source for Analysis
[i] Target redirected to: https://prestashop.com/
[#] Set https://prestashop.com/ as target? (y/n): y
[+] Reinitiating Headers and Page Source for Analysis
[+] Detection Started
[+] Using headers to detect CMS (Stage 1 of 5)
[+] Skipping stage 2 of 5: No Generator meta tag found
[+] Using source code to detect CMS (Stage 3 of 5)
[*] CMS Detected, CMS ID: wp, Detection method: source
[+] Getting CMS info from database
[+] Starting WordPress DeepScan
[+] Checking if the detection is false positive
```

```
[+] Detecting Version and vulnerabilities
[+] Initiating open directory and files check
[+] Couldn't get readme file's source code most likely it's not present
[+] license file not found
[+] XML-RPC interface not available
[+] Looking for potential path disclosure
[i] Checking user registration status
[i] Starting passive plugin enumeration
[x] No plugins enumerated!
[i] Starting passive theme enumeration
[x] Could not detect theme!
[i] Starting Username Harvest
[i] Harvesting usernames from wp-json api
[+]  Deep Scan Results  [+]

 ┌─Target: prestashop.com
 │
 ├── CMS: WordPress
 │    │
 │    └── URL: https://wordpress.org
 │
 ├──[WordPress Deepscan]
 │
 ├── Result: /home/linux/Descargas/CMSeeK-master/Result/prestashop.com/cms.json
 │
 └─Scan Completed in 14.28 Seconds, using 44 Requests
```

2.10.5 DMITRY

Deepmagic Information Gathering Tool es un programa UNIX de línea de comandos desarrollado en C con la capacidad de recopilar información sobre un host que podemos encontrar en la distribución de Kali Linux https://tools.kali.org/information-gathering/dmitry. La funcionalidad básica permite que se recopile información sobre un host desde una simple búsqueda de whois en el objetivo hasta informes sobre puertos de TCP abiertos.

```
root@kali:~# dmitry -h
Deepmagic Information Gathering Tool
"There be some deep magic going on"

Usage: dmitry [-winsepfb] [-t 0-9] [-o %host.txt] host
  -o    Save output to %host.txt or to file specified by -o file
  -i    Perform a whois lookup on the IP address of a host
  -w    Perform a whois lookup on the domain name of a host
  -n    Retrieve Netcraft.com information on a host
  -s    Perform a search for possible subdomains
  -e    Perform a search for possible email addresses
  -p    Perform a TCP port scan on a host
* -f    Perform a TCP port scan on a host showing output reporting filtered ports
* -b    Read in the banner received from the scanned port
* -t 0-9 Set the TTL in seconds when scanning a TCP port ( Default 2 )
*Requires the -p flagged to be passed
```

La aplicación se considera una herramienta para ayudar en la recopilación de información a través del proceso de búsqueda a través de múltiples fuentes. Entre las principales características podemos destacar:

- ▼ Realizar una búsqueda whois.
- ▼ Recuperar posibles datos de tiempo de actividad, sistema y datos del servidor.
- ▼ Realizar una búsqueda de subdominios en el host de destino.
- ▼ Realizar una búsqueda de direcciones de correo electrónico en un host de destino.
- ▼ Realizar un TCP Portscan en el host destino.

Ejecución:

```
Retrieving Netcraft.com information for 10101brew.co
m                                    Netcraft.com Information gathered
                    Gathered Subdomain information for 10101brew.co
m                              ---------------------------
-----                                              Searching
Google.com:80...
HostName:www.10101brew.com
HostIP:209.235.165.194
Searching Altavista.com:80...
Found 1 possible subdomain(s) for host 10101brew.
com, Searched 0 pages containing 0 results
Gathered E-Mail information for 10101brew.co
m                              ---------------------------
------                                             Searching
Google.com:80...
Searching Altavista.com:80...
Found 0 E-Mail(s) for host 10101brew.com, Searched 0 pages containing 0 results
Gathered TCP Port information for 192.64.119.11
1                              ----------------------------------
                              Port          State
                    21/tcp        open
80/tcp        open
                    Portscan Finished:
Scanned 150 ports, 146 ports were in state closed
                                                      All
scans completed, exiting
```

2.10.6 SN1PER

SN1PER https://github.com/1N3/Sn1per es una herramienta tipo escáner de reconocimiento que permite automatizar la mayoría de tareas a la hora de realizar un informe de auditoría o pentesting a nivel de análisis de puertos, fingerprinting y obtención de información de servidores. Creada por la empresa https://xerosecurity.com, ofrece 2 versiones, una community y otra de pago. La versión community proporciona hasta 9 modos de escaneo que permiten cubrir con cualquier escenario de pentesting. Disponemos de un informe en la url https://gist.github.com/1N3/8214ec2da2c91691bcbc. Entre las principales **características** podemos destacar:

▶ Realiza automáticamente el reconocimiento básico (whois, ping, DNS, etc.).

▶ Lanza automáticamente consultas Google Hacking contra un dominio de destino.

▶ Enumera automáticamente los puertos abiertos a través del escaneo de puertos Nmap.

▶ Realiza automáticamente fuerza bruta de subdominios, reúne información de DNS y comprueba las transferencias de zona.

▶ Comprueba automáticamente el secuestro del subdominio.

▶ Ejecuta automáticamente comandos NMap dirigidos contra puertos abiertos.

▶ Ejecuta automáticamente los módulos de exploración y aprovechamiento de Metasploit.

▶ Escanea automáticamente todas las aplicaciones web en busca de vulnerabilidades comunes.

▶ Realiza ataque de fuerza bruta automáticamente a todos los servicios abiertos.

▶ Probar automáticamente el acceso FTP anónimo.

▶ Automáticamente ejecuta WPScan, Arachni y Nikto para todos los servicios web.

▶ Prueba automáticamente el acceso LDAP anónimo.

▶ Enumera automáticamente cifrados SSL/TLS, protocolos y vulnerabilidades.

▶ Enumera automáticamente cadenas de comunidad SNMP, servicios y usuarios.

▶ Realiza una lista automática de usuarios y recursos compartidos SMB, comprueba sesiones NULL y explota la vulnerabilidad MS08-067.

▶ Explota automáticamente las vulnerabilidades de los servidores: JBoss, Java RMI y Tomcat.

▶ Prueba automáticamente servidores abiertos X11.

▶ Auto-pwn agregado para Metasploitable, ShellShock, MS08-067 y Tomcat.

▶ Realiza una enumeración de alto nivel de múltiples hosts y subredes.

▶ Se integra automáticamente con Metasploit Pro, MSFConsole y Zenmap.

▶ Recoge automáticamente capturas de pantalla de todos los sitios web.

▶ Permite crear espacios de trabajo individuales para almacenar toda la salida de escaneo.

Modos de ejecución:

▶ **NORMAL**: realiza un escaneo básico de los objetivos y abre los puertos utilizando comprobaciones activas y pasivas para un rendimiento óptimo.

▼ **STEALTH**: enumeración de los objetivos individuales utilizando principalmente escaneos no intrusivos para evitar el bloqueo de firewalls.

▼ **AIRSTRIKE**: enumeración de los puertos y servicios abiertos en múltiples hosts.

▼ **NUKE**: se obtiene una auditoría completa de múltiples hosts indicados en un archivo de texto. Ejemplo de uso: ./sniper/pentest/loot/targets.txt nuke.

▼ **DISCOVER**: recomendable para escaneos en una red interna.

▼ **PORT**: analiza un puerto específico en busca de vulnerabilidades.

▼ **FULLPORTONLY**: realiza un escaneo de puertos completo y guarda los resultados en formato XML.

▼ **WEB**: recomendable para aplicaciones web ya que se centra en analizar los puertos 80 y 443.

▼ **WEBPORTHTTP**: análisis completo de la aplicación web en un host y puerto específicos.

▼ **WEBPORTHTTPS**: análisis completo de la aplicación web HTTPS en un host y puerto específicos.

▼ **UPDATE**: busca actualizaciones de todos los componentes.

▼ **REIMPORT**: permite importar todos los archivos del espacio de trabajo en Metasploit y reproduce todos los informes.

▼ **RELOAD**: permite recargar el informe obtenido anteriormente.

La forma más rápida de ejecutar la herramienta es hacerlo utilizando la imagen de Docker:

```
$ docker pull menzo/sn1per-docker
```

Con la opción help podemos ver los diferentes modos de funcionamiento.

```
$ docker run --rm -ti menzo/sn1per-docker sniper --help

              ___
       _____ / _/__  __ ___
      / __/ _ \ / // _ \/ _ \/ __/
     (_  ) / / // // // // / / / _/ /
    /___/_/ /_/___/ .__/\__/_/
              /_/

+ -- --=[http://crowdshield.com
+ -- --=[sniper v4.4 by 1N3

[*] NORMAL MODE
sniper -t|--target <TARGET>

[*] NORMAL MODE + OSINT + RECON
sniper -t|--target <TARGET> -o|--osint -re|--recon
```

```
[*] STEALTH MODE + OSINT + RECON
sniper -t|--target <TARGET> -m|--mode stealth -o|--osint -re|--recon

[*] DISCOVER MODE
sniper -t|--target <CIDR> -m|--mode discover -w|--workspace <WORSPACE_ALIAS>

[*] SCAN ONLY SPECIFIC PORT
sniper -t|--target <TARGET> -m port -p|--port <portnum>

[*] FULLPORTONLY SCAN MODE
sniper -t|--target <TARGET> -fp|--fullportonly

[*] PORT SCAN MODE
sniper -t|--target <TARGET> -m|--mode port -p|--port <PORT_NUM>

[*] WEB MODE - PORT 80 + 443 ONLY!
sniper -t|--target <TARGET> -m|--mode web

[*] HTTP WEB PORT MODE
sniper -t|--target <TARGET> -m|--mode webporthttp -p|--port <port>

[*] HTTPS WEB PORT MODE
sniper -t|--target <TARGET> -m|--mode webporthttps -p|--port <port>

[*] ENABLE BRUTEFORCE
sniper -t|--target <TARGET> -b|--bruteforce

[*] AIRSTRIKE MODE
sniper -f|--file /full/path/to/targets.txt -m|--mode airstrike

[*] NUKE MODE WITH TARGET LIST, BRUTEFORCE ENABLED, FULLPORTSCAN ENABLED, OSINT
ENABLED, RECON ENABLED, WORKSPACE & LOOT ENABLED
sniper -f--file /full/path/to/targets.txt -m|--mode nuke -w|--workspace
<WORKSPACE_ALIAS>

[*] ENABLE LOOT IMPORTING INTO METASPLOIT
sniper -t|--target <TARGET>

[*] LOOT REIMPORT FUNCTION
sniper -w <WORKSPACE_ALIAS> --reimport
```

Podemos ejecutar la imagen con el modo OSINT + RECON sobre un determinado dominio. En la ejecución de la herramienta vemos cómo va ejecutando diferentes funciones como realizar resolución de nombres, escaneo de puertos y obtener información sobre el servidor como certificados, subdominios y vulnerabilidades.

```
$ docker run --rm -ti menzo/sn1per-docker sniper -t www.python.org -o -r
e                                          ✓  15s
[*] Saving loot to /usr/share/sniper/loot/www.python.org [OK]
[*] Saving loot to /usr/share/sniper/loot/www.python.org [OK]
```

```
   / __/ _ \ / // _ \/ _ \/ __/
  (__ ) / / // // // / _/ / _/ /
 /___// / // __/ .__/\__// /
          /_/
```

```
 + -- --=[http://crowdshield.com
 + -- --=[sniper v4.4 by 1N3
```

```
================================================================================
=====
 RUNNING NSLOOKUP
================================================================================
=====
Server:     192.168.18.1
Address:    192.168.18.1#53

Non-authoritative answer:
www.python.org  canonical name = dualstack.python.map.fastly.net.
Name:   dualstack.python.map.fastly.net
Address: 151.101.132.223
Name:   dualstack.python.map.fastly.net
Address: 2a04:4e42::223
Name:   dualstack.python.map.fastly.net
Address: 2a04:4e42:200::223
Name:   dualstack.python.map.fastly.net
Address: 2a04:4e42:400::223
Name:   dualstack.python.map.fastly.net
Address: 2a04:4e42:600::223

www.python.org is an alias for dualstack.python.map.fastly.net.
dualstack.python.map.fastly.net has address 151.101.132.223
dualstack.python.map.fastly.net has IPv6 address 2a04:4e42:600::223
dualstack.python.map.fastly.net has IPv6 address 2a04:4e42:400::223
dualstack.python.map.fastly.net has IPv6 address 2a04:4e42:200::223
dualstack.python.map.fastly.net has IPv6 address 2a04:4e42::223

Resolving 27 unique hosts...
151.101.0.223    .www.python.org
151.101.64.223  www.python.org

Found subnets:


Wrote 2 hosts to:

  - file:///root/aquatone/www.python.org/hosts.txt
  - file:///root/aquatone/www.python.org/hosts.json
```

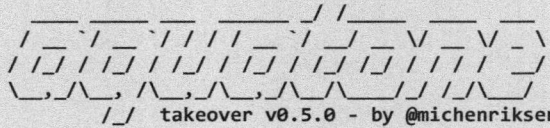

```
            __
 ___  ____ __ ____ _/ /___  ___  __
 / _ `/ _ `/ / / / _ `/ _ \ _ \/ _ \
 / /_/ / /_/ / / / /_/ / /_/ / / / / /_/
 \__,/\__, /\__,/\__,/\__/\__// /_/\__/
        /_/  takeover v0.5.0 - by @michenriksen
```

```
Loaded 2 hosts from /root/aquatone/www.python.org/hosts.json
Loaded 25 domain takeover detectors

Identifying nameservers for www.python.org... Done
Using nameservers:

 - 205.251.195.213
 - 205.251.196.110
 - 205.251.199.254
 - 205.251.193.228


Checking hosts for domain takeover vulnerabilities...

Finished checking hosts:

 - Vulnerable     : 0
 - Not Vulnerable : 2




================================================================================
=====
 RUNNING TCP PORT SCAN
================================================================================
=====
Starting Nmap 7.70 ( https://nmap.org ) at 2025-01-11 22:09 UTC
Nmap scan report for www.python.org (151.101.0.223)
Host is up (0.011s latency).
Other addresses for www.python.org (not scanned): 151.101.192.223 151.101.64.223
151.101.128.223 2a04:4e42:600::223 2a04:4e42:400::223 2a04:4e42:200::223
2a04:4e42::223
Not shown: 474 filtered ports
Some closed ports may be reported as filtered due to --defeat-rst-ratelimit
PORT    STATE SERVICE
80/tcp  open  http
443/tcp open  https

Nmap done: 1 IP address (1 host up) scanned in 3.31 seconds
================================================================================
=====
 RUNNING UDP PORT SCAN
================================================================================
=====
Starting Nmap 7.70 ( https://nmap.org ) at 2025-01-11 22:09 UTC
Nmap scan report for www.python.org (151.101.128.223)
Host is up.
Other addresses for www.python.org (not scanned): 151.101.0.223 151.101.192.223
151.101.64.223 2a04:4e42::223 2a04:4e42:600::223 2a04:4e42:400::223
2a04:4e42:200::223

PORT        STATE           SERVICE
53/udp      open|filtered   domain
67/udp      open|filtered   dhcps
68/udp      open|filtered   dhcpc
69/udp      open|filtered   tftp
```

```
88/udp    open|filtered kerberos-sec
123/udp   open|filtered ntp
137/udp   open|filtered netbios-ns
138/udp   open|filtered netbios-dgm
139/udp   open|filtered netbios-ssn
161/udp   open|filtered snmp
162/udp   open|filtered snmptrap
389/udp   open|filtered ldap
520/udp   open|filtered route
2049/udp  open|filtered nfs


================================================================================
=====
 GATHERING SSL/TLS INFO
================================================================================
=====



 AVAILABLE PLUGINS
 -----------------

  PluginCertInfo
  PluginHeartbleed
  PluginSessionResumption
  PluginSessionRenegotiation
  PluginCompression
  PluginChromeSha1Deprecation
  PluginHSTS
  PluginOpenSSLCipherSuites



 CHECKING HOST(S) AVAILABILITY
 -----------------------------

   www.python.org:443                     => 151.101.192.223:443



 SCAN RESULTS FOR WWW.PYTHON.ORG:443 - 151.101.192.223:443
 ---------------------------------------------------------

  * Deflate Compression:
      OK - Compression disabled

  * Certificate - Content:
      SHA1 Fingerprint:            f16c34314ce7e61f31e8e3650f95781b972ffaf4
      Common Name:                 www.python.org
      Issuer:                      GlobalSign Atlas R3 DV TLS CA 2024 Q2
      Serial Number:               014DFA606215A1035EA3F4152B37413E
      Not Before:                  May  9 12:50:11 2024 GMT
      Not After:                   Jun 10 12:50:10 2025 GMT
      Signature Algorithm:         sha256WithRSAEncryption
```

```
      Public Key Algorithm:            rsaEncryption
      Key Size:                        2048 bit
      Exponent:                        65537 (0x10001)
      X509v3 Subject Alternative Name: {'DNS': ['www.python.org', '*.python.
org', 'python.org']}

  * Certificate - Trust:
      Hostname Validation:             OK - Subject Alternative Name matches
      Google CA Store (09/2015):       OK - Certificate is trusted
      Java 6 CA Store (Update 65):     OK - Certificate is trusted
      Microsoft CA Store (09/2015):    OK - Certificate is trusted
      Mozilla NSS CA Store (09/2015):  OK - Certificate is trusted
      Apple CA Store (OS X 10.10.5):   OK - Certificate is trusted
      Certificate Chain Received:      ['www.python.org', 'GlobalSign Atlas R3
DV TLS CA 2024 Q2']

  * Certificate - OCSP Stapling:
      OCSP Response Status:            successful
      Validation w/ Mozilla's CA Store: OK - Response is trusted
      Responder Id:                    F27FF9674D9EA1BA35B665836EC649DB7223B0BA
      Cert Status:                     good
      Cert Serial Number:              014DFA606215A1035EA3F4152B37413E
      This Update:                     Jan 11 19:00:00 2025 GMT
      Next Update:                     Jan 12 07:00:00 2025 GMT

  * SSLV3 Cipher Suites:
      Server rejected all cipher suites.

  * SSLV2 Cipher Suites:
      Server rejected all cipher suites.

  * Session Resumption:
      With Session IDs:                OK - Supported (5 successful, 0 failed,
0 errors, 5 total attempts).
      With TLS Session Tickets:        OK - Supported

Unhandled exception when processing --reneg:
socket.timeout - timed out



 SCAN COMPLETED IN 5.24 S
 ------------------------
Version: 1.11.11-static
OpenSSL 1.0.2-chacha (1.0.2g-dev)

Connected to 151.101.64.223

Testing SSL server www.python.org on port 443 using SNI name www.python.org

  TLS Fallback SCSV:
Server does not support TLS Fallback SCSV

  TLS renegotiation:
```

```
Session renegotiation not supported

  TLS Compression:
Compression disabled

  Heartbleed:
TLS 1.2 not vulnerable to heartbleed
TLS 1.1 not vulnerable to heartbleed
TLS 1.0 not vulnerable to heartbleed

  Supported Server Cipher(s):
Preferred TLSv1.2  128 bits  ECDHE-RSA-AES128-GCM-SHA256   Curve P-256 DHE 256
Accepted  TLSv1.2  256 bits  ECDHE-RSA-AES256-GCM-SHA384   Curve P-256 DHE 256
Accepted  TLSv1.2  128 bits  ECDHE-RSA-AES128-SHA256       Curve P-256 DHE 256
Accepted  TLSv1.2  128 bits  ECDHE-RSA-AES128-SHA          Curve P-256 DHE 256
Accepted  TLSv1.2  256 bits  ECDHE-RSA-AES256-SHA          Curve P-256 DHE 256
Accepted  TLSv1.2  128 bits  AES128-GCM-SHA256
Accepted  TLSv1.2  128 bits  AES128-SHA
Accepted  TLSv1.2  256 bits  AES256-SHA

  SSL Certificate:
Signature Algorithm: sha256WithRSAEncryption
RSA Key Strength:    2048

Subject:  www.python.org
Altnames: DNS:www.python.org, DNS:*.python.org, DNS:python.org
Issuer:   GlobalSign Atlas R3 DV TLS CA 2024 Q2

Not valid before: May  9 12:50:11 2024 GMT
Not valid after:  Jun 10 12:50:10 2025 GMT

================================================================================
=====
 GATHERING HTTP INFO
================================================================================
=====
```

```
+ -- --=[Cross-Site Tracer v1.3 by 1N3 @ CrowdShield
+ -- --=[Target: www.python.org:80
+ -- --=[Site not vulnerable to Cross-Site Tracing!
+ -- --=[Site not vulnerable to Host Header Injection!
+ -- --=[Site vulnerable to Cross-Frame Scripting!
+ -- --=[Site vulnerable to Clickjacking!

HTTP/1.1 301 Moved Permanently
Connection: close
Content-Length: 0
Server: Varnish
```

```
Retry-After: 0
Location: https://www.python.org/
Accept-Ranges: bytes
Date: Sat, 11 Jan 2025 22:11:53 GMT
Via: 1.1 varnish
X-Served-By: cache-mad22055-MAD
X-Cache: HIT
X-Cache-Hits: 0
X-Timer: S1736633513.356188,VS0,VE0
Strict-Transport-Security: max-age=63072000; includeSubDomains; preload


HTTP/1.1 301 Moved Permanently
Connection: close
Content-Length: 0
Server: Varnish
Retry-After: 0
Location: https://www.python.org/
Accept-Ranges: bytes
Date: Sat, 11 Jan 2025 22:11:53 GMT
Via: 1.1 varnish
X-Served-By: cache-mad22055-MAD
X-Cache: HIT
X-Cache-Hits: 0
X-Timer: S1736633513.436701,VS0,VE0
Strict-Transport-Security: max-age=63072000; includeSubDomains; preload
```

2.10.7   R3CON1Z3R

R3con1z3r https://github.com/abdulgaphy/r3con1z3r es una herramienta de recopilación de información desarrollada en Python. Se encuentra en el repositorio oficial de python https://pypi.org/project/R3con1z3r y la instalación se realiza de forma sencilla si tenemos Python instalado con el siguiente comando:

```
$ pip install R3con1z3r
Collecting R3con1z3r
  Downloading R3con1z3r-1.0.6.tar.gz (5.5 kB)
  Preparing metadata (setup.py) ... done
Requirement already satisfied: requests in /home/linux/anaconda3/lib/python3.8/
site-packages (from R3con1z3r) (2.32.3)
Requirement already satisfied: idna<4,>=2.5 in /home/linux/anaconda3/lib/
python3.8/site-packages (from requests->R3con1z3r) (2.10)
Requirement already satisfied: urllib3<3,>=1.21.1 in /home/linux/anaconda3/lib/
python3.8/site-packages (from requests->R3con1z3r) (1.26.4)
Requirement already satisfied: certifi>=2017.4.17 in /home/linux/anaconda3/lib/
python3.8/site-packages (from requests->R3con1z3r) (2021.10.8)
Requirement already satisfied: charset-normalizer<4,>=2 in /home/linux/anaconda3/
lib/python3.8/site-packages (from requests->R3con1z3r) (2.0.9)
Building wheels for collected packages: R3con1z3r
  Building wheel for R3con1z3r (setup.py) ... done
  Created wheel for R3con1z3r: filename=R3con1z3r-1.0.6-py3-none-any.whl
size=6145 sha256=3ffb6d7db2d85dffecfa1ee36485a0b51e4ec69650051a785bae69391b
```

```
7c3020
  Stored in directory: /home/linux/.cache/pip/wheels/fa/71/8e/5830de861b9415314e
271900f2eca6f01ad760076817d5c423
Successfully built R3con1z3r
Installing collected packages: R3con1z3r
Successfully installed R3con1z3r-1.0.6
```

Se trata de una herramienta de reconocimiento pasivo con funcionalidades como detección de cabeceras HTTP, información de Whois, información de DNS, escáner de puertos Nmap, resolución inversa de dominios e hipervínculos en una página web.

```
$ r3con1z3r -h
usage:
```

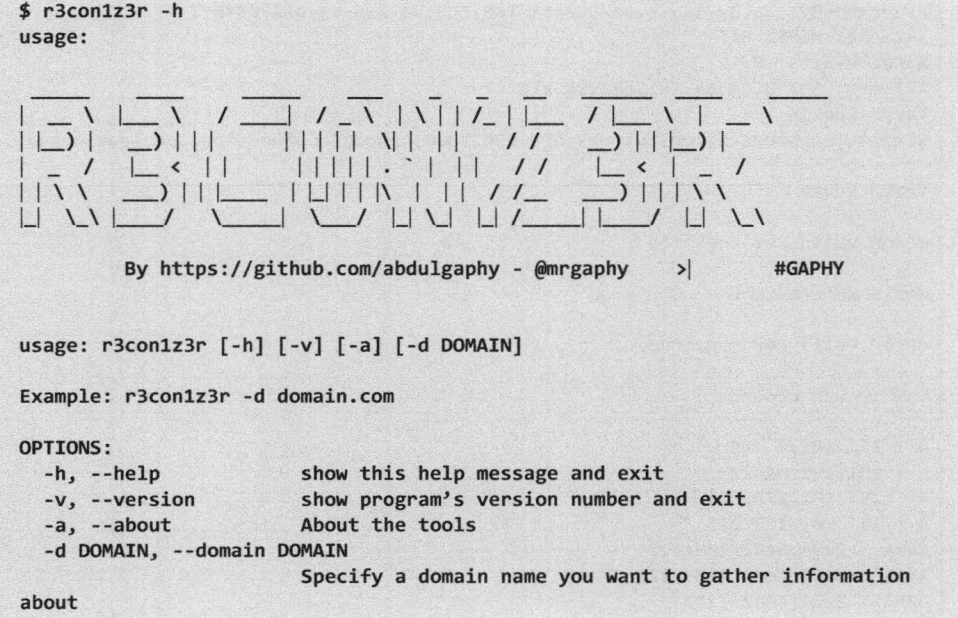

```
          By https://github.com/abdulgaphy - @mrgaphy    >|        #GAPHY


usage: r3con1z3r [-h] [-v] [-a] [-d DOMAIN]

Example: r3con1z3r -d domain.com

OPTIONS:
  -h, --help              show this help message and exit
  -v, --version           show program's version number and exit
  -a, --about             About the tools
  -d DOMAIN, --domain DOMAIN
                          Specify a domain name you want to gather information
about
```

Ejecución sobre el dominio **python.org**:

```
R3C0N1Z3R Report - [www.python.org]
HTTP header information

HTTP/1.1 301 Moved Permanently
Connection: close
Content-Length: 0
Server: Varnish
Retry-After: 0
Location: https://www.python.org/
Accept-Ranges: bytes
Date: Fri, 10 Jan 2025 21:26:08 GMT
Via: 1.1 varnish
X-Served-By: cache-iad-kiad7000073-IAD
X-Cache: HIT
X-Cache-Hits: 0
X-Timer: S1736544368.497344,VS0,VE0
```

```
Strict-Transport-Security: max-age=63072000; includeSubDomains; preload

HTTP/1.1 200 OK
Connection: keep-alive
Content-Length: 50629
content-type: text/html; charset=utf-8
x-frame-options: SAMEORIGIN
via: 1.1 varnish, 1.1 varnish
Accept-Ranges: bytes
Date: Fri, 10 Jan 2025 21:26:08 GMT
Age: 1329
X-Served-By: cache-iad-kiad7000081-IAD, cache-iad-kjyo7100046-IAD
X-Cache: MISS, HIT
X-Cache-Hits: 0, 1
X-Timer: S1736544369.581568,VS0,VE1
Vary: Cookie
Strict-Transport-Security: max-age=63072000; includeSubDomains; preload

Trace Route

error valid key required

Whois Information

error valid key required

DNS server record

A : 151.101.0.223
A : 151.101.64.223
A : 151.101.128.223
A : 151.101.192.223
AAAA : 2a04:4e42:200::223
AAAA : 2a04:4e42:400::223
AAAA : 2a04:4e42::223
AAAA : 2a04:4e42:600::223
CNAME : dualstack.python.map.fastly.net.

error valid key required

Website on the same server

No DNS server records found

Reverse IP Address

API count exceeded - Increase Quota with Membership

Page Links

https://www.openstack.org
//docs.python.org/3/tutorial/introduction.html#lists
https://docs.python.org
https://docs.python.org/3/license.html
```

```
https://pyfound.blogspot.com/2024/12/psf-grants-program-charter-updates-part-2.
html
https://pyfound.blogspot.com/2024/12/psf-grants-program-charter-updates-tldr.
html
https://wiki.python.org/moin/PythonBooks
https://pyfound.blogspot.com/2024/12/psf-grants-program-charter-updates-part-1.
html
https://mail.python.org/mailman/listinfo/python-dev
//docs.python.org/3/tutorial/
http://planetpython.org/
http://www.scipy.org
https://fosstodon.org/@ThePSF
http://pycon.blogspot.com/
https://www.python.org/psf/
http://www.djangoproject.com/
//docs.python.org/3/tutorial/controlflow.html#defining-functions
http://www.pylonsproject.org/
http://wiki.python.org/moin/Languages
http://www.wxpython.org/
https://wiki.qt.io/PySide
https://saltproject.io
https://pyfound.blogspot.com/2024/12/12psf-grants-program-charter-updates-
part-3.html
https://devguide.python.org/
http://buildbot.net/
http://roundup.sourceforge.net/
//jobs.python.org
https://wiki.gnome.org/Projects/PyGObject
http://pandas.pydata.org/
http://tornadoweb.org
http://trac.edgewall.org/
https://docs.python.org/faq/
https://wiki.python.org/moin/
https://blog.python.org
http://bottlepy.org
https://github.com/python/cpython/issues
https://peps.python.org
//docs.python.org/3/tutorial/controlflow.html
https://wiki.python.org/moin/PythonEventsCalendar#Submitting_an_Event
http://www.web2py.com/
http://ipython.org
http://www.ansible.com
https://dearpygui.readthedocs.io/en/latest/
http://brochure.getpython.info/
https://pyfound.blogspot.com/2024/12/announcing-python-software-foundation.html
http://docs.python.org/3/tutorial/introduction.html#using-python-as-a-calculator
https://status.python.org/
https://github.com/python/pythondotorg/issues
https://pypi.org/
https://www.linkedin.com/company/python-software-foundation/
https://psfmember.org/civicrm/contribute/transact?reset=1&id=2
https://kivy.org/
http://flask.pocoo.org/
http://www.riverbankcomputing.co.uk/software/pyqt/intro
```

```
https://twitter.com/ThePSF
http://pyfound.blogspot.com/
http://wiki.python.org/moin/TkInter
https://wiki.python.org/moin/BeginnersGuide
https://xon.sh
https://policies.python.org/python.org/Privacy-Notice/
```

2.10.8 RECONSPIDER

ReconSpider https://github.com/bhavsec/reconspider es una herramienta desarrollada en Python que permite escanear direcciones IP, correos electrónicos, sitios web, organizaciones y obtener información de diferentes fuentes como Shodan. Podemos visualizar un mapa donde podemos ver las fuentes de información que utiliza y los datos que devuelve.

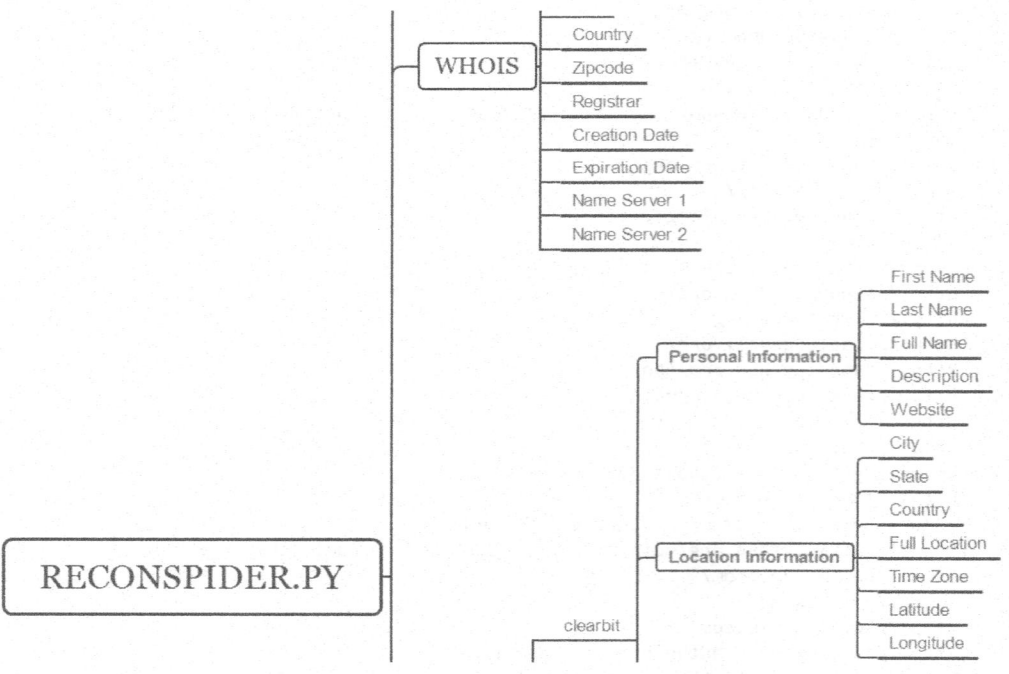

Figura 2.28. Servicios ofrecidos por la herramienta ReconSpider

ReconSpider es un framework diseñado para automatizar el proceso de reconocimiento y recopilación de información sobre un objetivo. Su objetivo principal es ayudar a investigadores de seguridad informática, pentesters, cazadores de bugs e investigadores de delitos cibernéticos a obtener una visión profunda de la superficie de ataque de un objetivo.

Entre las principales características podemos destacar:

▶ **Escaneo integral**: realiza escaneos OSINT en diversos tipos de objetivos, incluyendo:

   ● **Direcciones IP**: obtiene información sobre la reputación, ubicación geográfica, servicios activos, etc.

   ● **Correos electrónicos:** busca información asociada a una dirección de correo electrónico en múltiples fuentes, como filtraciones de datos, redes sociales, etc.

   ● **Sitios web:** realiza un análisis exhaustivo de un sitio web, buscando subdominios, tecnologías utilizadas, posibles vulnerabilidades, información de contacto, etc.

   ● **Organizaciones:** intenta recopilar información sobre una organización, como empleados, redes, tecnologías utilizadas, etc.

▶ **Integración de múltiples herramientas**: ReconSpider combina funcionalidades de otras herramientas populares de OSINT como Wave, Photon y ReconDog, lo que permite realizar una enumeración completa de la superficie de ataque desde una única plataforma.

▶ **Automatización:** automatiza muchas tareas de recopilación de información que de otra manera serían manuales y consumiría más tiempo.

▶ **Modularidad**: permite la incorporación de scripts y módulos específicos para automatizar tareas de OSINT personalizadas.

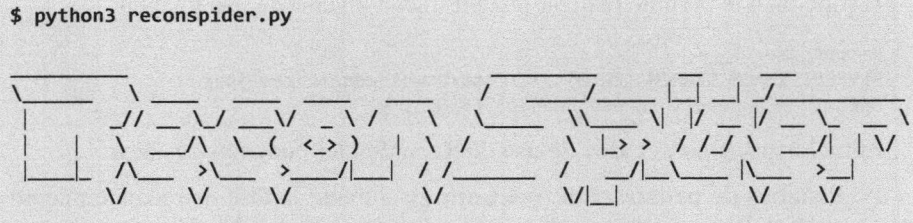

```
$ python3 reconspider.py



ENTER 0 - 13 TO SELECT OPTIONS

1.  IP                      Enumerate  information  from  IP Address
2.  DOMAIN                  Gather  information  about  given DOMAIN
3.  PHONENUMBER             Gather  information  about   Phonenumber
4.  DNS MAP                 Map DNS  records associated  with target
5.  METADATA                Extract all metadata of  the  given file
6.  REVERSE IMAGE SEARCH    Obtain domain name or IP address mapping
7.  HONEYPOT                Check if it's honeypot or a real  system
8.  MAC ADDRESS LOOKUP      Obtain information about give Macaddress
9.  IPHEATMAP               Draw  out  heatmap  of  locations  of IP
10. TORRENT                 Gather torrent download  history  of  IP
11. USERNAME                Extract Account info. from social  media
```

```
12. IP2PROXY              Check whether  IP  uses  any VPN / PROXY
13. MAIL BREACH           Checks given domain  has  breached  Mail
99. UPDATE                Update ReconSpider to its latest version

 0. EXIT                  Exit from  ReconSpider  to your terminal
```

La opción 1 recopila información de una dirección IP a partir de los servicios de Shodan y Censys.

```
ReconSpider >> 1
IP >> 8.8.8.8
```

La opción 2 recopila información a partir de un nombre de host y devuelve información sobre la dirección IP, el país, la ciudad, la organización, el ISP y los puertos abiertos.

```
Reconspider >> 2
HOST (URL / IP) >> vulnweb.com
PORT >> 443
```

La opción 3 permite buscar información a partir del número de teléfono:

```
Reconspider >> 3
PHONE NUMBER (919485247632) >>
```

La opción 5 le permite extraer los metadatos de un fichero:

```
Reconspider >> 5
Metadata (PATH) >> /root/Downloads/images.jpeg
```

La opción 6 le permite realizar una búsqueda inversa de una imagen

```
Reconspider >> 6
REVERSE IMAGE SEARCH (PATH) >> /root/Downloads/images.jpeg
Open Search Result in web broser? (Y/N) : y
```

Entre los principales **casos de uso** de ReconSpider podemos destacar:

▶ **Pruebas de penetración (pentesting):** durante la fase de reconocimiento de un pentest, ReconSpider puede ayudar a los pentesters a identificar la mayor cantidad posible de información sobre el objetivo, incluyendo subdominios, tecnologías expuestas, posibles puntos de entrada y vulnerabilidades.

▶ **Búsqueda de bugs (bug hunting):** los cazadores de bugs pueden utilizar ReconSpider para descubrir subdominios o endpoints no evidentes que podrían ser vulnerables.

▶ **Investigación de incidentes de seguridad:** en caso de un incidente de seguridad, ReconSpider puede ayudar a los investigadores a recopilar información sobre los posibles atacantes, su infraestructura y los métodos utilizados.

2.10.9 SN0INT

sn0int https://github.com/kpcyrd/sn0int es un framework OSINT desarrollado en el lenguaje de programación RUST https://www.rust-lang.org que permite obtener información pública sobre un determinado dominio. Entre las principales características podemos destacar:

- Obtener subdominios de diversas fuentes.
- Buscar los perfiles de personas en internet.
- Recopilar información sobre números telefónicos.
- Recopilar correos electrónicos de pgp keyservers y servidores whois.

Para su ejecución podemos utilizar la siguiente imagen de **Docker** ghcr.io/kpcyrd/sn0int. Una vez creada la imagen y con el contenedor en ejecución, necesitamos instalar los módulos con el comando **pkg quickstart**.

```
$ docker run --rm --init -it -v "$PWD/.cache:/cache" -v "$PWD/.data:/data" ghcr.
io/kpcyrd/sn0int
Unable to find image 'ghcr.io/kpcyrd/sn0int:latest' locally
latest: Pulling from kpcyrd/sn0int
43c4264eed91: Pull complete
bb3a1b5eedc2: Pull complete
d7ba743bf1fb: Pull complete
Digest: sha256:5c8e499a02ded487c3c61142725043b0ccf613360849f4fba12a9134abe5ad80
Status: Downloaded newer image for ghcr.io/kpcyrd/sn0int:latest


                     ___/         .
    ___  , __   .' /\ `. , __   ./_
   (    |' `. | / | | |' `. |
   `--. |   | |,' | | |   | |
   \___.' /   | /`---' / /    | \__/


            osint | recon | security
         irc.hackint.org:6697/#sn0int

[+] Connecting to database
[+] Downloading public suffix list
[+] Loaded 0 modules
[*] No modules found, run pkg quickstart to install default modules
[*] New to sn0int? Follow https://sn0int.rtfd.io/en/stable/usage.html
[sn0int][default] > pkg quickstart
[+] kpcyrd/apex-domain                          : installed v0.1.0
[+] imdyske/tinder                              : installed v0.1.0
[+] imdyske/fediverse                           : installed v0.1.0
[+] kpcyrd/asn                                  : installed v0.1.0
[+] kpcyrd/axfr                                 : installed v0.3.0
[+] kpcyrd/archive-org                          : installed v0.1.0
[+] kpcyrd/btc-blockchain-info                  : installed v0.1.0
[+] kpcyrd/cname-harvest                        : installed v0.3.0
[+] kpcyrd/crypto-detect                        : installed v0.2.0
[+] kpcyrd/dns-mx-domains                       : installed v0.1.1
```

```
[+] kpcyrd/ctlogs                        : installed v0.7.0
[+] kpcyrd/dns-mx-emails                  : installed v0.1.0
[+] kpcyrd/dns-ns                         : installed v0.1.0
[+] kpcyrd/dns-resolve                    : installed v0.3.1
[+] kpcyrd/dns-ptr                        : installed v0.2.0
[+] kpcyrd/github                         : installed v0.2.0
[+] kpcyrd/exif                           : installed v0.1.1
[+] kpcyrd/geoip                          : installed v0.1.0
[+] kpcyrd/hackertarget-subdomains        : installed v0.2.0
[+] kpcyrd/images                         : installed v0.1.0
[+] kpcyrd/git-webroot                    : installed v0.1.0
[+] kpcyrd/irc-monitor                    : installed v0.3.0
[+] kpcyrd/keybase                        : installed v0.2.0
[+] kpcyrd/keybase-domains                : installed v0.1.0
[+] kpcyrd/keybase-profiles             : installed v0.1.0
[+] kpcyrd/notify-pushover                : installed v0.1.0
[+] kpcyrd/notify-discord                 : installed v0.1.2
[+] kpcyrd/notify-signal                  : installed v0.1.0
[+] kpcyrd/notify-telegram                : installed v0.1.0
[+] kpcyrd/notify-slack                   : installed v0.1.1
[+] kpcyrd/npm                            : installed v0.1.1
[+] kpcyrd/nudity                         : installed v0.1.0
[+] kpcyrd/otx-subdomains                 : installed v0.3.0
[+] kpcyrd/passive-spider                 : installed v0.3.0
[+] kpcyrd/pgp-pks-domains                : installed v0.4.0
[+] kpcyrd/pgp-vks                        : installed v0.2.0
[+] kpcyrd/phpmyadmin                     : installed v0.2.0
[+] kpcyrd/shodan-certs                   : installed v0.1.0
[+] kpcyrd/pwndb-domains                  : installed v0.1.1
[+] kpcyrd/smtp-check                     : installed v0.3.0
[+] kpcyrd/steam                          : installed v0.2.0
[+] kpcyrd/soundcloud                     : installed v0.1.0
[+] kpcyrd/tellonym                       : installed v0.1.0
[+] kpcyrd/threatminer-subdomains         : installed v0.3.0
[+] kpcyrd/threatminer-ipaddr             : installed v0.3.0
[+] kpcyrd/tiktok                         : installed v0.1.0
[+] kpcyrd/tls-san-scan                   : installed v0.2.1
[+] kpcyrd/twilio-lookup                  : installed v0.1.1
[+] kpcyrd/twitch                         : installed v0.1.2
[+] kpcyrd/url-scan                       : installed v0.5.3
[+] kpcyrd/virustotal-subdomains          : installed v0.1.2
[+] kpcyrd/waybackurls                    : installed v0.4.0
[+] kpcyrd/whatsapp                       : installed v0.1.0
[+] kpcyrd/whatsmyname                    : installed v0.2.0
[+] kpcyrd/whois-ip2netblock              : installed v0.1.0
[+] kpcyrd/wigle-ssid-location            : installed v0.1.0
[+] kpcyrd/wkd-scanner                    : installed v0.1.0
[+] kpcyrd/zec-zchain                     : installed v0.1.0
[+] ysf/github-subdomains                 : installed v0.2.0
[+] ysf/hibp                              : installed v0.2.1
[+] ysf/leakprobe                         : installed v0.1.0
[+] Loaded 61 modules
```

A continuación, añadimos el dominio con el comando **add domain** que nos interese analizar y pasamos a ejecutar algunos de los módulos. Como vemos, hay módulos para extraer subdominios, otros para realizar resoluciones de nombres inversas y obtener registros dns.

```
[sn0int][default] > add domain
[?] Domain: python.org
[sn0int][default] > mod list
[!] The mod command is deprecated, use pkg
imdyske/fediverse 0.1.0
    Uses search.social to search for accounts on the fediverse
imdyske/tinder 0.1.0
    Search tinder for profiles
kpcyrd/apex-domain 0.1.0
    Create subdomain entries for apex domains
kpcyrd/archive-org 0.1.0
    Collect information about an archive.org profile
kpcyrd/asn 0.1.0
    Run a asn lookup for an ip address
kpcyrd/axfr 0.3.0
    Try a zone transfer for subdomains
kpcyrd/btc-blockchain-info 0.1.0
    Read tx history of bitcoin addresses
kpcyrd/cname-harvest 0.3.0
    Query for CNAMES to find subdomains
kpcyrd/crypto-detect 0.2.0
    Detect crypto currency from address
kpcyrd/ctlogs 0.7.0
    Query certificate transparency logs to discover subdomains
kpcyrd/dns-mx-domains 0.1.1
    Discover mail server from MX records for domain
kpcyrd/dns-mx-emails 0.1.0
    Discover mail server from MX records for emails
kpcyrd/dns-ns 0.1.0
    Add a domains NS records to scope
kpcyrd/dns-ptr 0.2.0
    Run reverse dns lookups
kpcyrd/dns-resolve 0.3.1
    Query subdomains to discover ip addresses and verify the record is visible
kpcyrd/exif 0.1.1
    Extract exif data from images
kpcyrd/geoip 0.1.0
    Run a geoip lookup for an ip address
kpcyrd/git-webroot 0.1.0
    Search for git checkouts in webroot
kpcyrd/github 0.2.0
    Collect data from github profiles
kpcyrd/hackertarget-subdomains 0.2.0
    Query hackertarget for subdomains of a domain
kpcyrd/images 0.1.0
    Parse image metadata
kpcyrd/irc-monitor 0.3.0
    Monitor an irc network for users
```

```
kpcyrd/keybase 0.2.0
    Collect accounts and emails from keybase accounts
kpcyrd/keybase-domains 0.1.0
    Find keybase proofs for domains
kpcyrd/keybase-profiles 0.1.0
    Find keybase proofs for online accounts
kpcyrd/notify-discord 0.1.2
    Send a notification with discord
kpcyrd/notify-pushover 0.1.0
    Send a notification with pushover
kpcyrd/notify-signal 0.1.0
    Send a notification with signal
kpcyrd/notify-slack 0.1.1
    Send a notification with slack
kpcyrd/notify-telegram 0.1.0
    Send a notification with telegram
kpcyrd/npm 0.1.1
    Discover email and other profiles from npm accounts
kpcyrd/nudity 0.1.0
    Scan collected images for nudity
kpcyrd/otx-subdomains 0.3.0
    Query alienvault otx passive dns for subdomains of a domain
kpcyrd/passive-spider 0.3.0
    Scrape known http responses for urls
kpcyrd/pgp-pks-domains 0.4.0
    Query pgp keyserver for email addresses
kpcyrd/pgp-vks 0.2.0
    Find alternative emails with vks lookups
kpcyrd/phpmyadmin 0.2.0
    Search for phpmyadmin
kpcyrd/pwndb-domains 0.1.1
    Read breached credentials by domain from pwndb hidden service (requires tor)
kpcyrd/shodan-certs 0.1.0
    Find IPs using certificates for target subdomains
kpcyrd/smtp-check 0.3.0
    Verify email address by asking the smtp server
kpcyrd/soundcloud 0.1.0
    Collect information from soundcloud pages
kpcyrd/steam 0.2.0
    Collection information from steam profiles
kpcyrd/tellonym 0.1.0
    Import data from tellonym accounts
kpcyrd/threatminer-ipaddr 0.3.0
    Query ThreatMiner passive dns for subdomains of an ip address
kpcyrd/threatminer-subdomains 0.3.0
    Query ThreatMiner passive dns for subdomains of a domain
kpcyrd/tiktok 0.1.0
    Collect data from tiktok profiles
kpcyrd/tls-san-scan 0.2.1
    Import domains and subdomains from SAN certificates
kpcyrd/twilio-lookup 0.1.1
    Retrieve additional information about a phone number
kpcyrd/twitch 0.1.2
    Collect information from twitch streams
```

```
kpcyrd/url-scan 0.5.3
    Scan subdomains for websites
kpcyrd/virustotal-subdomains 0.1.2
    Collect subdomains from virustotal data
kpcyrd/waybackurls 0.4.0
    Discover subdomains from wayback machine
kpcyrd/whatsapp 0.1.0
    Fetch public profile info from whatsapp
kpcyrd/whatsmyname 0.2.0
    Scan for social media accounts using WebBreachers WhatsMyName json
kpcyrd/whois-ip2netblock 0.1.0
    Lookup the netblock from an ip using whois
kpcyrd/wigle-ssid-location 0.1.0
    Use triangulated network location from wardriving data
kpcyrd/wkd-scanner 0.1.0
    Scan for open wkd directories and farm emails from pubkeys
kpcyrd/zec-zchain 0.1.0
    Read tx history of transparent zcash addresses
ysf/github-subdomains 0.2.0
    gathers subdomains via github
ysf/hibp 0.2.1
    check email addresses for pw leaks using v3 of hibp api
ysf/leakprobe 0.1.0
    Check email/pw leaks via leakprobe.net API
```

Ejecución de los módulos para obtener subdominios y realizar resolución de nombres:

```
[sn0int][default] > use ctlogs
[sn0int][default][kpcyrd/ctlogs] > run
[*] "python.org"                              : Adding subdomain
"education.python.org"
[*] "python.org"                              : Adding subdomain
"python.org"
[*] "python.org"                              : Adding subdomain "pl.
python.org"
[*] "python.org"                              : Adding subdomain
"community.uk.python.org"
[*] "python.org"                              : Adding subdomain
"hacktoberfest.es.python.org"
[*] "python.org"                              : Adding subdomain "es.
python.org"
[*] "python.org"                              : Adding subdomain "pycon-
archive.python.org"
[*] "python.org"                              : Adding subdomain
"ukpatl.uk.python.org"
[*] "python.org"                              : Adding subdomain
"comunidades.es.python.org"
[*] "python.org"                              : Adding subdomain
"discuss.python.org"
[*] "python.org"                              : Adding subdomain
"membership.uk.python.org"
[*] "python.org"                              : Adding subdomain
"calendario.es.python.org"
[*] "python.org"                              : Adding subdomain
```

```
"documentos-asociacion.es.python.org"
[*] "python.org"                                : Adding subdomain "hg.
es.python.org"
[*] "python.org"                                : Adding subdomain "lists.
es.python.org"
[*] "python.org"                                : Adding subdomain
"openbadges.es.python.org"
[*] "python.org"                                : Adding subdomain
"packaging.python.org"
[*] "python.org"                                : Adding subdomain
"devguide.python.org"
[*] "python.org"                                : Adding subdomain
"africa.python.org"
[*] "python.org"                                : Adding subdomain
"comunidad.es.python.org"
[*] "python.org"                                : Adding subdomain "uk.
python.org"
[*] "python.org"                                : Adding subdomain "peps.
python.org"
[*] "python.org"                                : Adding subdomain "bugs.
python.org"
[*] "python.org"                                : Adding subdomain
"policies.python.org"
[*] "python.org"                                : Adding subdomain "mail.
python.org"
[*] "python.org"                                : Adding subdomain
"status.python.org"
[*] "python.org"                                : Adding subdomain "www.
python.org"
[*] "python.org"                                : Adding subdomain "chat.
uk.python.org"
[*] "python.org"                                : Adding subdomain
"staging.python.org"
[*] "python.org"                                : Adding subdomain
"socios.es.python.org"
[*] "python.org"                                : Adding subdomain
"didactica-pyladies.es.python.org"
[*] "python.org"                                : Adding subdomain "docs.
python.org"
[*] "python.org"                                : Adding subdomain
"downloads.python.org"
[*] "python.org"                                : Adding subdomain "pypi.
python.org"
[*] "python.org"                                : Adding subdomain "www.
es.python.org"
[*] "python.org"                                : Adding subdomain "web-
ng.es.python.org"
[*] "python.org"                                : Adding subdomain "wiki.
python.org"
[*] "python.org"                                : Adding subdomain
"legacy.python.org"
[*] "python.org"                                : Adding subdomain "svn.
python.org"
[*] "python.org"                                : Adding subdomain "web.
```

```
es.python.org"
[*] "python.org"                                   : Adding subdomain "hg.
python.org"
[*] "python.org"                                   : Adding subdomain "login.
python.org"
[*] "python.org"                                   : Adding subdomain "www.
bugs.python.org"
[*] "python.org"                                   : Adding subdomain
"buildbot.python.org"
[*] "python.org"                                   : Adding subdomain "pycon-
archives.python.org"
[*] "python.org"                                   : Adding subdomain "www.
pl.python.org"
[*] "python.org"                                   : Adding subdomain "www.
hg.es.python.org"
[*] "python.org"                                   : Adding subdomain "www.
lists.es.python.org"
[*] "python.org"                                   : Adding subdomain "id.
python.org"
[*] "python.org"                                   : Adding subdomain
"testpypi.python.org"
[*] "python.org"                                   : Adding subdomain "vote.
python.org"
[*] "python.org"                                   : Adding subdomain "www.
vote.python.org"
[*] "python.org"                                   : Adding subdomain "www.
openbadges.es.python.org"
[*] "python.org"                                   : Adding subdomain "www.
status.python.org"
[+] Finished kpcyrd/ctlogs
[sn0int][default][kpcyrd/ctlogs] > use dns-resolve
[sn0int][default][kpcyrd/dns-resolve] > run
[*] "education.python.org"                         : Updating subdomain
"education.python.org" (resolvable => true)
[*] "education.python.org"                         : Adding ipaddr
"52.223.46.195"
[*] "education.python.org"                         : Adding subdomain-ipaddr
"education.python.org+52.223.46.195"
[*] "education.python.org"                         : Adding ipaddr
"15.197.246.237"
[*] "education.python.org"                         : Adding subdomain-ipaddr
"education.python.org+15.197.246.237"
[*] "education.python.org"                         : Adding ipaddr
"3.33.193.101"
[*] "education.python.org"                         : Adding subdomain-ipaddr
"education.python.org+3.33.193.101"
[*] "education.python.org"                         : Adding ipaddr
"99.83.183.127"
[*] "education.python.org"                         : Adding subdomain-ipaddr
"education.python.org+99.83.183.127"
[*] "python.org"                                   : Updating subdomain
"python.org" (resolvable => true)
[*] "python.org"                                   : Adding ipaddr
"151.101.64.223"
```

```
[*] "python.org"                              : Adding subdomain-ipaddr
"python.org+151.101.64.223"
[*] "python.org"                              : Adding ipaddr
"151.101.192.223"
[*] "python.org"                              : Adding subdomain-ipaddr
"python.org+151.101.192.223"
[*] "python.org"                              : Adding ipaddr
"151.101.128.223"
[*] "python.org"                              : Adding subdomain-ipaddr
"python.org+151.101.128.223"
[*] "python.org"                              : Adding ipaddr
"151.101.0.223"
[*] "python.org"                              : Adding subdomain-ipaddr
"python.org+151.101.0.223"
[*] "pl.python.org"                           : Updating subdomain "pl.
python.org" (resolvable => true)
[*] "pl.python.org"                           : Adding ipaddr
"57.128.173.223"
[*] "pl.python.org"                           : Adding subdomain-ipaddr
"pl.python.org+57.128.173.223"
[*] "community.uk.python.org"                 : Updating subdomain
"community.uk.python.org" (resolvable => true)
[*] "community.uk.python.org"                 : Adding ipaddr
"185.199.110.153"
[*] "community.uk.python.org"                 : Adding subdomain-ipaddr
"community.uk.python.org+185.199.110.153"
[*] "community.uk.python.org"                 : Adding ipaddr
"185.199.109.153"
[*] "community.uk.python.org"                 : Adding subdomain-ipaddr
"community.uk.python.org+185.199.109.153"
[*] "community.uk.python.org"                 : Adding ipaddr
"185.199.108.153"
[*] "community.uk.python.org"                 : Adding subdomain-ipaddr
"community.uk.python.org+185.199.108.153"
[*] "community.uk.python.org"                 : Adding ipaddr
"185.199.111.153"
[*] "community.uk.python.org"                 : Adding subdomain-ipaddr
"community.uk.python.org+185.199.111.153"
[*] "hacktoberfest.es.python.org"             : Updating subdomain
"hacktoberfest.es.python.org" (resolvable => true)
[*] "hacktoberfest.es.python.org"             : Adding subdomain-ipaddr
"hacktoberfest.es.python.org+185.199.111.153"
[*] "hacktoberfest.es.python.org"             : Adding subdomain-ipaddr
"hacktoberfest.es.python.org+185.199.108.153"
[*] "hacktoberfest.es.python.org"             : Adding subdomain-ipaddr
"hacktoberfest.es.python.org+185.199.109.153"
[*] "hacktoberfest.es.python.org"             : Adding subdomain-ipaddr
"hacktoberfest.es.python.org+185.199.110.153"
[*] "es.python.org"                           : Updating subdomain "es.
python.org" (resolvable => true)
[*] "es.python.org"                           : Adding subdomain-ipaddr
"es.python.org+185.199.108.153"
[*] "es.python.org"                           : Adding subdomain-ipaddr
"es.python.org+185.199.109.153"
```

```
[*] "es.python.org"                             : Adding subdomain-ipaddr
"es.python.org+185.199.111.153"
[*] "es.python.org"                             : Adding subdomain-ipaddr
"es.python.org+185.199.110.153"
[*] "pycon-archive.python.org"                  : Updating subdomain
"pycon-archive.python.org" (resolvable => true)
[*] "pycon-archive.python.org"                  : Adding subdomain-ipaddr
"pycon-archive.python.org+185.199.108.153"
[*] "pycon-archive.python.org"                  : Adding subdomain-ipaddr
"pycon-archive.python.org+185.199.110.153"
[*] "pycon-archive.python.org"                  : Adding subdomain-ipaddr
"pycon-archive.python.org+185.199.109.153"
[*] "pycon-archive.python.org"                  : Adding subdomain-ipaddr
"pycon-archive.python.org+185.199.111.153"
[*] "ukpatl.uk.python.org"                      : Updating subdomain
"ukpatl.uk.python.org" (resolvable => true)
[*] "ukpatl.uk.python.org"                      : Adding ipaddr
"3.125.36.175"
[*] "ukpatl.uk.python.org"                      : Adding subdomain-ipaddr
"ukpatl.uk.python.org+3.125.36.175"
[*] "ukpatl.uk.python.org"                      : Adding ipaddr
"3.124.100.143"
[*] "ukpatl.uk.python.org"                      : Adding subdomain-ipaddr
"ukpatl.uk.python.org+3.124.100.143"
[*] "comunidades.es.python.org"                 : Updating subdomain
"comunidades.es.python.org" (resolvable => true)
[*] "comunidades.es.python.org"                 : Adding subdomain-ipaddr
"comunidades.es.python.org+185.199.109.153"
[*] "comunidades.es.python.org"                 : Adding subdomain-ipaddr
"comunidades.es.python.org+185.199.108.153"
[*] "comunidades.es.python.org"                 : Adding subdomain-ipaddr
"comunidades.es.python.org+185.199.111.153"
[*] "comunidades.es.python.org"                 : Adding subdomain-ipaddr
"comunidades.es.python.org+185.199.110.153"
[*] "discuss.python.org"                        : Updating subdomain
"discuss.python.org" (resolvable => true)
[*] "discuss.python.org"                        : Adding ipaddr
"184.105.99.75"
[*] "discuss.python.org"                        : Adding subdomain-ipaddr
"discuss.python.org+184.105.99.75"
[*] "membership.uk.python.org"                  : Updating subdomain
"membership.uk.python.org" (resolvable => true)
[*] "membership.uk.python.org"                  : Adding ipaddr
"52.56.203.177"
[*] "membership.uk.python.org"                  : Adding subdomain-ipaddr
"membership.uk.python.org+52.56.203.177"
[*] "calendario.es.python.org"                  : Updating subdomain
"calendario.es.python.org" (resolvable => true)
[*] "calendario.es.python.org"                  : Adding ipaddr
"46.4.94.207"
[*] "calendario.es.python.org"                  : Adding subdomain-ipaddr
"calendario.es.python.org+46.4.94.207"
[*] "documentos-asociacion.es.python.org"       : Updating subdomain
"documentos-asociacion.es.python.org" (resolvable => true)
```

```
[*] "documentos-asociacion.es.python.org"        : Adding subdomain-ipaddr
"documentos-asociacion.es.python.org+46.4.94.207"
[*] "hg.es.python.org"                           : Updating subdomain "hg.
es.python.org" (resolvable => true)
[*] "hg.es.python.org"                           : Adding subdomain-ipaddr
"hg.es.python.org+46.4.94.207"
[*] "lists.es.python.org"                        : Updating subdomain
"lists.es.python.org" (resolvable => true)
[*] "lists.es.python.org"                        : Adding subdomain-ipaddr
"lists.es.python.org+46.4.94.207"
[*] "openbadges.es.python.org"                   : Updating subdomain
"openbadges.es.python.org" (resolvable => true)
[*] "openbadges.es.python.org"                   : Adding subdomain-ipaddr
"openbadges.es.python.org+46.4.94.207"
[*] "packaging.python.org"                       : Updating subdomain
"packaging.python.org" (resolvable => true)
[*] "packaging.python.org"                       : Adding ipaddr
"104.16.253.120"
[*] "packaging.python.org"                       : Adding subdomain-ipaddr
"packaging.python.org+104.16.253.120"
[*] "packaging.python.org"                       : Adding ipaddr
"104.16.254.120"
[*] "packaging.python.org"                       : Adding subdomain-ipaddr
"packaging.python.org+104.16.254.120"
[*] "devguide.python.org"                        : Updating subdomain
"devguide.python.org" (resolvable => true)
[*] "devguide.python.org"                        : Adding subdomain-ipaddr
"devguide.python.org+104.16.254.120"
[*] "devguide.python.org"                        : Adding subdomain-ipaddr
"devguide.python.org+104.16.253.120"
[*] "africa.python.org"                          : Updating subdomain
"africa.python.org" (resolvable => true)
[*] "africa.python.org"                          : Adding ipaddr
"116.202.118.106"
[*] "africa.python.org"                          : Adding subdomain-ipaddr
"africa.python.org+116.202.118.106"
[*] "comunidad.es.python.org"                    : Updating subdomain
"comunidad.es.python.org" (resolvable => true)
[*] "comunidad.es.python.org"                    : Adding ipaddr
"185.195.96.31"
[*] "comunidad.es.python.org"                    : Adding subdomain-ipaddr
"comunidad.es.python.org+185.195.96.31"
[*] "uk.python.org"                              : Updating subdomain "uk.
python.org" (resolvable => true)
[*] "uk.python.org"                              : Adding ipaddr
"104.198.14.52"
[*] "uk.python.org"                              : Adding subdomain-ipaddr
"uk.python.org+104.198.14.52"
[*] "peps.python.org"                            : Updating subdomain
"peps.python.org" (resolvable => true)
[*] "peps.python.org"                            : Adding ipaddr
"151.101.132.223"
[*] "peps.python.org"                            : Adding subdomain-ipaddr
"peps.python.org+151.101.132.223"
```

```
[*] "bugs.python.org"                        : Updating subdomain
"bugs.python.org" (resolvable => true)
[*] "bugs.python.org"                        : Adding ipaddr
"45.55.99.191"
[*] "bugs.python.org"                        : Adding subdomain-ipaddr
"bugs.python.org+45.55.99.191"
[*] "policies.python.org"                    : Updating subdomain
"policies.python.org" (resolvable => true)
[*] "policies.python.org"                    : Adding subdomain-ipaddr
"policies.python.org+104.16.254.120"
[*] "policies.python.org"                    : Adding subdomain-ipaddr
"policies.python.org+104.16.253.120"
[*] "mail.python.org"                        : Updating subdomain
"mail.python.org" (resolvable => true)
[*] "mail.python.org"                        : Adding ipaddr
"188.166.95.178"
[*] "mail.python.org"                        : Adding subdomain-ipaddr
"mail.python.org+188.166.95.178"
[*] "status.python.org"                      : Updating subdomain
"status.python.org" (resolvable => true)
[*] "status.python.org"                      : Adding ipaddr
"18.154.48.51"
[*] "status.python.org"                      : Adding subdomain-ipaddr
"status.python.org+18.154.48.51"
[*] "status.python.org"                      : Adding ipaddr
"18.154.48.20"
[*] "status.python.org"                      : Adding subdomain-ipaddr
"status.python.org+18.154.48.20"
[*] "status.python.org"                      : Adding ipaddr
"18.154.48.27"
[*] "status.python.org"                      : Adding subdomain-ipaddr
"status.python.org+18.154.48.27"
[*] "status.python.org"                      : Adding ipaddr
"18.154.48.73"
[*] "status.python.org"                      : Adding subdomain-ipaddr
"status.python.org+18.154.48.73"
[*] "www.python.org"                         : Updating subdomain "www.
python.org" (resolvable => true)
[*] "www.python.org"                         : Adding subdomain-ipaddr
"www.python.org+151.101.0.223"
[*] "www.python.org"                         : Adding subdomain-ipaddr
"www.python.org+151.101.128.223"
[*] "www.python.org"                         : Adding subdomain-ipaddr
"www.python.org+151.101.192.223"
[*] "www.python.org"                         : Adding subdomain-ipaddr
"www.python.org+151.101.64.223"
[*] "chat.uk.python.org"                     : Updating subdomain
"chat.uk.python.org" (resolvable => true)
[*] "chat.uk.python.org"                     : Adding ipaddr
"35.179.56.184"
[*] "chat.uk.python.org"                     : Adding subdomain-ipaddr
"chat.uk.python.org+35.179.56.184"
[*] "staging.python.org"                     : Updating subdomain
"staging.python.org" (resolvable => false)
```

```
[*] "socios.es.python.org"                          : Updating subdomain
"socios.es.python.org" (resolvable => false)
[*] "didactica-pyladies.es.python.org"              : Updating subdomain
"didactica-pyladies.es.python.org" (resolvable => false)
[*] "docs.python.org"                               : Updating subdomain
"docs.python.org" (resolvable => true)
[*] "docs.python.org"                               : Adding subdomain-ipaddr
"docs.python.org+151.101.132.223"
[*] "downloads.python.org"                          : Updating subdomain
"downloads.python.org" (resolvable => true)
[*] "downloads.python.org"                          : Adding subdomain-ipaddr
"downloads.python.org+151.101.132.223"
[*] "pypi.python.org"                               : Updating subdomain
"pypi.python.org" (resolvable => true)
[*] "pypi.python.org"                               : Adding subdomain-ipaddr
"pypi.python.org+151.101.132.223"
[*] "www.es.python.org"                             : Updating subdomain "www.
es.python.org" (resolvable => true)
[*] "www.es.python.org"                             : Adding subdomain-ipaddr
"www.es.python.org+185.199.111.153"
[*] "www.es.python.org"                             : Adding subdomain-ipaddr
"www.es.python.org+185.199.110.153"
[*] "www.es.python.org"                             : Adding subdomain-ipaddr
"www.es.python.org+185.199.108.153"
[*] "www.es.python.org"                             : Adding subdomain-ipaddr
"www.es.python.org+185.199.109.153"
[*] "web-ng.es.python.org"                          : Updating subdomain "web-
ng.es.python.org" (resolvable => false)
[*] "wiki.python.org"                               : Updating subdomain
"wiki.python.org" (resolvable => true)
[*] "wiki.python.org"                               : Adding ipaddr
"167.99.21.118"
[*] "wiki.python.org"                               : Adding subdomain-ipaddr
"wiki.python.org+167.99.21.118"
[*] "wiki.python.org"                               : Adding ipaddr
"159.89.245.108"
[*] "wiki.python.org"                               : Adding subdomain-ipaddr
"wiki.python.org+159.89.245.108"
[*] "legacy.python.org"                             : Updating subdomain
"legacy.python.org" (resolvable => true)
[*] "legacy.python.org"                             : Adding subdomain-ipaddr
"legacy.python.org+159.89.245.108"
[*] "legacy.python.org"                             : Adding subdomain-ipaddr
"legacy.python.org+167.99.21.118"
[*] "svn.python.org"                                : Updating subdomain "svn.
python.org" (resolvable => true)
[*] "svn.python.org"                                : Adding subdomain-ipaddr
"svn.python.org+167.99.21.118"
[*] "svn.python.org"                                : Adding subdomain-ipaddr
"svn.python.org+159.89.245.108"
[*] "web.es.python.org"                             : Updating subdomain "web.
es.python.org" (resolvable => false)
[*] "hg.python.org"                                 : Updating subdomain "hg.
python.org" (resolvable => true)
```

```
[*] "hg.python.org"                              : Adding subdomain-ipaddr
"hg.python.org+167.99.21.118"
[*] "hg.python.org"                              : Adding subdomain-ipaddr
"hg.python.org+159.89.245.108"
[*] "login.python.org"                           : Updating subdomain
"login.python.org" (resolvable => false)
[*] "www.bugs.python.org"                        : Updating subdomain "www.
bugs.python.org" (resolvable => false)
[*] "buildbot.python.org"                        : Updating subdomain
"buildbot.python.org" (resolvable => true)
[*] "buildbot.python.org"                        : Adding subdomain-ipaddr
"buildbot.python.org+167.99.21.118"
[*] "buildbot.python.org"                        : Adding subdomain-ipaddr
"buildbot.python.org+159.89.245.108"
[*] "pycon-archives.python.org"                  : Updating subdomain
"pycon-archives.python.org" (resolvable => false)
[*] "www.pl.python.org"                          : Updating subdomain "www.
pl.python.org" (resolvable => false)
[*] "www.hg.es.python.org"                       : Updating subdomain "www.
hg.es.python.org" (resolvable => false)
[*] "www.lists.es.python.org"                    : Updating subdomain "www.
lists.es.python.org" (resolvable => false)
[*] "id.python.org"                              : Updating subdomain "id.
python.org" (resolvable => false)
[*] "testpypi.python.org"                        : Updating subdomain
"testpypi.python.org" (resolvable => true)
[*] "testpypi.python.org"                        : Adding subdomain-ipaddr
"testpypi.python.org+151.101.132.223"
[*] "vote.python.org"                            : Updating subdomain
"vote.python.org" (resolvable => false)
[*] "www.vote.python.org"                        : Updating subdomain "www.
vote.python.org" (resolvable => false)
[*] "www.openbadges.es.python.org"               : Updating subdomain "www.
openbadges.es.python.org" (resolvable => false)
[*] "www.status.python.org"                      : Updating subdomain "www.
status.python.org" (resolvable => false)
[+] Finished kpcyrd/dns-resolve
```

Ejecución del módulo de resolución inversa:

```
[*] "52.223.46.195"                              : Updating ipaddr
"52.223.46.195" (reverse_dns => "a7237f7840bdba0f5.awsglobalaccelerator.com.")
[*] "15.197.246.237"                             : Updating ipaddr
"15.197.246.237" (reverse_dns => "a45ad4a8ca0ec4d65.awsglobalaccelerator.com.")
[*] "3.33.193.101"                               : Updating ipaddr
"3.33.193.101" (reverse_dns => "a45ad4a8ca0ec4d65.awsglobalaccelerator.com.")
[*] "99.83.183.127"                              : Updating ipaddr
"99.83.183.127" (reverse_dns => "a7237f7840bdba0f5.awsglobalaccelerator.com.")
[*] "57.128.173.223"                             : Updating ipaddr
"57.128.173.223" (reverse_dns => "vps-b58f5203.vps.ovh.net.")
[*] "185.199.110.153"                            : Updating ipaddr
"185.199.110.153" (reverse_dns => "cdn-185-199-110-153.github.com.")
[*] "185.199.109.153"                            : Updating ipaddr
"185.199.109.153" (reverse_dns => "cdn-185-199-109-153.github.com.")
```

```
[*] "185.199.108.153"                              : Updating ipaddr
"185.199.108.153" (reverse_dns => "cdn-185-199-108-153.github.com.")
[*] "185.199.111.153"                              : Updating ipaddr
"185.199.111.153" (reverse_dns => "cdn-185-199-111-153.github.com.")
[*] "3.125.36.175"                                 : Updating ipaddr
"3.125.36.175" (reverse_dns => "ec2-3-125-36-175.eu-central-1.compute.amazonaws.
com.")
[*] "3.124.100.143"                                : Updating ipaddr
"3.124.100.143" (reverse_dns => "ec2-3-124-100-143.eu-central-1.compute.
amazonaws.com.")
[*] "52.56.203.177"                                : Updating ipaddr
"52.56.203.177" (reverse_dns => "ec2-52-56-203-177.eu-west-2.compute.amazonaws.
com.")
[*] "46.4.94.207"                                  : Updating ipaddr
"46.4.94.207" (reverse_dns => "smtp.jcea.es.")
[*] "116.202.118.106"                              : Updating ipaddr
"116.202.118.106" (reverse_dns => "s22.wservices.ch.")
[*] "185.195.96.31"                                : Updating ipaddr
"185.195.96.31" (reverse_dns => "discourse-001.asplhosting.com.")
[*] "104.198.14.52"                                : Updating ipaddr
"104.198.14.52" (reverse_dns => "52.14.198.104.bc.googleusercontent.com.")
[*] "188.166.95.178"                               : Updating ipaddr
"188.166.95.178" (reverse_dns => "mail.python.org.")
[*] "18.154.48.51"                                 : Updating ipaddr
"18.154.48.51" (reverse_dns => "server-18-154-48-51.mad56.r.cloudfront.net.")
[*] "18.154.48.20"                                 : Updating ipaddr
"18.154.48.20" (reverse_dns => "server-18-154-48-20.mad56.r.cloudfront.net.")
[*] "18.154.48.27"                                 : Updating ipaddr
"18.154.48.27" (reverse_dns => "server-18-154-48-27.mad56.r.cloudfront.net.")
[*] "18.154.48.73"                                 : Updating ipaddr
"18.154.48.73" (reverse_dns => "server-18-154-48-73.mad56.r.cloudfront.net.")
[*] "35.179.56.184"                                : Updating ipaddr
"35.179.56.184" (reverse_dns => "ec2-35-179-56-184.eu-west-2.compute.amazonaws.
com.")
[+] Finished kpcyrd/dns-ptr
```

2.10.10 FINALRECON

FinalRecon https://github.com/thewhiteh4t/FinalRecon es un script desarrollado en Python3 que permite obtener las cabeceras, información whois, certificados del sitio web y diferentes tipos de links (robots, external, internal) a través de un proceso de crawling sobre un dominio determinado.

Para su instalación, podemos hacerlo utilizando Python3 si lo tenemos instalado en nuestra máquina e instalando las dependencias con los siguientes comandos:

```
$ git clone https://github.com/thewhiteh4t/FinalRecon.git
$ cd FinalRecon
$ pip3 install -r requirements.txt
```

La herramienta también podríamos ejecutarla utilizando **Docker** utilizando el fichero **Dockerfile** que encontramos en el repositorio de GitHub.

```
FROM python:latest
WORKDIR /root
RUN git clone https://github.com/thewhiteh4t/finalrecon.git
WORKDIR /root/finalrecon/
RUN pip install wheel
RUN pip install -r requirements.txt
ENTRYPOINT ["python3", "finalrecon.py"]
```

El contenedor lo podríamos arrancar utilizando tanto el Dockerfile como con el siguiente comando:

```
$ docker run -it --entrypoint /bin/sh thewhiteh4t/finalrecon
Unable to find image 'thewhiteh4t/finalrecon:latest' locally
latest: Pulling from thewhiteh4t/finalrecon
7d98d813d54f: Pull complete
da802df85c96: Pull complete
7aadc5092c3b: Pull complete
ad1c7cfc347f: Pull complete
3cb0c7824817: Pull complete
6d4976a28162: Pull complete
7fd1c94ea9ec: Pull complete
4f4fb700ef54: Pull complete
6a72997846e3: Pull complete
f51a8c8ed829: Pull complete
e5fd44228388: Pull complete
Digest: sha256:b2b6401f366aa9ea930168c42b13e70144b52d8bd59e301f67c64888b44d4c70
Status: Downloaded newer image for thewhiteh4t/finalrecon:latest
# dir
CHANGELOG.md  LICENSE   conf   metadata.json  requirements.txt  whois_servers.
json
Dockerfile    README.md  finalrecon.py  modules        settings.py   wordlists
```

En primer lugar, podríamos ver las opciones que ofrece el script con la opción -h:

```
# python finalrecon.py -h
usage: finalrecon.py [-h] [--url URL] [--headers] [--sslinfo] [--whois] [--crawl]
[--dns] [--sub] [--dir] [--wayback] [--ps] [--full] [-nb] [-dt DT]
                     [-pt PT] [-T T] [-w W] [-r] [-s] [-sp SP] [-d D] [-e E] [-o
O] [-cd CD] [-of OF] [-k K]

FinalRecon - All in One Web Recon | v1.1.7

options:
  -h, --help  show this help message and exit
  --url URL   Target URL
  --headers   Header Information
  --sslinfo   SSL Certificate Information
  --whois     Whois Lookup
  --crawl     Crawl Target
  --dns       DNS Enumeration
  --sub       Sub-Domain Enumeration
  --dir       Directory Search
  --wayback   Wayback URLs
  --ps        Fast Port Scan
```

```
    --full       Full Recon

Extra Options:
    -nb          Hide Banner
    -dt DT       Number of threads for directory enum [ Default : 30 ]
    -pt PT       Number of threads for port scan [ Default : 50 ]
    -T T         Request Timeout [ Default : 30.0 ]
    -w W         Path to Wordlist [ Default : wordlists/dirb_common.txt ]
    -r           Allow Redirect [ Default : False ]
    -s           Toggle SSL Verification [ Default : True ]
    -sp SP       Specify SSL Port [ Default : 443 ]
    -d D         Custom DNS Servers [ Default : 1.1.1.1 ]
    -e E         File Extensions [ Example : txt, xml, php ]
    -o O         Export Format [ Default : txt ]
    -cd CD       Change export directory [ Default : ~/.local/share/finalrecon ]
    -of OF       Change export folder name [ Default :<path>fr_<hostname>_<date> ]
    -k K         Add API key [ Example : shodan@key ]
```

Los principales comandos que podemos utilizar son:

```
# Check headers

python3 finalrecon.py --headers --url <url>

# Check ssl Certificate

python3 finalrecon.py --sslinfo --url <url>

# Check whois Information

python3 finalrecon.py --whois --url <url>

# Crawl Target

python3 finalrecon.py --crawl --url <url>

# full scan

python3 finalrecon.py --full --url <url>
```

Por ejemplo, si queremos realizar un escaneo completo sobre el dominio **python.org** podríamos ejecutar el siguiente comando:

```
# python3 finalrecon.py --full --url http://www.python.org

   _____   __      __    _____
  /\  __ _\/\ \    /\ \  "-.\ \   /\  __\   _   \ /\ \
  \ \ \/\ \_\ \ \   \ \ \   \ \ \-.  \ \ \   _  \\ \ \____
   \ \ \_\ \   \ \ \___\ \ \  \ \ \"\_\  \ \ \  \_\ \ \_____\
    \/_/      \/_/    \/_/   \/_/  \/_/   \/_/\/_/   \/_____/

   _____   __      __    _____   _____
  /\  == \ \/\ \    __\ \ /\  __\   _   \ /\ \ "-.\ \
  \ \  __<  \ \ \  _\ \  \ \ \-.  \__\_\ \ \ \/\ \ \ \ \-.  \
   \ \_\ \_\ \ \_\ \_____\ \_____\ \_____\ \_____\ \_\\"\_\
```

```
   \/_/ /_/ \/____/ \/____/ \/____/ \/_/ \/_/

[>] Created By   : thewhiteh4t
 |---> Twitter   : https://twitter.com/thewhiteh4t
 |---> Community : https://twc1rcle.com/
[>] Version      : 1.1.7

[+] Target : http://www.python.org

[+] IP Address : 151.101.132.223

[!] Headers :

Connection : keep-alive
Content-Length : 11716
x-frame-options : SAMEORIGIN
via : 1.1 varnish, 1.1 varnish, 1.1 varnish
content-encoding : gzip
content-type : text/html; charset=utf-8
Accept-Ranges : bytes
Date : Sat, 11 Jan 2025 18:34:37 GMT
Age : 1548
X-Served-By : cache-iad-kiad7000081-IAD, cache-iad-kiad7000081-IAD, cache-
mad22042-MAD
X-Cache : MISS, HIT, HIT
X-Cache-Hits : 0, 311, 1
X-Timer : S1736620478.781950,VS0,VE1
Vary : Cookie
Strict-Transport-Security : max-age=63072000; includeSubDomains; preload

[!] SSL Certificate Information :

/root/finalrecon/modules/sslinfo.py:102: CryptographyDeprecationWarning:
Properties that return a naïve datetime object have been deprecated. Please
switch to not_valid_before_utc.
  'notBefore': decoded_cert.not_valid_before.strftime("%b %d %H:%M:%S %Y GMT"),
/root/finalrecon/modules/sslinfo.py:103: CryptographyDeprecationWarning:
Properties that return a naïve datetime object have been deprecated. Please
switch to not_valid_after_utc.
  'notAfter': decoded_cert.not_valid_after.strftime("%b %d %H:%M:%S %Y GMT"),
[+] protocol : TLSv1.3
[+] cipher
    └ 0: TLS_AES_128_GCM_SHA256
    └ 1: TLSv1.3
    └ 2: 128
[+] subject
    └ commonName: www.python.org
[+] issuer
    └ countryName: BE
    └ organizationName: GlobalSign nv-sa
    └ commonName: GlobalSign Atlas R3 DV TLS CA 2024 Q2
[+] version : Version.v3
[+] serialNumber : 1734113092552290655150311884902056254
[+] notBefore : May 09 12:50:11 2024 GMT
[+] notAfter : Jun 10 12:50:10 2025 GMT
```

```
[+] subjectAltName
   └ 0: www.python.org
   └ 1: *.python.org
   └ 2: python.org

[!] Whois Lookup :

Domain Name: python.org
Registry Domain ID: 8182a33af4314b999853885eb16ef749-LROR
Registrar WHOIS Server: http://whois.gandi.net
Registrar URL: http://www.gandi.net
Updated Date: 2024-06-18T21:08:50Z
Creation Date: 1995-03-27T05:00:00Z
Registry Expiry Date: 2033-03-28T05:00:00Z
Registrar: Gandi SAS
Registrar IANA ID: 81
Registrar Abuse Contact Email: abuse@support.gandi.net
Registrar Abuse Contact Phone: +33.170377661
Domain Status: clientTransferProhibited https://icann.org/
epp#clientTransferProhibited
Registry Registrant ID: REDACTED FOR PRIVACY
Registrant Name: REDACTED FOR PRIVACY
Registrant Organization: Python Software Foundation
Registrant Street: REDACTED FOR PRIVACY
Registrant City: REDACTED FOR PRIVACY
Registrant State/Province: OR
Registrant Postal Code: REDACTED FOR PRIVACY
Registrant Country: US
Registrant Phone: REDACTED FOR PRIVACY
Registrant Phone Ext: REDACTED FOR PRIVACY
Registrant Fax: REDACTED FOR PRIVACY
Registrant Fax Ext: REDACTED FOR PRIVACY
Registrant Email: Please query the RDDS service of the Registrar of Record
identified in this output for information on how to contact the Registrant,
Admin, or Tech contact of the queried domain name.
Registry Admin ID: REDACTED FOR PRIVACY
Admin Name: REDACTED FOR PRIVACY
Admin Organization: REDACTED FOR PRIVACY
Admin Street: REDACTED FOR PRIVACY
Admin City: REDACTED FOR PRIVACY
Admin State/Province: REDACTED FOR PRIVACY
Admin Postal Code: REDACTED FOR PRIVACY
Admin Country: REDACTED FOR PRIVACY
Admin Phone: REDACTED FOR PRIVACY
Admin Phone Ext: REDACTED FOR PRIVACY
Admin Fax: REDACTED FOR PRIVACY
Admin Fax Ext: REDACTED FOR PRIVACY
Admin Email: Please query the RDDS service of the Registrar of Record identified
in this output for information on how to contact the Registrant, Admin, or Tech
contact of the queried domain name.
Registry Tech ID: REDACTED FOR PRIVACY
Tech Name: REDACTED FOR PRIVACY
Tech Organization: REDACTED FOR PRIVACY
Tech Street: REDACTED FOR PRIVACY
Tech City: REDACTED FOR PRIVACY
```

```
Tech State/Province: REDACTED FOR PRIVACY
Tech Postal Code: REDACTED FOR PRIVACY
Tech Country: REDACTED FOR PRIVACY
Tech Phone: REDACTED FOR PRIVACY
Tech Phone Ext: REDACTED FOR PRIVACY
Tech Fax: REDACTED FOR PRIVACY
Tech Fax Ext: REDACTED FOR PRIVACY
Tech Email: Please query the RDDS service of the Registrar of Record identified
in this output for information on how to contact the Registrant, Admin, or Tech
contact of the queried domain name.
Name Server: ns-1134.awsdns-13.org
Name Server: ns-2046.awsdns-63.co.uk
Name Server: ns-484.awsdns-60.com
Name Server: ns-981.awsdns-58.net
DNSSEC: unsigned
URL of the ICANN Whois Inaccuracy Complaint Form: https://www.icann.org/wicf/


[!] Starting DNS Enumeration...

A    : 151.101.192.223
A    : 151.101.64.223
A    : 151.101.0.223
A    : 151.101.128.223
AAAA    : 2a04:4e42:400::223
AAAA    : 2a04:4e42:600::223
AAAA    : 2a04:4e42::223
AAAA    : 2a04:4e42:200::223
CNAME      : dualstack.python.map.fastly.net.

[-] DMARC Record Not Found!

[!] Starting Sub-Domain Enumeration...

[!] Skipping BeVigil : API key not found!
[!] Requesting AnubisDB
[!] Requesting ThreatMiner
[!] Skipping Facebook : API key not found!
[!] Skipping VirusTotal : API key not found!
[!] Skipping Shodan : API key not found!
[!] Requesting CertSpotter
[!] Requesting HackerTarget
[!] Requesting crt.sh
[!] Skipping binedge : API key not found!
[!] Skipping zoomeye : API key not found!
[!] Skipping netlas : API key not found!
[!] Skipping hunter : API key not found!
[!] Requesting UrlScan
[!] Requesting AlienVault
[+] AnubisDB found 48 subdomains!
[-] ThreatMiner Status : 500
[+] UrlScan found 100 subdomains!
[+] AlienVault found 60 subdomains!
[+] HackerTarget found 2 subdomains!
[+] Certspotter found 2 subdomains!
```

```
[+] crt.sh found 68 subdomains!

[+] Results :

mail.www.python.org
mx.www.python.org
smtp.www.python.org
www.python.org

[+] Total Unique Sub Domains Found : 4

[!] Starting Port Scan...

[+] Scanning Top 100+ Ports With 50 Threads...

[+] 80 (HTTP)
[+] 443 (HTTPS)
[!] Scanning : 111/111
[+] Scan Completed!


[!] Starting Crawler...

[+] Looking for robots.txt........[ Found ]
[+] Extracting robots Links.......[ 3 ]
[+] Looking for sitemap.xml.......[ Not Found ]
[+] Extracting CSS Links..........[ 4 ]
[+] Extracting Javascript Links...[ 8 ]
[+] Extracting Internal Links.....[ 25 ]
[+] Extracting External Links.....[ 35 ]
[+] Extracting Images............[ 1 ]
[+] Crawling Sitemaps............[ 0 ]
[+] Crawling Javascripts.........[ 4 ]

[+] Total Unique Links Extracted : 80
```

2.10.11 PHOTON WEBCRAWLER

Photon https://github.com/s0md3v/Photon es un script desarrollado en Python que actúa como web crawler capaz de extraer información de una aplicación web como URLs con parámetros susceptibles de aplicar fuzzing, ficheros PDF, scripts y enlaces externos e internos. Si tenemos python 3 instalado en nuestra máquina, la instalación de la herramienta se podría realizar con los siguientes comandos para instalar las dependencias que encontramos en el fichero **requirements.txt:**

```
requests
requests[socks]
urllib3
tld
```

```
$ git clone https://github.com/s0md3v/Photon.git
$ cd Photon
$ pip3 install -r requirements.txt
```

También podríamos ejecutarlo utilizando **Docker** utilizando el fichero **Dockerfile** que encontramos en el repositorio de GitHub.

```
FROM python:3-alpine

LABEL name photon
LABEL src "https://github.com/s0md3v/Photon"
LABEL creator s0md3v
LABEL dockerfile_maintenance khast3x
LABEL desc "Incredibly fast crawler designed for reconnaissance."

RUN apk add git && git clone https://github.com/s0md3v/Photon.git Photon
WORKDIR Photon
RUN pip install -r requirements.txt

VOLUME [ "/Photon" ]
# ENTRYPOINT ["sh"]
ENTRYPOINT [ "python", "photon.py" ]
CMD ["--help"]
```

```
$ docker build -t photon .
$ docker run -it --name photon photon:latest -u python.org
```

Para ejecutarlo y ver las opciones que ofrece lo hacemos con la opción -h:

```
$ python photon.py -h
      ___    _  ___        __
     / _ \/ /_ ___   / /____   ___
    / /_/ / __ \/ _ \ / __/ _ \ / _ \
   / ____/ / / / /_/ / /_/ /_/ / / / /
  /_/   /_/ /_/\___/\__/\___/ /_/ /_/  v1.3.2

usage: photon.py [-h] [-u ROOT] [-c COOK] [-r REGEX] [-e {csv,json}] [-o OUTPUT]
[-l LEVEL] [-t THREADS] [-d DELAY] [-v] [-s SEEDS [SEEDS ...]]
                 [--stdout STD] [--user-agent USER_AGENT] [--exclude EXCLUDE]
[--timeout TIMEOUT] [-p PROXIES] [--clone] [--headers] [--dns]
                 [--keys] [--update] [--only-urls] [--wayback]

options:
  -h, --help            show this help message and exit
  -u ROOT, --url ROOT   root url
  -c COOK, --cookie COOK
                        cookie
  -r REGEX, --regex REGEX
                        regex pattern
  -e {csv,json}, --export {csv,json}
                        export format
  -o OUTPUT, --output OUTPUT
                        output directory
  -l LEVEL, --level LEVEL
                        levels to crawl
  -t THREADS, --threads THREADS
                        number of threads
  -d DELAY, --delay DELAY
```

```
                              delay between requests
    -v, --verbose             verbose output
    -s SEEDS [SEEDS ...], --seeds SEEDS [SEEDS ...]
                              additional seed URLs
    --stdout STD              send variables to stdout
    --user-agent USER_AGENT
                              custom user agent(s)
    --exclude EXCLUDE         exclude URLs matching this regex
    --timeout TIMEOUT         http request timeout
    -p PROXIES, --proxy PROXIES
                              Proxy server IP:PORT or DOMAIN:PORT
    --clone                   clone the website locally
    --headers                 add headers
    --dns                     enumerate subdomains and DNS data
    --keys                    find secret keys
    --update                  update photon
    --only-urls               only extract URLs
    --wayback                 fetch URLs from archive.org as seeds
```

El script ofrece la posibilidad de usar varios hilos de forma simultánea con el parámetro -t. Como resultado devuelve los ficheros que se guardarán en el directorio local, links, scripts y urls que ha obtenido en el proceso de crawling. En este caso estamos utilizando 5 hilos. El número óptimo de threads a utilizar dependerá de la velocidad de la conexión. Con una buena conexión y sin limitaciones de velocidad por parte del servidor se podrían lanzar hasta 100 hilos de forma simultánea para acelerar el proceso de crawling.

```
$ python photon.py -v -u http://www.python.org -t 5

     __    __
    /  _ \/ /_ ___   / /____  ___
   / /_/ / __ \/ _ \/ _ \/_  / _ \
  / ____/ / / /  __/ /_/ / / /  __/
 /_/   /_/ /_/\___/\__/\_/ /_/ v1.3.2

[+] URLs retrieved from robots.txt: 3
[~] Level 1: 4 URLs
[!] Progress: 4/4
[~] Level 2: 176 URLs
[!] Progress: 176/176
[~] Crawling 8 JavaScript files
[!] Progress: 8/8
-------------------------------------------------
[+] Files: 25
[+] Intel: 61
[+] Robots: 3
[+] Internal: 12265
[+] Scripts: 8
[+] External: 3596
[+] Fuzzable: 7
-------------------------------------------------
[!] Total requests made: 189
[!] Total time taken: 0 minutes 34 seconds
[!] Requests per second: 5
[+] Results saved in www.python.org directory
```

Al finalizar la ejecución, se habrá creado una carpeta que contiene los siguientes ficheros que contienen los resultados obtenidos:

```
external.txt  files.txt  fuzzable.txt  intel.txt  internal.txt  robots.txt
scripts.txt
```

Cada fichero contiene la información que ha procesado el script de forma separada. Por ejemplo, este sería el contenido del fichero *fuzable.txt*.

```
http://www.python.org/events/python-events/?page=2
http://www.python.org/jobs//accounts/login/?next=/jobs/mine/
http://www.python.org/jobs//accounts/login/?next=/jobs/
http://www.python.org/events/python-events/past/?page=2
http://www.python.org/events/python-user-group/?page=2
http://www.python.org/events/python-user-group/past/?page=2
http://www.python.org/jobs//accounts/login/?next=/jobs/create/
```

2.10.12 COMMON CRAWL

Common Crawl http://commoncrawl.org es un proyecto que mantiene un repositorio de datos de rastreo web que contiene instantáneas históricas de sitios web junto con metadatos sobre el sitio web. El índice de Common Crawl https://index.commoncrawl. org contiene petabytes de datos de páginas web y metadatos recopilados en los últimos 10 años. Por ejemplo, en esta página encontramos algunas estadísticas de los principales dominios analizados.

▶ https://commoncrawl.github.io/cc-crawl-statistics/plots/domains.html

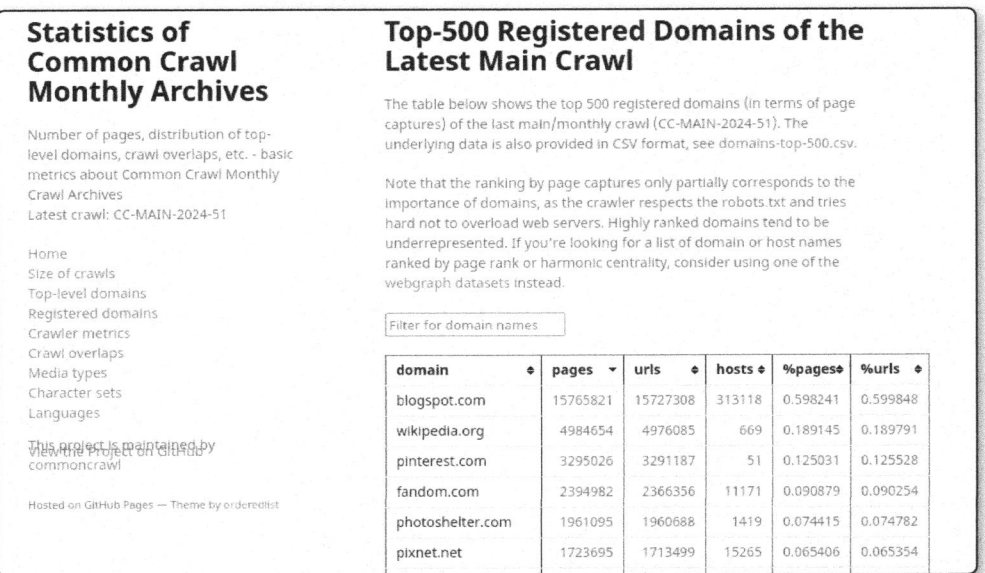

Statistics of Common Crawl Monthly Archives

Number of pages, distribution of top-level domains, crawl overlaps, etc. - basic metrics about Common Crawl Monthly Crawl Archives
Latest crawl: CC-MAIN-2024-51

Home
Size of crawls
Top-level domains
Registered domains
Crawler metrics
Crawl overlaps
Media types
Character sets
Languages

This project is maintained by commoncrawl

View the Project on GitHub

Hosted on GitHub Pages — Theme by orderedlist

Top-500 Registered Domains of the Latest Main Crawl

The table below shows the top 500 registered domains (in terms of page captures) of the last main/monthly crawl (CC-MAIN-2024-51). The underlying data is also provided in CSV format, see domains-top-500.csv.

Note that the ranking by page captures only partially corresponds to the importance of domains, as the crawler respects the robots.txt and tries hard not to overload web servers. Highly ranked domains tend to be underrepresented. If you're looking for a list of domain or host names ranked by page rank or harmonic centrality, consider using one of the webgraph datasets instead.

Filter for domain names

domain	pages ▾	urls ◆	hosts ◆	%pages◆	%urls ◆
blogspot.com	15765821	15727308	313118	0.598241	0.599848
wikipedia.org	4984654	4976085	669	0.189145	0.189791
pinterest.com	3295026	3291187	51	0.125031	0.125528
fandom.com	2394982	2366356	11171	0.090879	0.090254
photoshelter.com	1961095	1960688	1419	0.074415	0.074782
pixnet.net	1723695	1713499	15265	0.065406	0.065354

Figura 2.29. Estadísticas de algunos de los dominios analizados

Con el objetivo de automatizar el proceso de extracción, disponemos de un script desarrollado en Python 3 https://github.com/si9int/cc.py que permite extraer direcciones URL de un objetivo específico en función de los resultados del servicio de Common Crawl.

```
cc.py [-h] [-y YEAR] [-o OUT] [-l] [-i INDEX] [-u] domain

positional arguments:
  domain                    domain which will be crawled for

optional arguments:
  -h, --help                show this help message and exit
  -y YEAR, --year YEAR      limit the result to a specific year (default: all)
  -o OUT, --out OUT         specify an output file (default: domain.txt)
  -l, --list                Lists all available indexes
  -i INDEX, --index INDEX
                            Crawl for a specific index (this will crawl all
                            pages!)
  -u, --update              Update index file
```

Al script se le pasa por parámetro el nombre del dominio del cual queremos extraer las urls y de forma opcional le podemos pasar el año, fichero de salida y si queremos indicarle un índice en concreto. Por ejemplo, el siguiente comando extrae las urls del dominio python.org del año 2024 con el índice CC-MAIN-2024-51.

```
$ python cc.py python.org -y 2024 -u -i CC-MAIN-2024-51 -o python_2024.tx
t                             ✓ 37s
[-] Collected 5 pages
[-] Processing page #0
[-] Processing page #1
[-] Processing page #2
[-] Processing page #3
[-] Processing page #4
[-] Writing to file ...
[!] Done, file written: ./python_2024.txt
```

2.11 DISTRIBUCIONES OSINT

Las distribuciones Linux enfocadas en OSINT (Inteligencia de Fuentes Abiertas) son potentes herramientas para aquellos que buscan recopilar y analizar información de fuentes públicas. Entre las más populares destacan Osintux, Kali Linux y Parrot.

Osintux es una distribución Linux en español, específicamente diseñada para tareas de OSINT. Ofrece una interfaz amigable y una amplia variedad de herramientas preinstaladas para facilitar la búsqueda y análisis de información en internet. Desde la búsqueda de personas en redes sociales hasta la geolocalización de direcciones IP, Osintux proporciona un entorno completo para el investigador.

Kali Linux y Parrot Security son dos distribuciones más conocidas en el ámbito de la seguridad informática. Aunque ambas ofrecen una amplia gama de herramientas para pentesting y hacking ético, también incluyen un conjunto robusto de herramientas para OSINT. Estas distribuciones son ideales para aquellos que buscan un entorno más flexible y personalizable, ya que permiten instalar y configurar una gran variedad de herramientas adicionales.

2.11.1   OSINTUX

OSINTux http://www.osintux.org es una distribución Linux especializada, diseñada específicamente para llevar a cabo investigaciones de inteligencia de fuentes abiertas (OSINT) y pruebas de pentesting. Su enfoque se centra en proporcionar un entorno de trabajo preconfigurado con una amplia gama de herramientas y recursos para facilitar estas tareas. Entre las **características** principales podemos destacar:

- **Recopilación de información:** buscadores especializados: incluye motores de búsqueda como Shodan, ZoomEye y Maltego, que permiten encontrar información sobre dispositivos conectados a Internet, personas y organizaciones.

- **Herramientas de análisis de redes sociales**: permite extraer información de plataformas como Facebook, Twitter, LinkedIn y otras.

- **Extracción de metadatos**: herramientas para extraer metadatos de imágenes, documentos y otros archivos.

- **Escáneres de vulnerabilidades:** incluye herramientas como Nmap y OpenVAS para identificar vulnerabilidades en sistemas y aplicaciones.

- **Exploits**: ofrece una variedad de exploits para probar vulnerabilidades conocidas.

- **Redes Tor**: integración con la red Tor para navegar de forma anónima.

- **VPN**: incluye clientes VPN preconfigurados para proteger la conexión.

Entre las principales herramientas incluidas podemos destacar:

- **Belati** permite recopilar datos públicos y documentos públicos de sitios web.

- **Datasploit** permite buscar información de dominio, email, nombre de usuario y teléfono.

- **Dmitry** para obtener toda la información posible sobre un host objetivo como subdominios, emails e información de whois.

- **Metagoofil** para la extracción de metadatos de documentos públicos.

- **OSINT-Spy** para buscar información de una persona, correo electrónico, organización, geolocalización.

- **SpiderFoot** permite recopilar información sobre un objetivo, IPs, dominios, emails, nombres, etc.

- **The harvester** para recopilar subdominios, direcciones de email, y nombres de empleados.

2.11.2   KALI LINUX

Kali Linux https://www.kali.org contiene una gran cantidad de herramientas de pentesting e incluye algunas para OSINT. Todas las herramientas incluidas en esta distribución están disponibles en este enlace https://tools.kali.org. Kali Linux es una distribución de Linux diseñada específicamente para pruebas de pentesting y seguridad informática. Su amplia gama de herramientas preinstaladas y su enfoque en la seguridad la convierten en una elección popular entre los profesionales de la ciberseguridad y los entusiastas. Entre las principales **características** podemos destacar:

▶ **Amplio repositorio de herramientas**: Kali Linux cuenta con cientos de herramientas preinstaladas para realizar diversas tareas de seguridad, como escaneo de vulnerabilidades, ingeniería social, análisis forense, hacking inalámbrico y mucho más.

▶ **Basado en Debian**: Kali Linux se basa en la estable y robusta distribución Debian, lo que garantiza una base sólida y una amplia comunidad de soporte.

▶ **Personalizable**: puedes personalizar Kali Linux para adaptarlo a tus necesidades específicas, agregando o eliminando herramientas según sea necesario.

▶ **Actualizaciones frecuentes:** el equipo de desarrollo de Kali Linux lanza actualizaciones regulares para incluir nuevas herramientas, corregir vulnerabilidades y mejorar el rendimiento.

▶ **Entorno de escritorio ligero:** Kali Linux utiliza entornos de escritorio ligeros como XFCE o GNOME, lo que permite un rápido arranque y un uso eficiente de los recursos del sistema.

▶ **Soporte para múltiples arquitecturas**: está disponible para una amplia variedad de arquitecturas de hardware, incluyendo x86, ARM y más.

Kali Linux incluye una amplia gama de herramientas para diferentes tareas de seguridad. Algunas de las más populares incluyen:

▶ **Nmap**: una herramienta esencial para el descubrimiento de hosts y servicios en una red.

▶ **Metasploit**: un framework de explotación que permite encontrar y explotar vulnerabilidades en sistemas y aplicaciones.

▶ **Wireshark**: un analizador de paquetes de red que permite capturar y analizar el tráfico de red.

▶ **John the Ripper**: una herramienta para el crackeo de contraseñas.

▶ **Aircrack-ng**: un conjunto de herramientas para realizar ataques a redes inalámbricas.

▶ **Burp Suite**: una plataforma de pruebas de pentesting web.

2.11.3 PARROT SECURITY

Parrot Security https://www.parrotsec.org es una distribución Linux basada en Debian y que viene de base con muchas de las herramientas que podemos encontrar para poder realizar cualquier práctica de seguridad enfocada en pruebas de pentesting. Tiene la ventaja de recibir actualizaciones cada poco tiempo, centradas tanto en mantenimiento de la distribución como en incluir nuevas herramientas y funciones para competir con sus rivales dentro del sector como Kali Linux. Entre las principales herramientas para pentesting podemos destacar:

- **Entorno de escritorio personalizado:** Parrot Security cuenta con un entorno de escritorio altamente personalizable, diseñado para optimizar el flujo de trabajo de los pentesters.
- **Amplia variedad de herramientas:** incluye un extenso conjunto de herramientas para realizar diversas tareas de pentesting, como escaneo de vulnerabilidades, ingeniería social, análisis de redes, y más. Algunas de las herramientas más populares incluyen:
- **Kali Linux Tools:** muchas de las herramientas presentes en Kali Linux también están disponibles en Parrot Security.
- **Herramientas de hacking ético:** Nmap, Metasploit, Wireshark, John the Ripper, Hydra, entre otras.
- **Herramientas de análisis forense**: Autopsy, The Sleuth Kit.
- **Herramientas de anonimato:** Tor, I2P.
- **Aislamiento de entornos:** permite crear entornos aislados para realizar pruebas de pentesting de forma segura.
- **Actualizaciones frecuentes**: Parrot Security se actualiza regularmente para incluir las últimas herramientas y parches de seguridad.
- **Soporte para múltiples plataformas:** disponible para arquitecturas x86 y ARM, lo que permite su uso en una variedad de dispositivos.

3

BUSCADORES ESPECIALIZADOS

3.1 INTRODUCCIÓN

La seguridad informática es un campo en constante evolución, donde los atacantes utilizan cada vez más herramientas sofisticadas para explotar vulnerabilidades. Para mantenerse un paso adelante, los profesionales de la seguridad necesitan herramientas que les permitan descubrir y analizar las amenazas de manera proactiva. Los buscadores especializados como Shodan, Censys, BinaryEdge, Fofa y ZoomEye desempeñan un papel fundamental en este sentido.

Al indexar una gran cantidad de dispositivos y servicios en línea, estos buscadores permiten a los investigadores identificar sistemas vulnerables, rastrear la actividad de ciberatacantes y obtener una visión general de la superficie de ataque de una organización. Estas herramientas son indispensables para realizar pruebas de pentesting, análisis de riesgos y otras tareas relacionadas con la seguridad informática.

3.2 SHODAN

Shodan https://www.shodan.io corresponde al acrónimo de **Sentient Hyper Optimized Data Access Network**. A diferencia de los motores de búsqueda tradicionales que rastrean el sitio web para mostrar los resultados, Shodan ayuda a encontrar los servicios vulnerables en un servidor web.

Shodan es un motor de búsqueda para encontrar dispositivos y funciona escaneando y analizando los banners que devuelven los dispositivos. Utilizando esa información, Shodan puede devolver datos como qué servidor web (y versión) es más popular, o cuántos servidores FTP anónimos existen en una ubicación determinada.

Es de particular utilidad para la investigación de seguridad en Internet de las cosas, ya que actualmente podemos encontrar millones de dispositivos conectados a Internet que tienen vulnerabilidades específicas y pueden identificarse rápidamente mediante la información devuelta por el banner.

Cuando le pido a Shodan que me muestre todos los servidores Microsoft IIS versión 8 que se ejecutan en el puerto 8080 de TCP en China, me muestra los que el sistema tiene registrado, pero desde el punto de vista de privacidad del usuario ninguno de esos servidores sabe qué usuario es el que buscó esta información.

3.2.1 DIFERENCIAS ENTRE SHODAN Y GOOGLE

Se podría decir que Shodan es un buscador como Google, pero tiene una muy importante diferencia y es que Google va recorriendo Internet y cacheando o almacenando la información web, es decir la que se puede visualizar a través de un navegador.

Google trabaja a través de sus spiders, crawlers y robots recolectando información que va indexando, para luego organizarla y mostrarnos la misma en el momento que la necesitemos. Shodan, sin embargo, recorre internet escaneando cada dirección IP, obteniendo los servicios en ejecución y los puertos que tiene abiertos, capturando el banner que le devuelve cada servicio. Esto nos permite realizar búsquedas en la información retornada por los servicios, de tal forma que permite encontrar, por ejemplo, todos los servidores apache de una versión en concreto.

3.2.2 FILTROS Y BÚSQUEDAS PERSONALIZADAS EN SHODAN

Shodan incorpora diferentes tipos de filtros que ayudan a realizar una búsqueda puntual valiéndose para ello de los metadatos que los dispositivos o servicios otorgan. Al igual que con cualquier motor de búsqueda, la potencia real viene con consultas personalizadas. Estos son los filtros de búsqueda que puede usar:

- **city**: buscar dispositivos en una ciudad en particular.
- **country**: buscar dispositivos en un país en particular.
- **geo**: puedes pasar las coordenadas latitud y longitud.
- **hostname**: busca valores que coincidan con el nombre de host.
- **net**: búsqueda basada en una dirección IP o rango de red.
- **os**: búsqueda basada en el sistema operativo.
- **port**: permite filtrar los resultados por puerto.

Ejemplos de búsquedas:

- **Servidores Apache en San Francisco**: apache city:"San Francisco"
- **Servidores Nginx en UK**: nginx country:"UK"
- **Buscar servidores GWS**: "Server: gws" hostname:"google

También es posible combinar filtros. Por ejemplo, si nos interesa buscar servidores Nginx en San Francisco, que se ejecutan en el puerto 8080, que también ejecutan Tomcat, podríamos realizar la siguiente búsqueda:

```
Apache city:"San Francisco" port:"8080" product:"Apache Tomcat/Coyote JSP
engine"
```

Entre las principales **funcionalidades** que ofrece el servicio podemos destacar:

▶ **Exportación de datos:** es posible exportar los resultados en varios formatos usando el menú superior al realizar una búsqueda.

▶ **Cuenta gratuita de Shodan:** es posible crear e iniciar sesión en su cuenta gratuita cuando realice una búsqueda.

▶ **Cuentas Premium:** una cuenta premium ofrece un mayor acceso a la API. Los detalles completos y los documentos están disponibles en https://developer. shodan.io.

3.2.3 SHODAN API REST

Con Shodan también tenemos disponible un API REST https://developer.shodan.io/ api para realizar búsquedas, escaneos y consultas. Podríamos utilizar el API utilizando los endpoints que aparecen en la documentación y concatenando como parámetros el api key y la consulta a realizar. Por ejemplo, con el método de consulta **/shodan/host** podemos obtener la información de un host a partir de la dirección IP.

https://api.shodan.io/shodan/host/8.8.8.8?key=rszBpYTnMfVgHPKc9F50YY84iEg qoeEG&minify=True

```
{"region_code": "CA", "tags": [], "ip": 134744072, "area_code": null, "domains":
["dns.google"], "hostnames": ["dns.google"], "country_code": "US", "org":
"Google LLC", "data": [], "asn": "AS15169", "city": "Mountain View", "latitude":
37.4056, "isp": "Google LLC", "longitude": -122.0775, "last_update": "2025-01-
12T07:06:17.055902", "country_name": "United States", "ip_str": "8.8.8.8", "os":
null, "ports": [443, 53]}
```

En este punto podríamos desarrollar un script en Python en el que a partir de una dirección IP obtenga esta información en formato json. Para probarlo habría que añadir nuestra API_KEY en la línea SHODAN_API_KEY.

....

shodan_info_ip.py

```
#!/usr/bin/env python

import requests

SHODAN_API_KEY = "SHODAN_API_KEY"
ip = '8.8.8.8'
```

```
def ShodanInfo(ip):
    try:
        result = requests.get('https://api.shodan.io/shodan/
host/'+ip+'?key='+SHODAN_API_KEY+'&minify=True').json()
    except Exception as exception:
        result = {"error":"Informacion no disponible."}
    return result

print(ShodanInfo(ip))
```

3.2.4 UTILIDADES SHODAN

Basado en su función principal como motor de búsqueda, Shodan nos ofrece distintas utilidades entre las que podemos destacar:

▶ **Shodan explore** https://www.shodan.io/explore ofrece un acceso directo a búsquedas y categorías predefinidas.

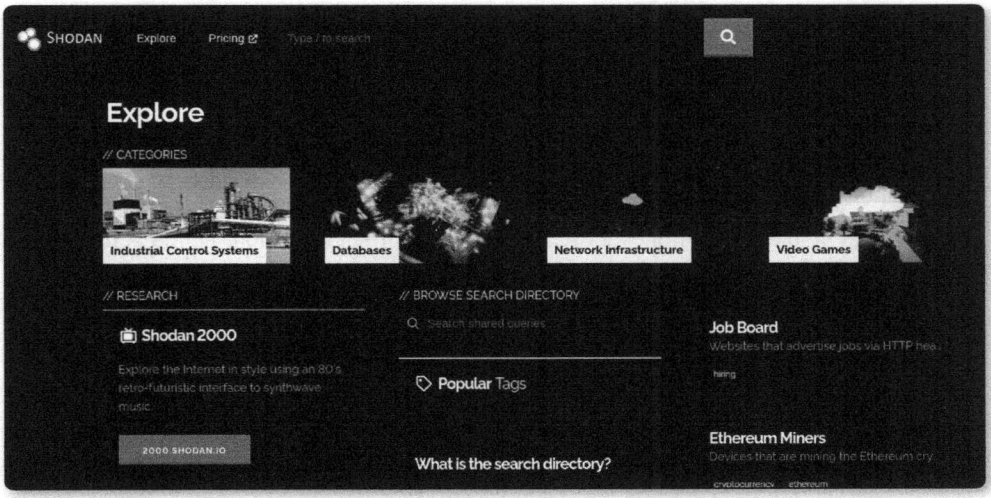

Figura 3.1. Shodan explore

▶ **Shodan Exposure**: Shodan dispone de un dashboard https://exposure.shodan.io donde podemos ver un resumen de los puertos y servicios expuestos para un país concreto. Por ejemplo, podemos ver la cantidad de ICS (Sistema de Control Industrial) que están expuestos en internet para un país concreto.

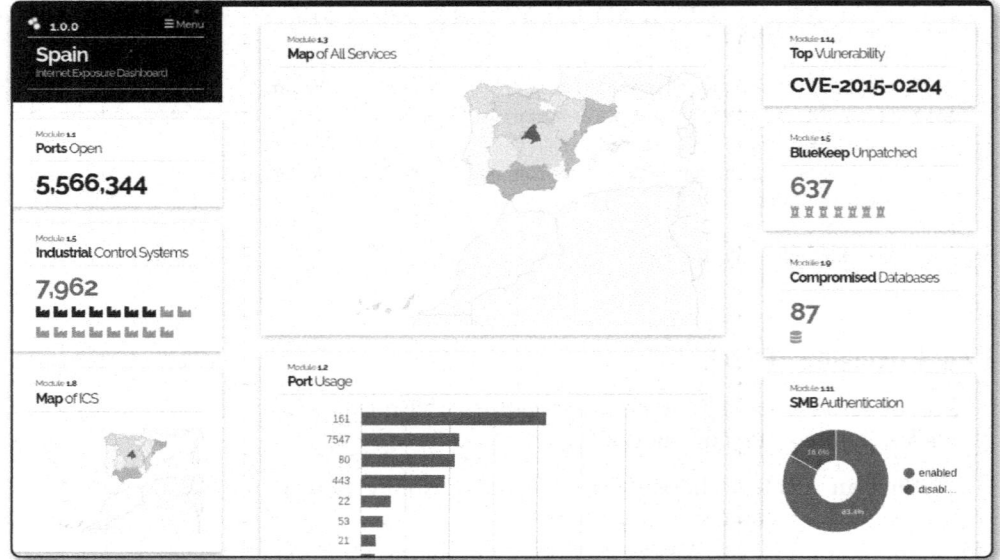

Figura 3.2. Shodan exposure

▸ **FireShodanMap** https://github.com/Warflop/FireShodanMap es un mapa en tiempo real que integra Firebase y Shodan. Se realiza una búsqueda utilizando Shodan buscando dispositivos vulnerables y se muestran en el mapa para su análisis. Todos los datos actualizados en Firebase son en tiempo real.

▸ **HoneyScore** https://honeyscore.shodan.io permite comprobar si una determinada IP es un honeypot, es decir, tiene un mecanismo configurado para detectar los intentos de uso y acceso no autorizado a los sistemas.

▸ **Shodan Monitor** https://monitor.shodan.io es una herramienta diseñada para permitir a sus usuarios llevar un seguimiento directo de sus dispositivos, recibiendo recomendaciones de seguridad y notificaciones en tiempo real cuando uno de sus dispositivos se exponga en la red. Shodan Monitor actúa a grandes rasgos como un escáner de puertos masivo que podemos integrar fácilmente con las conocidas herramientas Nmap, Metasploit, Maltego y FOCA, así como usarlo directamente desde Google Chrome y Firefox.

▸ **Shodanploit** es un script en Python https://github.com/ismailtasdelen/shodanploit que contiene todas las llamadas a la api de shodan desde el terminal. Con esta herramienta se puede tener todas las llamadas que hacemos a Shodan desde nuestra terminal. Lo único que tenemos que hacer es añadir la API Key de Shodan. La herramienta también la tenemos disponible en el repositorio Docker Hub donde encontramos la imagen que permite ejecutarlo https://hub.docker.com/r/ismailtasdelen/shodansploit

```
$ docker run --rm -it ismailtasdelen/shodansploit                    ✓
Unable to find image 'ismailtasdelen/shodansploit:latest' locally
latest: Pulling from ismailtasdelen/shodansploit
e7c96db7181b: Pull complete
df46343d112d: Pull complete
377f42e2152c: Pull complete
26b93f1788d5: Pull complete
e6f344bed9dd: Pull complete
Digest: sha256:8e422be760aa85a0d114c013fc5a11b4bf38b4476deb05c71e14d82f7
6b04965
Status: Downloaded newer image for ismailtasdelen/shodansploit:latest
[*] Please enter a valid Shodan.io API Key:
    __| |_    __     _| |_ _ _ _ _   __ _ _ | | __ (_) |_
   / _| ' \ / _\ / _ |/ _` | ' _ \ _| ' \| |/ _ \| |  _|
   \__ \ | | (_) | (_| | (_| | | | \__ \ | |) | | (_) | | |_
   |___/ |_|\__/ \__,_|\__,_|_| |_|___/ .__/|_|\___/|_|\__|
                                      |_|       v1.2.0
    Author  : Ismail Tasdelen
    GitHub  : github.com/ismailtasdelen
    Linkedin : linkedin.com/in/ismailtasdelen
     Twitter : twitter.com/ismailtsdln


[1] GET > /shodan/host/{ip}
[2] GET > /shodan/host/count
[3] GET > /shodan/host/search
[4] GET > /shodan/host/search/tokens
[5] GET > /shodan/ports

[6] GET > /shodan/exploit/author
[7] GET > /shodan/exploit/cve
[8] GET > /shodan/exploit/msb
[9] GET > /shodan/exploit/bugtraq-id
[10] GET > /shodan/exploit/osvdb
[11] GET > /shodan/exploit/title
[12] GET > /shodan/exploit/description
[13] GET > /shodan/exploit/date
[14] GET > /shodan/exploit/code
[15] GET > /shodan/exploit/platform
[16] GET > /shodan/exploit/port

[17] GET > /dns/resolve
[18] GET > /dns/reverse
[19] GET > /labs/honeyscore/{ip}

[20] GET > /account/profile
[21] GET > /tools/myip
[22] GET > /tools/httpheaders
[23] GET > /api-info
```

Al usar la herramienta nos va solicitando desde la consola aquella información que necesitamos para realizar las consultas. Por ejemplo, realizar consultas a partir de la dirección IP.

```
Which option number : 1
Shodan Host Search : 8.8.8.8
{
  "area_code": null,
  "asn": "AS15169",
  "city": "Mountain View",
  "country_code": "US",
  "country_name": "United States",
  "data": [
    {
      "_shodan": {
        "crawler": "573d97bfe40e7570d3425ce781e4e461309e892d",
        "id": "460ffeed-08b1-4b5d-b829-687e4e58e8da",
        "module": "dns-tcp",
        "options": {},
        "region": "na"
      },
      "asn": "AS15169",
      "data": "\nRecursion: enabled",
      "dns": {
        "recursive": true,
        "resolver_hostname": null,
        "resolver_id": null,
        "software": null
      },
      "domains": [
        "dns.google"
      ],
      "hash": -553166942,
      "hostnames": [
        "dns.google"
      ],
      "ip": 134744072,
      "ip_str": "8.8.8.8",
      "isp": "Google LLC",
      "location": {
        "area_code": null,
        "city": "Mountain View",
        "country_code": "US",
        "country_name": "United States",
        "latitude": 37.4056,
        "longitude": -122.0775,
        "region_code": "CA"
      },
      "opts": {},
      "org": "Google LLC",
      "os": null,
      "port": 53,
      "timestamp": "2025-01-11T19:37:48.596168",
      "transport": "tcp"
    }
```

3.2.5 SHODAN CLI

Shodan CLI https://cli.shodan.io ofrece la posibilidad de ejecutar Shodan desde línea de comandos. También se necesita iniciar el programa con una API key que se obtiene al registrarse en el sitio web de Shodan. La interfaz de línea de comandos (CLI) de Shodan está empaquetada con la librería oficial de Python para Shodan, lo que significa que si estás ejecutando la última versión de la librería, deberías tener acceso a la consola. Para instalar la herramienta desde nuestra terminal lo podemos hacer con el comando:

```
$ pip install shodan
```

```
$ shodan
Usage: shodan [OPTIONS] COMMAND [ARGS]...

Options:
  -h, --help  Show this message and exit.

Commands:
  alert       Manage the network alerts for your account
  convert     Convert the given input data file into a different format.
  count       Returns the number of results for a search
  data        Bulk data access to Shodan
  domain      View all available information for a domain
  download    Download search results and save them in a compressed JSON...
  honeyscore  Check whether the IP is a honeypot or not.
  host        View all available information for an IP address
  info        Shows general information about your account
  init        Initialize the Shodan command-line
  myip        Print your external IP address
  org         Manage your organization's access to Shodan
  parse       Extract information out of compressed JSON files.
  radar       Real-Time Map of some results as Shodan finds them.
  scan        Scan an IP/ netblock using Shodan.
  search      Search the Shodan database
  stats       Provide summary information about a search query
  stream      Stream data in real-time.
  trends      Search Shodan historical database
  version     Print version of this tool.
```

Para inicializar la herramienta es necesario indicarle el API KEY con el comando:

```
$ shodan init <API_key>
```

El comando "**search**" permite buscar en Shodan y visualizar los resultados en la terminal de manera amigable. Por defecto muestra la dirección IP, puerto, nombres del host y datos. Se puede utilizar el parámetro "--fields" para imprimir los campos en los cuales estamos interesados.

```
$ shodan search --fields ip_str,port,org,hostnames apache tomcat
```

También podríamos utilizar el API de python para obtener esta información de forma programática. Para buscar información sobre una determinada dirección IP usaremos el método **Shodan.host()**.

shodan_info.py

```
import shodan
api = shodan.Shodan('API_KEY')
info = api.host('8.8.8.8')
print(info)
```

El código anterior solicita información sobre la resolución DNS 8.8.8.8 de Google y la almacena en la variable info. El resultado de **api.host()** contiene información sobre los servicios que ejecuta, dónde se encuentra y el proveedor de alojamiento. Entre las propiedades que devuelve la llamada podemos destacar:

▶ **data**: devuelve una lista de banners que proporcionan detalles sobre los servicios que están en ejecución en ese host.

▶ **port**: obtiene una lista de puertos abiertos para la dirección ip proporcionada.

▶ **tags**: Shodan hace validación extra para algunos servicios/dispositivos y tiene etiquetas especiales para facilitar la identificación de ciertos tipos de dispositivos (por ejemplo, la etiqueta "ics" nos permite identificar sistemas de control industrial).

El siguiente ejemplo combina el uso del API REST junto con el módulo de Shodan en Python para realizar una resolución de nombres con el API donde se obtiene la dirección IP a partir del nombre de dominio y posteriormente obtiene información a partir de la dirección IP utilizando el método **api.host()** que ofrece la librería de Shodan.

shodan_info_host.py

```
#!/usr/bin/env python

import shodan
import requests

SHODAN_API_KEY= "API_KEY"
api = shodan.Shodan(SHODAN_API_KEY)

dominio = 'www.google.com'

dnsResolve = 'https://api.shodan.io/dns/resolve?hostnames=' + dominio + '&key='
+ SHODAN_API_KEY
```

```
try:
    # Primero necesitamos resolver nuestro dominio a una IP
    resolved = requests.get(dnsResolve)
    print(resolved)
    hostIP = resolved.json()[dominio]


    # Entonces necesitamos hacer una busqueda de Shodan en esa IP
    host = api.host(hostIP)
    print("IP: %s" % host['ip_str'])
    print("Organization: %s" % host.get('org', 'n/a'))
    print("Operating System: %s" % host.get('os', 'n/a'))


    # Imprimir todos los banners
    for item in host['data']:
        print("Port: %s" % item['port'])
        print("Banner: %s" % item['data'])

except shodan.APIError as exception:
        print('Error: %s' % exception)
```

Ejecución:

```
<Response [200]>
IP: 142.251.40.196
Organization: Google LLC
Operating System: None
Port: 80
Banner: HTTP/1.1 301 Moved Permanently
Location: http://www.google.com/
Content-Type: text/html; charset=UTF-8
Content-Security-Policy-Report-Only: object-src 'none';base-uri 'self';script-
src 'nonce-41MsVxdDS3SQdcH3p6D7KQ' 'strict-dynamic' 'report-sample' 'unsafe-
eval' 'unsafe-inline' https: http:;report-uri https://csp.withgoogle.com/csp/
gws/other-hp
Permissions-Policy: unload=()
Date: Sat, 11 Jan 2025 15:08:23 GMT
Expires: Mon, 10 Feb 2025 15:08:23 GMT
Cache-Control: public, max-age=2592000
Server: gws
Content-Length: 219
X-XSS-Protection: 0
X-Frame-Options: SAMEORIGIN


Port: 443
Banner: HTTP/1.1 301 Moved Permanently
```

```
Location: http://www.google.com/
Content-Type: text/html; charset=UTF-8
Content-Security-Policy-Report-Only: object-src 'none';base-uri 'self';script-
src 'nonce-NlPoqqICWryMo2pyZFV5xA' 'strict-dynamic' 'report-sample' 'unsafe-
eval' 'unsafe-inline' https: http:;report-uri https://csp.withgoogle.com/csp/
gws/other-hp
Cross-Origin-Opener-Policy: same-origin-allow-popups; report-to="gws"
Report-To: {"group":"gws","max_age":2592000,"endpoints":[{"url":"https://csp.
withgoogle.com/csp/report-to/gws/other"}]}
Permissions-Policy: unload=()
Date: Tue, 07 Jan 2025 22:00:11 GMT
Expires: Thu, 06 Feb 2025 22:00:11 GMT
Cache-Control: public, max-age=2592000
Server: gws
Content-Length: 219
X-XSS-Protection: 0
X-Frame-Options: SAMEORIGIN
Alt-Svc: h3=":443"; ma=2592000,h3-29=":443"; ma=2592000
```

3.3 CENSYS

Del mismo modo que ocurre con Shodan, con Censys es posible realizar búsquedas muy concretas sobre dispositivos, servidores y redes que se encuentran en Internet, siendo un servicio muy similar y directa competencia de Shodan. El funcionamiento de Censys se basa en el uso de una herramienta llamada Zmap https://zmap.io, un escáner que permite realizar un escaneo completo contra el rango de direcciones IPv4 y que con los recursos de cómputo adecuados, permite el escaneo de Internet en un tiempo bastante razonable https://censys.com/es/internet-map. Al final con Censys tenemos instantáneas con periodicidad de cómo los equipos y sitios web están configurados. Para interactuar con Censys se puede hacer a través de:

▶ Buscador en la página web.
▶ API para integraciones de plugins.
▶ Descargando en modo "Raw data" las bases de datos, las cuales son ficheros JSON bastante grandes con gigas de información.

3.3.1 ARQUITECTURA DE CENSYS

Se puede encontrar más información acerca de la arquitectura sobre la que Censys se encuentra montado y sus funcionalidades en el artículo que sus autores publicaron, con el título "**A Search Engine Backed by Internet-Wide Scanning**", Durumeric, Zakir, David Adrian, Ariana Mirian, Michael Bailey and J. Alex Halderman. "A Search Engine Backed by Internet-Wide Scanning." Proceedings of the 22nd ACM SIGSAC Conference on Computer and Communications Security (2015).

La arquitectura de Censys tiene el concepto de Worker y el scheduler es el elemento que reparte el trabajo entre los diferentes Workers. En el caso de Censys, el Worker realiza operaciones de fingerprinting a través de la ejecución de ZMap, reportando los resultados en una base de datos Google Cloud Storage.

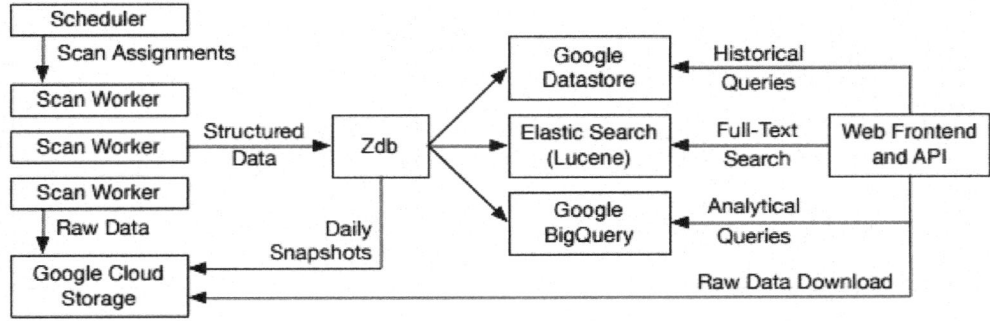

Figura 3.3. Arquitectura de Censys

3.3.2 OPCIONES DEL BUSCADOR

Desde el propio buscador https://search.censys.io/ podemos elegir qué tipo de búsqueda realizar, por ejemplo, si queremos realizar una búsqueda sobre los resultados de los escaneos sobre máquinas Hosts podemos elegir la opción "**Hosts**".

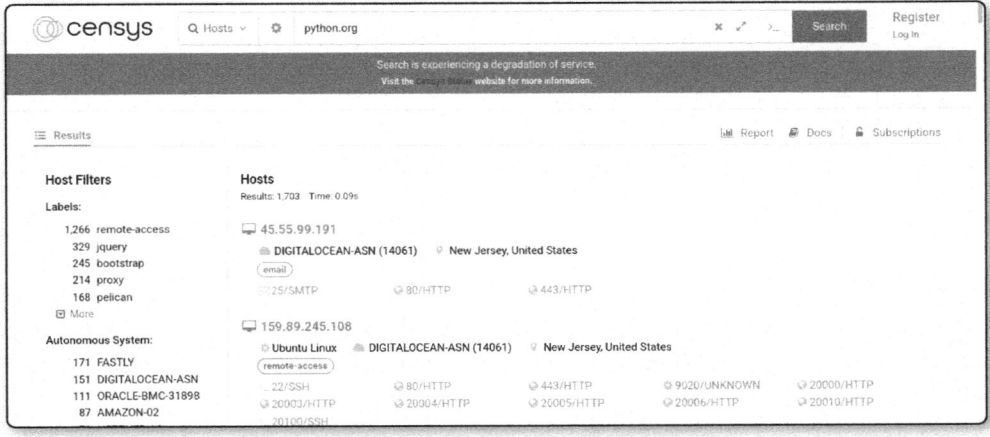

Figura 3.4. Búsqueda de hosts en Censys

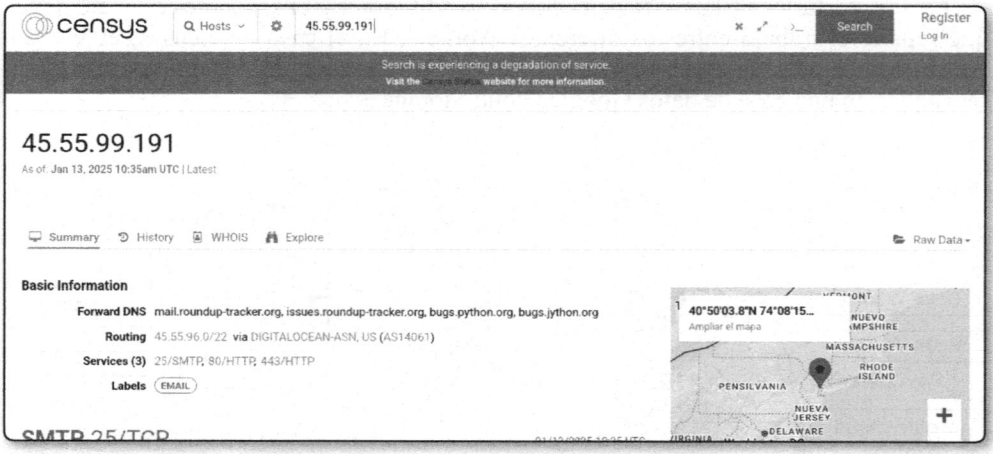

Figura 3.5. Detalle de un host en Censys

Host		
Attribute	**Value**	
ip	45.55.99.191	
location.continent	North America	
location.country	United States	
location.country_code	US	
location.city	Clifton	
location.postal_code	07014	
location.timezone	America/New_York	
location.province	New Jersey	
location.coordinates.latitude	40.8344	
location.coordinates.longitude	-74.1377	

Figura 3.6. Detalle de un host en Censys

3.3.3 FILTROS EN CENSYS

Censys permite filtrar por campos específicos e introducir en el campo de búsqueda los criterios como realizar la búsqueda por un rango de direcciones IP o la búsqueda por nombre de servicio y puerto:

```
ip: {"23.0.0.0/8", "8.8.8.0/24"}
```

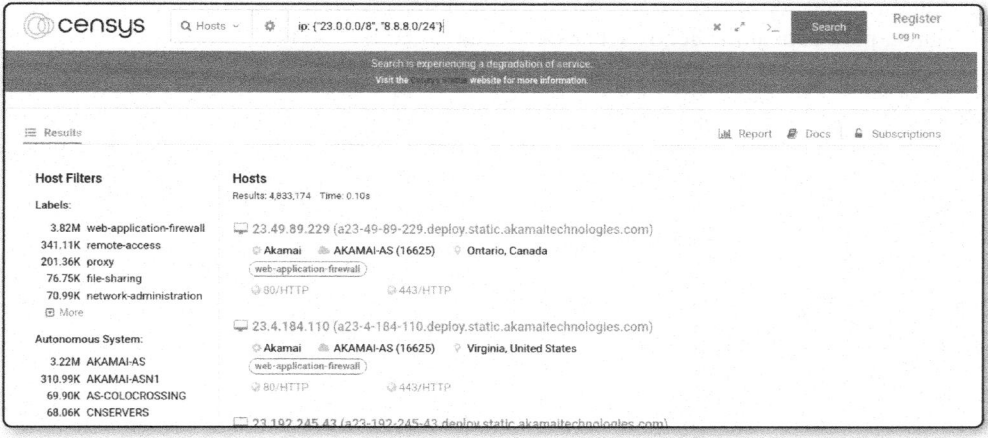

Figura 3.7. Búsqueda por rango de direcciones IP en Censys

```
services: (service_name: SSH and not port: {22, 2222})
```

Figura 3.8. Búsqueda de servidores SSH en Censys

3.3.4 CENSYS API REST

Del mismo modo que ocurre con Shodan, es posible utilizar una API basada en servicios REST que pueden ser consultados fácilmente si se tiene una developer key, la cual se puede conseguir simplemente creando una cuenta en el servicio. Censys dispone de un API https://search.censys.io/api que proporciona una serie de endpoints. Dado que se trata de un servicio que se expone por medio de una API REST, es posible utilizar cualquiera de las librerías disponibles en lenguajes de programación como Python, Ruby, C o Java, para consumir dichos servicios y endpoints.

Hay que tener en cuenta que de acuerdo a la documentación de la API REST de Censys, es necesario invocar a cada uno de los endpoints con un método HTTP concreto, una serie de parámetros obligatorios y que además, muchas de las peticiones reciben datos en formato JSON, con lo cual es necesario realizar las peticiones HTTP siguiendo estás especificaciones.

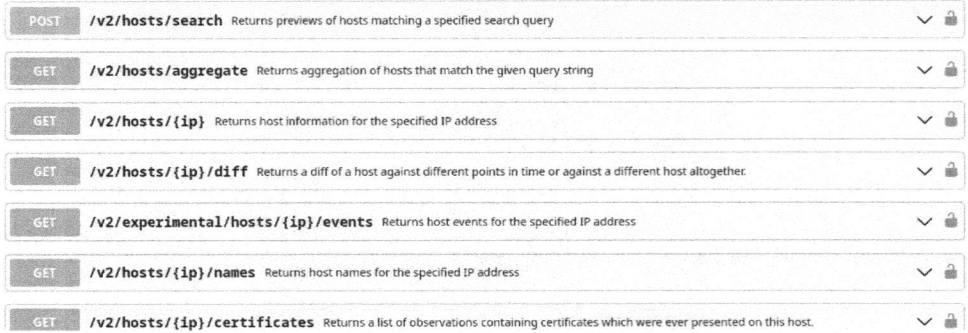

Figura 3.9. Operaciones disponibles en el API de Censys

En el siguiente ejemplo se obtiene la respuesta de la búsqueda para una determinada dirección IP:

```json
{
  "code": 200,
  "status": "OK",
  "result": {
    "query": "service.service_name: HTTP",
    "total": 50000,
    "hits": [
      {
        "ip": "8.8.8.8",
        "services": [
          {
            "port": 53,
            "service_name": "DNS",
            "transport_protocol": "UDP"
          },
          {
            "port": 443,
            "service_name": "HTTP",
            "transport_protocol": "TCP",
            "certificate":
"e58e89a726d80bb0219b218c3ab9d818b4be75d77959508400d660ebe1c1be3d"
          }
```

```
      ],
      "location": {
        "continent": "North America",
        "country": "United States",
        "country_code": "US",
        "postal_code": "48104",
        "timezone": "America/Michigan",
        "coordinates": {
          "latitude": "42.273",
          "longitude": "-83.751"
        },
        "registered_country": "United States",
        "registered_country_code": "US"
      },
      "autonomous_system": {
        "asn": 15169,
        "description": "GOOGLE",
        "bgp_prefix": "8.8.8.0/24",
        "name": "GOOGLE",
        "country_code": "US"
      }
    },
    {
      "name": "dns.google",
      "ip": "8.8.8.8",
      "services": [
        {
          "port": 53,
          "service_name": "DNS",
          "transport_protocol": "UDP"
        },
        {
          "port": 443,
          "service_name": "HTTP",
          "transport_protocol": "TCP",
          "certificate":
"e58e89a726d80bb0219b218c3ab9d818b4be75d77959508400d660ebe1c1be3d"
        }
      ],
      "location": {
        "continent": "North America",
        "country": "United States",
        "country_code": "US",
        "postal_code": "48104",
        "timezone": "America/Michigan",
        "coordinates": {
          "latitude": "42.273",
          "longitude": "-83.751"
        },
        "registered_country": "United States",
        "registered_country_code": "US"
```

```
        },
        "autonomous_system": {
          "asn": 15169,
          "description": "GOOGLE",
          "bgp_prefix": "8.8.8.0/24",
          "name": "GOOGLE",
          "country_code": "US"
        }
      }
    ]
  },
  "links": {
    "prev": "prevCursorToken",
    "next": "nextCursorToken"
  }
}
```

Censys dispone de una API escrita en Python https://github.com/censys/censys-python que podemos usar para ejecutar consultas contra los conjuntos de datos.

```
$ pip install censys
```

Con Censys podemos realizar la búsqueda de hosts y de subdominios.

```
$ censys search 'services.http.response.html_title=`Home Assistant` ' --index-type hosts
    {
    "ip": "208.30.106.171",
    "services": [
        {
            "port": 443,
            "service_name": "HTTP",
            "certificate":
"c63cee2b816d7fcae974ce1d228650a492f45e771230ab7b748bc3df6694f6a3",
            "transport_protocol": "TCP"
        },
        {
            "port": 8888,
            "service_name": "HTTP",
            "certificate":
"c8054d622167443810d8827cb0fc703593ee995d3975da444aeef6178aa17ad9",
            "transport_protocol": "TCP"
        }
    ],
    "location": {
        "continent": "North America",
        "country": "U.S. Virgin Islands",
        "country_code": "VI",
        "timezone": "America/St_Thomas",
        "province": "Saint Croix Island",
        "coordinates": {
            "latitude": 17.7325,
```

```
            "longitude": -64.7376
        },
        "registered_country": "U.S. Virgin Islands",
        "registered_country_code": "VI"
    },
    "autonomous_system": {
        "asn": 14434,
        "description": "VIPNAS1",
        "bgp_prefix": "208.30.106.0/23",
        "name": "VIPNAS1",
        "country_code": "VI"
    },
    "last_updated_at": "2024-06-08T14:08:04.702Z"
}
$ censys subdomains censys.io --max-records 10
Found 3 unique subdomain(s) of censys.io
- nodomain.censys.io
- www.censys.io
- censys.io
```

El proyecto Censys también tiene la capacidad de obtener certificados SSL/TLS de múltiples fuentes. Una de las técnicas utilizadas es probar todas las máquinas en el espacio público de direcciones IPv4 en el puerto 443. Censys proporciona una manera de correlacionar el certificado SSL/TLS recopilado con los hosts IPv4 que proporcionaron el certificado. Podríamos escribir un script de Python que se conecte a la API de Censys para realizar consultas de certificados SSL/TLS para un dominio determinado y extraer los subdominios y direcciones de correo electrónico que pertenecen al dominio.

censys_search.py

```python
import censys.search as c
import re

# Autenticación
c.search_api_id = "YOUR_CENSYS_API_ID"
c.search_api_secret = "YOUR_CENSYS_API_SECRET"

# Consulta
query = "services:https AND 443.tcp.https.certificate.parsed.names:example.com"

# Ejecutar consulta y extraer datos
results = c.SearchCursor(query)
for result in results:
    subdomains = result['443.tcp.https.certificate.parsed.names']
    email_pattern = r"\b[A-Za-z0-9._%+-]+@[A-Za-z0-9.-]+\.[A-Z|a-z]{2,}\b"
    emails = re.findall(email_pattern, str(result))
    print(f"IP: {result['ip']}")
    print(f"Subdominios: {subdomains}")
    print(f"Emails: {emails}")
    print("-"*20)
```

La extracción de direcciones de correo electrónico a partir de los datos de Censys puede requerir una expresión regular más sofisticada para abarcar todos los posibles formatos. Además, es importante tener en cuenta las limitaciones de la API de Censys en términos de frecuencia de consultas y volumen de datos. Al utilizar esta herramienta, es fundamental respetar las políticas de privacidad para garantizar un uso ético y legal de la información obtenida. Para optimizar el proceso, especialmente con grandes conjuntos de datos, se recomienda implementar técnicas como la paginación y el almacenamiento en caché.

3.4 BINARY EDGE

Binary Edge https://app.binaryedge.io/services/query es un buscador de dispositivos escaneados conectados a internet. Este motor de búsqueda cuenta con datos escaneados de alrededor de todo el mundo, con información acerca de todas las direcciones IP públicas del mundo, sistemas operativos, tipos de dispositivos, puertos que están expuestos, etc. Por medio de esta información, podrás reconocer la superficie de ataque de un sistema informático, realizar auditorías y participar en programas de Bug Bounty.

A diferencia de los motores de búsqueda tradicionales, BinaryEdge se centra en los dispositivos conectados a la red, sus servicios y las vulnerabilidades asociadas. Entre las características principales que ofrece podemos destacar:

- **Búsqueda granular**: permite realizar búsquedas muy específicas utilizando filtros como país, puerto, organización, tecnología.

- **Visualización de datos:** presenta los resultados de búsqueda en mapas interactivos, gráficos y tablas, facilitando la comprensión de los datos.

- **Inteligencia de amenazas:** identifica dispositivos vulnerables, servidores expuestos y otras amenazas potenciales.

- **Análisis de tendencias:** permite analizar tendencias en el uso de tecnologías y servicios en Internet a lo largo del tiempo.

- **API**: ofrece una API para integrar sus funcionalidades en otras herramientas y automatizar tareas.
  - https://docs.binaryedge.io/api-v2

Para usar la aplicación será necesario registrarse y una vez dentro, encontraremos un buscador, en el que podemos aplicar una serie de filtros. En las siguientes capturas realizamos una búsqueda en la que hemos solicitado los servidores que tengan habilitado el servicio de SSH.

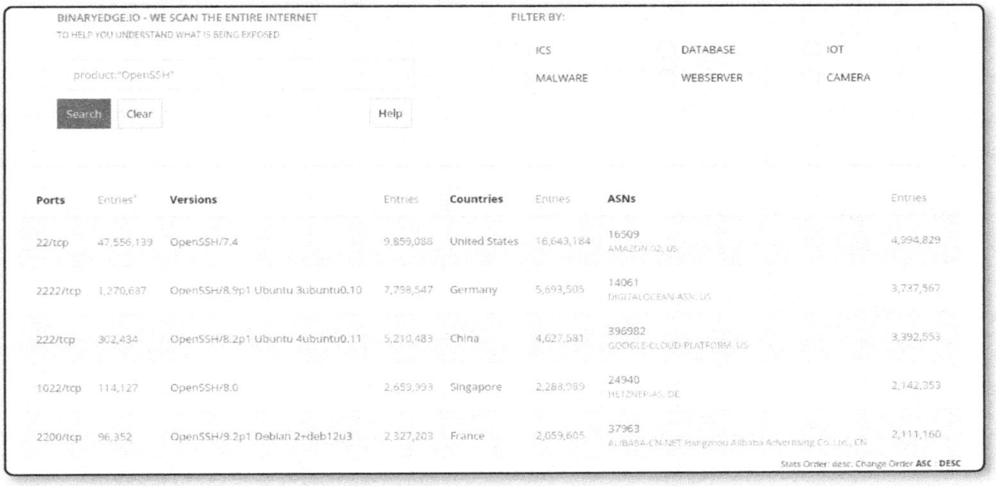

Figura 3.10. Opciones de búsqueda en BinaryEdge

Figura 3.11. Detalle de un host en BinaryEdge

En el siguiente repositorio https://github.com/balgan/binaryedge-cheatsheet podemos encontrar algunas cadenas de búsqueda que pueden ser interesantes. Algunos **casos de uso** son:

▸ **Buscar servidores web en un país específico**: al introducir los filtros correspondientes, BinaryEdge puede mostrar un mapa con la ubicación de todos los servidores Apache encontrados en ese país.

▸ **Identificar dispositivos IoT vulnerables:** se pueden realizar búsquedas específicas para encontrar dispositivos IoT con vulnerabilidades conocidas, como aquellas relacionadas con contraseñas débiles o protocolos inseguros.

▶ **Analizar la infraestructura de un dominio**: al buscar por dominio, se puede obtener información sobre los servidores, tecnologías y servicios utilizados. Por ejemplo, se podrían obtener los subdominios.

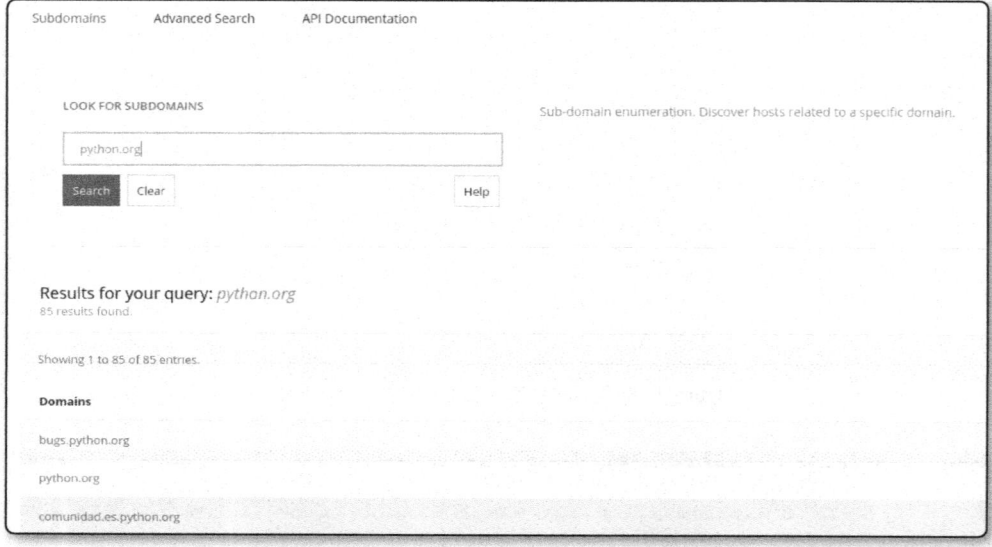

Figura 3.12. Obtención de subdominios en BinaryEdge

3.5 FOFA

Como alternativas a los buscadores Shodan y Censys, existen otros buscadores especializados que permiten también descubrir servicios como el de FOFA. FOFA (FoFa Open Firewall Analysis) https://en.fofa.info es un potente motor de búsqueda diseñado para explorar y analizar el ciberespacio. A diferencia de los motores de búsqueda tradicionales que indexan contenido web, FOFA se especializa en mapear dispositivos conectados a Internet, lo que incluye servidores, routers, cámaras IP y muchos otros dispositivos.

▶ **Búsqueda granular**: permite realizar búsquedas muy específicas utilizando filtros como sistema operativo, versión de software, país, organización, puerto abierto y más.

▶ **Visualización de datos**: ofrece una interfaz intuitiva para visualizar los resultados de búsqueda en mapas, gráficos y tablas.

▶ **API**: proporciona una API robusta para integrar FOFA en herramientas y flujos de trabajo personalizados.

▶ **Actualización constante**: la base de datos de FOFA se actualiza continuamente para reflejar los cambios en el panorama de la ciberseguridad.

Para las búsquedas ofrece una ayuda predictiva en forma de autocompletado:

```
domain="" || ip="" || host="" || title="" || header=""
```

Query Description

Syntax	Example	Description	=	!=	*=
ip	ip="1.1.1.1"	Query by a IPv4 address.	✓	✓	-
	ip="220.181.111.1/24"	Query by IPv4 C segment.	✓	✓	-
	ip="2600:9000:202a:2600:18:4ab7:f600:93a1"	Query by a IPv6 address.	✓	✓	-
port	port="6379"	Query by open port number.	✓	✓	✓
domain	domain="qq.com"	Query by domain.	✓	✓	✓
host	host=".fofa.info"	Query by hostname.	✓	✓	✓
os	os="centos"	Query by operating system.	✓	✓	✓
server	server="Microsoft-IIS/10"	Query by server.	✓	✓	✓

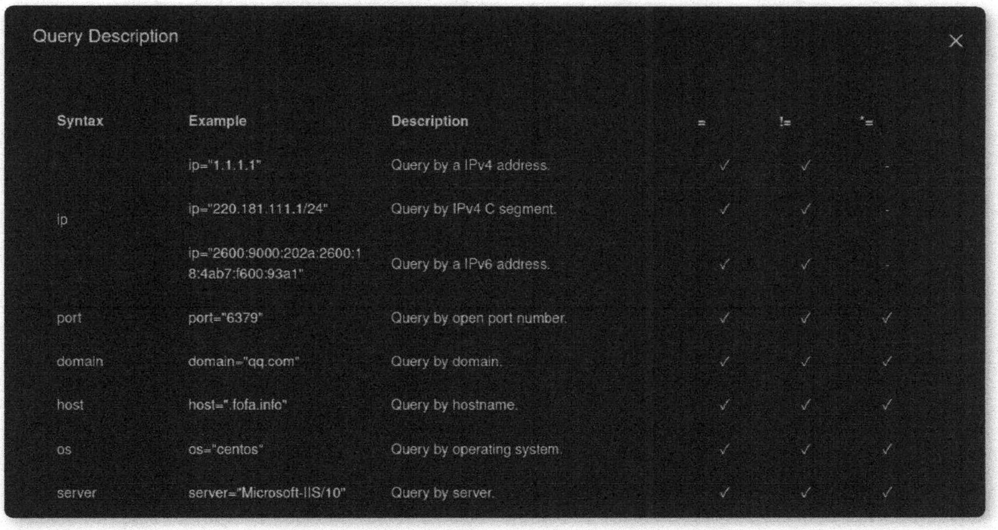

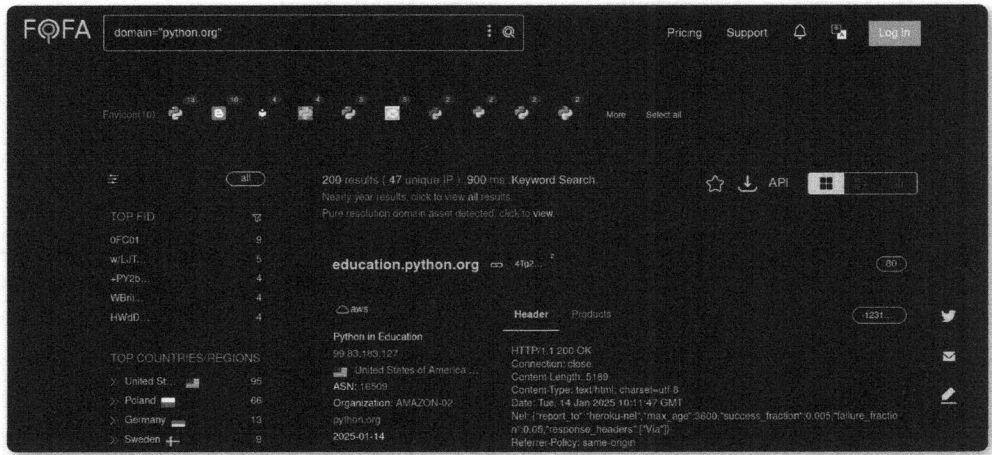

Figura 3.13. Opciones de búsqueda en FOFA

FOFA realiza un escaneo continuo de Internet para identificar dispositivos y servicios expuestos. La información recopilada se almacena en una base de datos masiva que puede ser consultada a través de su interfaz web o API.

Figura 3.14. Búsqueda en FOFA por nombre de dominio

También podríamos realizar la búsqueda por determinados servicios, por ejemplo por el servidor Apache Tomcat:

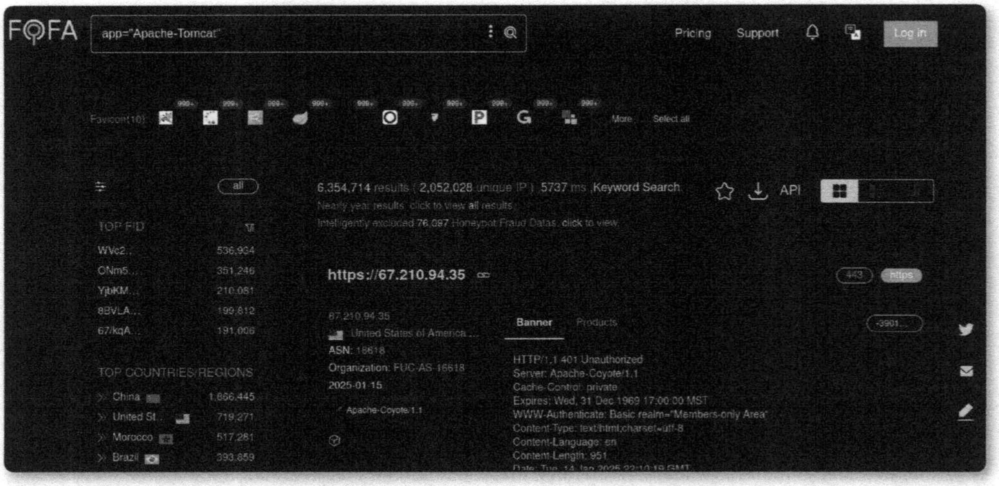

Figura 3.15. Búsqueda de servidores Apache Tomcat

Entre los principales **casos de uso** de FOFA podemos destacar:

- **Detección de vulnerabilidades**: identificar dispositivos con vulnerabilidades conocidas.
- **Mapeo de la infraestructura de una organización:** obtener una visión general de los dispositivos conectados a Internet de una empresa.
- **Investigación de incidentes**: buscar pistas sobre ataques cibernéticos.
- **Análisis de tendencias**: identificar tendencias en el uso de tecnologías y software.
- **Desarrollo de inteligencia de amenazas**: descubrir nuevas ciberamenazas.

3.6 ZOOMEYE

Zoomeye https://www.zoomeye.ai es una herramienta de búsqueda de activos de Internet que proporciona una vista detallada de la infraestructura en línea. Al igual que un motor de búsqueda tradicional, pero enfocado en dispositivos y servicios conectados a la red, Zoomeye te permite explorar y descubrir información valiosa sobre:

- **Dispositivos**: desde servidores web hasta dispositivos IoT.
- **Servicios**: HTTP, HTTPS, SSH, SMTP, y muchos más.
- **Vulnerabilidades**: identifica dispositivos con vulnerabilidades conocidas.
- **Información de contacto**: encuentra direcciones de correo electrónico y números de teléfono asociados a dispositivos.

Figura 3.16. Interfaz de ZoomEye

Zoomeye rastrea continuamente Internet para recopilar información sobre dispositivos y servicios. Esta información se indexa y se hace accesible a través de su interfaz de búsqueda. Puedes realizar búsquedas utilizando una amplia variedad de filtros, como:

- **Dominios**: busca dispositivos asociados a un dominio específico.
- **IP**: encuentra dispositivos por su dirección IP.
- **Puertos**: busca servicios que escuchan en puertos específicos.
- **Banner**: busca servicios que respondan con un banner específico.
- **Tecnología**: busca dispositivos que ejecutan una tecnología específica (e.g., Apache, Nginx).

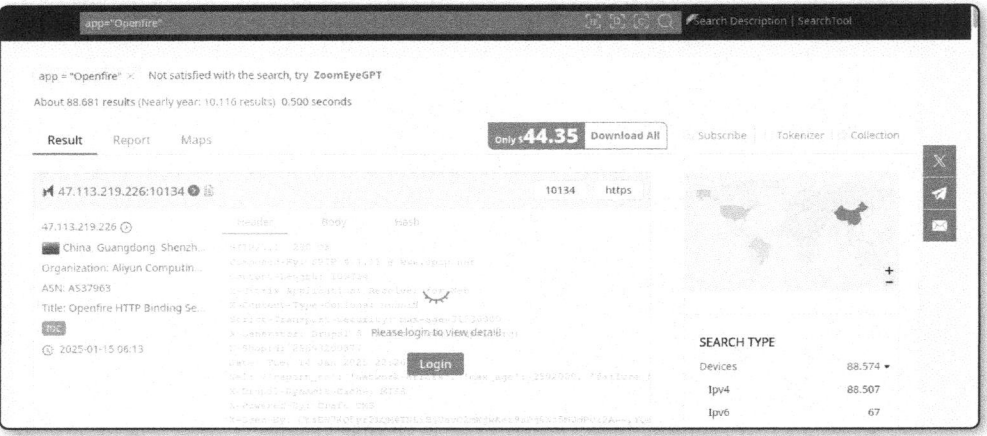

Figura 3.17. Búsqueda en ZoomEye

Zoomeye ofrece una amplia gama de casos de uso, incluyendo:

▶ **Investigación de seguridad**: identificar dispositivos vulnerables y rastrear amenazas.

▶ **Inteligencia competitiva**: analizar la infraestructura de los competidores.

▶ **Investigación de incidentes**: rastrear la propagación de malware.

▶ **Desarrollo de aplicaciones**: obtener información sobre la infraestructura de Internet para desarrollar aplicaciones más robustas.

Zoomeye dispone de una librería en Python para interactuar con la API que proporciona tanto una interfaz de línea de comandos como capacidades de integración SDK para otras herramientas. Esta librería permite buscar y exportar datos de ZoomEye con mayor comodidad. La librería la encontramos en el repositorio oficial de Python https://pypi.org/project/zoomeye, y podemos realizar la instalación con el siguiente comando:

```
$ pip3 install zoomeye
```

Otra forma de instalación es a través del repositorio de Github:

```
$ pip3 install git+https://github.com/knownsec/ZoomEye-python.git
```

Después de instalar la librería, podemos utilizar directamente el comando zoomeye de la siguiente manera:

```
$ zoomeye -h
usage: zoomeye [-h] [-v] {info,init,search,clear} ...

positional arguments:
  {info,init,search,clear}
    info                Show ZoomEye account info
    init                Initialize the token for ZoomEye-python
    search              get network asset information based on query conditions.
    clear               Manually clear the cache and user information

options:
  -h, --help            show this help message and exit
  -v, --version         show program's version number and exit
```

Antes de proceder a realizar búsquedas, necesitamos inicializar la herramienta con el token de usuario. Esta credencial se utiliza para verificar la identidad del usuario y poder realizar consultas de datos.

```
$ zoomeye init -apikey "API-KEY-USUARIO"
Username: your username
Role: Professional
Points: 800000
Zoomeye Points: 0
```

La búsqueda es la funcionalidad principal a la que se accede a través del comando **search** que requiere una palabra clave de búsqueda (dork).

```
$ zoomeye search "telnet"
search "telnet"
ip                        port                    domain
update_time
134.xx.xx.129             1901                    [unknown]
2025-02-06T15:45:20
134.xx.xx.138             1901                    [unknown]
2025-02-06T15:45:19
......


total: 20/9976411
```

El comando search admite los siguientes parámetros (zoomeye search -h) para el procesamiento de datos:

```
-facets facets        Statistics items, comma-separated; supports country,
subdivisions, city, product, service, device, os, and port.
-fields field=regexp  Return fields, comma-separated; default: ip, port, domain,
update_time. For more info, see: https://www.zoomeye.org/doc/
-sub_type {v4,v6,web,all} Data type, supports v4, v6, and web; default is v4.
-page page            Default is page 1, sorted by update time.
-pagesize pagesize    Number of queries per page, default is 10, maximum is
10,000 per page.
-figure {pie,hist}    Parameter for data visualization
-save                 Save search results locally
-force                Ignore local cache files and fetch data directly from
ZoomEye
```

Podríamos utilizar el parámetro **-facets** para obtener estadísticas de agregación de datos. El uso de **-facets** permite consultar el estado de agregación del conjunto de datos completo para una determinada cadena de búsqueda.

```
$ zoomeye search "telnet" -facets product -pagesize 1
ip                        port                    domain
update_time
177.xxx.xx.142            2020                    [unknown]
2025-02-06T15:59:49

total: 1/9976296
-----------------------------------------
ZoomEye total data:9976296
-------------product Top 10-------------
product                        count
MikroTik router config httpd   3326013
[unknown]                      2421245
Apache httpd                   2411293
ProFTPD                        285649
Pulse Secure VPN httpd         182296
Samsung printer telnetd        178147
Huawei telnetd                 144382
Huawei switch telnetd          120421
TP-LINK TL-WR841N WAP httpd    118836
DVR httpd                      100068
```

3.7 ESCANEOS EN PROFUNDIDAD CON ZMAP

Al igual que el conocido escáner de puertos nmap, Zmap https://zmap.io es también un escáner de puertos que lo que le diferencia de otros es que cuenta con varias opciones para lanzar escaneos contra el espacio de direcciones IPv4 completo. De esta forma, Zmap tiene la capacidad de analizar todas las direcciones IPv4 que se encuentran disponibles en Internet. En el siguiente artículo https://zmap.io/paper.pdf podemos encontrar las bases y la arquitectura de esta herramienta:

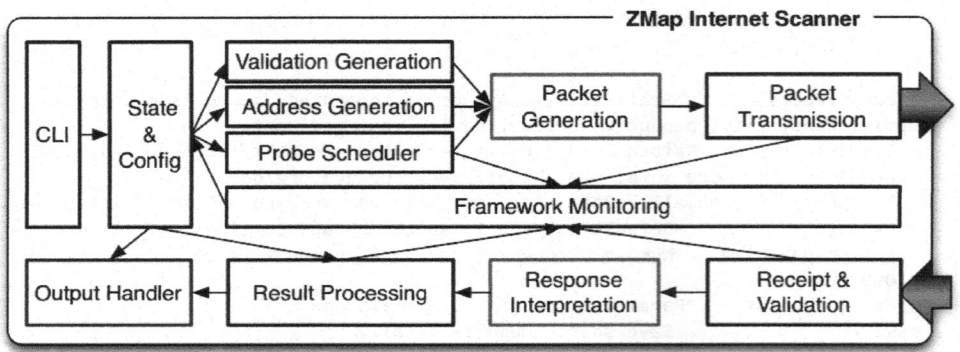

Figura 3.18. Arquitectura de Zmap Scanner

La imagen anterior muestra la arquitectura del escáner de internet ZMap. Podemos dividir su funcionamiento en las siguientes etapas:

▶ **CLI (Command Line Interface):** el usuario interactúa con ZMap a través de la línea de comandos (CLI). Aquí se definen los parámetros del escaneo, como la dirección de destino, el puerto a escanear, el tipo de sondeo (probe) a utilizar, y otras opciones de configuración.

▶ **State & Config**: esta etapa gestiona el estado del escaneo y la configuración proporcionada por el usuario.

▶ **Validation Generation (generación de validación):** esta etapa se refiere a la generación de paquetes o procesos adicionales para validar los resultados iniciales o para realizar un análisis más profundo.

▶ **Address Generation (generación de direcciones)**: ZMap es conocido por su velocidad, en parte debido a su eficiente método de generación de direcciones IP de destino. Esta etapa se encarga de generar la lista de direcciones IP que se van a escanear.

▶ **Probe Scheduler (Planificador de sondeos)**: esta etapa gestiona el envío de los diferentes tipos de sondeos configurados, coordinando la generación y transmisión de los paquetes.

▼ **Packet Generation (generación de paquetes):** una vez que se tiene la dirección de destino, se procede a la creación de los paquetes de red que se enviarán. El tipo de paquete generado dependerá del sondeo configurado (por ejemplo, SYN para un escaneo TCP SYN).

▼ **Packet Transmission (transmisión de paquetes):** los paquetes generados se envían a través de la red a las direcciones IP de destino. ZMap utiliza técnicas de envío de paquetes a alta velocidad para maximizar la eficiencia del escaneo.

▼ **Framework monitoring (monitoreo del framework):** a lo largo de todo el proceso, el framework de ZMap realiza un monitoreo interno para asegurar su correcto funcionamiento y para proporcionar información sobre el progreso del escaneo.

▼ **Receipt and Validation (recepción y validación de respuestas):** ZMap escucha las respuestas de los hosts remotos a los paquetes enviados. Esta etapa se encarga de recibir estos paquetes de respuesta y validarlos para asegurarse de que son relevantes para el sondeo enviado.

▼ **Response Interpretation (interpretación de respuestas):** una vez que se recibe una respuesta válida, esta etapa se encarga de interpretarla. Por ejemplo, si se envió un SYN y se recibió un SYN-ACK, se interpreta que el puerto está abierto.

▼ **Result processing (procesamiento de resultados):** los resultados de la interpretación de las respuestas se procesan y se preparan para ser mostrados o almacenados.

▼ **Output Handler (manejador de salida):** finalmente, los resultados procesados se envían al usuario a través del método de salida configurado, ya sea mostrar en la terminal o guardar en un archivo.

En la mayoría de los casos es mucho más interesante realizar escaneos específicos contra un segmento de red en Internet o en una intranet en lugar de hacerlo contra el rango completo de direcciones IP, para ello Zmap también permite especificar subredes y controlar la velocidad con la que se envían los paquetes de datos al objetivo del escaneo. Entre las características principales de ZMap podemos destacar:

▼ **Velocidad**: ZMap es capaz de escanear millones de direcciones IP en cuestión de minutos, gracias a su diseño altamente optimizado y a su capacidad para aprovechar múltiples núcleos de CPU.

▼ **Flexibilidad**: permite personalizar los escaneos de diversas maneras, incluyendo la especificación de puertos, protocolos, y la generación de informes personalizados.

▼ **Escalabilidad**: puede escalar para escanear redes de cualquier tamaño, desde pequeñas redes locales hasta todo el espacio de direcciones IPv4.

▼ **Extensibilidad**: ZMap cuenta con un API que permite a los usuarios desarrollar sus propios módulos y personalizar aún más la herramienta.

Por defecto, la herramienta se encarga de realizar un escaneo del tipo TCP SYN sin realizar el TCP handshake completo contra el objetivo. Además, intenta hacerlo con la tasa de transferencia más rápida posible. Este comportamiento por defecto también se puede personalizar por medio de una serie de flags que se encuentran disponibles en la herramienta para cambiar el número de direcciones IP que se deben analizar, el tipo de escaneo, la velocidad de transferencia y el listado de puertos, entre otras.

3.7.1 INSTALACIÓN Y USO DE ZMAP

Zmap https://github.com/zmap/zmap se puede instalar directamente sobre un sistema basado en Debian utilizando la herramienta "apt-get" o en sistemas basados en RedHat con la herramienta "yum". También puede ser interesante descargar la última versión de su repositorio de fuentes y posteriormente compilar e instalar manualmente en nuestra máquina. Una vez instalado, se puede ejecutar el comando zmap y podemos utilizar el flag "–help" para ver las opciones de ejecución:

```
$ zmap -help
```

Los argumentos básicos para utilizar zmap son "-p", "-o", "-b", "-n" y "-T":

- El parámetro "-p" permite especificar el listado de puertos que serán escaneados.
- El parámetro "-b" permite establecer un límite máximo en la velocidad de transferencia.
- El parámetro "-n" permite establecer un límite máximo en el número total de máquinas que se deben analizar.
- El parámetro "-o" permite generar un informe en el fichero que le indiquemos.
- El parámetro "-T" indica el número de hilos concurrentes que utilizará la herramienta para el envío de paquetes. Por defecto, solamente utiliza un único hilo.

La herramienta recibe por argumento un listado de subredes que serán analizadas, aunque también es posible omitir dicho argumento y en tal caso, el escaneo se realizará contra el rango completo de direcciones IPv4. El siguiente comando permite escanear los puertos 80 y 443 de todas las direcciones IPv4, utilizando 4 hilos en paralelo y guardando los resultados en un archivo CSV.

```
$ zmap -p 80,443 -T 4 -o results.csv
```

El siguiente comando permite establecer un límite máximo en la velocidad de transferencia con el parámetro "-b" y establecer un límite máximo en el número total de máquinas que se deben analizar con el parámetro "-n":

```
$ zmap -p 80,443 -b 10M -n 10000 -o results.csv
```

Los principales **casos de uso** de esta herramienta son:

- **Descubrimiento de servicios:** identificar qué servicios están ejecutándose en un rango de direcciones IP, como por ejemplo, encontrar todos los servidores web Apache en un bloque de direcciones.

- **Búsqueda de vulnerabilidades**: detectar dispositivos vulnerables a exploits conocidos, como servidores SSH con contraseñas débiles.
- **Monitoreo de redes**: realizar escaneos periódicos para detectar cambios en la infraestructura de una red.
- **Investigación de incidentes**: identificar los dispositivos involucrados en un incidente de seguridad.
- **Mapeado de Internet**: crear mapas detallados de la infraestructura de Internet, como por ejemplo, la distribución geográfica de diferentes tipos de servicios.

3.8 ESCÁNER VULNERABILIDADES

Un escáner de vulnerabilidades es una herramienta de seguridad informática esencial que analiza sistemas, aplicaciones y redes en busca de debilidades o configuraciones incorrectas que podrían ser explotadas por ciberatacantes. Estos escáneres funcionan como radiografías digitales, revelando las vulnerabilidades ocultas que podrían poner en riesgo la confidencialidad, integridad y disponibilidad de la información. Herramientas como VulScan y Fuxi Scanner desempeñan un papel importante en este proceso, automatizando la identificación de una amplia gama de vulnerabilidades, desde problemas de configuración hasta exploits conocidos.

Al realizar un escaneo de vulnerabilidades, estas herramientas comparan los sistemas analizados con una base de datos conocida de vulnerabilidades, buscando coincidencias y generando informes detallados. Estos informes suelen incluir información sobre la criticidad de cada vulnerabilidad, posibles soluciones y recomendaciones para mitigar el riesgo. Además de identificar vulnerabilidades, los escáneres también pueden proporcionar información sobre la exposición de la superficie de ataque, la configuración de los sistemas y la efectividad de las medidas de seguridad existentes. En general, encontramos dos enfoques para el análisis de vulnerabilidades:

- **Análisis activo**, donde el analista interactúa directamente con la red de destino para encontrar vulnerabilidades. Este escaneo activo ayuda a simular un ataque a la red de destino para descubrir vulnerabilidades que pueden ser explotadas por un atacante. Por ejemplo, un analista envía peticiones especialmente diseñadas al host de destino en la red para identificar vulnerabilidades.

- **Análisis pasivo,** donde el analista intenta encontrar vulnerabilidades sin interactuar directamente con la red de destino. El analista identifica vulnerabilidades a través de la información expuesta por los sistemas durante las comunicaciones normales. El escaneo pasivo identifica los sistemas operativos, las aplicaciones y los puertos activos en toda la red de destino, monitorizando la actividad para determinar sus vulnerabilidades. Por ejemplo, se podría obtener la información del sistema operativo, las aplicaciones y las versiones de aplicaciones y servicios, al observar la conexión y desconexión de una sesión TCP.

3.8.1 BASE DE DATOS DE VULNERABILIDADES

La base de datos nacional de vulnerabilidades (NVD), gestionada por el Instituto Nacional de Estándares y Tecnología (NIST) de los Estados Unidos, ofrece una API que permite la búsqueda y consulta de vulnerabilidades conocidas, denominadas Common Vulnerabilities and Exposures (CVEs). Los CVE son identificadores únicos asignados a vulnerabilidades de seguridad informática, facilitando a investigadores y profesionales de ciberseguridad la tarea de rastrear y mitigar riesgos en sistemas y software.

El servicio https://nvd.nist.gov/developers/vulnerabilities expone una API REST que permite consultar CVEs. Una de sus principales funcionalidades es la búsqueda de vulnerabilidades mediante palabras clave, facilitando la identificación de riesgos en tecnologías específicas. La API CVE permite obtener información sobre un solo CVE o una colección de CVE del NVD. Por ejemplo, el siguiente endpoint permite consultar la información de un CVE concreto. En la sección **metrics** del JSON de salida podemos ver la puntuación asignada a esta vulnerabilidad, así como el nivel de impacto.

El siguiente ejemplo de petición permite obtener información sobre el identificador CVE-2025-26465:

https://services.nvd.nist.gov/rest/json/cves/2.0?cveId=CVE-2025-26465

```
{
    "resultsPerPage":1,
    "startIndex":0,
    "totalResults":1,
    "format":"NVD_CVE",
    "version":"2.0",
    "timestamp":"2025-03-15T14:38:02.652",
    "vulnerabilities":[
        {
            "cve":{
                "id":"CVE-2025-26465",
                "sourceIdentifier":"secalert@redhat.com",
                "published":"2025-02-18T19:15:29.230",
                "lastModified":"2025-03-06T17:20:00.520",
                "vulnStatus":"Analyzed",
                "cveTags":[

                ],
                "descriptions":[
                    {
                        "lang":"en",
                        "value":"A vulnerability was found in OpenSSH when the
VerifyHostKeyDNS option is enabled. A machine-in-the-middle attack can be
performed by a malicious machine impersonating a legit server. This issue occurs
due to how OpenSSH mishandles error codes in specific conditions when verifying
the host key. For an attack to be considered successful, the attacker needs
to manage to exhaust the client's memory resource first, turning the attack
complexity high."
                    },
                    {
```

```
              "lang":"es",
              "value":"Se encontró una vulnerabilidad en OpenSSH cuando la
opción VerifyHostKeyDNS está habilitada. Un ataque de máquina en el medio puede
ser realizado mediante una máquina maliciosa que se hace pasar por un servidor
legítimo. Este problema ocurre debido a cómo los códigos de error de OpenSSH
Mishandles en condiciones específicas al verificar la clave del host. Para que
un ataque se considere exitoso, el atacante debe lograr agotar el recurso de
memoria del cliente primero, lo que gira la complejidad del ataque."
          }
      ],
      "metrics":{
        "cvssMetricV31":[
            {
              "source":"secalert@redhat.com",
              "type":"Secondary",
              "cvssData":{
                "version":"3.1",
                "vectorString":"CVSS:3.1\/AV:N\/AC:H\/PR:N\/UI:R\/S:U\/
C:H\/I:H\/A:N",
                "baseScore":6.8,
                "baseSeverity":"MEDIUM",
                "attackVector":"NETWORK",
                "attackComplexity":"HIGH",
                "privilegesRequired":"NONE",
                "userInteraction":"REQUIRED",
                "scope":"UNCHANGED",
                "confidentialityImpact":"HIGH",
                "integrityImpact":"HIGH",
                "availabilityImpact":"NONE"
              },
              "exploitabilityScore":1.6,
              "impactScore":5.2
            },
            {
              "source":"nvd@nist.gov",
              "type":"Primary",
              "cvssData":{
                "version":"3.1",
                "vectorString":"CVSS:3.1\/AV:N\/AC:H\/PR:N\/UI:R\/S:U\/
C:H\/I:H\/A:N",
                "baseScore":6.8,
                "baseSeverity":"MEDIUM",
                "attackVector":"NETWORK",
                "attackComplexity":"HIGH",
                "privilegesRequired":"NONE",
                "userInteraction":"REQUIRED",
                "scope":"UNCHANGED",
                "confidentialityImpact":"HIGH",
                "integrityImpact":"HIGH",
                "availabilityImpact":"NONE"
              },
              "exploitabilityScore":1.6,
              "impactScore":5.2
            }
```

```
            ]
        },
        "weaknesses":[
            {
                "source":"secalert@redhat.com",
                "type":"Secondary",
                "description":[
                    {
                        "lang":"en",
                        "value":"CWE-390"
                    }
                ]
            }
        ],
        "configurations":[
            {
                "nodes":[
                    {
                        "operator":"OR",
                        "negate":false,
                        "cpeMatch":[
                            {
                                "vulnerable":true,
                                "criteria":"cpe:2.3:a:openbsd:opens
sh:*:*:*:*:*:*:*:*",
                                "versionStartIncluding":"6.9",
                                "versionEndIncluding":"9.8",
                                "matchCriteriaId":"AD9E4318-20E3-420F-8EF5-
7C05C3386586"
                            },
                            {
                                "vulnerable":true,
                                "criteria":"cpe:2.3:a:openbsd:openssh:6.8
:p1:*:*:*:*:*:*",
                                "matchCriteriaId":"50836FA3-8116-4D58-B73E-
B4830FB3A551"
                            },
                            {
                                "vulnerable":true,
                                "criteria":"cpe:2.3:a:openbsd:opens
sh:9.9:-:*:*:*:*:*:*",
                                "matchCriteriaId":"E2B53BBB-6916-478C-A896-
77C7F7E7D5DE"
                            },
                            {
                                "vulnerable":true,
                                "criteria":"cpe:2.3:a:openbsd:openssh:9.9
:p1:*:*:*:*:*:*",
                                "matchCriteriaId":"F7A2B794-BA83-4A01-BD2E-
541F18CB9E37"
                            }
                        ]
                    }
                ]
```

```
                },
                {
                    "nodes":[
                        {
                            "operator":"OR",
                            "negate":false,
                            "cpeMatch":[
                                {
                                    "vulnerable":true,
                                    "criteria":"cpe:2.3:a:netapp:active_iq_unified_
manager:-:*:*:*:*:vmware_vsphere:*:*",
                                    "matchCriteriaId":"3A756737-1CC4-42C2-A4DF-
E1C893B4E2D5"
                                },
                                {
                                    "vulnerable":true,
                                    "criteria":"cpe:2.3:a:netapp:ont
ap:9:*:*:*:*:*:*:*",
                                    "matchCriteriaId":"A20333EE-4C13-426E-8B54-
D78679D5DDB8"
                                },
                                {
                                    "vulnerable":true,
                                    "criteria":"cpe:2.3:a:redhat:openshift_container_
platform:4.0:*:*:*:*:*:*:*",
                                    "matchCriteriaId":"932D137F-528B-4526-9A89-
CD59FA1AB0FE"
                                },
                                {
                                    "vulnerable":true,
                                    "criteria":"cpe:2.3:o:debian:debian_
linux:11.0:*:*:*:*:*:*:*",
                                    "matchCriteriaId":"FA6FEEC2-9F11-4643-8827-
749718254FED"
                                },
                                {
                                    "vulnerable":true,
                                    "criteria":"cpe:2.3:o:debian:debian_
linux:12.0:*:*:*:*:*:*:*",
                                    "matchCriteriaId":"46D69DCC-AE4D-4EA5-861C-
D60951444C6C"
                                },
                                {
                                    "vulnerable":true,
                                    "criteria":"cpe:2.3:o:redhat:enterprise_
linux:9.0:*:*:*:*:*:*:*",
                                    "matchCriteriaId":"7F6FB57C-2BC7-487C-96DD-
132683AEB35D"
                                }
                            ]
                        }
                    ]
                }
            ],
```

```
            "references":[
                {
                    "url":"https:\/\/access.redhat.com\/security\/cve\/CVE-2025-
        26465",
                    "source":"secalert@redhat.com",
                    "tags":[
                        "Third Party Advisory"
                    ]
                },
                {
                    "url":"https:\/\/bugzilla.redhat.com\/show_bug.
        cgi?id=2344780",
                    "source":"secalert@redhat.com",
                    "tags":[
                        "Issue Tracking",
                        "Third Party Advisory"
                    ]
                },
                {
                    "url":"https:\/\/blog.qualys.com\/vulnerabilities-threat-
        research\/2025\/02\/18\/qualys-tru-discovers-two-vulnerabilities-in-openssh-cve-
        2025-26465-cve-2025-26466",
                    "source":"af854a3a-2127-422b-91ae-364da2661108",
                    "tags":[
                        "Third Party Advisory"
                    ]
                },
                {
                    "url":"https:\/\/bugzilla.suse.com\/show_bug.cgi?id=1237040",
                    "source":"af854a3a-2127-422b-91ae-364da2661108",
                    "tags":[
                        "Issue Tracking"
                    ]
                },
                {
                    "url":"https:\/\/ftp.openbsd.org\/pub\/OpenBSD\/patches\/7.6\/
        common\/008_ssh.patch.sig",
                    "source":"af854a3a-2127-422b-91ae-364da2661108",
                    "tags":[
                        "Patch"
                    ]
                },
                {
                    "url":"https:\/\/lists.debian.org\/debian-lts-
        announce\/2025\/02\/msg00020.html",
                    "source":"af854a3a-2127-422b-91ae-364da2661108",
                    "tags":[
                        "Third Party Advisory"
                    ]
                },
                {
                    "url":"https:\/\/lists.mindrot.org\/pipermail\/openssh-unix-
        announce\/2025-February\/000161.html",
                    "source":"af854a3a-2127-422b-91ae-364da2661108",
```

```
                "tags":[
                   "Third Party Advisory"
                ]
             },
             {
                "url":"https:\/\/security-tracker.debian.org\/tracker\/CVE-
2025-26465",
                "source":"af854a3a-2127-422b-91ae-364da2661108",
                "tags":[
                   "Third Party Advisory"
                ]
             },
             {
                "url":"https:\/\/security.netapp.com\/advisory\/ntap-20250228-
0003\/",
                "source":"af854a3a-2127-422b-91ae-364da2661108",
                "tags":[
                   "Third Party Advisory"
                ]
             },
             {
                "url":"https:\/\/ubuntu.com\/security\/CVE-2025-26465",
                "source":"af854a3a-2127-422b-91ae-364da2661108",
                "tags":[
                   "Third Party Advisory"
                ]
             },
             {
                "url":"https:\/\/www.openssh.com\/releasenotes.html#9.9p2",
                "source":"af854a3a-2127-422b-91ae-364da2661108",
                "tags":[
                   "Release Notes"
                ]
             },
             {
                "url":"https:\/\/www.openwall.com\/lists\/oss-
security\/2025\/02\/18\/1",
                "source":"af854a3a-2127-422b-91ae-364da2661108",
                "tags":[
                   "Mailing List",
                   "Third Party Advisory"
                ]
             },
             {
                "url":"https:\/\/www.openwall.com\/lists\/oss-
security\/2025\/02\/18\/4",
                "source":"af854a3a-2127-422b-91ae-364da2661108",
                "tags":[
                   "Mailing List",
                   "Third Party Advisory"
                ]
             },
             {
                "url":"https:\/\/www.theregister.com\/2025\/02\/18\/openssh_
```

```
vulnerabilities_mitm_dos\/",
                "source":"af854a3a-2127-422b-91ae-364da2661108",
                "tags":[
                    "Press/Media Coverage"
                ]
        },
        {
                "url":"https:\/\/www.vicarius.io\/vsociety\/posts\/cve-2025-
26465-detect-vulnerable-openssh",
                "source":"af854a3a-2127-422b-91ae-364da2661108",
                "tags":[
                    "Third Party Advisory"
                ]
        },
        {
                "url":"https:\/\/www.vicarius.io\/vsociety\/posts\/cve-2025-
26465-mitigate-vulnerable-openssh",
                "source":"af854a3a-2127-422b-91ae-364da2661108",
                "tags":[
                    "Mitigation",
                    "Third Party Advisory"
                ]
        },
        {
                "url":"https:\/\/seclists.org\/oss-sec\/2025\/q1\/144",
                "source":"134c704f-9b21-4f2e-91b3-4a467353bcc0",
                "tags":[
                    "Mailing List",
                    "Third Party Advisory"
                ]
        }
        ]
    }
  }
 ]
}
```

Podríamos usar esta API para buscar vulnerabilidades que se hayan descubierto recientemente y recibir alertas sobre posibles riesgos en nuestra organización. También se podrían crear scripts que generen reportes automáticos sobre vulnerabilidades en tecnologías de nuestro interés, facilitando la investigación y la ciberseguridad.

3.8.2 VULSCAN

Vulscan https://www.computec.ch/projekte/vulscan/?s=download es un script programado específicamente para **nmap** https://nmap.org que se basa en la función -sV de nmap, la cual se encarga de enumerar las versiones de los servicios que se ejecutan, y en una serie de base de datos de vulnerabilidades en forma de archivo csv. Para usar Vulscan tendremos tener instalado nmap:

```
$ sudo apt-get install nmap
```

Posteriormente, pasamos a descargar el script **vulscan.nse** con el siguiente comando:

```
$ wget http://www.computec.ch/projekte/vulscan/download/nmap_nse_vulscan-
2.0.tar.gz && tar -xzvf nmap_nse_vulscan-2.0.tar.gz
--2025-01-17 20:39:33--  http://www.computec.ch/projekte/vulscan/download/nmap_
nse_vulscan-2.0.tar.gz
Resolviendo www.computec.ch (www.computec.ch)... 80.74.128.4
Conectando con www.computec.ch (www.computec.ch)[80.74.128.4]:80... conectado.
Petición HTTP enviada, esperando respuesta... 200 OK
Longitud: 8612788 (8,2M) [application/x-gzip]
Grabando a: «nmap_nse_vulscan-2.0.tar.gz.2»

nmap_nse_vulscan-2.0.tar.gz.2       100%[====================================
====================================>]   8,21M  4,62MB/s    en 1,8s

2025-01-17 20:39:35 (4,62 MB/s) - «nmap_nse_vulscan-2.0.tar.gz.2» guardado
[8612788/8612788]

vulscan/
vulscan/cve.csv
vulscan/exploitdb.csv
vulscan/openvas.csv
vulscan/osvdb.csv
vulscan/scipvuldb.csv
vulscan/securityfocus.csv
vulscan/securitytracker.csv
vulscan/vulscan.nse
vulscan/xforce.csv
```

Las bases de datos de vulnerabilidades que podemos encontrar en la página del proyecto son archivos csv. Una vez estén descargadas, podemos copiarlas en la ruta /**usr/share/nmap/scripts/vulscan/** en el caso de un sistema operativo UNIX. Vulscan se puede usar de dos formas:

▶ Usando todas las bases de datos disponibles:

```
$ sudo nmap -sV --script=vulscan <HOST_A_ESCANEAR>
```

▶ Usando una base de datos específica, en este ejemplo usamos la base de datos **cve. csv**:

```
$ sudo nmap -sV --script=vulscan --script-args vulscandb=cve.csv <HOST_A_
ESCANEAR>
```

Entre las bases de datos que podemos utilizar podemos destacar:

▶ **scipvuldb.csv** | https://vuldb.com: se centra en vulnerabilidades de software y sistemas operativos. Ofrece información detallada sobre vulnerabilidades, incluyendo descripciones, exploits conocidos, y referencias a otras bases de datos.

▶ **cve.csv** | http://cve.mitre.org: es una base de datos comúnmente utilizada para identificar, describir y catalogar vulnerabilidades únicas. Cada vulnerabilidad tiene un identificador único (CVE) y una descripción. Es la referencia estándar para la industria de la seguridad, utilizada por muchas otras bases de datos.

- ▼ **osvdb.csv** | http://www.osvdb.org: se enfoca en vulnerabilidades de software y sistemas operativos, con un énfasis en la comunidad. Ofrece una amplia gama de información, incluyendo exploits, análisis de riesgo y discusiones de la comunidad.

- ▼ **xforce.csv** | https://exchange.xforce.ibmcloud.com: proporciona información sobre amenazas emergentes y vulnerabilidades, con un enfoque en la inteligencia de amenazas. Ofrece informes de amenazas, análisis de malware y datos sobre ataques.

- ▼ **expliotdb.csv** | http://www.exploit-db.com: es una base de datos de exploits y códigos de prueba de concepto para vulnerabilidades conocidas. Ofrece una amplia colección de exploits para diferentes tipos de software y sistemas operativos.

- ▼ **openvas.csv** | http://www.openvas.org: es una plataforma de escaneo de vulnerabilidades de código abierto que utiliza una base de datos de vulnerabilidades. La base de datos de OpenVAS se alimenta de varias fuentes, incluyendo CVE y otras bases de datos.

3.8.3 FREEVULNSEARCH

Freevulnsearch https://github.com/OCSAF/freevulnsearch se trata de un script para nmap que permite automatizar el descubrimiento de vulnerabilidades que podemos encontrar en la base de datos CVE. Este script forma parte del proyecto https://www.freecybersecurity.org. Del repositorio nos interesa descargarnos el fichero **freevulnsearch.nse**, que es el script de nmap para el análisis de vulnerabilidades.

- ▼ https://github.com/OCSAF/freevulnsearch/blob/master/freevulnsearch.nse

Este fichero lo tenemos que copiar en la carpeta dentro de nmap donde se encuentran los scripts, normalmente en la ruta **/usr/share/nmap/scripts** en el caso de un sistema operativo UNIX. Podríamos actualizar la base de datos con el siguiente comando:

```
$ nmap --script-updatedb
```

Posteriormente podemos ejecutar el comando nmap pasando como parámetro el nombre del script junto con el dominio que estemos analizando. La opción -sV mostrará los resultados de forma detallada.

```
$ nmap -sV --script freevulnsearch <dominio>
```

Las vulnerabilidades CVE se consultan de manera predeterminada utilizando la API pública del proyecto https://www.cve-search.org/api. Por ejemplo, para obtener las últimas CVE dadas de alta en la base de datos se puede utilizar el endopint https://cve.circl.lu/api/last.

[{"dataType": "CVE_RECORD", "dataVersion": "5.1", "cveMetadata": {"cveId": "CVE-2025-21245", "assignerOrgId": "f38d906d-7342-40ea-92c1-6c4a2c6478c8", "state": "PUBLISHED", "assignerShortName": "microsoft", "dateReserved":

```
"2024-12-10T23:54:12.926Z", "datePublished": "2025-01-14T18:04:56.174Z",
"dateUpdated": "2025-01-17T19:48:21.183Z"}, "containers": {"cna": {"title":
"Windows Telephony Service Remote Code Execution Vulnerability", "datePublic":
"2025-01-14T08:00:00+00:00", "cpeApplicability": [{"nodes": [{"operator":
"OR", "negate": false, "cpeMatch": [{"vulnerable": true, "criteria": "cpe:2
.3:o:microsoft:windows_10_1809:*:*:*:*:*:*:x86:*", "versionStartIncluding":
"10.0.17763.0", "versionEndExcluding": "10.0.17763.6775"},
{"vulnerable": true, "criteria": "cpe:2.3:o:microsoft:windows_
server_2019:*:*:*:*:*:*:*:*", "versionStartIncluding": "10.0.17763.0",
"versionEndExcluding": "10.0.17763.6775"}, {"vulnerable": true,
"criteria": "cpe:2.3:o:microsoft:windows_server_2019:*:*:*:*:*:*:*:*",
"versionStartIncluding": "10.0.17763.0", "versionEndExcluding":
"10.0.17763.6775"}, {"vulnerable": true, "criteria":
```

3.8.4 DORKME

Si recordamos, Google Dorking es una técnica que utiliza la búsqueda de Google para encontrar agujeros de seguridad en la configuración y el código de las aplicaciones. DorkMe https://github.com/0xRar/dork-me es una herramienta diseñada con el objetivo de facilitar la búsqueda de vulnerabilidades con Google Dorks, como las vulnerabilidades de inyección SQL. Por ejemplo, la inyección SQL normalmente tiene esta estructura en la url **"file.php?id = [vuln]"**. La herramienta se puede instalar con los siguientes comandos:

```
$ git clone https://github.com/0xRar/dork-me
$ pip install -r requirements.txt
```

Al ejecutar el script en primer lugar nos pide el dominio y luego nos ofrece diferentes opciones que nos ofrecen la posibilidad de obtener los dorks más relevantes para cada opción.

```
$ python dork-me.py                                                      ✓


  | \ / \ |_) |_/    |\/| |_
  |_/ \_/ | \ | \ \   | || |__
  By Isa Ebrahim -- 0xrar.net


Pick a Target: python.org


Options
-------------------------------
[1]> Directory Listing
[2]> Exposed Configuration files
[3]> Exposed Database files
[4]> Exposed log files
[5]> Backup and old files
[6]> Install / Setup files
[7]> Other Files (pdf,xlsx,etc)
[8]> Open Redirects
```

```
to see the list of options & commands use the command: help
Pick an option: 1
Dork used: site:python.org+intitle:index.of
Pick an option: 2
Dork used: site:python.org+filetype:xml+|+filetype:conf+|+filetype:cnf+|+filetype:reg+
|+filetype:inf+|+filetype:rdp+|+filetype:cfg+|+filetype:txt+|+filetype:ora+|+filetype:ini
Pick an option: 3
Dork used: site:python.org+filetype:sql+|+filetype:dbf+|+filetype:mdb
Pick an option: 4
Dork used: site:python.org+filetype:log+|filetype:txt
Pick an option: 5
Dork used: site:python.org+filetype:bkf+|+filetype:bkp+|+filetype:bak+|+filetype:old+|
+filetype:backup
Pick an option: 6
Dork used: site:python.org+inurl:readme+|+inurl:license+|+inurl:install+|+inurl:se
tup+|+inurl:config
Pick an option: 7
Dork used: site:python.org+filetype:pdf+|+filetype:xlsx+|+filetype:docx
Pick an option: 8
Dork used: site:python.org+inurl:redir+|+inurl:url+|+inurl:redirect+|+inurl:return
+|+inurl:src=http+|+inurl:r=http
```

3.8.5 FUXI SCANNER

Fuxi Scanner https://github.com/jeffzh3ng/fuxi es una herramienta de código abierto diseñada para realizar escaneos de vulnerabilidades en redes de manera exhaustiva y eficiente. Se destaca por su capacidad para identificar una amplia gama de vulnerabilidades en sistemas operativos, aplicaciones web y dispositivos de red. Entre las principales **características** podemos destacar:

▸ **Modularidad**: Fuxi está construido sobre un framework modular, lo que permite a los usuarios personalizar y ampliar sus capacidades mediante la creación de nuevos módulos.

▸ **Extensibilidad**: soporta una gran variedad de protocolos y servicios, incluyendo HTTP, HTTPS, SSH, FTP, SMB, y muchos más.

▸ **Velocidad**: emplea técnicas de escaneo paralelas para acelerar el proceso de evaluación de vulnerabilidades.

▸ **Precisión**: utiliza una base de datos de vulnerabilidades actualizada para garantizar la detección precisa de amenazas.

▸ **Informes detallados**: genera informes personalizados que facilitan la identificación y priorización de las vulnerabilidades encontradas.

▸ **Compatibilidad multiplataforma**: funciona en sistemas operativos Linux, Windows y macOS.

Para ejecutarlo necesitamos tener **Docker** instalado y lo podemos hacer de varias formas:

▶ Descargar el código fuente de github y construir la imagen de Docker a partir del **Dockerfile**.

```
FROM ubuntu:18.04

ENV LC_ALL C.UTF-8

RUN mkdir -p /opt/fuxi
COPY . /opt/fuxi

# Init
RUN set -x \
    # You may need this if you're in Mainland China
    # && sed -i 's/archive.ubuntu.com/mirrors.aliyun.com/g' /etc/apt/sources.
list \
    ###
    && apt-get update \
    && apt-get install -y python3.7 python3.7-dev python3-pip python3-
setuptools \
    wget nmap curl mongodb redis-server vim net-tools git unzip \
    ruby ruby-dev \
    && python3.7 -m pip install pip==19.0.3 \
    # You may need this if you're in Mainland China
    # && python3.7 -m pip config set global.index-url 'https://pypi.tuna.
tsinghua.edu.cn/simple' \
    ###
    && python3.7 -m pip install -r /opt/fuxi/requirements.txt \
    && chmod +x /opt/fuxi/migration/docker_init.sh

# Install whatweb
RUN set -x \
    && wget 'https://codeload.github.com/urbanadventurer/WhatWeb/zip/master'
-O whatweb.zip \
    && unzip -q -u whatweb.zip && mv WhatWeb-master /opt/whatweb && cd /opt/
whatweb \
    # You may need this if you're in Mainland China
    # && gem sources --remove 'https://rubygems.org/' \
    # && gem sources -a 'https://gems.ruby-china.com' && gem sources \
    # && gem sources -c && gem sources -u \
    ##
    && gem install bundler && bundle install \
    && ln -s /opt/whatweb/whatweb /usr/bin/whatweb


WORKDIR '/opt/fuxi'
ENTRYPOINT ["/opt/fuxi/migration/docker_init.sh"]
EXPOSE 50020
```

- Descargar la imagen del repositorio de docker hub https://hub.docker.com/r/jeffzh3ng/fuxi y ejecutar los comandos docker pull y docker run.

```
$ docker pull jeffzh3ng/fuxi
$ docker run -itd --name fuxi_docker -p 5000:50020 jeffzh3ng/fuxi:latest
```

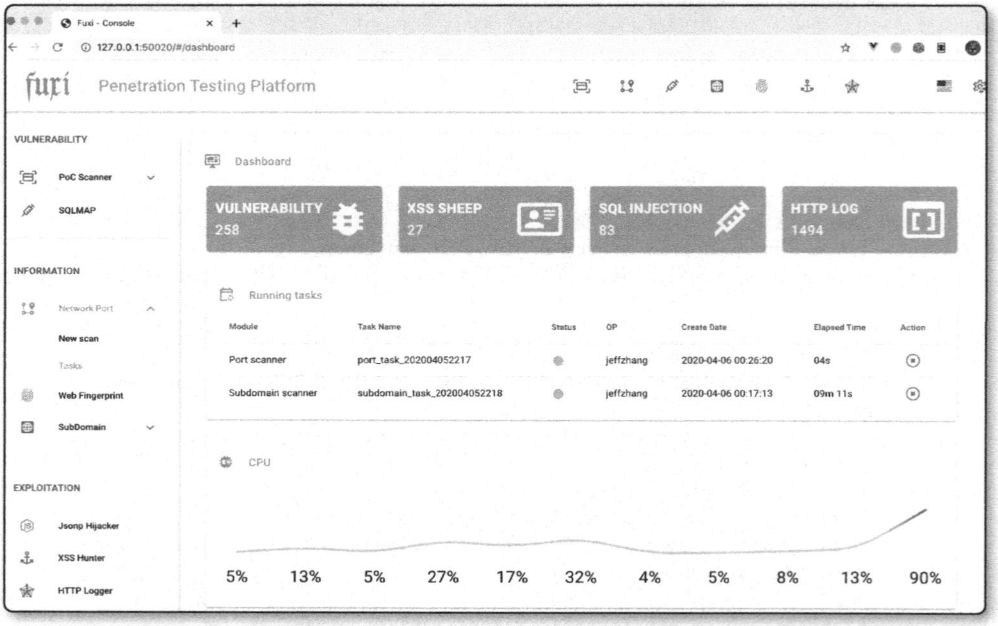

Figura 3.19. Interfaz de Fuxi Scanner

Fuxi funciona escaneando los servicios de un sistema o red en busca de vulnerabilidades conocidas. Utiliza una base de datos de vulnerabilidades y exploits para identificar posibles puntos débiles. Una vez que se identifica una vulnerabilidad, Fuxi puede intentar explotarla para confirmar su existencia. Algunos casos de uso de Fuxi Scanner son los siguientes:

- **Evaluación de la postura de seguridad:** identificar las vulnerabilidades presentes en una red para evaluar el riesgo al que está expuesta.
- **Descubrimiento de activos**: encontrar dispositivos y servicios desconocidos en una red.
- **Detección de vulnerabilidades**: identificar vulnerabilidades específicas en sistemas y aplicaciones.
- **Auditorías de seguridad**: realizar evaluaciones de seguridad exhaustivas de redes y aplicaciones.
- **Investigación de incidentes**: analizar sistemas comprometidos para identificar la causa raíz de un ataque.

3.8.6 NMAP COMO ESCÁNER DE VULNERABILIDADES

Nmap Scripting Engine (NSE) es una de las características más potentes de Nmap. Permite a los usuarios escribir scripts (principalmente en el lenguaje Lua) para automatizar una amplia variedad de tareas de red, incluyendo la detección de vulnerabilidades.

La opción **--script vuln** en Nmap utiliza el Nmap Scripting Engine (NSE) para ejecutar una categoría de scripts diseñados para detectar vulnerabilidades en los servicios que se encuentran abiertos en el objetivo escaneado. Los scripts dentro de la categoría vuln están específicamente diseñados para identificar posibles vulnerabilidades de seguridad. Estos scripts intentan detectar problemas conocidos como:

- **Vulnerabilidades comunes**: como las asociadas a versiones específicas de software.

- **Errores de configuración:** que podrían ser explotados.

- **Backdoors o credenciales por defecto:** que podrían permitir acceso no autorizado.

- **Vulnerabilidades específicas de aplicaciones web** como inyecciones SQL o XSS.

Entre las principales características de estos scripts podemos destacar:

- **Identificación rápida de vulnerabilidades:** es una forma rápida de obtener una visión general de las posibles vulnerabilidades presentes en un sistema.

- **Integración con el escaneo de puertos y servicios de Nmap:** la información obtenida del escaneo de puertos y servicios se utiliza para determinar qué scripts son relevantes para ejecutar.

- **Detección de configuraciones inseguras:** algunos scripts pueden identificar configuraciones predeterminadas o inseguras que podrían ser explotadas.

- **Comprobación de parches:** puede utilizarse para comprobar si un parche o actualización de seguridad específico ha sido aplicado correctamente.

Al ejecutar Nmap con la opción **--script vuln,** Nmap primero realiza un escaneo de puertos y servicios para identificar qué servicios están corriendo en el objetivo. Luego, ejecuta los scripts de la categoría **vuln** que son relevantes para los servicios detectados.

```
$ sudo nmap -f -sS -sV -Pn --script vuln scanme.nmap.org
Nmap scan report for scanme.nmap.org (45.33.32.156)
Host is up (0.24s latency).
Other addresses for scanme.nmap.org (not scanned):
2600:3c01::f03c:91ff:fe18:bb2f
Not shown: 996 closed tcp ports (reset)
PORT      STATE SERVICE      VERSION
22/tcp    open  ssh          OpenSSH 6.6.1p1 Ubuntu 2ubuntu2.13 (Ubuntu Linux;
protocol 2.0)
| vulners:
```

```
|   cpe:/a:openbsd:openssh:6.6.1p1:
|       2C119FFA-ECE0-5E14-A4A4-354A2C38071A   10.0  https://vulners.com/
githubexploit/2C119FFA-ECE0-5E14-A4A4-354A2C38071A  *EXPLOIT*
|       CVE-2023-38408   9.8  https://vulners.com/cve/CVE-2023-38408
|       CVE-2016-1908   9.8  https://vulners.com/cve/CVE-2016-1908
|       B8190CDB-3EB9-5631-9828-8064A1575B23   9.8  https://vulners.com/
githubexploit/B8190CDB-3EB9-5631-9828-8064A1575B23  *EXPLOIT*
|       8FC9C5AB-3968-5F3C-825E-E8DB5379A623   9.8  https://vulners.com/
githubexploit/8FC9C5AB-3968-5F3C-825E-E8DB5379A623  *EXPLOIT*
|       8AD01159-548E-546E-AA87-2DE89F3927EC   9.8  https://vulners.com/
githubexploit/8AD01159-548E-546E-AA87-2DE89F3927EC  *EXPLOIT*
|       5E6968B4-DBD6-57FA-BF6E-D9B2219DB27A   9.8  https://vulners.com/
githubexploit/5E6968B4-DBD6-57FA-BF6E-D9B2219DB27A  *EXPLOIT*
|       0221525F-07F5-5790-912D-F4B9E2D1B587   9.8  https://vulners.com/
githubexploit/0221525F-07F5-5790-912D-F4B9E2D1B587  *EXPLOIT*
|       95499236-C9FE-56A6-9D7D-E943A24B633A   8.9  https://vulners.com/
githubexploit/95499236-C9FE-56A6-9D7D-E943A24B633A  *EXPLOIT*
|       CVE-2015-5600   8.5  https://vulners.com/cve/CVE-2015-5600
|       PACKETSTORM:140070   7.8  https://vulners.com/packetstorm/
PACKETSTORM:140070  *EXPLOIT*
|       EXPLOITPACK:5BCA798C6BA71FAE29334297EC0B6A09   7.8  https://vulners.com/
exploitpack/EXPLOITPACK:5BCA798C6BA71FAE29334297EC0B6A09  *EXPLOIT*
|       CVE-2020-15778   7.8  https://vulners.com/cve/CVE-2020-15778
|       CVE-2016-10012   7.8  https://vulners.com/cve/CVE-2016-10012
|       CVE-2015-8325   7.8  https://vulners.com/cve/CVE-2015-8325
|       1337DAY-ID-26494   7.8  https://vulners.com/zdt/1337DAY-ID-26494
*EXPLOIT*
|       SSV:92579   7.5  https://vulners.com/seebug/SSV:92579  *EXPLOIT*
|       PACKETSTORM:173661   7.5  https://vulners.com/packetstorm/
PACKETSTORM:173661  *EXPLOIT*
|       F0979183-AE88-53B4-86CF-3AF0523F3807   7.5  https://vulners.com/
githubexploit/F0979183-AE88-53B4-86CF-3AF0523F3807  *EXPLOIT*
|       EDB-ID:40888   7.5  https://vulners.com/exploitdb/EDB-ID:40888  *EXPLOIT*
|       CVE-2016-6515   7.5  https://vulners.com/cve/CVE-2016-6515
|       CVE-2016-10708   7.5  https://vulners.com/cve/CVE-2016-10708
|       1337DAY-ID-26576   7.5  https://vulners.com/zdt/1337DAY-ID-26576
*EXPLOIT*
|       CVE-2016-10009   7.3  https://vulners.com/cve/CVE-2016-10009
|       SSV:92582   7.2  https://vulners.com/seebug/SSV:92582  *EXPLOIT*
|       CVE-2021-41617   7.0  https://vulners.com/cve/CVE-2021-41617
|       CVE-2016-10010   7.0  https://vulners.com/cve/CVE-2016-10010
|       SSV:92580   6.9  https://vulners.com/seebug/SSV:92580  *EXPLOIT*
|       CVE-2015-6564   6.9  https://vulners.com/cve/CVE-2015-6564
|       1337DAY-ID-26577   6.9  https://vulners.com/zdt/1337DAY-ID-26577
*EXPLOIT*
|       EDB-ID:46516   6.8  https://vulners.com/exploitdb/EDB-ID:46516  *EXPLOIT*
|       EDB-ID:46193   6.8  https://vulners.com/exploitdb/EDB-ID:46193  *EXPLOIT*
|       CVE-2019-6110   6.8  https://vulners.com/cve/CVE-2019-6110
|       CVE-2019-6109   6.8  https://vulners.com/cve/CVE-2019-6109
|       C94132FD-1FA5-5342-B6EE-0DAF45EEFFE3   6.8  https://vulners.com/
githubexploit/C94132FD-1FA5-5342-B6EE-0DAF45EEFFE3  *EXPLOIT*
|       10213DBE-F683-58BB-B6D3-353173626207   6.8  https://vulners.com/
githubexploit/10213DBE-F683-58BB-B6D3-353173626207  *EXPLOIT*
|       CVE-2023-51385   6.5  https://vulners.com/cve/CVE-2023-51385
```

```
|      EDB-ID:40858  6.4  https://vulners.com/exploitdb/EDB-ID:40858   *EXPLOIT*
|      EDB-ID:40119  6.4  https://vulners.com/exploitdb/EDB-ID:40119   *EXPLOIT*
|      EDB-ID:39569  6.4  https://vulners.com/exploitdb/EDB-ID:39569   *EXPLOIT*
|      CVE-2016-3115  6.4  https://vulners.com/cve/CVE-2016-3115
|      PACKETSTORM:181223  5.9  https://vulners.com/packetstorm/
PACKETSTORM:181223  *EXPLOIT*
|      MSF:AUXILIARY-SCANNER-SSH-SSH_ENUMUSERS-  5.9  https://vulners.com/
metasploit/MSF:AUXILIARY-SCANNER-SSH-SSH_ENUMUSERS-  *EXPLOIT*
|      EDB-ID:40136  5.9  https://vulners.com/exploitdb/EDB-ID:40136   *EXPLOIT*
|      EDB-ID:40113  5.9  https://vulners.com/exploitdb/EDB-ID:40113   *EXPLOIT*
|      CVE-2023-48795  5.9  https://vulners.com/cve/CVE-2023-48795
|      CVE-2020-14145  5.9  https://vulners.com/cve/CVE-2020-14145
|      CVE-2019-6111  5.9  https://vulners.com/cve/CVE-2019-6111
|      CVE-2016-6210  5.9  https://vulners.com/cve/CVE-2016-6210
|      54E1BB01-2C69-5AFD-A23D-9783C9D9FC4C  5.9  https://vulners.com/
githubexploit/54E1BB01-2C69-5AFD-A23D-9783C9D9FC4C  *EXPLOIT*
|      EXPLOITPACK:98FE96309F9524B8C84C508837551A19  5.8  https://vulners.com/
exploitpack/EXPLOITPACK:98FE96309F9524B8C84C508837551A19  *EXPLOIT*
|      EXPLOITPACK:5330EA02EBDE345BFC9D6DDDD97F9E97  5.8  https://vulners.com/
exploitpack/EXPLOITPACK:5330EA02EBDE345BFC9D6DDDD97F9E97  *EXPLOIT*
|      1337DAY-ID-32328  5.8  https://vulners.com/zdt/1337DAY-ID-32328
*EXPLOIT*
|      1337DAY-ID-32009  5.8  https://vulners.com/zdt/1337DAY-ID-32009
*EXPLOIT*
|      SSV:91041  5.5  https://vulners.com/seebug/SSV:91041  *EXPLOIT*
|      PACKETSTORM:140019  5.5  https://vulners.com/packetstorm/
PACKETSTORM:140019  *EXPLOIT*
|      PACKETSTORM:136251  5.5  https://vulners.com/packetstorm/
PACKETSTORM:136251  *EXPLOIT*
|      PACKETSTORM:136234  5.5  https://vulners.com/packetstorm/
PACKETSTORM:136234  *EXPLOIT*
|      EXPLOITPACK:F92411A645D85F05BDBD274FD222226F  5.5  https://vulners.com/
exploitpack/EXPLOITPACK:F92411A645D85F05BDBD274FD222226F  *EXPLOIT*
|      EXPLOITPACK:9F2E746846C3C623A27A441281EAD138  5.5  https://vulners.com/
exploitpack/EXPLOITPACK:9F2E746846C3C623A27A441281EAD138  *EXPLOIT*
|      EXPLOITPACK:1902C998CBF9154396911926B4C3B330  5.5  https://vulners.com/
exploitpack/EXPLOITPACK:1902C998CBF9154396911926B4C3B330  *EXPLOIT*
|      CVE-2016-10011  5.5  https://vulners.com/cve/CVE-2016-10011
|      1337DAY-ID-25388  5.5  https://vulners.com/zdt/1337DAY-ID-25388
*EXPLOIT*
|      EDB-ID:45939  5.3  https://vulners.com/exploitdb/EDB-ID:45939   *EXPLOIT*
|      EDB-ID:45233  5.3  https://vulners.com/exploitdb/EDB-ID:45233   *EXPLOIT*
|      CVE-2018-20685  5.3  https://vulners.com/cve/CVE-2018-20685
|      CVE-2018-15919  5.3  https://vulners.com/cve/CVE-2018-15919
|      CVE-2018-15473   5.3  https://vulners.com/cve/CVE-2018-15473
|      CVE-2017-15906  5.3  https://vulners.com/cve/CVE-2017-15906
|      CVE-2016-20012  5.3  https://vulners.com/cve/CVE-2016-20012
|      SSH_ENUM  5.0  https://vulners.com/canvas/SSH_ENUM  *EXPLOIT*
|      PACKETSTORM:150621  5.0  https://vulners.com/packetstorm/
PACKETSTORM:150621  *EXPLOIT*
|      EXPLOITPACK:F957D7E8A0CC1E23C3C649B764E13FB0  5.0  https://vulners.com/
exploitpack/EXPLOITPACK:F957D7E8A0CC1E23C3C649B764E13FB0  *EXPLOIT*
|      EXPLOITPACK:EBDBC5685E3276D648B4D14B75563283  5.0  https://vulners.com/
exploitpack/EXPLOITPACK:EBDBC5685E3276D648B4D14B75563283  *EXPLOIT*
```

```
|       1337DAY-ID-31730   5.0   https://vulners.com/zdt/1337DAY-ID-31730
*EXPLOIT*
|       EXPLOITPACK:802AF3229492E147A5F09C7F2B27C6DF  4.3  https://vulners.com/
exploitpack/EXPLOITPACK:802AF3229492E147A5F09C7F2B27C6DF  *EXPLOIT*
|       EXPLOITPACK:5652DDAA7FE452E19AC0DC1CD97BA3EF  4.3  https://vulners.com/
exploitpack/EXPLOITPACK:5652DDAA7FE452E19AC0DC1CD97BA3EF  *EXPLOIT*
|       CVE-2015-5352   4.3   https://vulners.com/cve/CVE-2015-5352
|       1337DAY-ID-25440   4.3   https://vulners.com/zdt/1337DAY-ID-25440
*EXPLOIT*
|       1337DAY-ID-25438   4.3   https://vulners.com/zdt/1337DAY-ID-25438
*EXPLOIT*
|       CVE-2021-36368   3.7   https://vulners.com/cve/CVE-2021-36368
|       SSV:92581   2.1   https://vulners.com/seebug/SSV:92581  *EXPLOIT*
|       CVE-2015-6563   1.9   https://vulners.com/cve/CVE-2015-6563
|       PACKETSTORM:151227   0.0   https://vulners.com/packetstorm/
PACKETSTORM:151227   *EXPLOIT*
|       PACKETSTORM:140261   0.0   https://vulners.com/packetstorm/
PACKETSTORM:140261   *EXPLOIT*
|       PACKETSTORM:138006   0.0   https://vulners.com/packetstorm/
PACKETSTORM:138006   *EXPLOIT*
|       PACKETSTORM:137942   0.0   https://vulners.com/packetstorm/
PACKETSTORM:137942   *EXPLOIT*
|       1337DAY-ID-30937   0.0   https://vulners.com/zdt/1337DAY-ID-30937   *EXPLOIT*
|       1337DAY-ID-26468   0.0   https://vulners.com/zdt/1337DAY-ID-26468   *EXPLOIT*
|_      1337DAY-ID-25391   0.0   https://vulners.com/zdt/1337DAY-ID-25391   *EXPLOIT*
80/tcp    open  http        Apache httpd 2.4.7 ((Ubuntu))
|_http-dombased-xss: Couldn't find any DOM based XSS.
| http-csrf:
| Spidering limited to: maxdepth=3; maxpagecount=20; withinhost=scanme.nmap.org
|   Found the following possible CSRF vulnerabilities:
|
|     Path: http://scanme.nmap.org:80/
|     Form id: nst-head-search
|     Form action: /search/
|
|     Path: http://scanme.nmap.org:80/
|     Form id: nst-foot-search
|_    Form action: /search/
| http-enum:
|_   /images/: Potentially interesting directory w/ listing on 'apache/2.4.7
(ubuntu)'
|_http-server-header: Apache/2.4.7 (Ubuntu)
| http-slowloris-check:
|   VULNERABLE:
|   Slowloris DOS attack
|     State: LIKELY VULNERABLE
|     IDs:  CVE:CVE-2007-6750
|     Slowloris tries to keep many connections to the target web server open
and hold
|       them open as long as possible. It accomplishes this by opening
connections to
|       the target web server and sending a partial request. By doing so, it
starves
|       the http server's resources causing Denial Of Service.
```

```
|     Disclosure date: 2009-09-17
|     References:
|       http://ha.ckers.org/slowloris/
|_      https://cve.mitre.org/cgi-bin/cvename.cgi?name=CVE-2007-6750
|_http-stored-xss: Couldn't find any stored XSS vulnerabilities.
| vulners:
|   cpe:/a:apache:http_server:2.4.7:
|       2C119FFA-ECE0-5E14-A4A4-354A2C38071A  10.0  https://vulners.com/
githubexploit/2C119FFA-ECE0-5E14-A4A4-354A2C38071A  *EXPLOIT*
|       F607361B-6369-5DF5-9B29-E90FA29DC565  9.8  https://vulners.com/
githubexploit/F607361B-6369-5DF5-9B29-E90FA29DC565  *EXPLOIT*
|       EDB-ID:51193  9.8  https://vulners.com/exploitdb/EDB-ID:51193  *EXPLOIT*
|       CVE-2024-38476  9.8  https://vulners.com/cve/CVE-2024-38476
|       CVE-2024-38474   9.8  https://vulners.com/cve/CVE-2024-38474
|       CVE-2023-25690  9.8  https://vulners.com/cve/CVE-2023-25690
|       CVE-2022-31813  9.8  https://vulners.com/cve/CVE-2022-31813
|       CVE-2022-23943  9.8  https://vulners.com/cve/CVE-2022-23943
|       CVE-2022-22720  9.8  https://vulners.com/cve/CVE-2022-22720
|       CVE-2021-44790   9.8  https://vulners.com/cve/CVE-2021-44790
|       CVE-2021-39275  9.8  https://vulners.com/cve/CVE-2021-39275
|       CVE-2021-26691  9.8  https://vulners.com/cve/CVE-2021-26691
|       CVE-2018-1312  9.8  https://vulners.com/cve/CVE-2018-1312
|       CVE-2017-7679  9.8  https://vulners.com/cve/CVE-2017-7679
|       CVE-2017-3167  9.8  https://vulners.com/cve/CVE-2017-3167
|       CNVD-2022-51061  9.8  https://vulners.com/cnvd/CNVD-2022-51061
|       CNVD-2022-03225  9.8  https://vulners.com/cnvd/CNVD-2022-03225
|       CNVD-2021-102386  9.8  https://vulners.com/cnvd/CNVD-2021-102386
|       B02819DB-1481-56C4-BD09-6B4574297109  9.8  https://vulners.com/
githubexploit/B02819DB-1481-56C4-BD09-6B4574297109  *EXPLOIT*
|       A5425A79-9D81-513A-9CC5-549D6321897C  9.8  https://vulners.com/
githubexploit/A5425A79-9D81-513A-9CC5-549D6321897C  *EXPLOIT*
|       5C1BB960-90C1-5EBF-9BEF-F58BFFDFEED9  9.8  https://vulners.com/
githubexploit/5C1BB960-90C1-5EBF-9BEF-F58BFFDFEED9  *EXPLOIT*
|       3F17CA20-788F-5C45-88B3-E12DB2979B7B  9.8  https://vulners.com/
githubexploit/3F17CA20-788F-5C45-88B3-E12DB2979B7B  *EXPLOIT*
|       1337DAY-ID-39214  9.8  https://vulners.com/zdt/1337DAY-ID-39214
*EXPLOIT*
|       CVE-2024-38475  9.1  https://vulners.com/cve/CVE-2024-38475
|       CVE-2022-28615  9.1  https://vulners.com/cve/CVE-2022-28615
|       CVE-2022-22721  9.1  https://vulners.com/cve/CVE-2022-22721
|       CVE-2017-9788  9.1  https://vulners.com/cve/CVE-2017-9788
|       CNVD-2022-51060  9.1  https://vulners.com/cnvd/CNVD-2022-51060
|       CNVD-2022-41638  9.1  https://vulners.com/cnvd/CNVD-2022-41638
|       2EF14600-503F-53AF-BA24-683481265D30  9.1  https://vulners.com/
githubexploit/2EF14600-503F-53AF-BA24-683481265D30  *EXPLOIT*
|       0486EBEE-F207-570A-9AD8-33269E72220A  9.1  https://vulners.com/
githubexploit/0486EBEE-F207-570A-9AD8-33269E72220A  *EXPLOIT*
|       DC06B9EF-3584-5D80-9EEB-E7B637DCF3D6  9.0  https://vulners.com/
githubexploit/DC06B9EF-3584-5D80-9EEB-E7B637DCF3D6  *EXPLOIT*
|       CVE-2022-36760  9.0  https://vulners.com/cve/CVE-2022-36760
|       CVE-2021-40438  9.0  https://vulners.com/cve/CVE-2021-40438
|       CNVD-2022-03224  9.0  https://vulners.com/cnvd/CNVD-2022-03224
|       AE3EF1CC-A0C3-5CB7-A6EF-4DAAAFA59C8C  9.0  https://vulners.com/
```

```
githubexploit/AE3EF1CC-A0C3-5CB7-A6EF-4DAAAFA59C8C  *EXPLOIT*
|       8AFB43C5-ABD4-52AD-BB19-24D7884FF2A2  9.0  https://vulners.com/
githubexploit/8AFB43C5-ABD4-52AD-BB19-24D7884FF2A2  *EXPLOIT*
|       893DFD44-40B5-5469-AC54-A373AEE17F19  9.0  https://vulners.com/
githubexploit/893DFD44-40B5-5469-AC54-A373AEE17F19  *EXPLOIT*
|       7F48C6CF-47B2-5AF9-B6FD-1735FB2A95B2  9.0  https://vulners.com/
githubexploit/7F48C6CF-47B2-5AF9-B6FD-1735FB2A95B2  *EXPLOIT*
|       4810E2D9-AC5F-5B08-BFB3-DDAFA2F63332  9.0  https://vulners.com/
githubexploit/4810E2D9-AC5F-5B08-BFB3-DDAFA2F63332  *EXPLOIT*
|       4373C92A-2755-5538-9C91-0469C995AA9B  9.0  https://vulners.com/
githubexploit/4373C92A-2755-5538-9C91-0469C995AA9B  *EXPLOIT*
|       36618CA8-9316-59CA-B748-82F15F407C4F  9.0  https://vulners.com/
githubexploit/36618CA8-9316-59CA-B748-82F15F407C4F  *EXPLOIT*
|       95499236-C9FE-56A6-9D7D-E943A24B633A  8.9  https://vulners.com/
githubexploit/95499236-C9FE-56A6-9D7D-E943A24B633A  *EXPLOIT*
|       CVE-2021-44224  8.2  https://vulners.com/cve/CVE-2021-44224
|       B0A9E5E8-7CCC-5984-9922-A89F11D6BF38  8.2  https://vulners.com/
githubexploit/B0A9E5E8-7CCC-5984-9922-A89F11D6BF38  *EXPLOIT*
|       CVE-2017-15715  8.1  https://vulners.com/cve/CVE-2017-15715
|       CVE-2016-5387  8.1  https://vulners.com/cve/CVE-2016-5387
|       PACKETSTORM:181038  7.5  https://vulners.com/packetstorm/
PACKETSTORM:181038  *EXPLOIT*
|       PACKETSTORM:176334  7.5  https://vulners.com/packetstorm/
PACKETSTORM:176334  *EXPLOIT*
|       PACKETSTORM:171631  7.5  https://vulners.com/packetstorm/
PACKETSTORM:171631  *EXPLOIT*
|       MSF:AUXILIARY-SCANNER-HTTP-APACHE_OPTIONSBLEED-  7.5  https://vulners.
com/metasploit/MSF:AUXILIARY-SCANNER-HTTP-APACHE_OPTIONSBLEED-  *EXPLOIT*
|       EDB-ID:42745  7.5  https://vulners.com/exploitdb/EDB-ID:42745  *EXPLOIT*
|       EDB-ID:40961  7.5  https://vulners.com/exploitdb/EDB-ID:40961  *EXPLOIT*
|       E606D7F4-5FA2-5907-B30E-367D6FFECD89  7.5  https://vulners.com/
githubexploit/E606D7F4-5FA2-5907-B30E-367D6FFECD89  *EXPLOIT*
|       CVE-2024-40898  7.5  https://vulners.com/cve/CVE-2024-40898
|       CVE-2024-39573  7.5  https://vulners.com/cve/CVE-2024-39573
|       CVE-2024-38477  7.5  https://vulners.com/cve/CVE-2024-38477
|       CVE-2023-31122  7.5  https://vulners.com/cve/CVE-2023-31122
|       CVE-2022-30556  7.5  https://vulners.com/cve/CVE-2022-30556
|       CVE-2022-29404  7.5  https://vulners.com/cve/CVE-2022-29404
|       CVE-2022-26377  7.5  https://vulners.com/cve/CVE-2022-26377
|       CVE-2022-22719  7.5  https://vulners.com/cve/CVE-2022-22719
|       CVE-2021-34798  7.5  https://vulners.com/cve/CVE-2021-34798
|       CVE-2021-26690  7.5  https://vulners.com/cve/CVE-2021-26690
|       CVE-2019-0217  7.5  https://vulners.com/cve/CVE-2019-0217
|       CVE-2018-17199  7.5  https://vulners.com/cve/CVE-2018-17199
|       CVE-2018-1303  7.5  https://vulners.com/cve/CVE-2018-1303
|       CVE-2017-9798  7.5  https://vulners.com/cve/CVE-2017-9798
|       CVE-2017-15710  7.5  https://vulners.com/cve/CVE-2017-15710
|       CVE-2016-8743  7.5  https://vulners.com/cve/CVE-2016-8743
|       CVE-2016-2161  7.5  https://vulners.com/cve/CVE-2016-2161
|       CVE-2016-0736  7.5  https://vulners.com/cve/CVE-2016-0736
|       CVE-2006-20001  7.5  https://vulners.com/cve/CVE-2006-20001
|       CNVD-2024-20839  7.5  https://vulners.com/cnvd/CNVD-2024-20839
|       CNVD-2023-93320  7.5  https://vulners.com/cnvd/CNVD-2023-93320
|       CNVD-2023-80558  7.5  https://vulners.com/cnvd/CNVD-2023-80558
```

```
|       CNVD-2022-53584   7.5   https://vulners.com/cnvd/CNVD-2022-53584
|       CNVD-2022-41639   7.5   https://vulners.com/cnvd/CNVD-2022-41639
|       CNVD-2022-03223   7.5   https://vulners.com/cnvd/CNVD-2022-03223
|       B5E74010-A082-5ECE-AB37-623A5B33FE7D   7.5   https://vulners.com/
githubexploit/B5E74010-A082-5ECE-AB37-623A5B33FE7D  *EXPLOIT*
|       A0F268C8-7319-5637-82F7-8DAF72D14629   7.5   https://vulners.com/
githubexploit/A0F268C8-7319-5637-82F7-8DAF72D14629  *EXPLOIT*
|       4B14D194-BDE3-5D7F-A262-A701F90DE667   7.5   https://vulners.com/
githubexploit/4B14D194-BDE3-5D7F-A262-A701F90DE667  *EXPLOIT*
|       45D138AD-BEC6-552A-91EA-8816914CA7F4   7.5   https://vulners.com/
githubexploit/45D138AD-BEC6-552A-91EA-8816914CA7F4  *EXPLOIT*
|       1337DAY-ID-38427   7.5   https://vulners.com/zdt/1337DAY-ID-38427
*EXPLOIT*
|       CVE-2023-38709   7.3   https://vulners.com/cve/CVE-2023-38709
|       CVE-2020-35452   7.3   https://vulners.com/cve/CVE-2020-35452
|       CNVD-2024-36395   7.3   https://vulners.com/cnvd/CNVD-2024-36395
|       PACKETSTORM:127546   6.8   https://vulners.com/packetstorm/
PACKETSTORM:127546  *EXPLOIT*
|       FDF3DFA1-ED74-5EE2-BF5C-BA752CA34AE8   6.8   https://vulners.com/
githubexploit/FDF3DFA1-ED74-5EE2-BF5C-BA752CA34AE8  *EXPLOIT*
|       CVE-2014-0226   6.8   https://vulners.com/cve/CVE-2014-0226
|       1337DAY-ID-22451   6.8   https://vulners.com/zdt/1337DAY-ID-22451
*EXPLOIT*
|       0095E929-7573-5E4A-A7FA-F6598A35E8DE   6.8   https://vulners.com/
githubexploit/0095E929-7573-5E4A-A7FA-F6598A35E8DE  *EXPLOIT*
|       CVE-2020-1927   6.1   https://vulners.com/cve/CVE-2020-1927
|       CVE-2019-10098   6.1   https://vulners.com/cve/CVE-2019-10098
|       CVE-2019-10092   6.1   https://vulners.com/cve/CVE-2019-10092
|       CVE-2016-4975   6.1   https://vulners.com/cve/CVE-2016-4975
|       CVE-2018-1302   5.9   https://vulners.com/cve/CVE-2018-1302
|       CVE-2018-1301   5.9   https://vulners.com/cve/CVE-2018-1301
|       1337DAY-ID-33577   5.8   https://vulners.com/zdt/1337DAY-ID-33577
*EXPLOIT*
|       CVE-2020-13938   5.5   https://vulners.com/cve/CVE-2020-13938
|       CVE-2022-37436   5.3   https://vulners.com/cve/CVE-2022-37436
|       CVE-2022-28614   5.3   https://vulners.com/cve/CVE-2022-28614
|       CVE-2022-28330   5.3   https://vulners.com/cve/CVE-2022-28330
|       CVE-2020-1934   5.3   https://vulners.com/cve/CVE-2020-1934
|       CVE-2020-11985   5.3   https://vulners.com/cve/CVE-2020-11985
|       CVE-2019-17567   5.3   https://vulners.com/cve/CVE-2019-17567
|       CVE-2019-0220   5.3   https://vulners.com/cve/CVE-2019-0220
|       CVE-2018-1283   5.3   https://vulners.com/cve/CVE-2018-1283
|       CNVD-2023-30859   5.3   https://vulners.com/cnvd/CNVD-2023-30859
|       CNVD-2022-53582   5.3   https://vulners.com/cnvd/CNVD-2022-53582
|       CNVD-2022-51059   5.3   https://vulners.com/cnvd/CNVD-2022-51059
|       SSV:96537   5.0   https://vulners.com/seebug/SSV:96537   *EXPLOIT*
|       SSV:62058   5.0   https://vulners.com/seebug/SSV:62058   *EXPLOIT*
|       SSV:61874   5.0   https://vulners.com/seebug/SSV:61874   *EXPLOIT*
|       EXPLOITPACK:DAED9B9E8D259B28BF72FC7FDC4755A7   5.0   https://vulners.com/
exploitpack/EXPLOITPACK:DAED9B9E8D259B28BF72FC7FDC4755A7  *EXPLOIT*
|       EXPLOITPACK:C8C256BE0BFF5FE1C0405CB0AA9C075D   5.0   https://vulners.com/
exploitpack/EXPLOITPACK:C8C256BE0BFF5FE1C0405CB0AA9C075D  *EXPLOIT*
|       CVE-2015-3183   5.0   https://vulners.com/cve/CVE-2015-3183
|       CVE-2015-0228   5.0   https://vulners.com/cve/CVE-2015-0228
```

```
|       CVE-2014-3581  5.0  https://vulners.com/cve/CVE-2014-3581
|       CVE-2014-3523  5.0  https://vulners.com/cve/CVE-2014-3523
|       CVE-2014-0231  5.0  https://vulners.com/cve/CVE-2014-0231
|       CVE-2014-0098  5.0  https://vulners.com/cve/CVE-2014-0098
|       CVE-2013-6438  5.0  https://vulners.com/cve/CVE-2013-6438
|       CVE-2013-5704  5.0  https://vulners.com/cve/CVE-2013-5704
|       1337DAY-ID-28573  5.0  https://vulners.com/zdt/1337DAY-ID-28573
*EXPLOIT*
|       1337DAY-ID-26574  5.0  https://vulners.com/zdt/1337DAY-ID-26574
*EXPLOIT*
|       SSV:87152  4.3  https://vulners.com/seebug/SSV:87152  *EXPLOIT*
|       PACKETSTORM:127563  4.3  https://vulners.com/packetstorm/
PACKETSTORM:127563  *EXPLOIT*
|       CVE-2016-8612  4.3  https://vulners.com/cve/CVE-2016-8612
|       CVE-2015-3185  4.3  https://vulners.com/cve/CVE-2015-3185
|       CVE-2014-8109  4.3  https://vulners.com/cve/CVE-2014-8109
|       CVE-2014-0118  4.3  https://vulners.com/cve/CVE-2014-0118
|       CVE-2014-0117  4.3  https://vulners.com/cve/CVE-2014-0117
|       4013EC74-B3C1-5D95-938A-54197A58586D  4.3  https://vulners.com/
githubexploit/4013EC74-B3C1-5D95-938A-54197A58586D  *EXPLOIT*
|       1337DAY-ID-33575  4.3  https://vulners.com/zdt/1337DAY-ID-33575
*EXPLOIT*
|_      PACKETSTORM:140265  0.0  https://vulners.com/packetstorm/
PACKETSTORM:140265  *EXPLOIT*
9929/tcp  open  nping-echo Nping echo
31337/tcp open  tcpwrapped
Service Info: OS: Linux; CPE: cpe:/o:linux:linux_kernel
```

De la ejecución anterior, podemos obtener vulnerabilidades en los puertos 22 y 80. Además nos da información sobre los códigos CVE y exploits que pueden explotar las vulnerabilidades detectadas. Destacar que este script tiene algunas limitaciones como son:

- **No es un escáner de vulnerabilidades dedicado:** si bien es útil, --script vuln no reemplaza a los escáneres de vulnerabilidades comerciales o de código abierto más completos (como Nessus, OpenVAS, etc.). Estos escáneres suelen tener una base de datos de vulnerabilidades mucho más extensa y realizan análisis más profundos.
- **Falsos positivos y falsos negativos**: como cualquier herramienta de detección automática, puede haber falsos positivos (vulnerabilidades reportadas que no son explotables) y falsos negativos (vulnerabilidades presentes que no son detectadas).
- **Cobertura limitada:** la cobertura de vulnerabilidades específicas puede variar dependiendo de los scripts disponibles en la versión de Nmap que estés utilizando y de la última vez que se actualizaron los scripts.
- **Posible impacto en el sistema objetivo:** algunos scripts de vulnerabilidades pueden ser intrusivos y potencialmente causar problemas en el sistema objetivo.

4

REDES SOCIALES, BÚSQUEDA DE PERSONAS Y EXTRACCIÓN DE METADATOS

4.1 INTRODUCCIÓN

La huella digital que dejamos en las redes sociales es cada vez más extensa y detallada, exponiéndose a riesgos de privacidad y seguridad. En este capítulo, nos adentraremos en el mundo de la búsqueda de personas y la extracción de metadatos en redes sociales. Explicaremos las técnicas utilizadas por los ciberatacantes para recopilar información personal y cómo esta información puede ser utilizada para realizar ataques dirigidos. Además, discutiremos las medidas de seguridad que podemos adoptar para proteger nuestra privacidad en línea y minimizar nuestra huella digital.

Encontrar información sobre personas, especialmente contenido relacionado con direcciones de correo electrónico y números de teléfono es un proceso que puede simplificarse utilizando los motores de búsqueda de personas. Algunos de estos motores proporcionan contenido de redes sociales en sus resultados.

A nivel de redes sociales nos centramos principalmente en LinkedIn e Instagram, y qué datos de OSINT pueden ofrecer para cada uno de ellos. También analizaremos los metadatos de documentos e imágenes obteniendo información relacionada con el autor, fechas y localización.

4.2 LINKEDIN

Una buena forma de obtener nombres de usuario es a través del perfil de LinkedIn de las organizaciones, además podemos identificar gerentes, directores y personal no técnico. En ocasiones las contraseñas más débiles pertenecen a la gente no tecnológica en muchas empresas. La búsqueda a través de la página "Acerca de nosotros" en el sitio web de la compañía también puede conducir a la búsqueda de objetivos que pueden ser vulnerables a ciertos ataques.

A partir del descubrimiento de correos electrónicos, es sencillo obtener nombres de usuario. Una vez que se entiende el formato de nombre de usuario, se puede crear una lista de direcciones de correo electrónico y nombres de usuario equivalentes que se pueden usar para realizar otros ataques, incluida la fuerza bruta de las páginas de inicio de sesión o incluso explotar la funcionalidad de restablecimiento de contraseña débil.

4.2.1 EXTRACCIÓN DE DATOS DE LINKEDIN

Una de las funcionalidades que proporciona la plataforma es la posibilidad de realizar búsquedas de trabajos a partir de palabras clave.

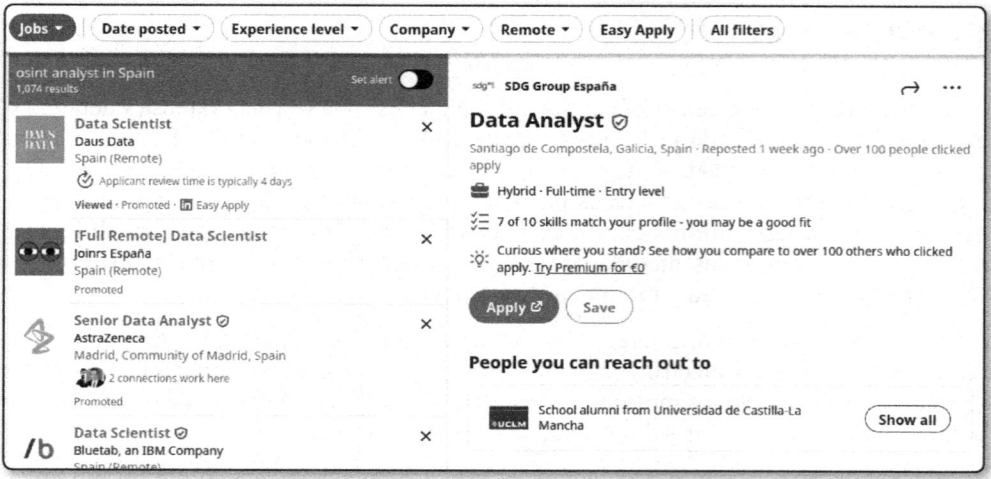

Figura 4.1. Búsqueda de trabajos en Linkedin

De la misma forma que podemos realizar búsquedas a través de la interfaz, podríamos automatizar este proceso utilizando los módulos de Python **requests** y **BeatifulSoup**.

linkedin_osint.py

```python
import requests
from bs4 import BeautifulSoup
import math
import pandas as pd

jobslist=[]


headers={"User-Agent":"Mozilla/5.0 (Windows NT 10.0; Win64; x64)
AppleWebKit/537.36 (KHTML, like Gecko) Chrome/107.0.0.0 Safari/537.36"}

target_url='https://www.linkedin.com/jobs-guest/jobs/api/seeMoreJobPostings/
search?keywords=osint analyst'

for i in range(0,math.ceil(117/25)):

  response = requests.get(target_url.format(i))
  soup=BeautifulSoup(response.text,'html.parser')
  alljobs_on_this_page=soup.find_all("li")
  for x in range(0,len(alljobs_on_this_page)):
    jobid = alljobs_on_this_page[x].find("div",{"class":"base-card"}).get('data-
entity-urn').split(":")[3]
    jobslist.append(jobid)

target_url='https://www.linkedin.com/jobs-guest/jobs/api/jobPosting/{}'

jobs=[]

for j in range(0,len(jobslist)):

  response = requests.get(target_url.format(jobslist[j]))
  soup=BeautifulSoup(response.text,'html.parser')
  job={}

  try:
    job["company"]=soup.find("div",{"class":"top-card-layout__card"}).find("a").
find("img").get('alt')
  except:
    job["company"]=None

  try:
    job["job-title"]=soup.find("div",{"class":"top-card-layout__entity-info"}).
find("a").text.strip()
  except:
    job["job-title"]=None

  try:
    job["level"]=soup.find("ul",{"class":"description__job-criteria-list"}).
find("li").text.replace("Seniority level","").strip()
  except:
    job["level"]=None

  jobs.append(job)

print(jobs)
```

Al ejecutar el script anterior obtenemos una lista de trabajos que cumplen las condiciones de búsqueda definidas en el parámetro keywords de la url.

```
[{'company': 'Clear Resolution Consulting, LLC', 'job-title': 'OSINT
Analyst, Jr', 'level': 'Entry level'}, {'company': 'IMCS Group India', 'job-
title': 'Open-Source Intelligence (OSINT) Analyst', 'level': 'Mid-Senior
level'}, {'company': 'Insight Global', 'job-title': 'OSINT Analyst', 'level':
'Associate'}, {'company': 'JMark Services, Inc.', 'job-title': 'OSINT Analyst',
'level': 'Entry level'}, {'company': 'SilverEdge', 'job-title': 'OSINT/
PAI Targeting Analyst (Language Enabled) - Expert', 'level': 'Entry level'},
{'company': 'Celestar Holdings Corporation', 'job-title': 'Junior-level Open-
Source Intelligence (OSINT) Analyst - CENTCOM', 'level': 'Not Applicable'},
{'company': 'General Dynamics Information Technology', 'job-title': 'OSINT/
PAI Analyst', 'level': 'Entry level'}, {'company': 'Ethos', 'job-title': 'OSINT
Jr. Analyst', 'level': 'Entry level'}, {'company': 'SilverEdge', 'job-title':
'OSINT/PAI Targeting Analyst - SME', 'level': 'Entry level'}, {'company':
'AEVEX Aerospace', 'job-title': 'Open Source Intelligence (OSINT) Analyst, Jr',
'level': 'Not Applicable'}, {'company': 'IMCS Group India', 'job-title': 'Open-
Source Intelligence (OSINT) Analyst', 'level': 'Mid-Senior level'}, {'company':
'Securitas Security Services USA, Inc.', 'job-title': 'Threat Intelligence
Analyst', 'level': 'Entry level'}, {'company': 'General Dynamics Information
Technology', 'job-title': 'OSINT/PAI Analyst', 'level': 'Entry level'},
{'company': 'Clear Resolution Consulting, LLC', 'job-title': 'OSINT Analyst,
Jr', 'level': 'Entry level'}, {'company': 'Insight Global', 'job-title': 'OSINT
Analyst', 'level': 'Associate'}, {'company': 'SilverEdge', 'job-title': 'OSINT/
PAI Targeting Analyst (Language Enabled) - Expert', 'level': 'Entry level'},
{'company': 'JMark Services, Inc.', 'job-title': 'OSINT Analyst', 'level':
'Entry level'}, {'company': 'Celestar Holdings Corporation', 'job-title':
'Junior-level Open-Source Intelligence (OSINT) Analyst - CENTCOM', 'level':
'Not Applicable'}, {'company': 'SilverEdge', 'job-title': 'OSINT/PAI Targeting
Analyst - SME', 'level': 'Entry level'}, {'company': 'Insight Global', 'job-
title': 'OSINT Analyst', 'level': 'Associate'}, {'company': 'IMCS Group India',
'job-title': 'Open-Source Intelligence (OSINT) Analyst', 'level': 'Mid-
Senior level'}, {'company': 'Clear Resolution Consulting, LLC', 'job-title':
'OSINT Analyst, Jr', 'level': 'Entry level'}, {'company': 'General Dynamics
Information Technology', 'job-title': 'OSINT/PAI Analyst', 'level': 'Entry
level'}, {'company': 'JMark Services, Inc.', 'job-title': 'OSINT Analyst',
'level': 'Entry level'}, {'company': 'SilverEdge', 'job-title': 'OSINT/
PAI Targeting Analyst (Language Enabled) - Expert', 'level': 'Entry level'},
{'company': 'Celestar Holdings Corporation', 'job-title': 'Junior-level Open-
Source Intelligence (OSINT) Analyst - CENTCOM', 'level': 'Not Applicable'},
{'company': 'SilverEdge', 'job-title': 'OSINT/PAI Targeting Analyst - SME',
'level': 'Entry level'}, {'company': 'Bluehawk LLC, Intelligence Services',
'job-title': 'OSINT Analyst - Mid (DDU)', 'level': 'Entry level'}, {'company':
'SilverEdge', 'job-title': 'Open-Source Intelligence Policy - SME', 'level':
'Entry level'}, {'company': None, 'job-title': None, 'level': None}, {'company':
'General Dynamics Information Technology', 'job-title': 'OSINT/PAI Analyst',
'level': 'Entry level'}, {'company': 'Insight Global', 'job-title': 'OSINT
Analyst', 'level': 'Associate'}, {'company': 'SilverEdge', 'job-title': 'OSINT/
PAI Targeting Analyst (Language Enabled) - Expert', 'level': 'Entry level'},
{'company': 'JMark Services, Inc.', 'job-title': 'OSINT Analyst', 'level':
'Entry level'}, {'company': 'Celestar Holdings Corporation', 'job-title':
'Junior-level Open-Source Intelligence (OSINT) Analyst - CENTCOM', 'level':
'Not Applicable'}, {'company': 'AEVEX Aerospace', 'job-title': 'Open Source
Intelligence (OSINT) Analyst, Jr', 'level': 'Not Applicable'}, {'company':
```

```
'SilverEdge', 'job-title': 'OSINT/PAI Targeting Analyst - SME', 'level': 'Entry
level'}, {'company': 'SilverEdge', 'job-title': 'OSINT/PAI Targeting Analyst
- Expert', 'level': 'Entry level'}, {'company': 'Booz Allen Hamilton', 'job-
title': 'OSINT Analyst, Mid', 'level': 'Not Applicable'}, {'company': 'IMCS
Group India', 'job-title': 'Open-Source Intelligence (OSINT) Analyst', 'level':
'Mid-Senior level'}, {'company': 'Clear Resolution Consulting, LLC', 'job-
title': 'OSINT Analyst, Jr', 'level': 'Entry level'}, {'company': 'Securitas
Security Services USA, Inc.', 'job-title': 'Threat Intelligence Analyst',
'level': 'Entry level'}, {'company': 'Securitas Group', 'job-title': 'Threat
Intelligence Analyst', 'level': 'Entry level'}, {'company': 'Insight Global',
'job-title': 'OSINT Analyst', 'level': 'Associate'}, {'company': 'SilverEdge',
'job-title': 'OSINT/PAI Targeting Analyst (Language Enabled) - Expert', 'level':
'Entry level'}, {'company': 'General Dynamics Information Technology', 'job-
title': 'OSINT/PAI Analyst', 'level': 'Entry level'}, {'company': 'JMark
Services, Inc.', 'job-title': 'OSINT Analyst', 'level': 'Entry level'},
{'company': 'Celestar Holdings Corporation', 'job-title': 'Junior-level Open-
Source Intelligence (OSINT) Analyst - CENTCOM', 'level': 'Not Applicable'},
{'company': 'AEVEX Aerospace', 'job-title': 'Open Source Intelligence (OSINT)
Analyst, Jr', 'level': 'Not Applicable'}]
```

4.2.2 EXTRACCIÓN DE DATOS CON SCRAPE_LINKEDIN Y SELENIUM

scrape_linkedin https://github.com/austinoboyle/scrape-linkedin-selenium es un
módulo desarrollado en Python que permite scrapear perfiles personales de LinkedIn y
páginas de empresa, devolviendo los datos en formato json. La instalación la podríamos
hacer a través del código fuente:

```
$ pip install git+git://github.com/austinoboyle/scrape-linkedin-selenium.git
$ git clone https://github.com/austinoboyle/scrape-linkedin-selenium.git
$ python setup.py install
```

El primer comando lo que hace es instalar las dependencias que encontramos en el
fichero **requirements.txt**

```
beautifulsoup4==4.6.0
bs4==0.0.1
click==6.7
selenium==3.9.0
joblib
```

La herramienta requiere la cookie de Linkedin de nombre **li_at** cuyo valor podemos
obtener con las herramientas para desarrolladores (developer tools) del navegador.

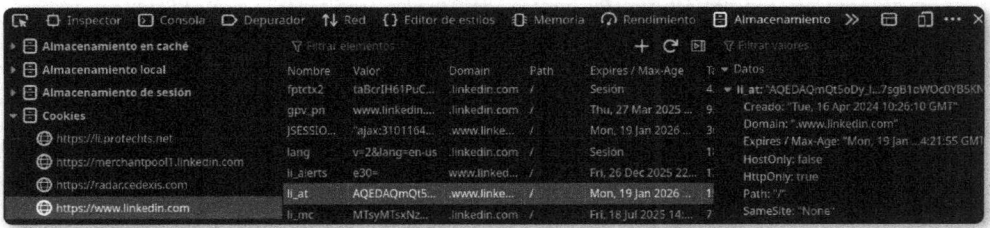

Figura 4.2. Acceso a las cookies de Linkedin

Además, sería recomendable exportar el valor de la cookie en la variable de entorno:

```
$ export LI_AT=VALOR DE LA COOKIE
```

Con la opción **–help** podemos ver las opciones que ofrece el script:

```
$ scrapeli --help
Usage: scrapeli [OPTIONS]

Options:
  --url TEXT                Url of the profile you want to scrape
  --user TEXT               Username portion of profile:
                            (www.linkedin.com/in/<username>
  --company TEXT            ID of Company you want to scrape.
                            (https://www.linkedin.com/company/id/)
  -a, --attribute [personal_info|experiences|skills|accomplishments|interests|recom
mendations]
  -i, --input_file PATH     Path to html of the profile you wish to load
  --headless                Run in headless mode
  -o, --output_file PATH    Output file you want to write returned
                            content to
  --driver [Chrome|Firefox] Webdriver to use: (Firefox/Chrome)
  --help                    Show this message and exit.
```

También disponemos de una API para realizar consultas desde Python. Por ejemplo, podríamos utilizar la clase **CompanyScraper** para realizar búsquedas por nombre de compañía.

....

obtener_datos_empresa.py

```
from scrape_linkedin import CompanyScraper

with CompanyScraper() as scraper:
  company = scraper.scrape(company='python')
print(company.to_dict())
```

```
$ python obtener_datos_empresa.py
{'overview': {'description': 'We are an IT company who provide quality products
and services to small, medium and enterprise companies.\n\nWe combine our in-
depth knowledge of IT systems with many years of hands-on experience providing
our clients with IT solutions targeted to meet their operational objectives and
deliver cost effective systems that will optimise their investment with minimal
operational diruption to the business.\n\nWe are committed to offer our clients
expert guidance and customised solutions.', 'image': 'https://media.licdn.com/
dms/image/C4D0BAQEwyf2_QH4m2w/company-logo_200_200/0/1611209660067?e=17000928
00&v=beta&t=F0fBgZHuklDD9TEnWDfs33863xIoR48aOhmse0f3TS8', 'name': None, 'num_
employees': 15, 'metadata': {'website': 'https://www.python.co.za', 'industry':
'IT Services and IT Consulting', 'company_size': '11-50 employees\n15 on
LinkedIn Includes members with current employer listed as Python System Design,
including part-time roles.', 'headquarters': 'Centurion, Gauteng', 'founded':
'1991', 'specialties': 'IT Support, Sales Solutions, Consulting, Technology,
Outsourcing, Information Technology, Managed Services, Business Solutions,
Internet Services, Software, Hardware, Office 365, Network Security, Web Hosting,
```

```
and IP/VoIP PABX Services'}}, 'jobs': None, 'life': None, 'insights': {'6m
change': None, '1y change': None, '2y change': None}}
```

Este módulo también permite realizar scraping en paralelo, por ejemplo para obtener datos de 2 empresas y almacenar los resultados en un fichero json.

obtener_datos_empresas.py

```python
from scrape_linkedin import scrape_in_parallel, CompanyScraper

companies = ['google', 'amazon']

#Scrape all companies, output to 'empresas.json' file, use 2 browser instances
scrape_in_parallel(
  scraper_type=CompanyScraper,
  items=companies,
  output_file="empresas.json",
  num_instances=2
)
```

El script anterior genera un documento en formato json con los resultados de ambas compañías.

empresas.json

```
{"google": {"overview": {"description": "A problem isn't truly solved until
it's solved for all. Googlers build products that help create opportunities
for everyone, whether down the street or across the globe. Bring your insight,
imagination and a healthy disregard for the impossible. Bring everything that
makes you unique. Together, we can build for everyone.\n\nCheck out our career
opportunities at goo.gle/3DLEokh", "image": "https://media.licdn.com/dms/image/
C4D0BAQHiNSL4Or29cg/company-logo_200_200/0/1519856215226?e=1700092800&v=beta&t
=0Y3ciUgv_KYXdD9KXF1VgUvgbyH_SdGAr4uEwgQOAgA", "name": null, "num_employees":
285066, "metadata": {"website": "https://goo.gle/3DLEokh", "industry": "Software
Development", "company_size": "10,001+ employees\n285,066 on LinkedIn Includes
members with current employer listed as Google, including part-time roles.
Also includes employees from subsidiaries: YouTube,CapitalG,X, the moonshot
factory and 1 more.", "headquarters": "Mountain View, CA", "specialties":
"search, ads, mobile, android, online video, apps, machine learning, virtual
reality, cloud, hardware, artificial intelligence, youtube, and software"}},
"jobs": null, "life": null, "insights": {"6m change": null, "1y change": null,
"2y change": null}}, "amazon": {"overview": {"description": "Amazon is guided
by four principles: customer obsession rather than competitor focus, passion
for invention, commitment to operational excellence, and long-term thinking.
We are driven by the excitement of building technologies, inventing products,
and providing services that change lives. We embrace new ways of doing things,
make decisions quickly, and are not afraid to fail. We have the scope and
capabilities of a large company, and the spirit and heart of a small one.\n\
nTogether, Amazonians research and develop new technologies from Amazon Web
Services to Alexa on behalf of our customers: shoppers, sellers, content
creators, and developers around the world.\n\nOur mission is to be Earth's most
```

customer-centric company. Our actions, goals, projects, programs, and inventions begin and end with the customer top of mind.\n\nYou'll also hear us say that at Amazon, it's always \"Day 1.\"\u200b What do we mean? That our approach remains the same as it was on Amazon's very first day - to make smart, fast decisions, stay nimble, invent, and focus on delighting our customers.", "image": "https://media.licdn.com/dms/image/C560BAQHTvZwCx4p2Qg/company-logo_200_200/0/1612205615 891?e=1700092800&v=beta&t=GXHsGJ6-oPRVdGp2bBkYyV5tS7A1GG9A2OEKL8KeSK0", "name": null, "num_employees": 826372, "metadata": {"website": "https://www.aboutamazon. com/", "industry": "Software Development", "company_size": "10,001+ employees\ n826,372 on LinkedIn Includes members with current employer listed as Amazon, including part-time roles. Also includes employees from subsidiaries: Amazon Web Services (AWS),Goodreads.com,Audible and 21 more.", "headquarters": "Seattle, WA", "specialties": "e-Commerce, Retail, Operations, and Internet"}}, "jobs": null, "life": null, "insights": {"6m change": null, "1y change": null, "2y change": null}}}

4.2.3 EXTRACCIÓN DE DATOS CON LINKEDIN_SCRAPER Y SELENIUM

linkedin_scraper https://github.com/joeyism/linkedin_scraper es un módulo de Python que le permite scrapear perfiles personales de LinkedIn y páginas de empresa, devolviendo los datos en formato json. Se trata de uno de los proyectos que se encuentran más actualizados como podemos ver en el repositorio de python https://pypi.org/project/linkedin-scraper.

La instalación la podríamos hacer a través del código fuente y utilizando el gestor de paquetes de Python.

```
$ pip3 install --user linkedin_scraper
```

El siguiente script permite extraer información sobre un usuario concreto. Para ello habría que modificar los valores de las variables email y password, que contienen las credenciales de acceso a Linkedin. La variable user contiene el nombre del usuario del cuál obtener la información.

linkedin_informacion_usuario.py

```python
import os
from linkedin_scraper import Person, actions
from selenium import webdriver
from selenium.webdriver.chrome.options import Options

driver = webdriver.Chrome()

email = "email"
password = "password"
user = "nombre_usuario"

actions.login(driver, email, password) # if email and password isnt given, it'll
prompt in terminal
person = Person("https://www.linkedin.com/in/"+user, contacts=[],
```

```python
experiences=[], educations=[], driver=driver)

print("Person: " + person.name)
print("About: " + person.about)

for contact in person.contacts:
    print("Contact: " + contact.name + " - " + contact.occupation + " -> " +
contact.url)

for experience in person.experiences:
    print("Experience: " + str(experience))

for education in person.educations:
    print("Education: " + str(education))
```

4.2.4 EXTRACCIÓN DE NOMBRES DE EMPLEADOS CON CROSSLINKED

Una herramienta interesante para el proceso de recopilación de información es **CrossLinked** https://github.com/m8r0wn/crosslinked. Esta herramienta simplifica los procesos de búsqueda de LinkedIn para recopilar nombres de empleados de una organización que tienen registrado un perfil en la red social.

Existen varias herramientas OSINT muy conocidas para el reconocimiento de cuentas de correo, como puede ser hunter.io https://hunter.io, snov.io https://snov.io o the harvester https://github.com/laramies/theHarvester. La ventaja de esta herramienta es que se puede utilizar sobre todo al comienzo de la fase de reconocimiento, y permite obtener información fiable sin necesidad de API keys o credenciales para su funcionamiento.

Se trata de una herramienta ideal para rastrear todos los nombres de empleados de LinkedIn utilizando diferentes motores de búsqueda como Google, Bing y también recopila correos electrónicos válidos de un dominio. Esta herramienta también viene con un generador de contraseñas, que los investigadores de hacking ético pueden usar en ataques de fuerza bruta. Para su instalación necesitamos instalar las dependencias a partir del fichero **requirements.txt** que podemos encontrar en el repositorio con el siguiente comando:

```
$ pip3 install -r requirements.txt
$ pip3 install crosslinked
Collecting crosslinked
  Obtaining dependency information for crosslinked
from https://files.pythonhosted.org/packages/ca/8c/
a67b28f811e7d2eff244a8b378da2a238589a0f3a5952bd7f9e4f8a22a33/crosslinked-0.3.0-
py3-none-any.whl.metadata
  Downloading crosslinked-0.3.0-py3-none-any.whl.metadata (6.5 kB)
Requirement already satisfied: bs4 in /home/linux/.local/lib/python3.10/site-
packages (from crosslinked) (0.0.1)
Requirement already satisfied: lxml in /home/linux/.local/lib/python3.10/site-
packages (from crosslinked) (4.9.2)
Requirement already satisfied: requests in /home/linux/.local/lib/python3.10/
site-packages (from crosslinked) (2.31.0)
Requirement already satisfied: Unidecode in /home/linux/.local/lib/python3.10/
```

```
site-packages (from crosslinked) (1.3.7)
Requirement already satisfied: beautifulsoup4 in /home/linux/.local/lib/
python3.10/site-packages (from bs4->crosslinked) (4.9.3)
Requirement already satisfied: charset-normalizer<4,>=2 in /home/linux/.local/
lib/python3.10/site-packages (from requests->crosslinked) (3.2.0)
Requirement already satisfied: idna<4,>=2.5 in /usr/lib/python3.10/site-packages
(from requests->crosslinked) (3.3)
Requirement already satisfied: urllib3<3,>=1.21.1 in /usr/lib/python3.10/site-
packages (from requests->crosslinked) (1.26.9)
Requirement already satisfied: certifi>=2017.4.17 in /usr/lib/python3.10/site-
packages (from requests->crosslinked) (2022.6.15)
Requirement already satisfied: soupsieve>1.2 in /usr/lib/python3.10/site-packages
(from beautifulsoup4->bs4->crosslinked) (2.3.1)
Using cached crosslinked-0.3.0-py3-none-any.whl (22 kB)
Installing collected packages: crosslinked
Successfully installed crosslinked-0.3.0
```

La instalación también se podría realizar a partir del código fuente:

```
$ git clone https://github.com/m8sec/crosslinked
$ cd crosslinked
$ python3 setup.py install
```

De forma predeterminada, CrossLinked utilizará los motores de búsqueda de Google y Bing para identificar a los empleados de la organización objetivo. Después de la ejecución, se generan dos archivos (names.txt y names.csv) en el directorio donde se esté realizando la ejecución.

▶ **names.txt:** lista de cuentas de usuario únicas en el formato especificado.
▶ **names.csv**: datos de búsqueda sin procesar.

Para consultar las opciones de la herramienta, con la opción "-h" obtendremos la lista de parámetros.

```
$ crosslinked -h


   / _ \                  | |    (x)       | |         | |
  | / \/_ _ _  _ _ _ _ _  | |      _ _ _   | |   _ _   _| |
  | |   | '_/ _ \/ _/ _` || |   | | '_ \| |/ / / _ \ / _` |
  | \_/\ | | (_) \__ \  \ || |__ | | | | |   <  __/| (_|  | @m8sec
   \___/_| |  \___//___/\__/|_|  |_| |_|\_\\___| \__,_| v0.3.0


positional arguments:
  company_name         Target company name

options:
  -h, --help           show this help message and exit
  -t TIMEOUT           Max timeout per search (Default=15)
  -j JITTER            Jitter between requests (Default=1)

Search arguments:
```

```
     --search ENGINE      Search Engine (Default='google,bing')

Output arguments:
   -f NFORMAT           Format names, ex: 'domain\{f}{last}', '{first}.{last}@
domain.com'
   -o OUTFILE           Change name of output file (omit_extension)

Proxy arguments:
   --proxy PROXY        Proxy requests (IP:Port)
   --proxy-file PROXY   Load proxies from file for rotation
```

CrossLinked utiliza técnicas OSINT apoyándose en motores de búsqueda como Google y Bing para obtener nombres de empleados válidos y formatear la salida de los datos, por ejemplo, de acuerdo con la convención de nomenclatura en las cuentas de correo electrónico que esté utilizando dicha organización. Si nuestro objetivo es extraer las direcciones de correo electrónico de los empleados de una empresa podríamos usar el siguiente comando:

```
$ python3 crosslinked.py -f '{first}.{last}@dominio' <nombre_empresa>
```

En la ejecución se observa cómo CrossLinked utiliza los motores de búsqueda de Google y Bing utilizando el dork **"site:**linkedin.com/in+"Nombre_empresa".

4.2.5 EXTRACCIÓN DE NOMBRES DE USUARIO

Si nuestro objetivo es obtener información de nombre de usuario a partir del nombre de una compañía, encontramos este proyecto https://github.com/initstring/linkedin2username donde a partir de la cuenta de Linkedin junto con la cuenta de correo y la contraseña, podríamos obtener los usuarios de una determinada organización.

```
$ python3 linkedin2username.py -h                                          ✓




                      .___._____    ____  __.
           |  | |__\_   \  \_  _/   |   \
           |  | ||   / ____/|  |    \
           |  |_|   /      \    \|  | /
           |____/_____\    _____/
                      linkedin2username

                           Spray away.
                      github.com/initstring


usage: linkedin2username.py [-h] -c COMPANY [-n DOMAIN] [-d DEPTH] [-s SLEEP]
[-x PROXY] [-k KEYWORDS] [-g] [-o OUTPUT]

OSINT tool to generate lists of probable usernames from a given company's
LinkedIn page. This tool may break when LinkedIn changes their site.
Please open issues on GitHub to report any inconsistencies, and they will be
quickly fixed.

options:
```

```
 -h, --help               show this help message and exit
 -c COMPANY, --company COMPANY
                          Company name exactly as typed in the company linkedin
profile page URL.
 -n DOMAIN, --domain DOMAIN
                          Append a domain name to username output. [example: "-n
uber.com" would output jschmoe@uber.com]
 -d DEPTH, --depth DEPTH
                          Search depth (how many loops of 50). If unset, will try
to grab them all.
 -s SLEEP, --sleep SLEEP
                          Seconds to sleep between search loops. Defaults to 0.
 -x PROXY, --proxy PROXY
                          Proxy server to use. WARNING: WILL DISABLE SSL
VERIFICATION. [example: "-p https://localhost:8080"]
 -k KEYWORDS, --keywords KEYWORDS
                          Filter results by a a list of command separated
keywords. Will do a separate loop for each keyword, potentially bypassing
                          the 1,000 record limit. [example: "-k 'sales,human
resources,information technology']
 -g, --geoblast           Attempts to bypass the 1,000 record search limit by
running multiple searches split across geographic regions.
 -o OUTPUT, --output OUTPUT
                          Output Directory, defaults to li2u-output
```

Para su ejecución, necesitamos usar nuestra cuenta de Linkedin y pasarle en la opción -c el nombre de la compañía de la cual extraer los usuarios:

Figura 4.3. Funcionamiento de la herramienta linkedin2username

```
$ python3 linkedin2username.py -u <usuario_linkedin> -c <nombre_compañía>
[*] Log in to LinkedIn. Leave the browser open and press enter when ready...
Ready? Press Enter!
[*] Trying to get company info...
        Name: Python System Design
        ID: 868378
        Desc:  We do IT right
        Staff: 12
        URL:   https://www.python.co.za

[*] Hopefully that's the right python! If not, check LinkedIn and try again.

[*] Calculating inner and outer loops...
[*] Company has 12 profiles to check. Some may be anonymous.
[*] Setting each iteration to a maximum of 1 loops of 50 results each.


[*] Starting search.... Press Ctrl-C to break and write files early.

[*] Scraping results on loop 1...        [*] Added 12 new names. Running total:
12

[*] All done! Check out your lovely new files in li2u-output
```

Como resultado, se genera una carpeta llamada **li2u-output** que contiene diferentes ficheros que contienen los nombres extraídos.

- first.last.txt
- f.last.txt
- flast.txt
- firstl.txt
- first.txt
- lastf.txt
- rawnames.txt
- metadata.txt

4.2.6 EXTRACCIÓN DE CUENTAS DE USUARIO CON LINKEDINDUMPER

LinkedInDumper https://github.com/l4rm4nd/LinkedInDumper es una herramienta de recolección de correos electrónicos que scrapea los perfiles de Linkedin asociados a una determinada organización e identifica los puestos de trabajo para la organización sobre la cual estamos realizando la búsqueda.

LinkedIn sólo permitirá que se devuelvan los primeros 1.000 resultados de búsqueda al recopilar información de los contactos. También es posible que necesites una cuenta premium de LinkedIn cuando hayas alcanzado el máximo de consultas permitidas para visitar perfiles con tu cuenta freemium de LinkedIn. La herramienta requiere la cookie de Linkedin de nombre **li_at** cuyo valor podemos obtener con las developer tools del navegador.

```
$ python3 linkedindumper.py -h
usage: linkedindumper.py [-h] --url <linkedin-url> [--cookie <cookie>] [--quiet]
[--include-private-profiles] [--jitter]
                         [--email-format EMAIL_FORMAT]

options:
  -h, --help            show this help message and exit
  --url <linkedin-url>  A LinkedIn company url - https://www.linkedin.com/
company/<company>
  --cookie <cookie>     LinkedIn 'li_at' session cookie
  --quiet               Show employee results only
  --include-private-profiles
                        Show private accounts too
  --jitter              Add a random jitter to HTTP requests
  --email-format EMAIL_FORMAT
                        Python string format for emails; for example:
                        --email-format '{0}.{1}@example.com' --> john.doe@
example.com

                        --email-format '{0[0]}.{1}@example.com' --> j.doe@
example.com

                        --email-format '{1}@example.com' --> doe@example.com
                        --email-format '{0}@example.com' --> john@example.com
                        --email-format '{0[0]}{1[0]}@example.com' --> jd@
example.com
```

La ejecución del script requiere usar como parámetro el valor de la cookie mencionada anteriormente.

```
$ python3 linkedindumper.py --url 'https://www.linkedin.com/company/google'
--cookie <cookie> --email-format '{0}.{1}@google.com'
Please be patient...

[i] Company Name: google
[i] Company X-ID: 1441
[i] LN Employees: 1000 employees found
[i] Dumping Date: 19/01/2025 17:26:06
[i] Email Format: {0}.{1}@google.com

Progress: [####################################] 100/100

Firstname;Lastname;Email;Position;Gender;Location;Profile
Hector Sanchez;Montenegro;hector sanchez.montenegro@google.com;National
Technology Officer at Google Cloud Spain | B.S. in Physics | ex-Microsoft
Technology Officer | ex-AWS Industry Standards Manager;N/A;Greater Madrid
Metropolitan Area;https://www.linkedin.com/in/hectorsm
```

En esta sección, hemos analizado diferentes métodos para encontrar a los empleados de una organización, además podemos rastrear los ID de correo electrónico válidos de un dominio particular de LinkedIn usando diferentes motores de búsqueda. Los datos recopilados se podrían utilizar para su análisis y uso en las diferentes etapas que forman parte del ciclo de inteligencia.

4.3 BÚSQUEDA DE PERSONAS

En la era digital, las redes sociales se han convertido en una parte integral de nuestras vidas. Estas plataformas no solo sirven para conectar con amigos y familiares, sino que también almacenan una gran cantidad de información personal. Esta cantidad de datos ha dado lugar al desarrollo de herramientas y técnicas especializadas para buscar personas en línea.

Estas herramientas utilizan algoritmos avanzados para buscar perfiles en diversas redes sociales utilizando nombres, direcciones de correo electrónico, números de teléfono y otros datos identificativos. Algunas de las técnicas más comunes incluyen:

- ▼ **Búsqueda por nombre:** la herramienta busca perfiles que coincidan con el nombre completo o parcial de la persona.

- ▼ **Búsqueda por correo electrónico**: se utiliza la dirección de correo electrónico para encontrar perfiles asociados.

- ▼ **Búsqueda por número de teléfono**: se busca en bases de datos públicas y privadas para encontrar perfiles vinculados a un número de teléfono.

- ▼ **Búsqueda inversa de imágenes**: se utiliza una imagen de la persona para encontrar coincidencias en bases de datos de imágenes.

4.3.1 SPOKEO

Se trata de una herramienta https://www.spokeo.com que permite buscar personas por nombre, dirección, número de teléfono y otros criterios. Por ejemplo, podríamos realizar una búsqueda inversa a partir del correo electrónico que le permite encontrar al propietario de cualquier dirección de correo electrónico para que pueda descubrir quién es y obtener una imagen completa de su actividad en línea.

Spokeo buscará millones de registros y bases de datos públicos. Es uno de los servicios más rápidos disponibles y ofrece resultados de búsqueda inversa de correo electrónico en segundos que le permiten saber si encontramos registros coincidentes, como nombre y perfiles sociales.

4.3.2 NORTHDATA

Northdata https://www.northdata.com es una plataforma de datos empresarial que proporciona información detallada sobre personas, empresas y organizaciones. Es como un gran directorio comercial en línea, pero con un enfoque en datos financieros, legales y de propiedad.

Entre las principales **características** que proporciona la plataforma podemos destacar:

▶ **Información financiera:** estados financieros, ratios financieros, resultados económicos, etc.

▶ **Datos legales**: registros comerciales, estatutos sociales, cambios en la propiedad, etc.

▶ **Información de contacto**: direcciones, números de teléfono, correos electrónicos y sitios web.

▶ **Relaciones empresariales**: participaciones en otras empresas, filiales, etc.

▶ **Información de los directivos:** datos sobre los miembros del consejo de administración y otros directivos.

▶ **Riesgos empresariales**: indicadores de riesgo financiero y operativo.

4.3.3 PROYECTO IKY

El proyecto iKy https://gitlab.com/kennbroorg/iKy es una herramienta que nos permite encontrar información a partir del e-mail de una persona https://kennbroorg. gitlab.io/ikyweb. La información obtenida es mostrada visualmente mediante las relaciones entre nodos, gráficos de Treemaps y contribuciones de GitHub. La aplicación está desarrollada en Python y utiliza otras tecnologías a nivel de backend como node js https://nodejs.org/es, redis https://redis.io y celery https://docs.celeryproject.org/en/ stable/ Se puede instalar de dos formas:

▶ Descargamos el código fuente e instalamos las dependencias de forma manual que encontramos en el fichero https://gitlab.com/kennbroorg/iKy/-/blob/iKy/ requirements.txt. Entre las librerías que tenemos que instalar podemos destacar redis, celery y nodejs.

▶ Utilizar docker compose https://docs.docker.com/compose para ejecutar la aplicación en contenedores Docker. Si optamos por utilizar docker-compose bastaría con ejecutar el comando docker-compose up que al ejecutarlo bajaría todas las dependencias de la aplicación y ejecutaría el servidor.

▶ https://gitlab.com/kennbroorg/iKy/-/blob/iKy/docker-compose.yml

```
version: '3'
services:
    frontend:
        build:
            context: .
            dockerfile: ./install/docker/frontend/Dockerfile
        ports:
            - "4200:4200"
    backend:
        build:
            context: .
```

```
            dockerfile: ./install/docker/backend/Dockerfile
        ports:
            - "5000:5000"
        links:
            - "redis:redis"
    redis:
        image: redis
        ports:
            - "6379:6379"
```

Una vez ha ejecutado el comando y levantado los contenedores, si ejecutamos la url http://127.0.0.1:4200 en nuestro navegador podemos acceder a la interfaz web donde podemos realizar la búsqueda por email y nos muestra información sobre leaks y fugas de información asociados al email que estamos analizando, así como contribuciones dentro del repositorio de github.

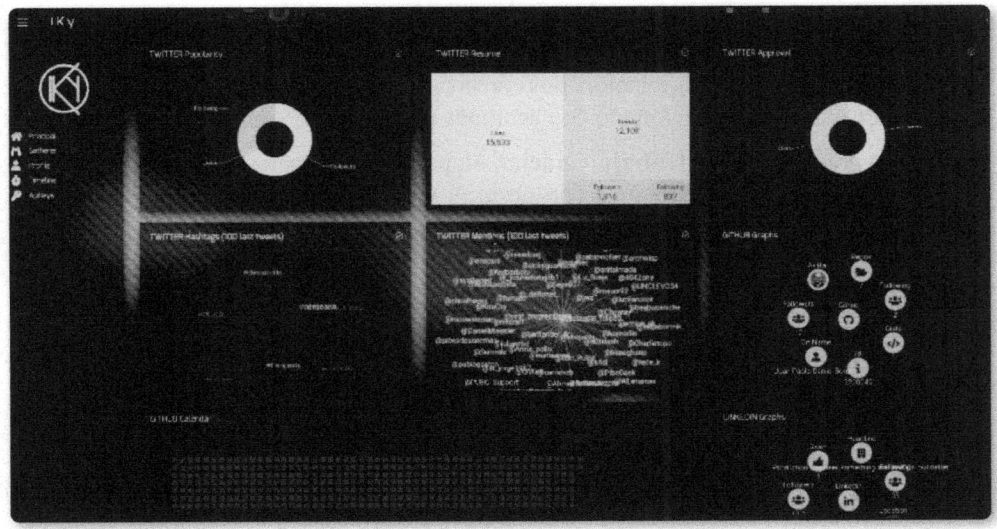

Figura 4.4. Interfaz de Iky

4.3.4 GOSEARCH

GoSearch https://github.com/ibnaleem/gosearch es una herramienta de código abierto diseñada para buscar rastros digitales de usuarios en Internet. Si antes encontrar información sobre una persona en la red podía llevar horas, e incluso días, con GoSearch esta tarea se resuelve en cuestión de minutos. Todo lo que necesitas es indicar el nombre (o apodo) de la persona que buscas, y la utilidad hará el resto automáticamente. Es capaz de verificar muchas plataformas, incluyendo redes sociales, foros, sitios de anuncios, e incluso recursos relacionados con filtraciones de datos.

La herramienta ofrece una serie de características únicas que lo convierten en una herramienta eficaz para el análisis de huellas digitales:

▶ **Búsqueda en una amplia gama de plataformas:** GoSearch admite decenas, y en perspectiva cientos, de plataformas. Esto incluye redes sociales populares como Facebook, Instagram, Twitter, así como foros especializados, sitios para programadores, plataformas para compartir vídeos y muchos más. Esto hace que la herramienta sea universal para buscar información sobre casi cualquier persona.

▶ **Integración con bases de datos de filtraciones:** una de las características clave de GoSearch es la integración con el servicio https://breachdirectory.org, una base de datos que contiene información sobre millones de filtraciones de datos. Si el nombre de usuario introducido está relacionado con algún incidente de filtración, la herramienta proporcionará la información correspondiente. Esto puede ser útil para verificar la seguridad de tus propias cuentas o para realizar investigaciones en el ámbito de la ciberseguridad.

▶ **Integración con la base de datos de Hudson Rock:** GoSearch admite la integración con la base de datos de Hudson Rock https://www.hudsonrock.com, que proporciona datos relacionados con la ciberdelincuencia. Esto permite detectar si el usuario está relacionado con acciones sospechosas o datos comprometidos.

▶ **Alta velocidad de trabajo**: gracias al uso del lenguaje Go, GoSearch tiene un alto rendimiento. Incluso con un gran volumen de plataformas que se están verificando, la herramienta proporciona resultados en cuestión de minutos, lo que ahorra tiempo considerable a los usuarios.

▶ **Facilidad y flexibilidad**: la herramienta tiene una interfaz sencilla, lo que la hace accesible tanto para profesionales como para usuarios comunes. Además, el código abierto permite realizar cambios y adaptar GoSearch a tus necesidades.

Para empezar a usar GoSearch, necesitas tener instalado Go (el lenguaje de programación) que se puede descargar del sitio web oficial https://go.dev . Después, ejecuta el siguiente comando en la terminal:

```
$ go install github.com/ibnaleem/gosearch@latest
```

Una vez instalada, la herramienta está lista para usarse ejecutando el siguiente comando:

```
$ gosearch [nombre_de_usuario] [api-key]
```

▶ nombre_de_usuario: es el nombre o apodo que buscas.
▶ api-key: es la clave API, necesaria para acceder a los datos de https://breachdirectory.org. La herramienta también se puede configurar para funcionar sin clave API, si no necesitas la función de verificación de filtraciones.

GoSearch utiliza un archivo data.json que contiene una lista de todas las plataformas compatibles. Este archivo se actualiza regularmente para que la herramienta pueda verificar sitios web actuales. Al iniciarse, GoSearch realiza las siguientes acciones:

▶ Construye las URL de los perfiles en diferentes plataformas, utilizando el nombre de usuario especificado.

▶ Realiza solicitudes HTTP a estas URL.

▶ Analiza las respuestas de los servidores para determinar si existe un perfil con ese nombre de usuario.

▶ Muestra los resultados en un formato sencillo de leer.

GoSearch se inspiró en otras herramientas OSINT como Sherlock https://github.com/sherlock-project/sherlock. Sin embargo, los desarrolladores tuvieron en cuenta las deficiencias de algunas herramientas y añadieron mejoras significativas:

▶ **Mayor velocidad:** el uso del lenguaje Go hace que GoSearch sea mucho más rápido que sus análogos escritos en Python u otros lenguajes.

▶ **Precisión de búsqueda**: la herramienta minimiza la cantidad de falsos positivos gracias a un algoritmo mejorado de procesamiento de datos.

▶ **Integración con bases de datos adicionales**: GoSearch ofrece funcionalidades que otras herramientas no tienen, como el acceso a BreachDirectory.org y HudsonRock.

▶ **Código abierto:** los usuarios pueden adaptar fácilmente la herramienta a sus necesidades, añadiendo nuevas plataformas y funciones.

4.3.5 MAIGRET

En el mundo de la investigación OSINT (Open Source Intelligence), contar con herramientas avanzadas que permitan la recolección eficiente de información es fundamental para obtener resultados precisos. Una de estas herramientas es Maigret https://github.com/soxoj/maigret, un rastreador de perfiles digitales que ofrece un enfoque innovador para identificar y analizar la presencia digital de personas en múltiples plataformas.

Esta herramienta se especializa en encontrar perfiles, alias y nombres de usuario asociados a una persona en diversas plataformas, incluyendo redes sociales, foros, sitios de entretenimiento y servicios en la deep web. Maigret permite recolectar información relevante de manera rápida y eficiente, lo cual es esencial para investigaciones de ciberseguridad, investigaciones privadas o incluso estudios académicos. Entre las principales características podemos destacar:

▶ **Escaneo masivo de plataformas:** Maigret es capaz de realizar búsquedas en más de 2,500 sitios web, incluyendo redes sociales, sitios de entretenimiento, foros y plataformas de blogs. Identificación de nombres de usuario y alias en diversas plataformas.

▶ **Generación de reportes:** la herramienta permite generar informes completos con enlaces a cada perfil encontrado, así como metadatos adicionales cuando están disponibles. Exportación de resultados en múltiples formatos, como HTML, JSON, TXT, entre otros.

▶ **Integración con APIs**: Maigret es compatible con la integración de APIs externas para obtener resultados más completos y específicos.

▶ **Personalización y configuración avanzada:** permite ajustar parámetros de búsqueda, tiempos de espera, y niveles de profundidad en la investigación.

Instalar Maigret es un proceso sencillo para aquellos con conocimientos de Python. Para instalarlo en su sistema, podemos seguir estos pasos:

```
$ git clone https://github.com/soxoj/maigret.git
$ cd maigret
$ pip install -r requirements.txt
```

También podríamos utilizar Docker para ejecutar la herramienta, construyendo y ejecutando la imagen.

```
# official image
docker pull soxoj/maigret

# usage
docker run -v /mydir:/app/reports soxoj/maigret:latest username --html

# manual build
docker build -t maigret .
```

Una vez instalada, Maigret se puede utilizar mediante línea de comandos utilizando el nombre de usuario. El siguiente comando iniciará un análisis sobre diferentes plataformas para identificar perfiles asociados con el nombre de usuario proporcionado.

```
$ maigret <nombre_usuario>
```

Opciones avanzadas:

▶ **--timeout:** permite establecer un tiempo máximo de espera por cada solicitud.
▶ **--json**: exporta los resultados en formato JSON.
▶ **--site**: permite especificar un sitio en particular para la búsqueda.

Ejemplo de ejecución:

```
$ maigret python --pdf
[-] Starting a search on top 500 sites from the Maigret database...
[!] You can run search by full list of sites with flag `-a`
[*] Checking username python on:
[+] Twitch: https://www.twitch.tv/python
[+] GitHubGist [GitHub]: https://gist.github.com/python
```

```
[+] Facebook: https://www.facebook.com/python
[+] WordPress: https://python.wordpress.com/
[+] VK: https://vk.com/python
[+] GitHub: https://github.com/python
  ├─uid: 1525981
  ├─image: https://avatars.githubusercontent.com/u/1525981?v=4
  ├─created_at: 2012-03-11T15:56:37Z
  ├─follower_count: 25058
  ├─following_count: 0
  ├─fullname: Python
  ├─public_gists_count: 0
  ├─public_repos_count: 84
  ├─bio: Repositories related to the Python Programming language
  └─blog_url: https://www.python.org/
[?] StackOverflow: https://stackoverflow.com/users/filter?search=python
...
```

4.3.6 SERVICIOS ONLINE

La inteligencia artificial ha avanzado significativamente en los últimos años, permitiendo el desarrollo de herramientas de búsqueda de imágenes cada vez más sofisticadas. Plataformas como Lenso.ai y PimEyes utilizan algoritmos de aprendizaje automático para analizar las características de una imagen y encontrar coincidencias en grandes bases de datos. Esta tecnología tiene el potencial de transformar la forma en que buscamos y consumimos información en línea.

▶ **Lenso.ai** https://lenso.ai/es es un motor de búsqueda de imágenes inversas que utiliza IA para encontrar imágenes similares a la que subes. Puedes usarlo para encontrar duplicados de imágenes, así como imágenes relacionadas con la que subes.

Figura 4.5. Servicio de búsqueda de imágenes inversa por IA lenso.ai

▼ **PimEyes** https://pimeyes.com/es es un motor de búsqueda de reconocimiento facial que te permite encontrar y eliminar tus fotos de Internet. Utiliza inteligencia artificial y aprendizaje automático para escanear Internet en busca de imágenes de tu rostro. Puedes usar PimEyes para averiguar dónde se utilizan tus fotos en línea y eliminarlas si es necesario. PimEyes también ofrece una función de búsqueda inversa de imágenes que se puede utilizar para encontrar imágenes similares de personas, lugares o cosas.

▼ **Facecheck.id** https://facecheck.id/ es un motor de búsqueda de imágenes inversas que te permite encontrar información sobre personas en línea. El motor de búsqueda se puede utilizar para identificar delincuentes, estafadores y otras personas peligrosas. También se puede utilizar para verificar la identidad de las personas que conoces en línea. El motor de búsqueda no es 100% preciso, por lo que siempre debes consultar varias fuentes antes de tomar una decisión sobre alguien. El motor de búsqueda no es responsable de ningún contenido en sitios web de terceros.

Figura 4.6. Servicio de búsqueda de imágenes inversa por IA FaceCheck.ID

▼ **SocialCatfish.com** https://socialcatfish.com/reverse-image-search/ es un sitio web que te permite buscar personas a partir de una imagen. Puedes utilizar el sitio web para averiguar si alguien está utilizando tus imágenes sin permiso. También puedes utilizar el sitio web para encontrar contenido duplicado.

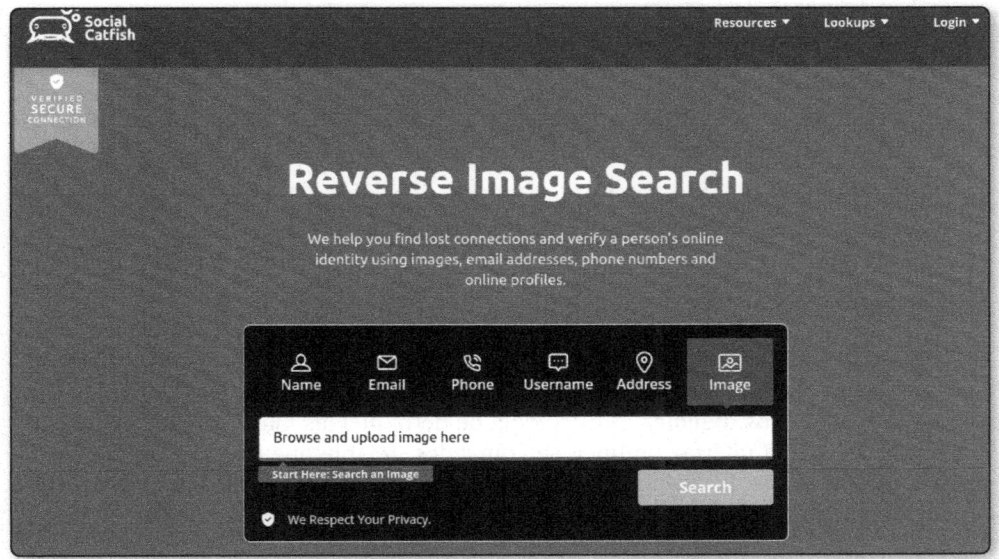

Figura 4.7. Servicio de búsqueda de imágenes inversa socialcatfish

4.4 EXTRACCIÓN DE METADATOS

La extracción de metadatos se ha convertido en una práctica fundamental en la investigación digital y forense. Los metadatos son esa información oculta que acompaña a los archivos digitales y suelen ofrecer una valiosa pista sobre la creación, modificación y manipulación de los mismos. Desde la fecha y hora de creación de un documento hasta la ubicación geográfica donde se tomó una fotografía, los metadatos pueden revelar detalles sobre el origen y la historia de un archivo. En esta sección, analizamos las técnicas y herramientas utilizadas para extraer y analizar metadatos.

4.4.1 SERVICIO METADATA2GO

El servicio https://www.metadata2go.com te permite obtener metadatos para cualquier tipo de fichero. Basta con hacer drag and drop o seleccionarlo sobre la interfaz. La información de metadatos incorporada en los documentos puede ser utilizada en múltiples escenarios por un atacante. Aquí hay unos ejemplos:

▶ Los nombres de los autores en los metadatos de los documentos se pueden usar para organizar ataques de phishing contra los empleados de la compañía.

▸ Los nombres de usuario se pueden usar para intentar ataques de autenticación de fuerza bruta contra aplicaciones que se pueden acceder desde el exterior de la empresa (webmail, vpn, blogs, etc.).

▸ El tipo de software y la versión son útiles para obtener las tecnologías utilizadas internamente por una organización.

▸ La fecha de creación y modificación del documento podría indicar si el autor del documento trabaja todavía para la compañía.

4.4.2 BULK EXTRACTOR PARA EXTRAER METADATOS EN DOCUMENTOS

Bulk Extractor https://corp.digitalcorpora.org/downloads/bulk_extractor es una herramienta de código abierto y gratuita diseñada para extraer una amplia variedad de metadatos de archivos digitales. A diferencia de herramientas más especializadas, Bulk Extractor ofrece una interfaz de línea de comandos flexible que permite a los usuarios personalizar los tipos de metadatos que desean extraer y los formatos de archivo que desean analizar. Entre las principales **características** de Bulk Extractor podemos destacar:

▸ **Amplia variedad de formatos**: Bulk Extractor puede analizar una amplia gama de formatos de archivo, incluyendo documentos de texto, imágenes, archivos comprimidos, archivos ejecutables y muchos más.

▸ **Tipos de metadatos:** extrae una gran cantidad de tipos de metadatos, como la fecha de creación, el autor, las palabras clave, los comentarios, la ubicación geográfica (si está disponible), y la información sobre el software utilizado para crear el archivo.

▸ **Personalización:** permite a los usuarios crear sus propias reglas de extracción para personalizar el proceso y extraer los metadatos más relevantes.

▸ **Salida flexible:** los resultados de la extracción se pueden guardar en diferentes formatos, como CSV, HTML o XML, lo que facilita su análisis y visualización.

▸ **Línea de comandos:** su interfaz de línea de comandos permite automatizar el proceso de extracción e integrarlo con otros scripts o herramientas.

Bulk Extractor se destaca en el análisis y la recolección de datos de manera eficiente. Resulta ideal para identificar y extraer información como correos electrónicos, URLs y dominios de grandes volúmenes de datos, facilitando las investigaciones digitales y forenses. Su habilidad para procesar rápidamente grandes conjuntos de datos lo establece como una herramienta indispensable para profesionales en ciberseguridad y forenses digitales. El siguiente comando permite extraer los metadatos de todos los archivos PDF en un directorio:

```
$ bulk_extractor -o output.csv *.pdf
```

Algunos casos de uso de Bulk Extractor son:

▼ **Investigación forense**: identificar la evidencia digital en dispositivos incautados, como la fecha de creación de archivos, las personas involucradas y las ubicaciones geográficas.

▼ **Análisis de incidentes de seguridad**: descubrir información sobre los atacantes, como las herramientas utilizadas y las técnicas empleadas.

▼ **Recuperación de información:** recuperar metadatos de archivos dañados o corruptos.

▼ **Análisis de grandes volúmenes de datos**: procesar grandes cantidades de archivos de forma eficiente.

▼ **Investigación académica**: analizar grandes conjuntos de datos para identificar patrones y tendencias.

4.4.3 EXIFTOOL PARA EXTRAER METADATOS EN IMÁGENES

Exiftool https://exiftool.org permite la extracción de metadatos de imágenes y proporciona detalles como tipo de cámara, distancia focal, tipo de lente, etc. También proporciona la información de ubicación geográfica que se almacena para cada imagen. En ocasiones podemos aprovechar que, de manera predeterminada, casi todos los smartphones tienen activada la geolocalización y uso del GPS. También se pueden obtener datos como fecha y hora en que se tomó la foto, el dispositivo y los parámetros utilizados (apertura de diafragma, distancia focal, tiempo de exposición, sensibilidad del sensor).

ExifTool funciona leyendo los metadatos incrustados en un archivo y los presenta en un formato legible para el usuario. Puede extraer una amplia gama de metadatos, incluyendo:

▼ **Datos EXIF:** información sobre la cámara, la exposición, la fecha y la hora de captura, la ubicación GPS, etc.

▼ **IPTC**: datos de copyright, descripción y palabras clave.

▼ **XMP**: un formato estándar para almacenar metadatos en una amplia variedad de archivos.

La aplicación está disponible para los sistemas operativos Windows, Mac OS X y Linux. En el caso de una distribución basada en Debian, podríamos instalarla con el comando:

```
$ sudo apt-get install libimage-exiftool-perl
```

Una vez instalada, para su ejecución bastará con pasar por parámetro la ruta de la imagen. La siguiente salida muestra todos los metadatos asociados con la imagen.

```
$ exiftool image.jpg
ExifTool Version Number      : 12.42
File Name                    : image.jpg
Directory                    : .
File Size                    : 20 kB
File Modification Date/Time   : 2024:03:04 14:20:54+00:00
File Access Date/Time        : 2024:11:21 12:09:27+00:00
File Inode Change Date/Time   : 2024:12:21 16:22:43+00:00
File Permissions             : -rw-r--r--
File Type                    : JPEG
File Type Extension          : jpg
MIME Type                    : image/jpeg
JFIF Version                 : 1.02
Ocad Revision                : 14797
Exif Byte Order              : Little-endian (Intel, II)
Make                         : Canon
Camera Model Name            : Canon EOS-5
X Resolution                 : 300
Y Resolution                 : 300
Resolution Unit              : inches
Software                     : Adobe Photoshop CS2 Windows
Modify Date                  : 2008:03:09 22:00:01
Artist                       : Frank Noort
Copyright                    : Frank Noort
Exif Version                 : 0220
Date/Time Original           : 2002:10:28 11:05:09
Image Unique ID              : 2BF3A9E97BC886678DE12E6EB8835720
GPS Version ID               : 0.0.2.2
GPS Latitude Ref             : North
GPS Longitude Ref            : East
GPS Altitude Ref             : Above Sea Level
Image Width                  : 600
Image Height                 : 400
Encoding Process             : Baseline DCT, Huffman coding
Bits Per Sample              : 8
Color Components             : 3
Y Cb Cr Sub Sampling         : YCbCr4:2:0 (2 2)
Image Size                   : 600x400
Megapixels                   : 0.240
GPS Altitude                 : 0 m Above Sea Level
GPS Latitude                 : 32 deg 4' 43.49" N
GPS Longitude                : 131 deg 28' 3.28" E
GPS Position                 : 32 deg 4' 43.49" N, 131 deg 28' 3.28" E
```

Podríamos extraer información específica como la fecha de creación y la ubicación GPS de una imagen JPEG:

```
$ exiftool -DateTimeOriginal -GPSLatitude -GPSLongitude image.jpg
Date/Time Original           : 2002:10:28 11:05:09
GPS Latitude                 : 32 deg 4' 43.49" N
GPS Longitude                : 131 deg 28' 3.28" E
```

Algunos casos de uso de ExifTool son:

▶ **Fotografía forense**: identificar la cámara utilizada para tomar una foto, la fecha y hora de la captura, la ubicación geográfica y otras modificaciones realizadas al archivo.

▶ **Gestión de colecciones de imágenes**: organizar y catalogar grandes colecciones de fotos y vídeos en función de sus metadatos.

▶ **Análisis de documentos**: extraer información de documentos como la fecha de creación, el autor y las modificaciones realizadas.

▶ **Eliminar metadatos de imágenes para su publicación**: eliminar metadatos sensibles antes de compartir las imágenes.

4.4.4 PYMETA PARA EXTRAER DOCUMENTOS DE DOMINIOS

Pymeta https://github.com/m8r0wn/pymeta es una herramienta desarrollada en Python3 que utiliza consultas de búsqueda diseñadas para identificar y descargar diferentes tipos de archivos (pdf, xls, xlsx, doc, docx, ppt, pptx) desde un dominio determinado usando los buscadores Google y Bing. Una vez descargados, los metadatos se extraen de estos archivos usando la herramienta exiftool. Entre las **características** principales de PyMeta podemos destacar:

▶ **Amplia variedad de formatos:** PyMeta puede extraer metadatos de una amplia gama de formatos de archivo, incluyendo PDF, DOCX, XLSX, PPTX, CSV.

▶ **Personalización:** permite a los usuarios definir qué tipos de metadatos desean extraer, como autores, fechas de creación, palabras clave, etc.

▶ **Automatización**: puede ser utilizado para analizar grandes cantidades de documentos de forma automatizada.

▶ **Extensibilidad**: es fácilmente extensible para añadir soporte a nuevos formatos de archivo o tipos de metadatos.

▶ **Integración**: se puede integrar con otras herramientas y frameworks de Python para crear flujos de trabajo más complejos.

```
$ python3 pymeta.py -h                                              ✓
options:
  -h, --help            show this help message and exit
  -T MAX_THREADS        Max threads for file download (Default=5)
  -t TIMEOUT            Max timeout per search (Default=12)
  -j JITTER             Jitter between requests (Default=2)

Search Options:
  -s ENGINE, --search ENGINE
                        Search Engine (Default='google,bing')
  --file-type FILE_TYPE
                        File types to search
```

```
    -m MAX_RESULTS            Max results per type search

Proxy Options:
   --proxy PROXY             Proxy requests (IP:Port)
   --proxy-file PROXY        Load proxies from file for rotation

Output Options:
   -o DWNLD_DIR              Path to create downloads directory (Default: ./)
   -f REPORT_FILE            Custom report name ("pymeta_report.csv")

Target Options:
   -d DOMAIN                 Target domain
   -dir FILE_DIR             Pre-existing directory of files
```

Por ejemplo, podríamos utilizar los buscadores **Google** y **Bing**, para buscar documentos de un dominio determinado y extraer los metadatos en un fichero csv:

```
$ python3 pymeta.py -d google.com

PyMeta v1.2.0 - by @m8sec

[*] Target Domain     : google.com
[*] Search Engines(s) : google, bing
[*] File Types(s)     : pdf, xls, xlsx, csv, doc, docx, ppt, pptx
[*] Max Downloads     : 50

[*] Searching google, bing for 8 file type(s) on "google.com"
[*] 0  | pdf  - https://www.google.com/search?q=site:google.com+filetype:pdf&num=
100&start=0 (200)
[*] 30 | pdf  - http://www.bing.com/search?q=site:google.com%20
filetype:pdf&first=0 (200)
[*] 30 | pdf  - http://www.bing.com/search?q=site:google.com%20
filetype:pdf&first=30 (200)
[*] 0  | xls  - https://www.google.com/search?q=site:google.com+filetype:xls&num=
100&start=0 (200)
[*] 0  | xls  - http://www.bing.com/search?q=site:google.com%20
filetype:xls&first=0 (200)
[*] 0  | xlsx - https://www.google.com/search?q=site:google.com+filetype:xlsx&num
=100&start=0 (200)
[*] 0  | xlsx - http://www.bing.com/search?q=site:google.com%20
filetype:xlsx&first=0 (200)
[*] 0  | csv  - https://www.google.com/search?q=site:google.com+filetype:csv&num=
100&start=0 (200)
[*] 0  | csv  - http://www.bing.com/search?q=site:google.com%20
filetype:csv&first=0 (200)
[*] 0  | doc  - https://www.google.com/search?q=site:google.com+filetype:doc&num=
100&start=0 (200)
[*] 0  | doc  - http://www.bing.com/search?q=site:google.com%20
filetype:doc&first=0 (200)
[*] 0  | docx - https://www.google.com/search?q=site:google.com+filetype:docx&num
=100&start=0 (200)
[*] 0  | docx - http://www.bing.com/search?q=site:google.com%20
filetype:docx&first=0 (200)
[*] 0  | ppt  - https://www.google.com/search?q=site:google.com+filetype:ppt&num=
```

```
100&start=0 (200)
[*] 0   | ppt  - http://www.bing.com/search?q=site:google.com%20
filetype:ppt&first=0 (200)
[*] 0   | pptx - https://www.google.com/search?q=site:google.com+filetype:pptx&num
=100&start=0 (200)
[*] 0   | pptx - http://www.bing.com/search?q=site:google.com%20
filetype:pptx&first=0 (200)
[*] Setting up downloads folder at ./goog_meta
[*] Downloading (11) unique files
[*] This may take a minute...
[*] Extracting metadata from ./goog_meta
[*] Adding source URL's in report

[+] Report complete: ./goog_meta/pymeta_report.csv
```

En el fichero csv generado podemos ver los metadatos asociados a cada documento descargado:

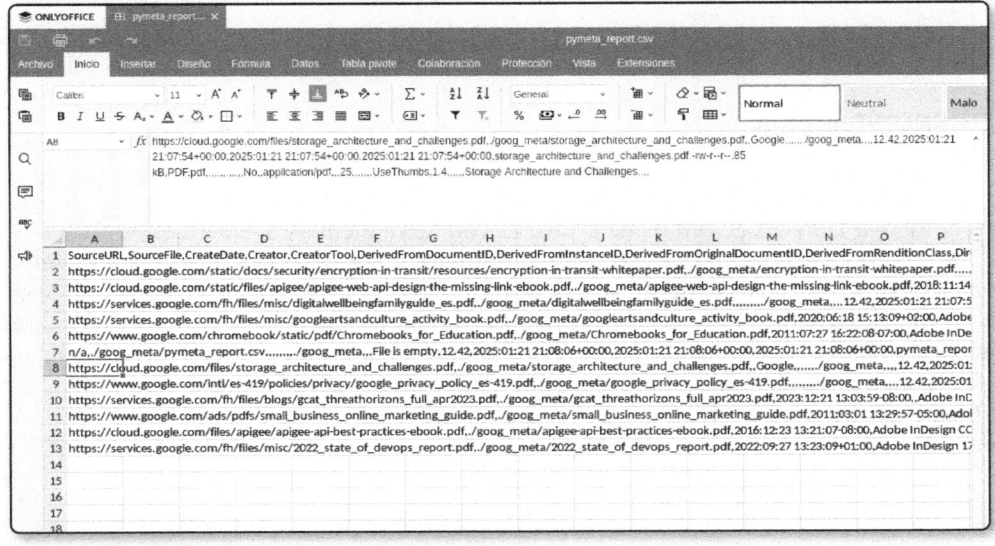

Figura 4.8. Extracción de metadatos con Pymeta

PyMeta destaca por su enfoque especializado en la extracción de metadatos, lo que la convierte en una herramienta invaluable para análisis detallados. Al ser de código abierto y gratuito, ofrece una gran flexibilidad para personalizar y adaptar la extracción a las necesidades específicas de cada usuario. A diferencia de herramientas más genéricas, PyMeta permite centrarse exclusivamente en los metadatos, facilitando la obtención de información precisa y detallada sobre los documentos analizados. Esta personalización, combinada con su naturaleza de código abierto, la convierte en una herramienta ideal para investigadores, analistas de seguridad y cualquier profesional que requiera una extracción de metadatos precisa y adaptable.

5

GEOLOCALIZACIÓN Y FRAMEWORKS OSINT

5.1 INTRODUCCIÓN

La geolocalización es una habilidad esencial para cualquier investigador de OSINT. Al combinar técnicas de búsqueda avanzada con herramientas especializadas, podemos extraer una gran cantidad de información geográfica de fuentes abiertas. En este capítulo, analizaremos las técnicas de geolocalización utilizadas en el contexto de OSINT, así como los riesgos asociados con la exposición de nuestra ubicación en línea. En este punto analizaremos las herramientas que tenemos para obtener información sobre direcciones IP y nombres de dominio. Posteriormente pasamos a realizar consultas avanzadas al sistema de nombres de dominio (DNS) para obtener subdominios y otros datos de un dominio.

Por último, analizaremos los principales frameworks OSINT para la obtención de información sobre personas, redes, hosts y discutiremos las mejores prácticas para proteger nuestra privacidad.

5.2 SERVICIOS DE GEOLOCALIZACIÓN

Los servicios de geolocalización se basan en bases de datos masivas que relacionan direcciones IP con ubicaciones geográficas. Empresas como MaxMind y IPGeo han desarrollado sofisticados algoritmos y modelos de datos para determinar la ubicación de un dispositivo con una alta precisión. Estos servicios utilizan una combinación de técnicas, como la búsqueda inversa de DNS, la triangulación y la colaboración con proveedores de servicios de Internet, para obtener información precisa sobre la ubicación geográfica de una dirección IP.

El servicio de Maxmind https://www.maxmind.com dispone de una serie de bases de datos y servicios de GeoIP https://dev.maxmind.com/geoip, una de las cuáles es una versión open source de uso de la base de datos GeoIP lite https://dev.maxmind.com/geoip/geolocate-an-ip.

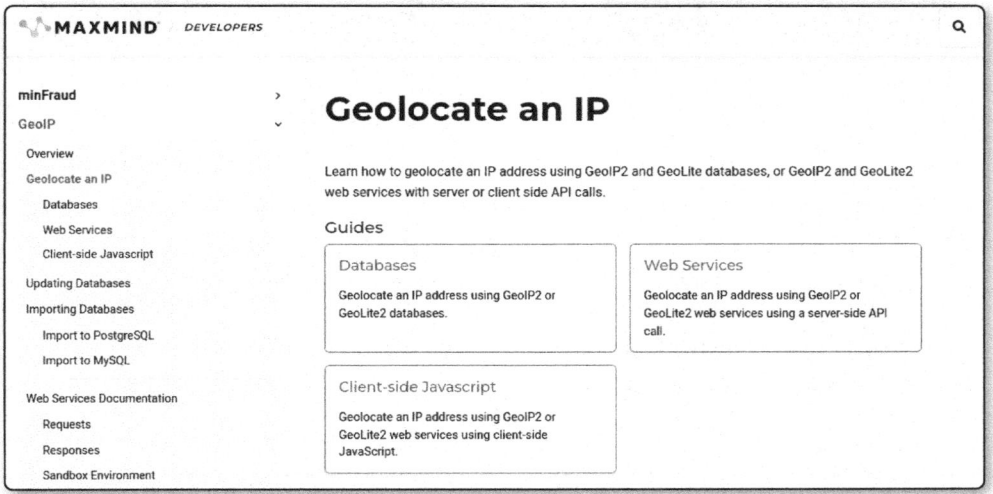

Figura 5.1. Servicios de geolocalización de MaxMind

Para obtener la localización a partir de la dirección IP disponemos de estos servicios:

- https://ipstack.com
- https://ipdata.co
- https://ip-geolocation.whoisxmlapi.com
- https://ip-api.com
- https://ipgeolocation.io
- https://ipwhois.io
- https://ipregistry.co
- http://www.ip2geo.com
- https://positionstack.com
- https://ipinfo.io
- https://db-ip.com
- https://www.maxmind.com/en/geoip-web-services-demo

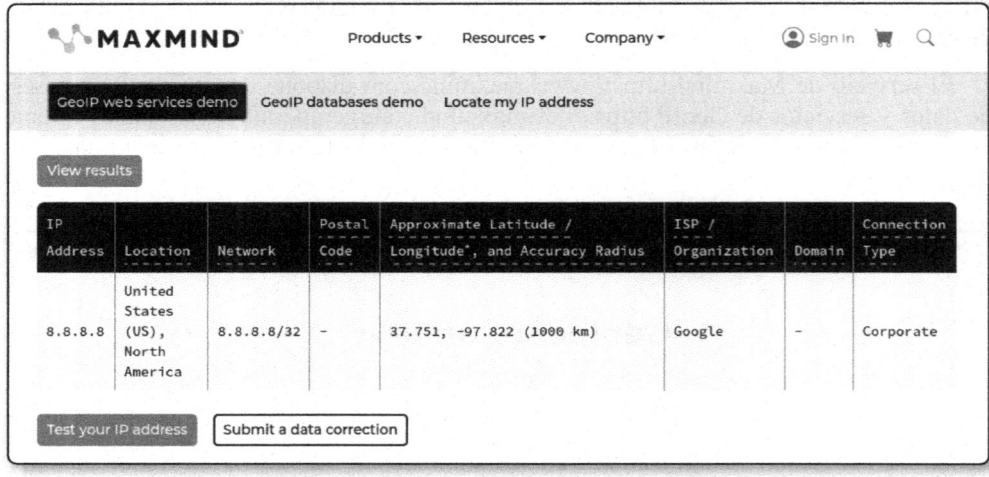

Figura 5.2. Servicios de geolocalización de MaxMind

▶ https://hackertarget.com/geoip-ip-location-lookup
▶ https://www.geodatatool.com
▶ https://www.ip2location.com

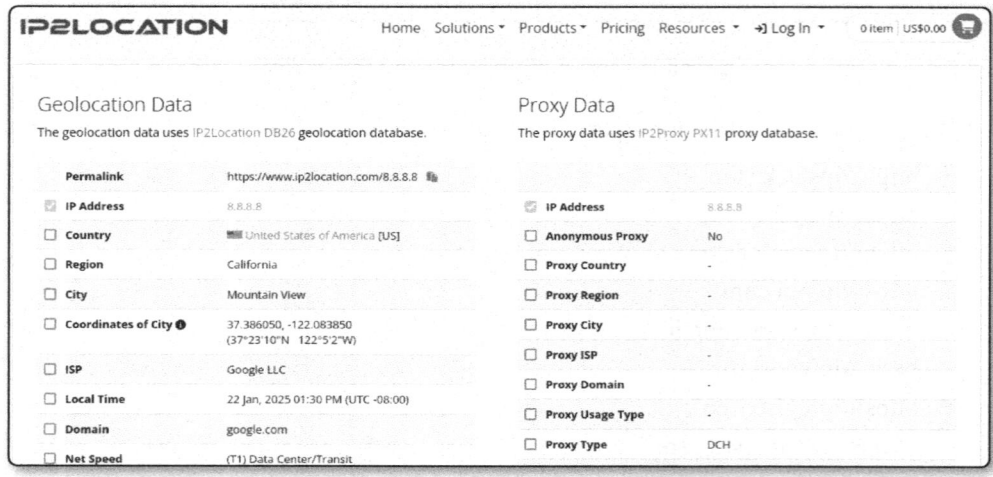

Figura 5.3. Servicios de geolocalización de IP2location

5.3 APIS DE GEOLOCALIZACIÓN

Las APIs de geolocalización son herramientas fundamentales en el desarrollo de aplicaciones web y móviles que requieren información precisa sobre la ubicación geográfica de un usuario. Estas interfaces permiten a los desarrolladores obtener datos detallados sobre una dirección IP, como el país, la ciudad, las coordenadas geográficas y el proveedor de servicios de Internet (ISP).

DB-IP y HackerTarget son dos de los servicios más populares en este ámbito. Ambos ofrecen APIs fáciles de usar que permiten integrar la funcionalidad de geolocalización en aplicaciones de manera rápida y sencilla.

DB-IP https://db-ip.com/api/ es una API de geolocalización gratuita que proporciona información básica sobre una dirección IP, como el país, la región, la ciudad y las coordenadas geográficas. Su interfaz es sencilla y su documentación está bien estructurada, lo que la convierte en una excelente opción para proyectos de pequeña escala. Este servicio proporciona una API gratuita limitada a 1000 peticiones diarias y sólo devuelve datos de ubicación a nivel de ciudad y país. Si necesitamos volúmenes de consulta más grandes o más información, como latitud/longitud es necesario adquirir versión de pago. La consulta utilizando este servicio se puede hacer con la siguiente url:

`http://api.db-ip.com/v2/free/8.8.8.8`

```
{
    "ipAddress": "8.8.8.8",
    "continentCode": "NA",
    "continentName": "North America",
    "countryCode": "US",
    "countryName": "United States",
    "stateProvCode": "CA",
    "stateProv": "California",
    "city": "Mountain View"
}
```

Para usar el API de HackerTarget bastaría con consultar la siguiente URL con una dirección IP a través del parámetro "q".

`https://api.hackertarget.com/geoip/?q=8.8.8.8`

```
IP: 8.8.8.8
Country: United States
State: N/A
City: None
Latitude: 37.751
Longitude: -97.822
```

5.4 GEOLOCALIZACIÓN EN PYTHON

La geolocalización en Python ha abierto un abanico de posibilidades en el desarrollo de aplicaciones. Desde la creación de mapas interactivos hasta el análisis de datos espaciales, Python, combinado con las librerías adecuadas, se ha convertido en una herramienta esencial para los desarrolladores que trabajan con datos geográficos.

5.4.1 GEOIP-PYTHON

MaxMind GeoIP2 https://github.com/maxmind/GeoIP-python es una de las bibliotecas más populares y completas para realizar geolocalización en Python. Al proporcionar una interfaz sencilla y una base de datos de alta precisión, esta librería permite a los desarrolladores obtener información detallada sobre la ubicación geográfica de una dirección IP. Esta base de datos contiene información detallada sobre millones de direcciones IP, incluyendo:

- **País**: el país en el que se encuentra la dirección IP.
- **Región**: la región o estado dentro del país.
- **Ciudad**: la ciudad más cercana a la dirección IP.
- **Coordenadas geográficas**: latitud y longitud.
- **Código postal**: si está disponible.
- **ISP**: el proveedor de servicios de Internet.
- **Organización**: la organización a la que pertenece la dirección IP.

La forma de trabajar con esta librería es:

- **Descarga de la base de datos**: es necesario descargar la base de datos de MaxMind y almacenarla en un lugar accesible para tu aplicación.
  - https://github.com/maxmind/MaxMind-DB/tree/main/test-data
- **Instalación de la librería**: la librería geoip2 se instala utilizando el siguiente comando:

```
$ pip install geoip2
```

- **Creación de un objeto Reader**: se crea un objeto Reader para interactuar con la base de datos.
- **Consulta de una dirección IP:** se pasa la dirección IP al objeto Reader para obtener la información de geolocalización.

Esta librería proporciona diferentes bases de datos dependiendo de los datos en los que estemos interesados. Por ejemplo, para obtener información relativa a ciudad, país, latitud y longitud, podríamos usar la base de datos **GeoLite2-City.mmdb** que se encuentra dentro del repositorio de maxmind. Para obtener esta información usamos el método **Reader()** al cual le pasamos por parámetro el nombre de la base de datos:

geoip2-example.py

```
import geoip2.database

# Cargar la base de datos GeoLite2-City
reader = geoip2.database.Reader('GeoLite2-City.mmdb')

# Obtener información de una dirección IP
ip = '8.8.8.8'
response = reader.city(ip)

print(response)
```

Ejecución:

```
geoip2.models.City({'continent': {'code': 'NA', 'geoname_id': 6255149, 'names':
{'de': 'Nordamerika', 'en': 'North America', 'es': 'Norteamérica', 'fr':
'Amérique du Nord', 'ja': '北アメリカ', 'pt-BR': 'América do Norte', 'ru':
'Северная Америка', 'zh-CN': '北美洲'}}, 'country': {'geoname_id': 6252001,
'iso_code': 'US', 'names': {'de': 'USA', 'en': 'United States', 'es': 'Estados
Unidos', 'fr': 'États-Unis', 'ja': 'アメリカ合衆国', 'pt-BR': 'Estados Unidos',
'ru': 'США', 'zh-CN': '美国'}}, 'location': {'accuracy_radius': 1000, 'latitude':
37.751, 'longitude': -97.822, 'time_zone': 'America/Chicago'}, 'registered_
country': {'geoname_id': 6252001, 'iso_code': 'US', 'names': {'de': 'USA', 'en':
'United States', 'es': 'Estados Unidos', 'fr': 'États-Unis', 'ja': 'アメリカ合衆
国', 'pt-BR': 'Estados Unidos', 'ru': 'США', 'zh-CN': '美国'}}, 'traits': {'ip_
address': '8.8.8.8', 'prefix_len': 17}}, ['en'])
```

5.4.2 GEOLOCALIZACIÓN CON LA BASE DE DATOS DE MAXMIND

La base de datos MaxMind contiene una serie de ficheros con los cuales obtener información de geolocalización. Dentro de los módulos de Python podemos encontrar las siguientes librerías que utilizan la base de datos MaxMind:

- ▶ **maxminddb** https://pypi.org/project/maxminddb: proporciona métodos para leer el formato de la base de datos de maxmind.

- ▶ **maxminddb-geolite2** https://github.com/rr2do2/maxminddb-geolite2: proporciona una extensión para la base de datos MaxMindDB.

- ▶ **python-geoip-python3** https://pypi.org/project/python-geoip-python3: proporciona acceso a los servicios web y bases de datos MaxMindDB.

- ▶ **maxminddb-geolite2** es una biblioteca que proporciona acceso a las bases de datos GeoIP2 de MaxMind. La instalación de esta librería se realiza con el comando:

```
$ pip install maxminddb-geolite2
```

Para usar este módulo necesitamos importar la clase **geolite2** y crear una instancia utilizando el método **reader().** Posteriormente utilizamos el método **get()**, pasándole por parámetro la dirección IP. La principal ventaja de este módulo con respecto al anterior es que no necesitamos el fichero de base de datos en local para realizar las consultas.

```
>>> from geolite2 import geolite2
>>> reader = geolite2.reader()
>>> reader.get('1.1.1.1')
{'city': {'geoname_id': 2151718, 'names': {'en': 'Research'}}, 'continent':
{'code': 'OC', 'geoname_id': 6255151, 'names': {'de': 'Ozeanien', 'en':
'Oceania', 'es': 'Oceanía', 'fr': 'Océanie', 'ja': 'オセアニア', 'pt-BR':
'Oceania', 'ru': 'Океания', 'zh-CN': '大洋洲'}}, 'country': {'geoname_id':
2077456, 'iso_code': 'AU', 'names': {'de': 'Australien', 'en': 'Australia',
'es': 'Australia', 'fr': 'Australie', 'ja': 'オーストラリア', 'pt-BR':
'Austrália', 'ru': 'Австралия', 'zh-CN': '澳大利亚'}}, 'location': {'accuracy_
radius': 1000, 'latitude': -37.7, 'longitude': 145.1833, 'time_zone':
'Australia/Melbourne'}, 'postal': {'code': '3095'}, 'registered_country':
{'geoname_id': 2077456, 'iso_code': 'AU', 'names': {'de': 'Australien', 'en':
'Australia', 'es': 'Australia', 'fr': 'Australie', 'ja': 'オーストラリア', 'pt-
BR': 'Austrália', 'ru': 'Австралия', 'zh-CN': '澳大利亚'}}, 'subdivisions':
[{'geoname_id': 2145234, 'iso_code': 'VIC', 'names': {'en': 'Victoria', 'pt-BR':
'Vitória', 'ru': 'Виктория'}}]}
```

El siguiente script realiza una consulta de geolocalización a partir de una dirección IP utilizando la biblioteca **geolite2**. Primero, solicita al usuario que ingrese una dirección IP. Luego, utiliza la biblioteca para buscar en su base de datos la información geográfica asociada a esa dirección IP. Este script es una herramienta útil para obtener información básica sobre la ubicación de un dispositivo conectado a Internet.

geoip_reader_json.py

```
#!/usr/local/bin/python
import geolite2
import json

direccion_ip = input("Introduce dirección ip:")

# Utilizando geolite2 con salida JSON
reader = geolite2.geolite2.reader()
respuesta = reader.get(direccion_ip)
print (json.dumps(respuesta,indent=4))
```

En la ejecución podemos ver que la información obtenida, como el país, continente, zona horaria y ubicación geográfica, se imprime en la consola en formato JSON.

```
$ python3 geoip_reader_json.py
Introduce dirección ip:8.8.8.8
{
    "continent": {
        "code": "NA",
        "geoname_id": 6255149,
        "names": {
            "de": "Nordamerika",
```

```
                "en": "North America",
                "es": "Norteam\u00e9rica",
                "fr": "Am\u00e9rique du Nord",
                "ja": "\u5317\u30a2\u30e1\u30ea\u30ab",
                "pt-BR": "Am\u00e9rica do Norte",
                "ru": "\u0421\u0435\u0432\u0435\u0440\u043d\u0430\u044f \u0410\
u043c\u0435\u0440\u0438\u043a\u0430",
                "zh-CN": "\u5317\u7f8e\u6d32"
            }
        },
        "country": {
            "geoname_id": 6252001,
            "iso_code": "US",
            "names": {
                "de": "USA",
                "en": "United States",
                "es": "Estados Unidos",
                "fr": "\u00c9tats-Unis",
                "ja": "\u30a2\u30e1\u30ea\u30ab\u5408\u8846\u56fd",
                "pt-BR": "Estados Unidos",
                "ru": "\u0421\u0428\u0410",
                "zh-CN": "\u7f8e\u56fd"
            }
        },
        "location": {
            "accuracy_radius": 1000,
            "latitude": 37.751,
            "longitude": -97.822
        },
        "registered_country": {
            "geoname_id": 6252001,
            "iso_code": "US",
            "names": {
                "de": "USA",
                "en": "United States",
                "es": "Estados Unidos",
                "fr": "\u00c9tats-Unis",
                "ja": "\u30a2\u30e1\u30ea\u30ab\u5408\u8846\u56fd",
                "pt-BR": "Estados Unidos",
                "ru": "\u0421\u0428\u0410",
                "zh-CN": "\u7f8e\u56fd"
            }
        }
    }
}
```

Python-geoip-python3 es una biblioteca que proporciona acceso a las bases de datos GeoIP2 de MaxMind. La instalación de esta librería se realiza con el comando:

```
$ pip install python-geoip-python3
```

Para usar este módulo necesitamos importar la clase **geolite2** del módulo geoip y llamar al método **lookup()**, pasándole por parámetro la dirección IP.

geoip_lookup.py

```
#!/usr/bin/env python3

import socket
from geoip import geolite2
import argparse
import json

parser = argparse.ArgumentParser(description='Get IP Geolocation info')
parser.add_argument('--hostname', action="store", dest="hostname",required=True)

given_args = parser.parse_args()
hostname = given_args.hostname
ip_address = socket.gethostbyname(hostname)
print("IP address: {0}".format(ip_address))

match = geolite2.lookup(ip_address)

if match is not None:
    print('Pais: ',match.country)
    print('Continente: ',match.continent)
    print('Time zone: ', match.timezone)
    print('Location: ', match.location)
```

El script anterior lo podríamos ejecutar de la siguiente forma con Python3, donde el parámetro **hostname** es un parámetro obligatorio que indica el dominio del cual queremos obtener información.

```
$ python3 geoip_loopkup.py --hostname www.python.org

IP address: 151.101.132.223
País:  US
Continente:  NA
Time zone:  America/New_York
Location:  (42.9956, -71.4548)
```

El siguiente ejemplo es un script de Python que permite obtener información de geolocalización sobre una dirección IP pública. Para ello, utiliza las siguientes librerías:

▼ **import maxminddb**: importa la librería maxminddb, que se utiliza para leer archivos de base de datos de MaxMind, como GeoLite2-City.mmdb (para información de geolocalización a nivel de ciudad) y GeoLite2-ASN.mmdb.

▼ **import sys**: importa el módulo sys, que proporciona acceso a variables y funciones específicas del intérprete de Python. Se utiliza aquí para salir del programa en caso de error.

▼ **from geopy.geocoders import Nominatim**: importa la clase Nominatim del módulo geopy.geocoders. geopy es una librería de geocodificación, y Nominatim es un servicio de geocodificación basado en los datos de OpenStreetMap. Se utiliza para obtener una dirección legible a partir de las coordenadas de latitud y longitud.

▼ **from optparse import OptionParser**: importa la clase OptionParser del módulo optparse. Esta librería se utiliza para crear una interfaz de línea de comandos con opciones para el script. Permite al usuario especificar diferentes opciones al ejecutar el programa desde la terminal.

▼ **from IPy import IP**: importa la clase IP de la librería IPy. Esta librería se utiliza para trabajar con direcciones IP, incluyendo la validación de si una cadena es una dirección IP válida y la determinación de si una IP es pública o privada.

geo-maxmind.py

```
import maxminddb
import sys
from geopy.geocoders import Nominatim
from optparse import OptionParser
from IPy import IP

class getIpInfo:

    # Constructor de la clase
    def __init__(self,ip):
        self.ip = str(ip)

    # Obtener la info de MaxMind
    def getMaxMind(self):
        try:
            # Obtener la info de la base de datos City de MaxMind
            reader = maxminddb.open_database('GeoLite2-City.mmdb')
            res = reader.get(self.ip)
            # Devolver el resultado de MaxMind
            return res
        except Exception as e:
            raise ValueError('class - error getting MaxMind info: %s' %
(str(e)))

    # Funcion para obtener la direccion a partir de las coordenadas Latitud y
Longitud
    def getAddress(self,coordenadas):
        try:
            # Crear la aplicacion de Nominatim
            geolocator = Nominatim(user_agent="my-application")
            # Obtener la localizacion a partir de la Latitud y Longitud
            location = geolocator.reverse(coordenadas)
            # Devolver la informacion con la localizacion
            return location.raw
        except Exception as e:
            raise ValueError('class - error getting Nominatim info from
coordenates: %s' % (str(e)))

    # Obtener la info del ASN de MaxMind
    def getAsnInfo(self):
        try:
```

```python
            # Obtener la info de la base de datos ASN de MaxMind
            reader = maxminddb.open_database('GeoLite2-ASN.mmdb')
            res = reader.get(self.ip)
            # Devolver el resutlado de MaxMind
            return res
        except Exception as e:
            raise ValueError('class - getting MaxMind ASN info: %s' % (str(e)))


# Mostar el resultado final
def printResult(info,arguments):
    try:
        if info == 'default':
            keys = ['IP','Latitude','Longitude','ContCode','Continent','CounCode
','Country']
            for key in keys:
                print('%-15s  -  %-15s' % (str(key), str(arguments[key])))
        elif info == 'full':
            keys = ['Region','Address','Timezone','Licence']
            for key in keys:
                print('%-15s  -  %-15s' % (str(key), str(arguments[key])))
        elif info == 'asn':
            keys = ['ASN','ASN Org']
            for key in keys:
                print('%-15s  -  %-15s' % (str(key), str(arguments[key])))
        else:
            print('Nothing to show.')
    except Exception as e:
        raise ValueError('function - error printing results: %s' % (str(e)))

# Creacion de las opciones e info del programa
def programParser():
    try:≠    raise ValueError('function - creating program parser: %s' % (str(e)))

try:
    # Crear el Parser del programa
    parser = programParser()

    # Obtener los argumentos y opciones
    (options, args) = parser.parse_args()

    # Confirmar el total de argumentos. Solo se permite uno
    if len(args) == 0:
        raise ValueError('No argument has been indicated.')
    elif len(args) > 1 or len(args) < 0:
        raise ValueError('Only one argument is allowed.')
    else:

        # Confirmar si el argumento es una IP valida o no
        try:
            ip = IP(args[0])
        except Exception as e:
            raise ValueError('The IP %s is not valid. %s' %
(str(args[0]),str(e)))

        # Confirmar si la IP es publica o no
        if ip.iptype() == 'PUBLIC':
```

```
              # Crear la clase para obtener la informacion de la IP
              geoIpCommands = getIpInfo(ip)

              # Declaramos las variables con los resultados
              finalResult = {}
              finalResultFull = {}
              finalResultAsn = {}

              # Obtener la direccion de la IP dependiendo de los argumentos
indicados
              # Obtener la info de MaxMind
              maxMindRes = geoIpCommands.getMaxMind()

              finalResult = {'IP':str(ip)}
              finalResult['Latitude'] = str(maxMindRes['location']['latitude'])
              finalResult['Longitude'] = str(maxMindRes['location']['longitude'])
              finalResult['ContCode'] = str(maxMindRes['continent']['code'])
              finalResult['Continent'] = str(maxMindRes['continent']['names']
['en'])
              if 'country' in maxMindRes:
                  finalResult['CounCode'] = str(maxMindRes['country']['iso_code'])
                  finalResult['Country'] = str(maxMindRes['country']['names']
['en'])
              elif 'registered_country' in maxMindRes:
                  finalResult['CounCode'] = str(maxMindRes['registered_country']
['iso_code'])
                  finalResult['Country'] = str(maxMindRes['registered_country']
['names']['en'])
              else:
                  finalResult['CounCode'] = 'None'
                  finalResult['Country'] = 'None'

              # Info completa, opcion '-f' o '--full'
              if options.full:
                  # Obtener las coordenadas (Latitud y Longitud)
                  coordenadas = finalResult['Latitude'],finalResult['Longitude']
                  # Obtener la info de Nominatim a partir de las cordenadas
                  nominatimRes = geoIpCommands.getAddress(coordenadas)
                  # Info completa
                  if 'state' in nominatimRes['address']:
                      finalResultFull['Region'] = nominatimRes['address']['state']
                  elif 'state_district'          in nominatimRes['address']:
                      finalResultFull['Region'] = nominatimRes['address']['state_
district']
                  else:
                      finalResultFull['Region'] = 'None'
                  finalResultFull['Address'] = nominatimRes['display_name']
                  finalResultFull['Timezone'] = str(maxMindRes['location']['time_
zone'])
                  finalResultFull['Licence'] = nominatimRes['licence']
                  if 'city' in maxMindRes:
                    finalResultFull['City'] = str(maxMindRes['city']['names']
['en'])
                  if 'postal' in maxMindRes:
                    finalResultFull['Postcode'] = str(maxMindRes['postal']['code'])
                  if 'address' in nominatimRes and 'postcode' in
```

```
nominatimRes['address']:
                finalResultFull['Postcode'] = nominatimRes['address']
['postcode']

            # Info del ASN, opcion '-a' o '--asn'
            if options.asn:
                # Obtener la info del ASN
                asnRes = geoIpCommands.getAsnInfo()
                # Info del ASN
                finalResultAsn['ASN'] = asnRes['autonomous_system_number']
                finalResultAsn['ASN Org'] = asnRes['autonomous_system_
organization']

            # Mostrar los resultados 'autonomous_system_number' y 'autonomous_
system_organization'
            printResult('default',finalResult)
            if finalResultFull:
                printResult('full',finalResultFull)
            if finalResultAsn:
                printResult('asn',finalResultAsn)

    else:
            raise ValueError('The IP %s is not public.' % (str(ip)))

except Exception as e:
    print('ERROR - Exception: %s' % (str(e)))
    sys.exit(1)
```

Ejemplo de ejecución:

```
$ python geoIp-maxmind.py -h
Usage: Obtene información de una dirección IP.
Uso: geoIp-maxmind.py [options] ip_address.

IP geolocation info

Options:
  --version   show program's version number and exit
  -h, --help  show this help message and exit
  -a, --asn   Get only ASN info.
  -f, --full  Get full address info.


$ python geoIp-maxmind.py 8.8.8.8 -a
IP          - 8.8.8.8
Latitude    - 37.751
Longitude   - -97.822
ContCode    - NA
Continent   - North America
CounCode    - US
Country     - United States
ASN         - 15169
ASN Org     - GOOGLE

$ python geoIp-maxmind.py 8.8.8.8 -f
IP              - 8.8.8.8
```

```
Latitude      -  37.751
Longitude     -  -97.822
ContCode      -  NA
Continent     -  North America
CounCode      -  US
Country       -  United States
Region        -  Kansas
Address       -  Reno County, Kansas, United States
Timezone      -  America/Chicago
Licence       -  Data © OpenStreetMap contributors, ODbL 1.0. http://osm.org/
copyright
```

5.5 MAPAS APRS

APRS https://aprs.fi son las siglas de Automatic Packet Reporting System. Se trata de un sistema automático de informes de paquetes basado en comunicaciones digitales en tiempo real. Los datos pueden incluir coordenadas del Sistema de Posicionamiento Global (GPS) del objeto, telemetría de la estación meteorológica, mensajes de texto, anuncios, consultas y otra telemetría.

Podemos ver en un mapa la posición en la que está una estación fija o móvil de radioaficionado. Tiene otras capacidades como ver información meteorológica, señalización de eventos en el mapa como catástrofes y puntos de interés. En el seguimiento de estaciones móviles se aprovecha la tecnología que nos ofrecen los GPS, que conectados a un equipo de radio nos sirven para seguir a un vehículo en el mapa.

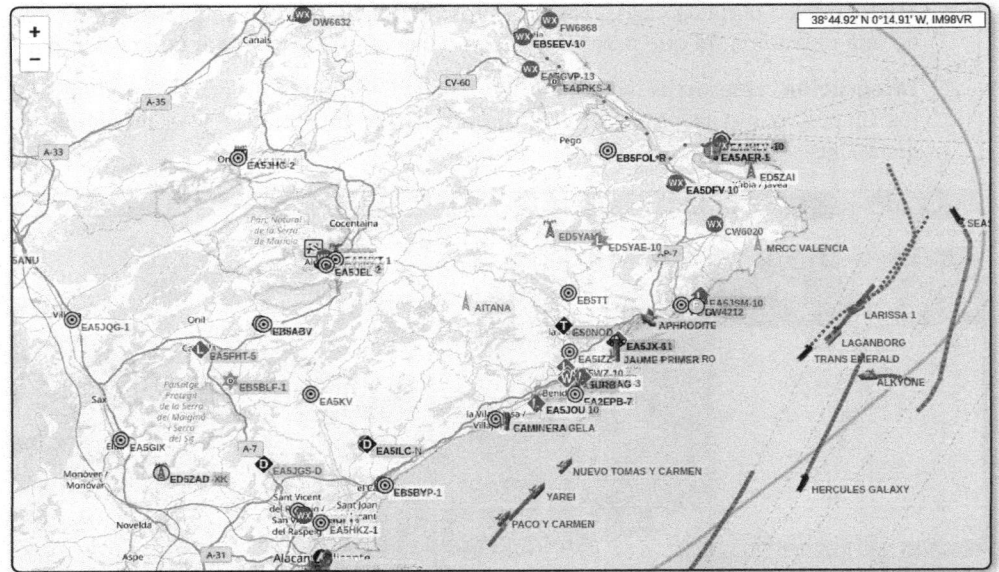

Figura 5.4. Datos APRS sobre un mapa

Los datos APRS se transmiten normalmente en una sola frecuencia compartida (dependiendo del país) para ser repetidos localmente por estaciones repetidoras de área (digipeaters) para el consumo local generalizado. Además, todos estos datos se suelen incorporar al Sistema de Internet APRS (APRS-IS) a través de un receptor conectado a Internet (IGate) y se distribuyen globalmente para un acceso ubicuo e inmediato.

5.6 INSTANT STREET VIEW

Instant street view https://www.instantstreetview.com/ es un servicio que permite a los usuarios ver imágenes a nivel de calle de una ubicación específica en 360 grados. Esta tecnología ha revolucionado la forma en que exploramos el mundo, ya que nos permite "visitar" lugares sin salir de casa. Entre las principales características podemos destacar:

- **Imágenes panorámicas**: capturas de 360 grados que permiten al usuario "mirar" en todas las direcciones como si estuviera físicamente en el lugar.
- **Navegación intuitiva:** los usuarios pueden moverse a través de las imágenes panorámicas utilizando el mouse o los controles táctiles, simulando un movimiento físico por la calle.
- **Información adicional**: además de las imágenes, se puede obtener información sobre los lugares, como nombres de calles, negocios cercanos y valoraciones de usuarios.
- **Historial**: en algunos casos, los servicios de mapas ofrecen imágenes históricas de una ubicación, lo que permite ver cómo ha cambiado un lugar con el tiempo.
- **Integración con otros servicios**: se puede integrar con otras funciones de los mapas, como la navegación, la búsqueda de direcciones y la medición de distancias.

Figura 5.5. Vista panorámica 360° con Instant Street View

5.7 WORLD IMAGERY WAYBACK

World Imagery Wayback https://livingatlas.arcgis.com/wayback es una herramienta online que nos permite explorar versiones históricas de imágenes satelitales de la tierra. Es como tener una máquina del tiempo para observar cómo ha cambiado la orografía y el suelo a lo largo de los años. Entre las **características** principales podemos destacar:

- **Archivo digital de imágenes:** contiene una gran colección de imágenes satelitales capturadas a lo largo de varios años.

- **Navegación temporal**: permite a los usuarios desplazarse hacia atrás en el tiempo para ver cómo era un lugar en el pasado.

- **Comparación visual**: facilita la comparación entre diferentes versiones de una misma ubicación, lo que permite identificar cambios a lo largo del tiempo.

- **Alta resolución**: las imágenes suelen ser de alta resolución, lo que permite observar detalles como la construcción de edificios, cambios en la vegetación y eventos naturales.

- **Cobertura global**: la mayoría de las herramientas de Wayback Imagery cubren grandes extensiones geográficas, permitiendo explorar lugares de todo el mundo.

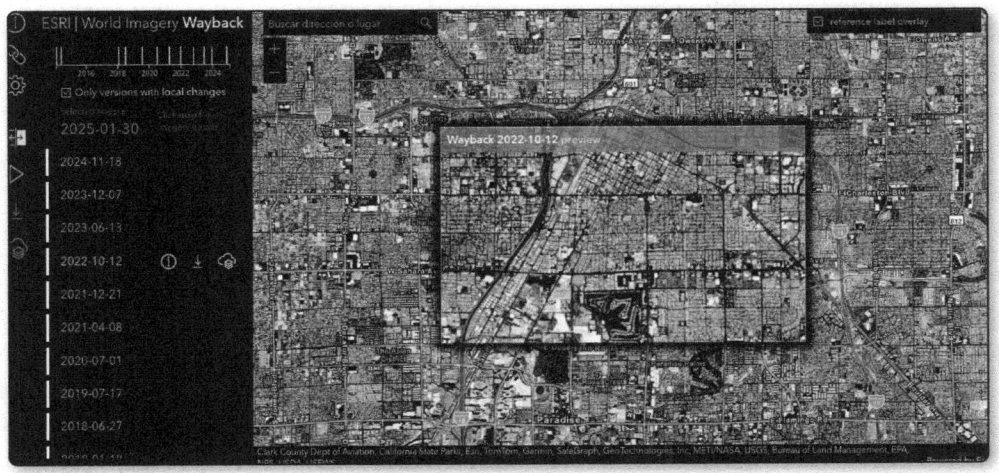

Figura 5.6. Vista de la herramienta para obtener otras versiones del terreno

Otra característica interesante es que podemos generar una animación donde se ve como va cambiando el terreno a lo largo de los años.

Figura 5.7. Vista de la herramienta para obtener una animación donde ver los cambios

Algunos ejemplos de aplicaciones prácticas con esta herramienta son:

▶ **Cambio climático:** analizar la retracción de los glaciares o el aumento del nivel del mar a lo largo de los años.

▶ **Desastres naturales**: evaluar los daños causados por huracanes, terremotos o incendios forestales y monitorear los esfuerzos de recuperación.

▶ **Planificación y desarrollo urbano**: estudiar el crecimiento de las ciudades y los cambios en los patrones de uso del suelo. Evaluar el crecimiento urbano, identificar patrones de desarrollo y planificar futuras expansiones.

▶ **Conflictos armados**: documentar los cambios en el paisaje causados por conflictos armados y reconstruir eventos históricos.

5.8 SERVICIOS DE GEOLOCALIZACIÓN DE IMÁGENES

Los servicios de geolocalización de imágenes son una herramienta cada vez más utilizada en el ámbito de la inteligencia de fuentes abiertas (OSINT), la investigación forense y la verificación de información. Estos servicios se especializan en el análisis de fotografías y videos para determinar su ubicación geográfica exacta o aproximada, incluso cuando no se disponen de metadatos de geolocalización explícitos (como las coordenadas GPS). A través del uso de algoritmos sofisticados, bases de datos de imágenes de referencia (satelitales, aéreas, de calle) y técnicas de visión por computadora, estas plataformas tiene la capacidad identificar puntos de referencia, características topográficas, arquitectura o incluso patrones climáticos.

Entre los principales servicios podemos destacar:

▶ **Picarta** https://picarta.ai/ utiliza inteligencia artificial para encontrar la ubicación de una foto. Es desarrollado por Lunaro.ai y permite a los usuarios cargar una foto y obtener su ubicación aproximada.

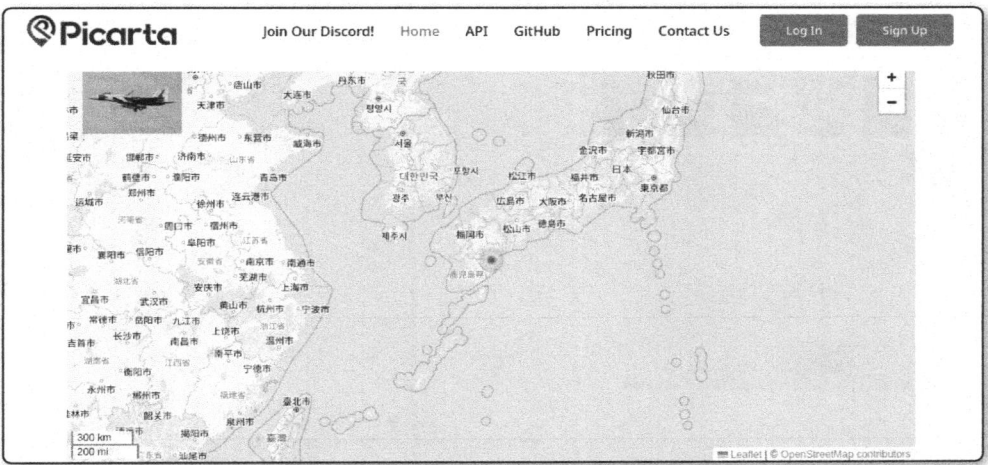

Figura 5.8. Geolocalización de imágenes con el servicio de Picarta

▶ **GeoSpy** https://app.geospy.ai/ es un servicio de geolocalización de imágenes que utiliza el análisis de píxeles y el contexto visual para predecir la ubicación de una foto sin necesidad de metadatos o información GPS. Está disponible exclusivamente para agencias de aplicación de la ley, empresas y entidades gubernamentales.

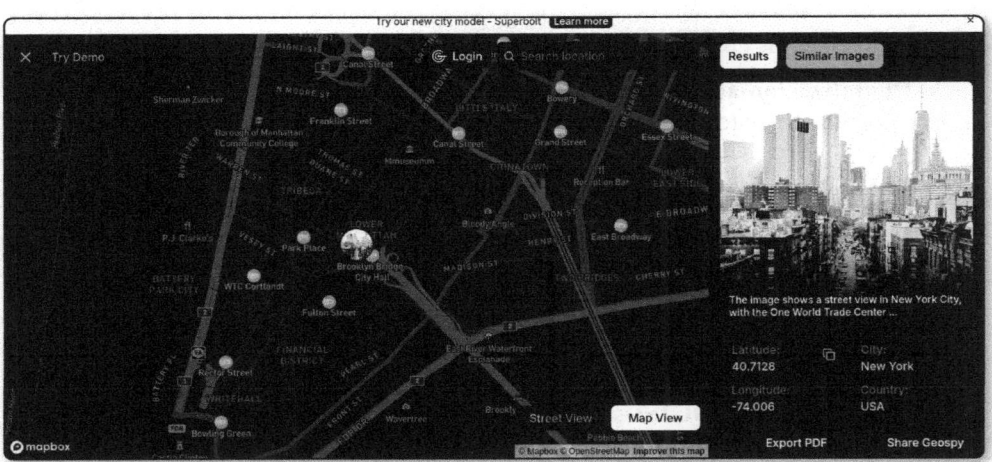

Figura 5.9. Geolocalización de imágenes con el servicio de GeoSpy

▶ **GeoEstimation** https://labs.tib.eu/geoestimation/ es un servicio de geolocalización de imágenes que permite a los usuarios estimar la ubicación de una foto sobre un mapa. También muestra el rendimiento del usuario en comparación con un enfoque de aprendizaje profundo y los resultados de clasificación de escenas.

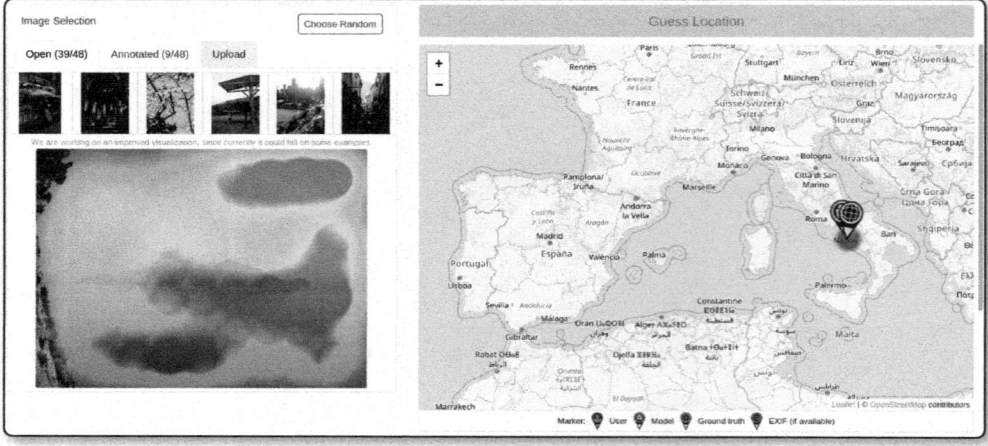

Figura 5.10. Geolocalización de imágenes con el servicio de GeoEstimation

5.9 MAPFLOW

Mapflow.ai https://mapflow.ai/ es una plataforma de análisis de imágenes y mapas asistido por inteligencia artificial que ofrece una serie de funcionalidades diseñadas para agilizar y mejorar los procesos de geoprocesamiento. Entre las **características** principales podemos destacar:

▶ **Digitalización automática de imágenes:** permite convertir imágenes satelitales y aéreas en datos vectoriales (puntos, líneas, polígonos) de manera rápida y precisa. Esto es especialmente útil para crear mapas digitales a partir de imágenes existentes.

▶ **Extracción de características:** utiliza algoritmos de inteligencia artificial para identificar y extraer características específicas de las imágenes, como edificios, carreteras, campos agrícolas y cuerpos de agua.

▶ **Análisis espacial**: permite realizar análisis espaciales sobre los datos extraídos, como calcular áreas, distancias y relaciones entre diferentes elementos.

▶ **Integración con QGIS:** se integra con el software de Sistema de Información Geográfica (SIG) QGIS, lo que permite a los usuarios trabajar con los datos extraídos de Mapflow.ai directamente en QGIS.

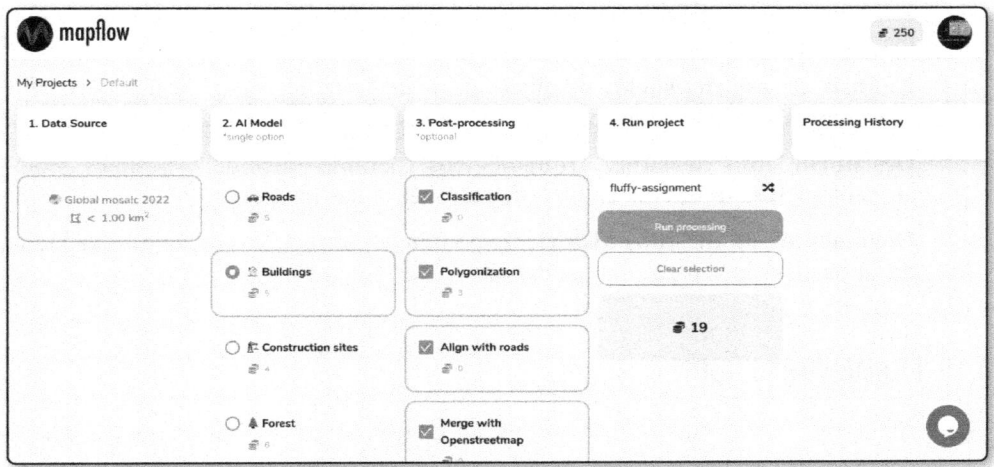

Figura 5.11. Vista de la herramienta para obtener información sobre una zona concreta del mapa

Una vez finalizado el procesamiento del área seleccionada, nos muestra en un mapa la información solicitada.

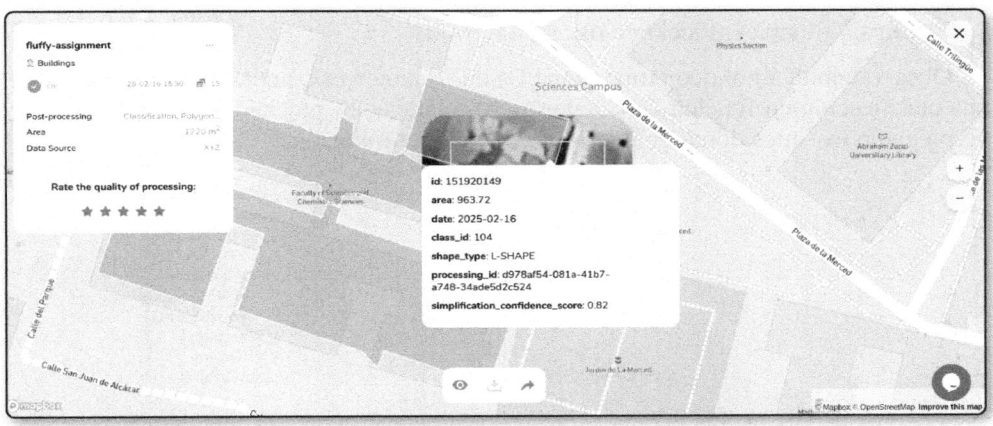

Figura 5.12. Vista de la herramienta con la información sobre un mapa

Mapflow.ai ofrece un amplio abanico de posibilidades gracias a su capacidad para procesar imágenes satelitales y aéreas de manera rápida y precisa. A continuación, analizamos algunos ejemplos prácticos de cómo se puede utilizar esta herramienta:

▸ **Detección de inundaciones**: al comparar imágenes antes y después de un evento, Mapflow.ai puede identificar áreas inundadas y evaluar los daños causados.

▸ **Crecimiento urbano:** ayuda a identificar áreas de expansión urbana y a evaluar el impacto de nuevos desarrollos en el entorno.

▶ **Gestión de infraestructuras**: facilita el seguimiento del estado de las carreteras, puentes y otras infraestructuras.

▶ **Análisis de uso del suelo:** permite clasificar diferentes tipos de uso del suelo (residencial, comercial, agrícola) y evaluar los cambios a lo largo del tiempo.

▶ **Descubrimiento de sitios arqueológicos:** permite identificar posibles sitios arqueológicos a través del análisis de patrones en las imágenes.

▶ **Documentación de sitios históricos:** permite crear registros visuales detallados de sitios históricos para su preservación.

5.10 FRAMEWORKS OSINT

5.10.1 OSINT FRAMEWORK

Es un recurso bastante interesante para llevar a cabo búsquedas de fuentes de información abiertas. La búsqueda de usuarios, direcciones de correo electrónico, direcciones IP y perfiles en redes sociales son casos típicos de búsquedas OSINT.

▶ http://osintframework.com

▶ https://github.com/lockfale/osint-framework

Observando el árbol que proporciona OSINT Framework, podemos ver cómo existe una clasificación en función de categorías y temáticas. Si pinchamos en cada nodo se desplegarán los sitios donde se podrá acceder a la información.

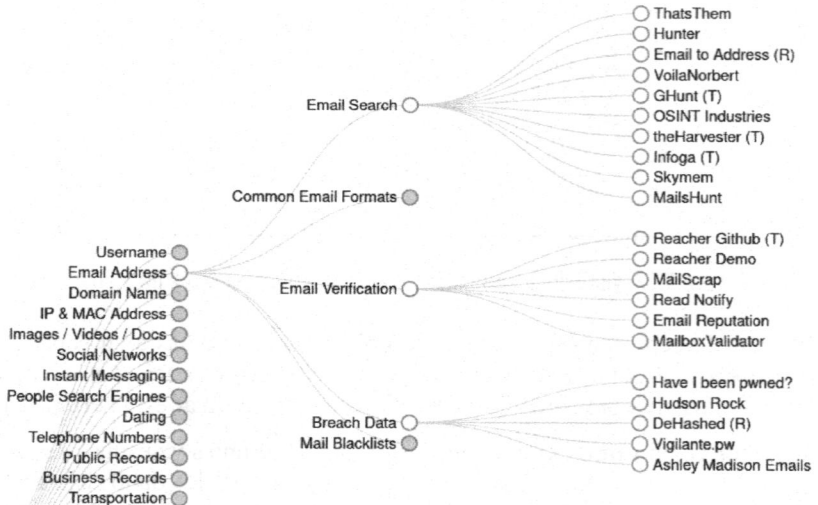

Figura 5.13. Vista de categorías y herramientas

Las categorías de nombres de dominio y direcciones IP proporcionan sitios donde el usuario podrá obtener gran cantidad de información. Por ejemplo, en el caso de las direcciones IP podemos ver como existen fuentes de información sobre reputación, geolocalización, puertos abiertos, direccionamiento IPv4 e IPv6.

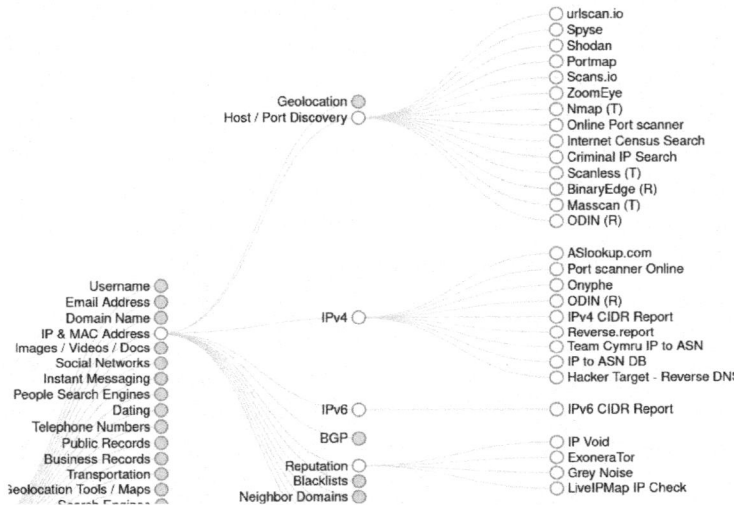

Figura 5.14. Categorías para descubrimiento de puertos y direccionamiento IP

En el caso de los nombres de dominio tenemos otras subcategorías que proporcionan información sobre los dominios. Por ejemplo, Whois, la reputación de dominios y subdominios obtenidos a partir de los dominios principales.

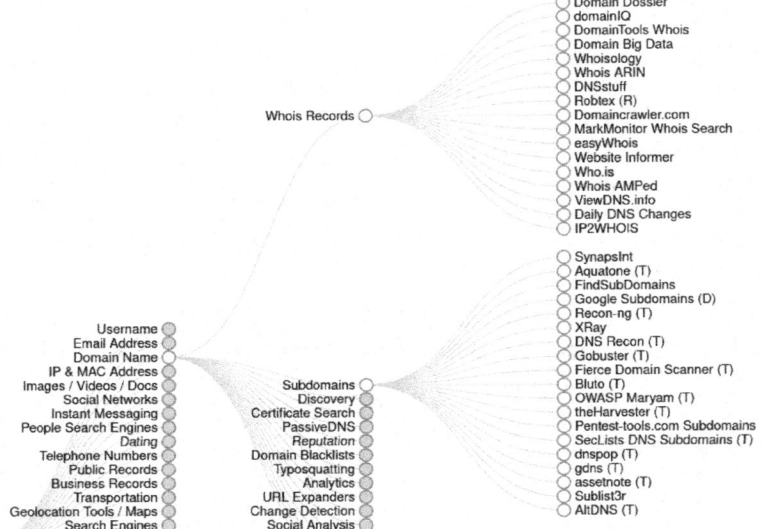

Figura 5.15. Categorías para herramientas Whois y obtención de subdominios

La categoría de motores de búsqueda proporciona acceso a buscadores de diferente tipo.

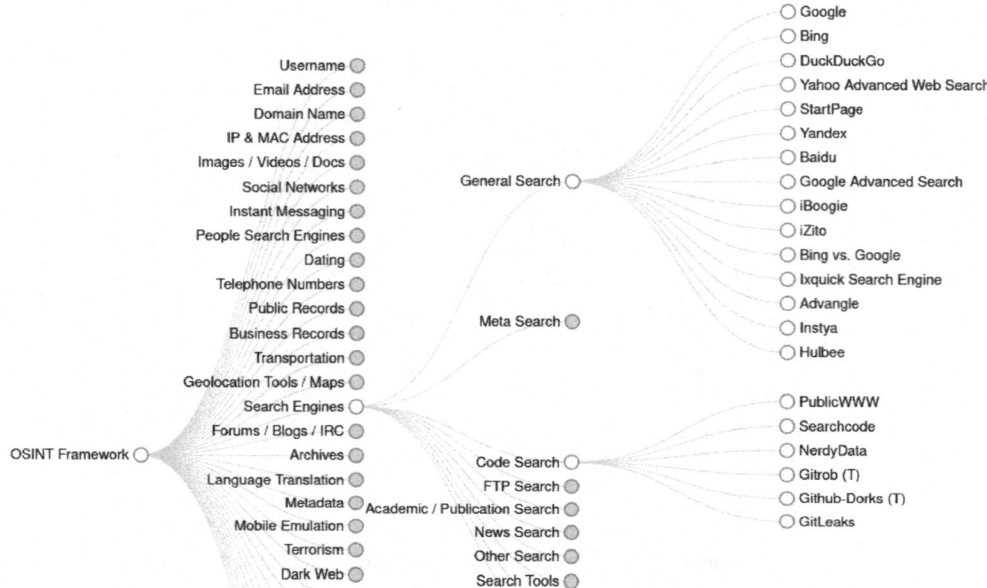

Figura 5.16. Categorías para motores de búsqueda

5.10.2 RECON-NG

Recon-ng https://github.com/lanmaster53/recon-ng es un framework modular que facilita la contribución de los desarrolladores de Python. Cada módulo es una subclase de la clase "module". La clase "module" es un intérprete personalizado "cmd" con funcionalidad incorporada que proporciona interfaces para tareas comunes tales como estandarización de resultados, interacción con la base de datos, realización de peticiones web y administración de claves API. Esta herramienta incorpora módulos Python y API Keys que le permiten ser un una vía para muchas herramientas que van desde The Harvester hasta Metasploit.

La instalación se puede realizar a partir del repositorio que encontramos en github donde disponemos de un fichero **requirements** y un **docker-compose.yml**

```
$ git clone https://github.com/lanmaster53/recon-ng.git
$ cd recon-ng
$ pip install -r REQUIREMENTS
$ python recon-ng
```

docker-compose.yml

```yaml
version: '3.7'

services:

    web:
        build: .
        image: recon-ng
        container_name: recon-ng
        ports:
            - '5000:5000'
        command: python3 ./recon-web --host 0.0.0.0
        volumes:
            - .:/recon-ng
            - ~/.recon-ng:/root/.recon-ng
        environment:
            - REDIS_URL=redis://redis:6379/0
        depends_on:
            - redis

    worker:
        image: recon-ng
        command: rq worker -u redis://redis:6379/0 recon-tasks
        volumes:
            - .:/recon-ng
            - ~/.recon-ng:/root/.recon-ng
        environment:
            - REDIS_URL=redis://redis:6379/0
        depends_on:
            - redis
            - web

    redis:
        image: redis
```

Al ejecutar la herramienta podemos ver los comandos que ofrece:

```
[recon-ng][default] > help

Commands (type [help|?] <topic>):
---------------------------------
back          Exits the current context
dashboard     Displays a summary of activity
db            Interfaces with the workspace's database
exit          Exits the framework
help          Displays this menu
index         Creates a module index (dev only)
keys          Manages third party resource credentials
marketplace   Interfaces with the module marketplace
modules       Interfaces with installed modules
options       Manages the current context options
pdb           Starts a Python Debugger session (dev only)
```

```
script          Records and executes command scripts
shell           Executes shell commands
show            Shows various framework items
snapshots       Manages workspace snapshots
spool           Spools output to a file
workspaces      Manages workspaces
```

Los **módulos** son aquellas herramientas que vamos a poder descargarnos del marketplace para poder utilizarlas con el objetivo de automatizar la recolección de información desde diferentes fuentes.

```
[recon-ng][default] > modules
Interfaces with installed modules

Usage: modules <load|reload|search> [...]

[recon-ng][default] > marketplace search


    +-------------------------------------------------------------------
--------------------+
    |                        Path                    | Version |    Status    |
   Updated   | D | K |
    +-------------------------------------------------------------------
--------------------+
    | discovery/info_disclosure/cache_snoop          | 1.1     | not installed |
2020-10-13 |   |   |
    | discovery/info_disclosure/interesting_files    | 1.2     | not installed |
2021-10-04 |   |   |
    | exploitation/injection/command_injector        | 1.0     | not installed |
2019-06-24 |   |   |
    | exploitation/injection/xpath_bruter            | 1.2     | not installed |
2019-10-08 |   |   |
    | import/csv_file                                | 1.1     | not installed |
2019-08-09 |   |   |
    | import/list                                    | 1.1     | not installed |
2019-06-24 |   |   |
    | import/masscan                                 | 1.0     | not installed |
2020-04-07 |   |   |
    | import/nmap                                    | 1.1     | not installed |
2020-10-06 |   |   |
    | recon/companies-contacts/bing_linkedin_cache   | 1.0     | not installed |
2019-06-24 |   | * |
    | recon/companies-contacts/censys_email_address  | 2.1     | not installed |
2022-01-31 | * | * |
    | recon/companies-contacts/pen                   | 1.1     | not installed |
2019-10-15 |   |   |
    | recon/companies-domains/censys_subdomains      | 2.1     | not installed |
2022-01-31 | * | * |
    | recon/companies-domains/pen                    | 1.1     | not installed |
2019-10-15 |   |   |
    | recon/companies-domains/viewdns_reverse_whois  | 1.1     | not installed |
2021-08-24 |   |   |
    | recon/companies-domains/whoxy_dns              | 1.1     | not installed |
2020-06-17 |   | * |
```

```
| recon/companies-multi/censys_org              | 2.1    | not installed |
2022-01-31 | * | * |
| recon/companies-multi/censys_tls_subjects     | 2.1    | not installed |
2022-01-31 | * | * |
| recon/companies-multi/github_miner            | 1.1    | not installed |
2020-05-15 |   | * |
| recon/companies-multi/shodan_org              | 1.1    | not installed |
2020-07-01 | * | * |
| recon/companies-multi/whois_miner             | 1.1    | not installed |
2019-10-15 |   |   |
| recon/contacts-contacts/abc                   | 1.0    | not installed |
2019-10-11 | * |   |
| recon/contacts-contacts/mailtester            | 1.0    | not installed |
2019-06-24 |   |   |
| recon/contacts-contacts/mangle                | 1.0    | not installed |
2019-06-24 |   |   |
| recon/contacts-contacts/unmangle              | 1.1    | not installed |
2019-10-27 |   |   |
| recon/contacts-credentials/hibp_breach        | 1.2    | not installed |
2019-09-10 |   | * |
| recon/contacts-credentials/hibp_paste         | 1.1    | not installed |
2019-09-10 |   | * |
| recon/contacts-domains/censys_email_to_domains| 2.1    | not installed |
2022-01-31 | * | * |
| recon/contacts-domains/migrate_contacts       | 1.1    | not installed |
2020-05-17 |   |   |
| recon/contacts-profiles/fullcontact           | 1.1    | not installed |
2019-07-24 |   | * |
| recon/credentials-credentials/adobe           | 1.0    | not installed |
2019-06-24 |   |   |
| recon/credentials-credentials/bozocrack       | 1.0    | not installed |
2019-06-24 |   |   |
| recon/credentials-credentials/hashes_org      | 1.0    | not installed |
2019-06-24 |   | * |
| recon/domains-companies/censys_companies      | 2.1    | not installed |
2022-01-31 | * | * |
| recon/domains-companies/pen                   | 1.1    | not installed |
2019-10-15 |   |   |
| recon/domains-companies/whoxy_whois           | 1.1    | not installed |
2020-06-24 |   | * |
| recon/domains-contacts/hunter_io              | 1.3    | not installed |
2020-04-14 |   | * |
| recon/domains-contacts/metacrawler            | 1.1    | not installed |
2019-06-24 | * |   |
| recon/domains-contacts/pen                    | 1.1    | not installed |
2019-10-15 |   |   |
| recon/domains-contacts/pgp_search             | 1.4    | not installed |
2019-10-16 |   |   |
| recon/domains-contacts/whois_pocs             | 1.0    | not installed |
2019-06-24 |   |   |
| recon/domains-contacts/wikileaker             | 1.0    | not installed |
2020-04-08 |   |   |
| recon/domains-domains/brute_suffix            | 1.1    | not installed |
2020-05-17 |   |   |
```

```
   | recon/domains-hosts/binaryedge                 | 1.2     | not installed |
2020-06-18 |   | * |
   | recon/domains-hosts/bing_domain_api            | 1.0     | not installed |
2019-06-24 |   | * |
   | recon/domains-hosts/bing_domain_web            | 1.1     | not installed |
2019-07-04 |   |   |
   | recon/domains-hosts/brute_hosts                | 1.0     | not installed |
2019-06-24 |   |   |
   | recon/domains-hosts/builtwith                  | 1.1     | not installed |
2021-08-24 |   | * |
   | recon/domains-hosts/censys_domain              | 2.1     | not installed |
2022-01-31 | * | * |
   | recon/domains-hosts/certificate_transparency   | 1.3     | not installed |
2019-09-16 |   |   |
   | recon/domains-hosts/google_site_web            | 1.0     | not installed |
2019-06-24 |   |   |
   | recon/domains-hosts/hackertarget               | 1.1     | not installed |
2020-05-17 |   |   |
   | recon/domains-hosts/mx_spf_ip                  | 1.0     | not installed |
2019-06-24 |   |   |
   | recon/domains-hosts/netcraft                   | 1.1     | not installed |
2020-02-05 |   |   |
   | recon/domains-hosts/shodan_hostname            | 1.1     | not installed |
2020-07-01 | * | * |
   | recon/domains-hosts/spyse_subdomains           | 1.1     | not installed |
2021-08-24 |   | * |
   | recon/domains-hosts/ssl_san                    | 1.0     | not installed |
2019-06-24 |   |   |
   | recon/domains-hosts/threatcrowd                | 1.0     | not installed |
2019-06-24 |   |   |
   | recon/domains-hosts/threatminer                | 1.0     | not installed |
2019-06-24 |   |   |
   | recon/domains-vulnerabilities/ghdb             | 1.1     | not installed |
2019-06-26 |   |   |
   | recon/domains-vulnerabilities/xssed            | 1.1     | not installed |
2020-10-18 |   |   |
   | recon/hosts-domains/migrate_hosts              | 1.1     | not installed |
2020-05-17 |   |   |
   | recon/hosts-hosts/bing_ip                      | 1.0     | not installed |
2019-06-24 |   | * |
   | recon/hosts-hosts/censys_hostname              | 2.1     | not installed |
2022-01-31 | * | * |
   | recon/hosts-hosts/censys_ip                    | 2.1     | not installed |
2022-01-31 | * | * |
   | recon/hosts-hosts/censys_query                 | 2.1     | not installed |
2022-01-31 | * | * |
   | recon/hosts-hosts/ipinfodb                     | 1.2     | not installed |
2021-08-24 |   | * |
   | recon/hosts-hosts/ipstack                      | 1.0     | not installed |
2019-06-24 |   | * |
   | recon/hosts-hosts/resolve                      | 1.0     | not installed |
2019-06-24 |   |   |
   | recon/hosts-hosts/reverse_resolve              | 1.0     | not installed |
2019-06-24 |   |   |
```

```
| recon/hosts-hosts/ssltools                        | 1.0   | not installed |
2019-06-24 |   |   |
| recon/hosts-hosts/virustotal                      | 1.0   | not installed |
2019-06-24 |   | * |
| recon/hosts-locations/migrate_hosts               | 1.0   | not installed |
2019-06-24 |   |   |
| recon/hosts-ports/binaryedge                      | 1.0   | not installed |
2019-06-24 |   | * |
| recon/hosts-ports/shodan_ip                       | 1.2   | not installed |
2020-07-01 | * | * |
| recon/locations-locations/geocode                 | 1.0   | not installed |
2019-06-24 |   | * |
| recon/locations-locations/reverse_geocode         | 1.0   | not installed |
2019-06-24 |   | * |
| recon/locations-pushpins/flickr                   | 1.0   | not installed |
2019-06-24 |   | * |
| recon/locations-pushpins/shodan                   | 1.1   | not installed |
2020-07-07 | * | * |
| recon/locations-pushpins/twitter                  | 1.1   | not installed |
2019-10-17 |   | * |
| recon/locations-pushpins/youtube                  | 1.2   | not installed |
2020-09-02 |   | * |
| recon/netblocks-companies/censys_netblock_company | 2.1   | not installed |
2022-01-31 | * | * |
| recon/netblocks-companies/whois_orgs              | 1.0   | not installed |
2019-06-24 |   |   |
| recon/netblocks-hosts/censys_netblock             | 2.1   | not installed |
2022-01-31 | * | * |
| recon/netblocks-hosts/reverse_resolve             | 1.0   | not installed |
2019-06-24 |   |   |
| recon/netblocks-hosts/shodan_net                  | 1.2   | not installed |
2020-07-21 | * | * |
| recon/netblocks-hosts/virustotal                  | 1.0   | not installed |
2019-06-24 |   | * |
| recon/netblocks-ports/census_2012                 | 1.0   | not installed |
2019-06-24 |   |   |
| recon/netblocks-ports/censysio                    | 1.0   | not installed |
2019-06-24 |   | * |
| recon/ports-hosts/migrate_ports                   | 1.0   | not installed |
2019-06-24 |   |   |
| recon/ports-hosts/ssl_scan                        | 1.1   | not installed |
2021-08-24 |   |   |
| recon/profiles-contacts/bing_linkedin_contacts    | 1.2   | not installed |
2021-08-24 |   | * |
| recon/profiles-contacts/dev_diver                 | 1.1   | not installed |
2020-05-15 |   |   |
| recon/profiles-contacts/github_users              | 1.0   | not installed |
2019-06-24 |   | * |
| recon/profiles-profiles/namechk                   | 1.0   | not installed |
2019-06-24 |   | * |
| recon/profiles-profiles/profiler                  | 1.2   | not installed |
2023-12-30 |   |   |
| recon/profiles-profiles/twitter_mentioned         | 1.0   | not installed |
2019-06-24 |   | * |
```

```
| recon/profiles-profiles/twitter_mentions           | 1.0   | not installed |
2019-06-24 |   | * |
| recon/profiles-repositories/github_repos            | 1.1   | not installed |
2020-05-15 |   | * |
| recon/repositories-profiles/github_commits          | 1.0   | not installed |
2019-06-24 |   | * |
| recon/repositories-vulnerabilities/gists_search     | 1.0   | not installed |
2019-06-24 |   |   |
| recon/repositories-vulnerabilities/github_dorks     | 1.0   | not installed |
2019-06-24 |   | * |
| reporting/csv                                       | 1.0   | not installed |
2019-06-24 |   |   |
| reporting/html                                      | 1.0   | not installed |
2019-06-24 |   |   |
| reporting/json                                      | 1.0   | not installed |
2019-06-24 |   |   |
| reporting/list                                      | 1.0   | not installed |
2019-06-24 |   |   |
| reporting/proxifier                                 | 1.0   | not installed |
2019-06-24 |   |   |
| reporting/pushpin                                   | 1.0   | not installed |
2019-06-24 |   | * |
| reporting/xlsx                                      | 1.0   | not installed |
2019-06-24 |   |   |
| reporting/xml                                       | 1.1   | not installed |
2019-06-24 |   |   |
  +-----------------------------------------------------------------------
----------------------+

D = Has dependencies. See info for details.
K = Requires keys. See info for details.
```

Al ejecutar el comando anterior vemos los módulos que hay disponibles para su instalación. Para instalar un módulo lo podríamos hacer de esta forma:

```
[recon-ng][default] > marketplace install recon/domains-hosts/hackertarget
[*] Module installed: recon/domains-hosts/hackertarget
[*] Reloading modules...
```

Una vez instalado, podremos cargarlo y ver las opciones que ofrece:

```
[recon-ng][default] > modules load [módulo]
[recon-ng][default] > modules load recon/domains-hosts/hackertarget
[recon-ng][default][hackertarget] > info

    Name: HackerTarget Lookup
  Author: Michael Henriksen (@michenriksen)
 Version: 1.1

Description:
  Uses the HackerTarget.com API to find host names. Updates the 'hosts' table
with the results.

Options:
```

```
   Name    Current Value  Required  Description
   ------  -------------  --------  -----------
   SOURCE  default        yes       source of input (see 'info' for details)

Source Options:
   default          SELECT DISTINCT domain FROM domains WHERE domain IS NOT NULL
   <string>         string representing a single input
   <path>           path to a file containing a list of inputs
   query <sql>      database query returning one column of inputs

[recon-ng][default][hackertarget] > options list

   Name    Current Value  Required  Description
   ------  -------------  --------  -----------
   SOURCE  default        yes       source of input (see 'info' for details)
```

Para ejecutar el módulo, primero hay que establecer el parámetro **SOURCE** con el dominio que vamos a analizar y luego ejecutar el comando "**run**".

```
[recon-ng][default][hackertarget] > options set SOURCE python.org
SOURCE => python.org
[recon-ng][default][hackertarget] > run


----------
PYTHON.ORG
----------
[*] Country: None
[*] Host: python.org
[*] Ip_Address: 151.101.0.223
[*] Latitude: None
[*] Longitude: None
[*] Notes: None
[*] Region: None
[*] -------------------------------------------------
[*] Country: None
[*] Host: bugs.python.org
[*] Ip_Address: 45.55.99.191
[*] Latitude: None
[*] Longitude: None
[*] Notes: None
[*] Region: None
[*] -------------------------------------------------
[*] Country: None
[*] Host: dinsdale.python.org
[*] Ip_Address: 82.94.164.162
[*] Latitude: None
[*] Longitude: None
[*] Notes: None
[*] Region: None
[*] -------------------------------------------------
[*] Country: None
[*] Host: es.python.org
[*] Ip_Address: 185.199.109.153
```

```
[*] Latitude: None
[*] Longitude: None
[*] Notes: None
[*] Region: None
[*] ----------------------------------------------------
[*] Country: None
[*] Host: calendario.es.python.org
[*] Ip_Address: 46.4.94.207
[*] Latitude: None
[*] Longitude: None
[*] Notes: None
[*] Region: None
[*] ----------------------------------------------------
[*] Country: None
[*] Host: comunidad.es.python.org
[*] Ip_Address: 185.195.96.31
[*] Latitude: None
[*] Longitude: None
[*] Notes: None
[*] Region: None
[*] ----------------------------------------------------
[*] Country: None
[*] Host: documentos-asociacion.es.python.org
[*] Ip_Address: 46.4.94.207
[*] Latitude: None
[*] Longitude: None
[*] Notes: None
[*] Region: None
[*] ----------------------------------------------------
[*] Country: None
[*] Host: hg.es.python.org
[*] Ip_Address: 46.4.94.207
[*] Latitude: None
[*] Longitude: None
[*] Notes: None
[*] Region: None
[*] ----------------------------------------------------
[*] Country: None
[*] Host: lists.es.python.org
[*] Ip_Address: 46.4.94.207
[*] Latitude: None
[*] Longitude: None
[*] Notes: None
[*] Region: None
[*] ----------------------------------------------------
[*] Country: None
[*] Host: openbadges.es.python.org
[*] Ip_Address: 46.4.94.207
[*] Latitude: None
[*] Longitude: None
[*] Notes: None
[*] Region: None
[*] ----------------------------------------------------
```

```
[*] Country: None
[*] Host: front.python.org
[*] Ip_Address: 140.211.10.69
[*] Latitude: None
[*] Longitude: None
[*] Notes: None
[*] Region: None
[*] --------------------------------------------------
[*] Country: None
[*] Host: mail.python.org
[*] Ip_Address: 188.166.95.178
[*] Latitude: None
[*] Longitude: None
[*] Notes: None
[*] Region: None
[*] --------------------------------------------------
[*] Country: None
[*] Host: pl.python.org
[*] Ip_Address: 57.128.173.223
[*] Latitude: None
[*] Longitude: None
[*] Notes: None
[*] Region: None
[*] --------------------------------------------------
[*] Country: None
[*] Host: uk.python.org
[*] Ip_Address: 104.198.14.52
[*] Latitude: None
[*] Longitude: None
[*] Notes: None
[*] Region: None
[*] --------------------------------------------------
[*] Country: None
[*] Host: community.uk.python.org
[*] Ip_Address: 185.199.108.153
[*] Latitude: None
[*] Longitude: None
[*] Notes: None
[*] Region: None
[*] --------------------------------------------------
[*] Country: None
[*] Host: membership.uk.python.org
[*] Ip_Address: 52.56.203.177
[*] Latitude: None
[*] Longitude: None
[*] Notes: None
[*] Region: None
[*] --------------------------------------------------

-------
SUMMARY
-------
[*] 16 total (16 new) hosts found.
```

Al final de la ejecución podemos ver que la información queda almacenada en una base de datos de uso interno por la aplicación.

```
[recon-ng][default][hackertarget] > show info
Shows various framework items

Usage: show <companies|contacts|credentials|domains|hosts|leaks|locations|netblocks|p
orts|profiles|pushpins|repositories|vulnerabilities>

[recon-ng][default][hackertarget] > show hosts

    +----------------------------------------------------------------------
    ----------------------------------------------------+
    | rowid |              host               |   ip_address  | region |
    country | latitude | longitude | notes |    module      |
    +----------------------------------------------------------------------
    ----------------------------------------------------+
    | 1       | python.org                     | 151.101.0.223  |        |
    |         |          |           | hackertarget |
    | 2       | bugs.python.org                | 45.55.99.191   |        |
    |         |          |           | hackertarget |
    | 3       | dinsdale.python.org            | 82.94.164.162  |        |
    |         |          |           | hackertarget |
    | 4       | es.python.org                  | 185.199.109.153 |        |
    |         |          |           | hackertarget |
    | 5       | calendario.es.python.org       | 46.4.94.207    |        |
    |         |          |           | hackertarget |
    | 6       | comunidad.es.python.org        | 185.195.96.31  |        |
    |         |          |           | hackertarget |
    | 7       | documentos-asociacion.es.python.org | 46.4.94.207    |        |
    |         |          |           | hackertarget |
    | 8       | hg.es.python.org               | 46.4.94.207    |        |
    |         |          |           | hackertarget |
    | 9       | lists.es.python.org            | 46.4.94.207    |        |
    |         |          |           | hackertarget |
    | 10      | openbadges.es.python.org       | 46.4.94.207    |        |
    |         |          |           | hackertarget |
    | 11      | front.python.org               | 140.211.10.69  |        |
    |         |          |           | hackertarget |
    | 12      | mail.python.org                | 188.166.95.178 |        |
    |         |          |           | hackertarget |
    | 13      | pl.python.org                  | 57.128.173.223 |        |
    |         |          |           | hackertarget |
    | 14      | uk.python.org                  | 104.198.14.52  |        |
    |         |          |           | hackertarget |
    | 15      | community.uk.python.org        | 185.199.108.153 |        |
    |         |          |           | hackertarget |
    | 16      | membership.uk.python.org       | 52.56.203.177  |        |
    |         |          |           | hackertarget |
    +----------------------------------------------------------------------
    ----------------------------------------------------+

[*] 16 rows returned
```

5.10.3 OSRFRAMEWORK

OSRFramework https://github.com/i3visio/osrframework es un framework de investigación de código abierto desarrollado en Python que permite recopilar datos de múltiples fuentes y ayuda en la tarea de crear perfiles de usuario utilizando diferentes herramientas de OSINT. Estos son los módulos que están implementados:

- ► **usufy.py**: script que verifica si existe un nombre de usuario en más de 300 plataformas en redes sociales.

- ► **mailfy.py**: script que permite comprobar si un nombre de usuario ha sido registrado en diferentes proveedores de correo electrónico.

- ► **searchfy.py**: permite buscar perfiles usando nombres completos en diferentes plataformas.

- ► **domainfy.py**: herramienta que permite verificar la existencia de un dominio.

- ► **phonefy.py:** herramienta que verifica si un número de teléfono ha sido vinculado a prácticas de spam.

- ► **entify.py**: utilidad para buscar expresiones regulares usando diferentes patrones.

OSRFramework se puede instalar en Windows y en sistemas UNIX. Tiene como dependencias los módulos de python que podemos encontrar en el fichero de requirements. txt. El proyecto es de código abierto y está disponible en el repositorio oficial de python https://pypi.python.org/pypi/osrframework.

El script **searchfy.py** permite la consulta en redes sociales y busca perfiles que coincidan con el criterio de búsqueda. Con este script podemos recolectar nombres de usuario y vincular a un único nombre usuario con múltiples perfiles de usuario en redes sociales.

```
$ searchfy -h
usage: searchfy (--license | -q <searches> [<searches> ...]) [-e <sum_ext> [<sum_
ext> ...]] [-F <alternative_header_file>]
              [-o <path_to_output_folder>] [-p <platform> [<platform> ...]]
[-w] [-x <platform> [<platform> ...]] [-h] [--version]

searchfy - Piece of software that performs a query on the platforms in
OSRFramework.

Input options (one required):
  --license              shows the GPLv3+ license and exists.
  -q <searches> [<searches> ...], --queries <searches> [<searches> ...]
                         the list of queries to be performed).

Processing arguments:
  Configuring the way in which searchfy will process the identified profiles.

  -e <sum_ext> [<sum_ext> ...], --extension <sum_ext> [<sum_ext> ...]
                         output extension for the summary files. Default: xls.
```

```
  -F <alternative_header_file>, --file_header <alternative_header_file>
                        Header for the output filenames to be generated. If None
was provided the following will be used: profiles.<extension>
  -o <path_to_output_folder>, --output_folder <path_to_output_folder>
                        output folder for the generated documents. While if the
paths does not exist, usufy.py will try to create; if this argument
                        is not provided, usufy will NOT write any down any data.
Check permissions if something goes wrong.
  -p <platform> [<platform> ...], --platforms <platform> [<platform> ...]
                        select the platforms where you want to perform the
search amongst the following: ['all', 'github', 'instagram',
                        'keyserverubuntu']. More than one option can be
selected.
  -w, --web_browser     opening the URIs returned in the default web browser.
  -x <platform> [<platform> ...], --exclude <platform> [<platform> ...]
                        select the platforms that you want to exclude from the
processing.
```

```
$ searchfy -q "github"
2025-01-26 21:02:59.024014  Starting search in different platform(s)... Relax!

  Press <Ctrl + C> to stop...

  [*] Launching search using the Github module...
  [*] Launching search using the Instagram module...
  [*] Launching search using the KeyServerUbuntu module...

2025-01-26 21:03:06.167319  Results obtained:

Sheet Name: Objects recovered (2025-1-26_21h3m).
+--------------------+----------------------------------------------+---------
--------------------------------------------------------------------------------
--------------------------+------------------------+----------------------------
-----+
| com.i3visio.Platform |            com.i3visio.Email            |
com.i3visio.URI                                        |     com.
i3visio.Alias      |     com.i3visio.Domain      |
+====================+==============================================+=========
================================================================================
==========================+========================+====================
=====+
| KeyServerUbuntu      | ted.dunning@gmail.com            | https://
keyserver.ubuntu.com/pks/lookup?fingerprint=on&op=index&search=ted.dunning@
gmail.com                    | ted.dunning              | gmail.com
|
  +--------------------+----------------------------------------------+---------
--------------------------------------------------------------------------------
--------------------------+------------------------+----------------------------
-----+
| KeyServerUbuntu      | electr0sheep@electr0sheep.com      | https://
keyserver.ubuntu.com/pks/lookup?fingerprint=on&op=index&search=electr0sheep@
electr0sheep.com              | electr0sheep            | electr0sheep.com
```

El script **usufy.py** es un módulo que verifica la existencia de un perfil para un usuario determinado en más de 200 plataformas, identificando en qué plataformas se han dado de alta los nombres de usuarios generados.

```
$ usufy -h                                                                    ✓
usage: usufy (--info <action> | -b | -f <path_to_fuzzing_list> | -l <path_to_nick_
list> | -n <nick> [<nick> ...] | --show_tags)
             [-p <platform> [<platform> ...]] [-t <tag> [<tag> ...]] [-x
<platform> [<platform> ...]] [--avoid_download] [--avoid_processing]
             [--fuzz_config <path_to_fuzz_list>] [--nonvalid <not_valid_
characters>] [-e <sum_ext> [<sum_ext> ...]] [-L <path_to_log_folder]
             [-o <path_to_output_folder>] [-w] [-F <alternative_header_file>] [-T
<num_threads>] [-h] [-v <verbosity>] [--version]

usufy - Piece of software that checks the existence of a profile for a given user
in dozens of different platforms.

Input options (one required):
  --info <action>        select the action to be performed amongst the following:
list_platforms (list the details of the selected platforms),
                       list_tags (list the tags of the selected platforms).
Afterwards, it exists.
  -b, --benchmark        perform the benchmarking tasks.
  -f <path_to_fuzzing_list>, --fuzz <path_to_fuzzing_list>
                       this option will try to find usufy-like URLs. The list of
fuzzing platforms in the file should be (one per line):
                       <BASE_DOMAIN> <VALID_NICK>
  -l <path_to_nick_list>, --list <path_to_nick_list>
                       path to the file where the list of nicks to verify is
stored (one per line).
  -n <nick> [<nick> ...], --nicks <nick> [<nick> ...]
                       the list of nicks to process (at least one is required).
  --show_tags            it will show the platforms grouped by tags.

Platform selection arguments:
  Criteria for selecting the platforms where performing the search.

  -p <platform> [<platform> ...], --platforms <platform> [<platform> ...]
                       select the platforms where you want to perform the
search amongst the following: ['all', 'about', 'affilorama', 'archive',
                       'arduino', 'ariva', 'armorgames', 'askfm', 'audiob',
'audioboom', 'badoo', 'bandcamp', 'bennugd', 'betblog', 'bitbucket',
                       'bitcointalk', 'bitrated', 'blogmarks', 'blogspot',
'boonex', 'bubok', 'buddypic', 'burbuja.info', 'carbonmade', 'cartodb',
                       'causes', 'ccm', 'ccsinfo', 'chess', 'cockos',
'codecademy', 'codementor', 'coderwall', 'connectingsingles', 'couchsurfing',
                       'crokes', 'crowdin', 'cryptocompare', 'dailymotion',
'datpiff', 'deviantart', 'digitalspy', 'disqus', 'doodle', 'douban',
                       'dribbble', 'drupal', 'dzone', 'ebay', 'echatta',
'ello', 'emoneyspace', 'enfemenino', 'etsy', 'eyeem', 'fandom', 'fanpop',
                       'fark', 'flickr', 'foros24h', 'forosperu', 'forospyware',
'freelancer', 'freerepublic', 'github', 'goodreads', 'gravatar',
                       'gsmspain', 'houzz', 'htcmania', 'hubpages',
'ibosocial', 'ifunny', 'instagram', 'instructables', 'issuu', 'ivoox',
                       'jamiiforums', 'kali', 'kanogames', 'keybase',
'kickstarter', 'kinja', 'kongregate', 'lastfm', 'livejournal', 'losviajeros',
                       'mastodonsocial', 'mastodonxyz', 'mcneel', 'mediavida',
'medium', 'memrise', 'meneame', 'mercadolibre', 'meteor', 'minds',
```

```
                        'mozilla', 'mstdnjp', 'musicasacra', 'myeloma',
'myfitnesspal', 'myspace', 'nairaland', 'netvibes', 'newgrounds', 'notabug',
                        'occupywallst', 'ok', 'openframeworks', 'openstreetmap',
'papaly', 'pastebin', 'patreon', 'pawoo', 'pearltrees',
                        'periscope', 'pjrc', 'pokerred', 'pornhub', 'rankia',
'reddit', 'redtube', 'reverbnation', 'ripenear', 'rojadirecta',
                        'ruby', 'scribd', 'seatwish', 'sencha', 'slashdot',
'slideshare', 'smartcitizen', 'smugmug', 'soundcloud', 'spaniards',
                        'spoj', 'spotify', 'spreaker', 'steamcommunity',
'steemit', 'steinberg', 'teamtreehouse', 'telegram', 'thestudentroom',
                        'theverge', 'tippin_me', 'trakt', 'twitter', 'typepad',
'unsplash', 'verbling', 'vexforum', 'viddler', 'videohelp', 'vimeo',
                        'vk', 'warriorforum', 'webtv', 'wikipedia_ar',
'wikipedia_ca', 'wikipedia_de', 'wikipedia_en', 'wikipedia_es',
                        'wikipedia_eu', 'wikipedia_fr', 'wikipedia_pt',
'wikipedia_ru', 'winamp', 'wishlistr', 'witty', 'wykop', 'xing', 'zentyal',
                        'zotero']. More than one option can be selected.
  -t <tag> [<tag> ...], --tags <tag> [<tag> ...]
                        select the list of tags that fit the platforms in which
you want to perform the search. More than one option can be
                        selected.
  -x <platform> [<platform> ...], --exclude <platform> [<platform> ...]
                        select the platforms that you want to exclude from the
processing.

Processing arguments:
  Configuring the way in which usufy will process the identified profiles.

  --avoid_download      argument to force usufy NOT to store the downloadable
version of the profiles.
  --avoid_processing    argument to force usufy NOT to perform any processing
task with the valid profiles.
  --fuzz_config <path_to_fuzz_list>
                        path to the fuzzing config details. Wildcards such as the
domains or the nicknames should come as: <DOMAIN>, <USERNAME>.
  --nonvalid <not_valid_characters>
                        string containing the characters considered as not valid
for nicknames.
  -e <sum_ext> [<sum_ext> ...], --extension <sum_ext> [<sum_ext> ...]
                        output extension for the summary files. Default: csv.
  -L <path_to_log_folder, --logfolder <path_to_log_folder
                        path to the log folder. If none was provided, ./logs is
assumed.
  -o <path_to_output_folder>, --output_folder <path_to_output_folder>
                        output folder for the generated documents. While if the
paths does not exist, usufy will try to create; if this argument is
                        not provided, usufy will NOT write any down any data.
Check permissions if something goes wrong.
  -w, --web_browser     opening the uris returned in the default web browser.
  -F <alternative_header_file>, --file_header <alternative_header_file>
                        Header for the output filenames to be generated. If None
was provided the following will be used: profiles.<extension>.
  -T <num_threads>, --threads <num_threads>
                        write down the number of threads to be used (default
32). If 0, the maximum number possible will be used, which may make the
                        system feel unstable.

$ usufy -n "python"
2025-01-26 20:27:27.541558  Results obtained (112):
```

```
Sheet Name: Objects recovered (2025-1-26_20h27m).
+-----------------------------------------------------------------------+-------
-----------+----------------------+
|                          com.i3visio.URI                              | com.
i3visio.Alias | com.i3visio.Platform |
+=======================================================================+=======
===========+======================+
| http://www.betblog.com/tipster/python                                 | python
| Betblog              |
+-----------------------------------------------------------------------+-------
-----------+----------------------+
| https://badoo.com/python                                              | python
| Badoo                |
+-----------------------------------------------------------------------+-------
-----------+----------------------+
| https://bitcointalk.org/index.php?action=profile;user=python          | python
| Bitcointalk          |
+-----------------------------------------------------------------------+-------
-----------+----------------------+
| http://forum.bennugd.org/index.php?action=profile;user=python         | python
| Bennugd              |
+-----------------------------------------------------------------------+-------
-----------+----------------------+
| http://www.burbuja.info/inmobiliaria/member-python.html               | python
| Burbuja.info         |
+-----------------------------------------------------------------------+-------
-----------+----------------------+
| http://python.blogspot.com.es/                                        | python
| Blogspot             |
+-----------------------------------------------------------------------+-------
-----------+----------------------+
| http://www.ariva.de/profil/python                                     | python
| Ariva                |
+-----------------------------------------------------------------------+-------
-----------+----------------------+
| https://bandcamp.com/python                                           | python
| Bandcamp             |
+-----------------------------------------------------------------------+-------
-----------+----------------------+
| https://about.me/python                                               | python
| About                |
+-----------------------------------------------------------------------+-------
-----------+----------------------+
| http://forum.audiob.us/profile/python                                 | python
| Audiob               |
+-----------------------------------------------------------------------+-------
-----------+----------------------+
| https://bitbucket.org/python                                          | python
| Bitbucket            |
+-----------------------------------------------------------------------+-------
-----------+----------------------+
| http://armorgames.com/user/python                                     | python
| Armorgames           |
+-----------------------------------------------------------------------+-------
-----------+----------------------+
| http://es.ccm.net/profile/user/python                                 | python
| Ccm                  |
+-----------------------------------------------------------------------+-------
-----------+----------------------+
```

```
-----------+---------------------+
| http://python.carbonmade.com                                     | python
| Carbonmade        |
+-----------------------------------------------------------------+-------
-----------+---------------------+
| https://www.causes.com/python                                    | python
| Causes            |
+-----------------------------------------------------------------+-------
-----------+---------------------+
| https://www.cryptocompare.com/profile/python/#/Activity          | python
| cryptocompare     |
+-----------------------------------------------------------------+-------
-----------+---------------------+
| http://www.chess.com/members/view/python                         | python
| Chess             |
+-----------------------------------------------------------------+-------
-----------+---------------------+
| http://www.dailymotion.com/python                                | python
| Dailymotion       |
+-----------------------------------------------------------------+-------
-----------+---------------------+
| http://forum.cockos.com/member.php?username=python               | python
| Cockos            |
+-----------------------------------------------------------------+-------
-----------+---------------------+
| http://www.datpiff.com/profile/python                            | python
| Datpiff           |
+-----------------------------------------------------------------+-------
-----------+---------------------+
| https://crowdin.com/profile/python                               | python
| Crowdin           |
+-----------------------------------------------------------------+-------
-----------+---------------------+
| https://www.bubok.es/autores/python                              | python
| Bubok             |
+-----------------------------------------------------------------+-------
-----------+---------------------+
| https://www.drupal.org/u/python                                  | python
| Drupal            |
+-----------------------------------------------------------------+-------
-----------+---------------------+
| https://www.codementor.io/python                                 | python
| Codementor        |
+-----------------------------------------------------------------+-------
-----------+---------------------+
| https://disqus.com/python                                        | python
| Disqus            |
+-----------------------------------------------------------------+-------
-----------+---------------------+
| http://doodle.com/python                                         | python
| Doodle            |
+-----------------------------------------------------------------+-------
-----------+---------------------+
| https://dribbble.com/python                                      | python
| Dribbble          |
+-----------------------------------------------------------------+-------
-----------+---------------------+
| http://www.emoneyspace.com/forum/index.php?action=profile;user=python | python
| Emoneyspace       |
```

```
+--------------------------------------------------------------------+-------
-----------+---------------------+
| https://www.etsy.com/people/python                                 | python
| Etsy                  |
+--------------------------------------------------------------------+-------
-----------+---------------------+
| http://www.connectingsingles.com/user/python                      | python
| Connectingsingles     |
+--------------------------------------------------------------------+-------
-----------+---------------------+
| https://ello.co/python                                             | python
| Ello                  |
+--------------------------------------------------------------------+-------
-----------+---------------------+
| https://www.couchsurfing.org/people/python                        | python
| Couchsurfing          |
+--------------------------------------------------------------------+-------
-----------+---------------------+
| http://python.deviantart.com                                       | python
| Deviantart            |
+--------------------------------------------------------------------+-------
-----------+---------------------+
| http://www.crokes.com/python/                                      | python
| Crokes                |
+--------------------------------------------------------------------+-------
-----------+---------------------+
| https://www.eyeem.com/u/python                                     | python
| Eyeem                 |
+--------------------------------------------------------------------+-------
-----------+---------------------+
| http://www.fanpop.com/fans/python                                  | python
| Fanpop                |
+--------------------------------------------------------------------+-------
-----------+---------------------+
| http://www.fark.com/users/python                                   | python
| Fark                  |
+--------------------------------------------------------------------+-------
-----------+---------------------+
| http://www.echatta.net/component/comprofiler/userprofile/python    | python
| Echatta               |
+--------------------------------------------------------------------+-------
-----------+---------------------+
| http://forosperu.net/members/?username=python                      | python
| Forosperu             |
+--------------------------------------------------------------------+-------
-----------+---------------------+
| https://archive.org/details/@python                                | python
| Archive               |
+--------------------------------------------------------------------+-------
-----------+---------------------+
| http://dzone.com/users/python                                      | python
| Dzone                 |
+--------------------------------------------------------------------+-------
-----------+---------------------+
| https://github.com/python                                          | python
| Github                |
+--------------------------------------------------------------------+-------
-----------+---------------------+
| https://www.houzz.com/user/python                                  | python
```

```
| Houzz               |
+--------------------+---------------------+---------------------------------------------------+-------
-----------+---------------------+
| http://www.freerepublic.com/~python                                                 | python
| Freerepublic       |
+--------------------+---------------------+---------------------------------------------------+-------
-----------+---------------------+
| https://ifunny.co/python                                                            | python
| IFunny             |
+--------------------+---------------------+---------------------------------------------------+-------
-----------+---------------------+
| http://hubpages.com/@python                                                         | python
| Hubpages           |
+--------------------+---------------------+---------------------------------------------------+-------
-----------+---------------------+
| https://python.ivoox.com                                                            | python
| Ivoox              |
+--------------------+---------------------+---------------------------------------------------+-------
-----------+---------------------+
| https://www.kickstarter.com/profile/python                                          | python
| Kickstarter        |
+--------------------+---------------------+---------------------------------------------------+-------
-----------+---------------------+
| http://www.goodreads.com/python                                                     | python
| Goodreads          |
+--------------------+---------------------+---------------------------------------------------+-------
-----------+---------------------+
| https://www.jamiiforums.com/members/?username=python                                | python
| Jamiiforums        |
+--------------------+---------------------+---------------------------------------------------+-------
-----------+---------------------+
| http://www.kanogames.com/profile/user/python                                        | python
| Kanogames          |
+--------------------+---------------------+---------------------------------------------------+-------
-----------+---------------------+
| http://htcmania.com/member.php?username=python                                      | python
| Htcmania           |
+--------------------+---------------------+---------------------------------------------------+-------
-----------+---------------------+
| http://www.kongregate.com/accounts/python                                           | python
| Kongregate         |
+--------------------+---------------------+---------------------------------------------------+-------
-----------+---------------------+
| https://mastodon.social/@python                                                     | python
| MastodonSocial     |
+--------------------+---------------------+---------------------------------------------------+-------
-----------+---------------------+
| https://mastodon.xyz/@python                                                        | python
| MastodonXyz        |
+--------------------+---------------------+---------------------------------------------------+-------
-----------+---------------------+
| https://www.flickr.com/photos/python                                                | python
| Flickr             |
+--------------------+---------------------+---------------------------------------------------+-------
-----------+---------------------+
| https://www.freelancer.com/u/python                                                 | python
| Freelancer         |
+--------------------+---------------------+---------------------------------------------------+-------
-----------+---------------------+
```

```
| https://medium.com/@python                                        | python
| Medium                |
+------------------------------------------------------------------------+-------
-----------+--------------------+
| http://www.instructables.com/member/python                        | python
| Instructables         |
+------------------------------------------------------------------------+-------
-----------+--------------------+
| http://www.meneame.net/user/python                                | python
| Meneame               |
+------------------------------------------------------------------------+-------
-----------+--------------------+
| http://python.livejournal.com                                     | python
| Livejournal           |
+------------------------------------------------------------------------+-------
-----------+--------------------+
| https://mstdn.jp/@python                                          | python
| MstdnJP               |
+------------------------------------------------------------------------+-------
-----------+--------------------+
| https://www.memrise.com/user/python/                              | python
| Memrise               |
+------------------------------------------------------------------------+-------
-----------+--------------------+
| https://www.minds.com/python                                      | python
| Minds                 |
+------------------------------------------------------------------------+-------
-----------+--------------------+
| https://forums.kali.org/member.php?username=python                | python
| Kali                  |
+------------------------------------------------------------------------+-------
-----------+--------------------+
| http://www.myfitnesspal.com/user/python/profile/python            | python
| MyFitnessPal          |
+------------------------------------------------------------------------+-------
-----------+--------------------+
| https://nairaland.com/python                                      | python
| Nairaland             |
+------------------------------------------------------------------------+-------
-----------+--------------------+
| http://myspace.com/python                                         | python
| Myspace               |
+------------------------------------------------------------------------+-------
-----------+--------------------+
| http://www.netvibes.com/python                                    | python
| Netvibes              |
+------------------------------------------------------------------------+-------
-----------+--------------------+
| https://www.openstreetmap.org/user/python                         | python
| Openstreetmap         |
+------------------------------------------------------------------------+-------
-----------+--------------------+
| https://notabug.org/python                                        | python
| Notabug               |
+------------------------------------------------------------------------+-------
-----------+--------------------+
| http://pastebin.com/u/python                                      | python
| Pastebin              |
+------------------------------------------------------------------------+-------
```

```
-----------+---------------------+
| http://www.pearltrees.com/python                                     | python
| Pearltrees          |
+--------------------------------------------------------------+-------
-----------+---------------------+
| http://www.poker-red.com/foros/member.php?username=python            | python
| Pokerred            |
+--------------------------------------------------------------+-------
-----------+---------------------+
| http://www.lastfm.es/user/python                                     | python
| Lastfm              |
+--------------------------------------------------------------+-------
-----------+---------------------+
| http://forum.pjrc.com/member.php?username=python                     | python
| Pjrc                |
+--------------------------------------------------------------+-------
-----------+---------------------+
| http://www.ripenear.me/users/python                                  | python
| Ripenear            |
+--------------------------------------------------------------+-------
-----------+---------------------+
| http://python.newgrounds.com/                                        | python
| Newgrounds          |
+--------------------------------------------------------------+-------
-----------+---------------------+
| https://www.patreon.com/python                                       | python
| Patreon             |
+--------------------------------------------------------------+-------
-----------+---------------------+
| http://www.pornhub.com/users/python                                  | python
| Pornhub             |
+--------------------------------------------------------------+-------
-----------+---------------------+
| http://en.reddit.com/user/python                                     | python
| Reddit              |
+--------------------------------------------------------------+-------
-----------+---------------------+
| https://seatwish.com/us/user/python                                  | python
| SeatWish            |
+--------------------------------------------------------------+-------
-----------+---------------------+
| http://perfil.mercadolibre.com.ar/python                             | python
| MercadoLibre        |
+--------------------------------------------------------------+-------
-----------+---------------------+
| http://open.spotify.com/user/python                                  | python
| Spotify             |
+--------------------------------------------------------------+-------
-----------+---------------------+
| https://pawoo.net/@python                                            | python
| Pawoo               |
+--------------------------------------------------------------+-------
-----------+---------------------+
| https://www.periscope.tv/python                                      | python
| Periscope           |
+--------------------------------------------------------------+-------
-----------+---------------------+
| https://telegram.me/python                                           | python
| telegram            |
```

```
+------------------------------------------------------------------+-------
------------+---------------------+
| http://es.scribd.com/python                                      | python
| Scribd            |
+------------------------------------------------------------------+-------
------------+---------------------+
| https://forums.steinberg.net/u/python/summary                    | python
| Steinberg         |
+------------------------------------------------------------------+-------
------------+---------------------+
| https://steamcommunity.compython                                 | python
| Steamcommunity    |
+------------------------------------------------------------------+-------
------------+---------------------+
| http://profile.typepad.com/python                                | python
| Typepad           |
+------------------------------------------------------------------+-------
------------+---------------------+
| https://trakt.tv/people/python                                   | python
| Trakt             |
+------------------------------------------------------------------+-------
------------+---------------------+
| https://steemit.com/@python                                      | python
| Steemit           |
+------------------------------------------------------------------+-------
------------+---------------------+
| http://www.vexforum.com/u/python                                 | python
| Vexforum          |
+------------------------------------------------------------------+-------
------------+---------------------+
| http://www.spoj.com/users/python                                 | python
| Spoj              |
+------------------------------------------------------------------+-------
------------+---------------------+
| http://www.thestudentroom.co.uk/member.php?username=python       | python
| Thestudentroom    |
+------------------------------------------------------------------+-------
------------+---------------------+
| http://vimeo.com/python                                          | python
| Vimeo             |
+------------------------------------------------------------------+-------
------------+---------------------+
| http://teamtreehouse.com/python                                  | python
| Teamtreehouse     |
+------------------------------------------------------------------+-------
------------+---------------------+
| https://vk.com/python                                            | python
| Vk                |
+------------------------------------------------------------------+-------
------------+---------------------+
| http://ar.wikipedia.org/wiki/user:python                         | python
| Wikipedia_ar      |
+------------------------------------------------------------------+-------
------------+---------------------+
| http://www.warriorforum.com/members/python.html                  | python
| Warriorforum      |
+------------------------------------------------------------------+-------
------------+---------------------+
| http://de.wikipedia.org/wiki/Benutzer:python                     | python
```

```
| Wikipedia_de         |
+----------------------------------------------------------------+-------
----------+----------------------+
| http://ca.wikipedia.org/wiki/Usuari:python                     | python
| Wikipedia_ca         |
+----------------------------------------------------------------+-------
----------+----------------------+
| http://instagram.com/python                                    | python
| Instagram            |
+----------------------------------------------------------------+-------
----------+----------------------+
| http://slashdot.org/~python                                    | python
| Slashdot             |
+----------------------------------------------------------------+-------
----------+----------------------+
| https://unsplash.com/@python                                   | python
| Unsplash             |
+----------------------------------------------------------------+-------
----------+----------------------+
| http://forums.winamp.com/member.php?username=python            | python
| Winamp               |
+----------------------------------------------------------------+-------
----------+----------------------+
| http://www.wishlistr.com/profile/python                        | python
| Wishlistr            |
+----------------------------------------------------------------+-------
----------+----------------------+
| https://www.zotero.org/python                                  | python
| Zotero               |
+----------------------------------------------------------------+-------
----------+----------------------+
| http://www.wykop.pl/ludzie/python                              | python
| Wykop                |
+----------------------------------------------------------------+-------
----------+----------------------+
| http://www.ebay.com/usr/python                                 | python
| Ebay                 |
+----------------------------------------------------------------+-------
----------+----------------------+
| http://www.boonex.com/python                                   | python
| Boonex               |
+----------------------------------------------------------------+-------
----------+----------------------+
```

El script **domainfy.py** es un módulo que permite verificar la existencia de un dominio.

```
$ domainfy -n "python"
2025-01-26 21:47:07.869139  2 results obtained:

Sheet Name: Objects recovered (2025-1-26_21h47m).
+-------------------+------------------+
| com.i3visio.Domain | com.i3visio.IPv4 |
+===================+==================+
| python.org        | 151.101.128.223  |
+-------------------+------------------+
| python.com        | 3.96.23.237      |
+-------------------+------------------+
```

5.10.4 CLATSCOPE

ClatScope https://github.com/Clats97/ClatScope es una utilidad OSINT para recuperar geolocalización, DNS, WHOIS, teléfono, correo electrónico, nombres de usuario, datos relacionados con personas, fortaleza de contraseñas, información de violación de datos. Se trata de una herramienta ideal para investigadores, pentesters, o cualquiera que busque un script de reconocimiento rápido.

La herramienta está desarrollada en Python y se podría instalar con los siguientes comandos:

```
$ git clone https://github.com/Clats97/ClatScope.git
$ pip install -r requirements.txt
```

Algunas de las funcionalidades que ofrece son:

- **Información IP:** extrae la geolocalización IP, el ISP y el enlace a Google Maps.

- **Búsqueda de nombre de usuario**: revisa más de 250 sitios web para ver si existe un nombre de usuario dado.

- **Análisis sintáctico de números de teléfono**: permite validar números de teléfono.

- **DNS y DNS inverso**: recupera registros DNS (A, CNAME, MX, NS) y registros PTR.

- **Búsqueda de correo electrónico**: comprueba los registros MX, analiza las cabeceras de correo electrónico en busca de direcciones IP.

- **Email Breach Search**: comprueba el servicio de Have I Been Pwned para determinar si una dirección de correo electrónico ha sido comprometida.

- **Análisis de cabeceras de correo electrónico**: analiza una cabecera de correo electrónico y extrae datos.

- **Búsqueda WHOIS**: obtiene detalles de registro de dominio.

- **Comprobación de la seguridad de la contraseña:** permite valorar la seguridad de su contraseña en función de varios criterios.

- **Búsqueda inversa de teléfono**: obtiene referencias de un número y extrae datos de Google.

- **Comprobación de robots.txt y sitemap.xml**: busca los archivos robots.txt y sitemap.xml de un sitio web.

- **Búsqueda de certificados SSL**: busca la información de los certificados SSL que se están utilizando en una página web.

- **Búsqueda de metadatos de sitios web**: recupera metaetiquetas y otros datos de un sitio web.

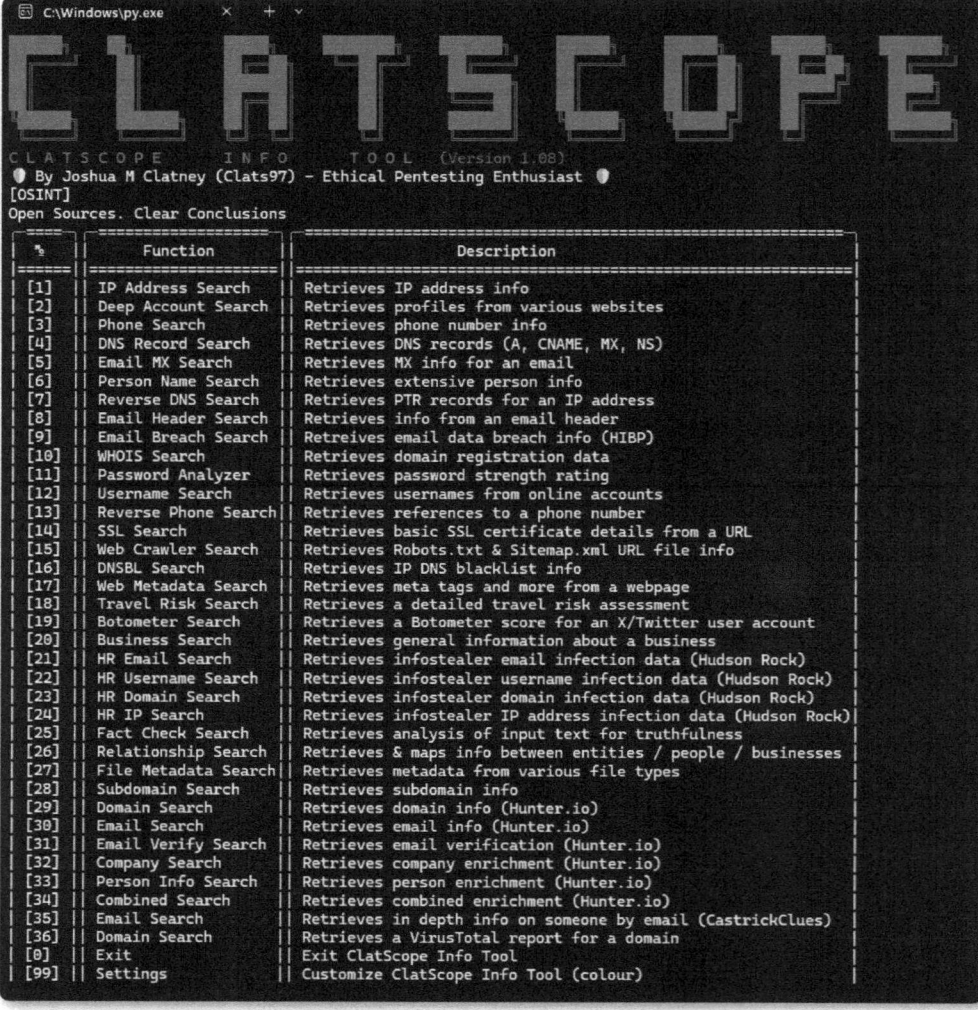

Figura 5.17. Opciones que ofrece ClatScope como herramienta OSINT

Por ejemplo, podríamos comprobar la validez del certificado de un sitio web:

```
[?] > Enter a domain / URL for an SSL certificate verification: python.org


┌                                                                              ┐
│                          SSL Certificate Info                                │
|==============================================================================|
| [+] > Domain:       python.org                                               |
| [+] > Issued To:    python.org                                               |
| [+] > Issued By:    R10                                                      |
| [+] > Valid From:   2025-01-04 08:07:56                                      |
| [+] > Valid Until:  2025-04-04 08:07:55                                      |
└                                                                              ┘
```

También podríamos comprobar los ficheros robots.txt y sitemap.xml de un sitio web:

```
[?] > Enter domain to check for Robots.txt & Sitemap.xml file(s): python.org

┌                                                                              ┐
│                              Site Discovery                                  │
│==============================================================================│
│ [+] > Domain:  python.org                                                    │
│------------------------------------------------------------------------------│
│ Resource: https://python.org/robots.txt                                      │
│ Status: 200 (OK)                                                             │
│------------------------------------------------------------------------------│
│ # Directions for robots.  See this URL:                                      │
│ # http://www.robotstxt.org/robotstxt.html                                    │
│ # for a description of the file format.                                      │
│                                                                              │
│ User-agent: HTTrack                                                          │
│ User-agent: puf                                                             │
│ User-agent: MSIECrawler                                                      │
│ Disallow: /                                                                  │
│                                                                              │
│ # The Krugle web crawler (though based on Nutch) is OK.                      │
│ ... (truncated)                                                             │
│==============================================================================│
│ Resource: https://python.org/sitemap.xml                                     │
│ Status: 404                                                                  │
│==============================================================================│
└                                                                              ┘
```

Comprobar los registros DNS de un dominio:

```
[?] > Domain / URL: python.org

┌                                                                              ┐
│                               DNS Lookup                                     │
│==============================================================================│
│ [+] > A Records:                                                             │
│    151.101.128.223                                                           │
│    151.101.64.223                                                            │
│    151.101.0.223                                                             │
│    151.101.192.223                                                           │
│==============================================================================│
│ [+] > CNAME Records:                                                         │
│                                                                              │
│    No records found.                                                        │
│==============================================================================│
│ [+] > MX Records:                                                            │
│                                                                              │
│    Error retrieving records.                                                 │
│==============================================================================│
│ [+] > NS Records:                                                            │
│                                                                              │
│    ns-2046.awsdns-63.co.uk.                                                  │
│    ns-484.awsdns-60.com.                                                     │
│    ns-981.awsdns-58.net.                                                     │
│    ns-1134.awsdns-13.org.                                                    │
│==============================================================================│
```

Recupera instantáneas históricas de Wayback Machine:

```
Wayback Machine Snapshots for python.org:
- 19970501011626 -> https://web.archive.org/web/19970501011626/http://www.
python.org:80/
- 19970501011626 -> https://web.archive.org/web/19970501011626/http://www.
python.org:80/
- 19970501011750 -> https://web.archive.org/web/19970501011750/http://www.
python.org:80/
- 19970501011750 -> https://web.archive.org/web/19970501011750/http://www.
python.org:80/
- 19970606181701 -> https://web.archive.org/web/19970606181701/http://www.
python.org:80/
- 19971022113314 -> https://web.archive.org/web/19971022113314/http://www.
python.org:80/
- 19971210062055 -> https://web.archive.org/web/19971210062055/http://www.
python.org:80/
- 19980119014227 -> https://web.archive.org/web/19980119014227/http://www.
python.org:80/
- 19980220133659 -> https://web.archive.org/web/19980220133659/http://www.
python.org:80/
- 19980526001921 -> https://web.archive.org/web/19980526001921/http://www.
python.org:80/
- 19981212032130 -> https://web.archive.org/web/19981212032130/http://www.
python.org:80/
- 19990117022027 -> https://web.archive.org/web/19990117022027/http://python.
org:80/
- 19990125091546 -> https://web.archive.org/web/19990125091546/http://python.
org:80/
- 19990203181248 -> https://web.archive.org/web/19990203181248/http://www.
python.org:80/
- 19990418101531 -> https://web.archive.org/web/19990418101531/http://www.
python.org:80/
- 19990419191422 -> https://web.archive.org/web/19990419191422/http://www.
python.org:80/
- 19990427084114 -> https://web.archive.org/web/19990427084114/http://www.
python.org:80/
- 19990428233920 -> https://web.archive.org/web/19990428233920/http://www.
python.org:80/
- 19990505230536 -> https://web.archive.org/web/19990505230536/http://www.
python.org:80/
- 19990909050854 -> https://web.archive.org/web/19990909050854/http://www.
python.org:80/
```

Realizar el escaneo de puertos:

```
[!] >Port Scan for scanme.nmap.org

Port Scan Results for scanme.nmap.org:
Port 20 is closed or filtered.
Port 21 is closed or filtered.
Port 22 is OPEN.
Port 80 is OPEN.
Port 443 is closed or filtered.
Port 8080 is closed or filtered.
Port 23 is closed or filtered.
Port 25 is closed or filtered.
```

```
Port 53 is closed or filtered.
Port 67 is closed or filtered.
Port 68 is closed or filtered.
Port 69 is closed or filtered.
Port 88 is closed or filtered.
Port 110 is closed or filtered.
Port 123 is closed or filtered.
Port 137 is closed or filtered.
Port 138 is closed or filtered.
Port 139 is closed or filtered.
Port 143 is closed or filtered.
Port 162 is closed or filtered.
Port 162 is closed or filtered.
Port 389 is closed or filtered.
Port 427 is closed or filtered.
Port 445 is closed or filtered.
Port 465 is closed or filtered.
Port 500 is closed or filtered.
Port 636 is closed or filtered.
Port 993 is closed or filtered.
Port 995 is closed or filtered.
Port 1433 is closed or filtered.
Port 1434 is closed or filtered.
Port 3306 is closed or filtered.
Port 5060 is closed or filtered.
Port 5061 is closed or filtered.
```

Comprobar el nombre de usuario en diferentes servicios web:

```
[?] > Username: python

┌                                                                              ┐
│                        Deep Account Search                                   │
│==============================================================================│
│ [-] > https://youtube.com/@python                        || Not found        │
│ [+] > https://facebook.com/python                        || Found            │
│ [+] > https://wikipedia.org/wiki/User:python             || Found            │
│ [+] > https://instagram.com/python                       || Found            │
│ [+] > https://reddit.com/user/python                     || Found            │
│ [+] > https://medium.com/@python                         || Found            │
│ [+] > https://www.quora.com/profile/python               || Found            │
│ [-] > https://bing.com/python                            || Not found        │
│ [+] > https://x.com/python                               || Found            │
│ [-] > https://yandex.ru/python                           || Not found        │
│ [-] > https://whatsapp.com/python                        || Not found        │
│ [-] > https://yahoo.com/python                           || Not found        │
│ [-] > https://amazon.com/python                          || Not found        │
│ [+] > https://duckduckgo.com/python                      || Found            │
│ [-] > https://yahoo.co.jp/python                         || Error: 403       │
│ [-] > https://tiktok.com/@python                         || Error: 403       │
│ [-] > https://msn.com/python                             || Not found        │
│ [+] > https://netflix.com/python                         || Found            │
│ [-] > https://weather.com/python                         || Not found        │
│ [+] > https://live.com/python                            || Found            │
│ [-] > https://naver.com/python                           || Not found        │
│ [+] > https://microsoft.com/python                       || Found            │
│ [+] > https://twitch.tv/python                           || Found            │
```

```
| [-] > https://office.com/python                    || Not found    |
| [+] > https://vk.com/python                        || Found        |
| [+] > https://pinterest.com/python                 || Found        |
| [-] > https://discord.com/python                   || Not found    |
| [+] > https://aliexpress.com/python                || Found        |
| [+] > https://github.com/python                    || Found        |
| [-] > https://adobe.com/python                     || Not found    |
| [-] > https://rakuten.co.jp/python                 || Not found    |
| [-] > https://ikea.com/python                      || Not found    |
| [-] > https://bbc.co.uk/python                     || Not found    |
| [-] > https://amazon.co.jp/python                  || Not found    |
| [-] > https://speedtest.net/python                 || Not found    |
| [-] > https://samsung.com/python                   || Not found    |
| [-] > https://healthline.com/python                || Not found    |
| [-] > https://medlineplus.gov/python               || Not found    |
| [-] > https://roblox.com/users/python/profile      || Not found    |
| [-] > https://cookpad.com/python                   || Not found    |
| [-] > https://indiatimes.com/python                || Not found    |
| [-] > https://mercadolivre.com.br/python           || Not found    |
| [-] > https://britannica.com/python                || Not found    |
| [-] > https://merriam-webster.com/python           || Not found    |
| [-] > https://hurriyet.com.tr/python               || Not found    |
| [+] > https://steamcommunity.com/user/python       || Found        |
| [+] > https://booking.com/python                   || Found        |
| [+] > https://support.google.com/python            || Found        |
| [-] > https://bbc.com/python                       || Not found    |
| [-] > https://playstation.com/python               || Not found    |
| [+] > https://ebay.com/usr/python                  || Found        |
| [-] > https://poki.com/python                      || Not found    |
| [+] > https://walmart.com/python                   || Found        |
| [-] > https://medicalnewstoday.com/python          || Not found    |
| [-] > https://gov.uk/python                        || Not found    |
| [-] > https://nhs.uk/python                        || Not found    |
| [-] > https://detik.com/python                     || Not found    |
| [-] > https://cricbuzz.com/python                  || Not found    |
| [-] > https://nih.gov/python                       || Not found    |
| [-] > https://uol.com.br/python                    || Not found    |
| [-] > https://ilovepdf.com/python                  || Not found    |
| [-] > https://clevelandclinic.org/python           || Not found    |
| [-] > https://cnn.com/python                       || Not found    |
| [-] > https://globo.com/python                     || Not found    |
| [-] > https://nytimes.com/python                   || Not found    |
| [-] > https://taboola.com/python                   || Not found    |
| [+] > https://pornhub.com/users/python             || Found        |
| [-] > https://redtube.com/users/python             || Not found    |
| [-] > https://xnxx.com/profiles/python             || Not found    |
| [-] > https://brazzers.com/profile/python          || Not found    |
| [+] > https://xhamster.com/users/python            || Found        |
| [+] > https://onlyfans.com/python                  || Found        |
| [+] > https://xvideos.es/profiles/python           || Found        |
| [+] > https://xvideos.com/profiles/python          || Found        |
| [+] > https://chaturbate.com/python                || Found        |
| [+] > https://redgifs.com/users/python             || Found        |
| [+] > https://tinder.com/python                    || Found        |
| [+] > https://pof.com/python                       || Found        |
| [+] > https://match.com/python                     || Found        |
| [-] > https://eharmony.com/python                  || Not found    |
```

```
| [-] > https://bumble.com/python                            || Not found   |
| [-] > https://okcupid.com/python                           || Error: 403  |
| [-] > https://Badoo.com/python                             || Not found   |
| [-] > https://dating.com/python                            || Not found   |
| [+] > https://trello.com/python                            || Found       |
| [-] > https://mapquest.com/python                          || Not found   |
| [-] > https://zoom.com/python                              || Not found   |
| [-] > https://apple.com/python                             || Not found   |
| [-] > https://dropbox.com/python                           || Not found   |
| [+] > https://weibo.com/python                             || Found       |
| [-] > https://wordpress.com/python                         || Not found   |
| [-] > https://cloudflare.com/python                        || Not found   |
| [-] > https://salesforce.com/python                        || Not found   |
| [-] > https://fandom.com/python                            || Not found   |
| [-] > https://paypal.com/python                            || Not found   |
| [-] > https://soundcloud.com/python                        || Not found   |
| [+] > https://forbes.com/python                            || Found       |
| [-] > https://theguardian.com/python                       || Not found   |
| [-] > https://hulu.com/python                              || Not found   |
| [-] > https://stackoverflow.com/users/python               || Not found   |
| [-] > https://businessinsider.com/python                   || Not found   |
| [-] > https://huffpost.com/python                          || Not found   |
| [+] > https://booking.com/python                           || Found       |
| [+] > https://pastebin.com/u/python                        || Found       |
| [-] > https://producthunt.com/@python                      || Error: 403  |
| [+] > https://pypi.org/user/python                         || Found       |
| [+] > https://slideshare.com/python                        || Found       |
| [+] > https://strava.com/athletes/python                   || Found       |
| [-] > https://tldrlegal.com/python                         || Not found   |
| [+] > https://t.me/python                                  || Found       |
| [-] > https://last.fm/userpython                           || Not found   |
| [+] > https://data.typeracer.com/pit/profile?user=python   || Found       |
| [+] > https://tryhackme.com/p/python                       || Found       |
| [-] > https://trakt.tv/users/python                        || Not found   |
| [+] > https://scratch.mit.edu/users/python                 || Found       |
| [+] > https://replit.com?python                            || Found       |
| [+] > https://hackaday.io/python                           || Found       |
| [+] > https://freesound.org/people/python                  || Found       |
| [+] > https://hub.docker.com/u/python                      || Found       |
| [+] > https://disqus.com/python                            || Found       |
| [+] > https://www.codecademy.com/profiles/python           || Found       |
| [+] > https://www.chess.com/member/python                  || Found       |
| [+] > https://bitbucket.org/python                         || Found       |
| [+] > https://www.twitch.tv?python                         || Found       |
| [+] > https://wikia.com/wiki/User:python                   || Found       |
| [+] > https://steamcommunity.com/groupspython              || Found       |
| [+] > https://keybase.io?python                            || Found       |
| [-] > http://en.gravatar.com/python                        || Not found   |
| [+] > https://vk.com/python                                || Found       |
| [-] > https://deviantart.com/python                        || Not found   |
| [+] > https://www.behance.net/python                       || Found       |
| [+] > https://vimeo.com/python                             || Found       |
| [-] > https://www.youporn.com/user/python                  || Not found   |
| [+] > https://profiles.wordpress.org/python                || Found       |
| [+] > https://tryhackme.com/p/python                       || Found       |
| [+] > https://www.scribd.com/python                        || Found       |
| [+] > https://myspace.com/python                           || Found       |
```

```
| [-] > https://genius.com/python                          || Error: 403         |
| [-] > https://genius.com/artists/python                  || Error: 403         |
| [+] > https://www.flickr.com/people/python               || Found              |
| [-] > https://www.fandom.com/u/python                    || Not found          |
| [+] > https://www.chess.com/member/python                || Found              |
| [-] > https://buzzfeed.com/python                         || Not found          |
| [+] > https://www.buymeacoffee.com/python                || Found              |
| [+] > https://about.me/python                             || Found              |
| [+] > https://discussions.apple.com/profile/python       || Found              |
| [+] > https://giphy.com/python                            || Found              |
| [-] > https://scholar.harvard.edu/python                 || Not found          |
| [+] > https://www.instructables.com/member/python        || Found              |
| [+] > http://www.wikidot.com/user:info/python            || Found              |
| [+] > https://erome.com/python                            || Found              |
| [+] > https://www.alik.cz/u/python                        || Found              |
| [-] > https://rblx.trade/p/python                         || Connection error   |
| [+] > https://www.paypal.com/paypalme/python             || Found              |
| [+] > https://hackaday.io/python                          || Found              |
| [+] > https://connect.garmin.com/modern/profile/python   || Found              |
```

```
[!] > Conducting Username Check...
[?] > Enter the username: python
Checking sites:   1%█
| 4/677 [00:00<00:26, 25.19it/s][+] Found on: Albicla
[+] Profile URL: https://albicla.com/python/post/1
[+] Found on: ADVFN
[+] Profile URL: https://uk.advfn.com/forum/profile/python
Checking sites:   1%█
| 7/677 [00:00<00:25, 26.77it/s][+] Found on: alik
[+] Profile URL: https://www.alik.cz/u/python
[+] Found on: akniga
[+] Profile URL: https://akniga.org/profile/python
[+] Found on: about.me
[+] Profile URL: https://about.me/python
[+] Found on: ACF
[+] Profile URL: https://support.advancedcustomfields.com/forums/users/python/
Checking sites:   2%██
| 13/677 [00:00<00:17, 37.47it/s][+] Found on: 3dtoday
[+] Profile URL: https://3dtoday.ru/blogs/python
Checking sites:   3%██
| 17/677 [00:00<00:20, 32.98it/s][+] Found on: asciinema
[+] Profile URL: https://asciinema.org/~python
Checking sites:   3%██
| 21/677 [00:00<00:33, 19.68it/s][+] Found on: ArchWiki
[+] Profile URL: https://wiki.archlinux.org/api.php?action=query&format=json&list
=users&ususers=python&usprop=cancreate&formatversion=2&errorformat=html&errorsus
elocal=true&uselang=en
[+] Found on: ArtBreeder
[+] Profile URL: https://www.artbreeder.com/python
Checking sites:   4%███
| 24/677 [00:01<00:33, 19.21it/s][+] Found on: 7cup
[+] Profile URL: https://www.7cups.com/@python
Checking sites:   4%███
| 30/677 [00:01<00:27, 23.69it/s][+] Found on: Alura
[+] Profile URL: https://cursos.alura.com.br/user/python
[+] Found on: Audiojungle
[+] Profile URL: https://audiojungle.net/user/python
```

6

FOOTPRINTING & EXTRACCIÓN DE SUBDOMINIOS

6.1 INTRODUCCIÓN

El proceso de footprinting define el conjunto de actividades que realizamos inicialmente en todo proceso de intrusión sobre los activos tecnológicos de una empresa o entidad. También conocido como Information Gathering o recopilación de información.

El footprinting pasivo se realiza sin interactuar directamente con el objetivo. Se basa en la búsqueda de información pública, recopilando información de internet, utilizando para ello los motores de búsqueda, redes sociales y registros públicos como foros.

Los resultados de footprinting son bastante útiles en otras tareas de pentesting no relacionadas con el reconocimiento, como cuando se realizan escaneos de vulnerabilidades y se realizan tareas de explotación. Esencialmente permiten tener un mapa de los activos de una organización objetivo, por lo tanto, se tiene una muy buena idea de dónde empezar a buscar vulnerabilidades.

6.2 MALTEGO

Maltego https://www.maltego.com/ se trata de una herramienta que permite recopilar información de nuestro objetivo, creando conexiones entre toda la información que vamos obteniendo. La información que es capaz de recolectar es tanto a nivel de infraestructura (servidores, direcciones ip), como de personas (correos, números de teléfono).

Si bien la herramienta es de pago, existe una versión gratuita llamada **community**, que sólo requiere registrarse en la página web. También viene instalada por defecto en diferentes distribuciones de seguridad, como el caso de Kali Linux. Desde la página oficial https://www.paterva.com/web7/downloads.php podemos descargar la versión Maltego Community Edition Chlorine.

6.2.1 INTRODUCCIÓN

Maltego es una herramienta de minería de datos y recopilación de información que mapea la información recopilada en un formato que es fácil de entender y manipular, ahorrando tiempo al automatizar tareas como la recolección de correos electrónicos y de subdominios.

Maltego abarca el reconocimiento a nivel infraestructura y el reconocimiento a nivel de personas. El componente de infraestructura de Maltego permite recopilar datos confidenciales sobre la organización objetivo, direcciones de correo electrónico de los empleados, documentos confidenciales, números de teléfono, registros DNS, información de direcciones IP, ubicación geográfica de la red, servidores MX, etc. Esto lo hace gracias al uso de transformaciones que se van aplicando sobre las entidades que vamos encontrando y permiten automatizar el proceso de consultar diferentes fuentes de datos.

Por otro lado, el reconocimiento a nivel de personas, ayuda a recolectar información específica de la persona, como actividades de redes sociales, direcciones de correo electrónico, sitios web asociados con la persona, números de teléfono, etc. Esto lo hace gracias al uso de los motores de búsqueda, con los que Maltego se comunica de manera efectiva para recopilar toda esta información.

Partiendo de un dominio, es posible obtener mediante transformaciones los servidores de correo y la dirección IP que tiene asignada, otros dominios que comparten los servidores de correo con el objetivo, incluidos números de teléfono que se encuentran publicados en internet.

Las conexiones entre estos elementos de información se encuentran utilizando técnicas de inteligencia de código abierto (OSINT) al consultar fuentes tales como registros DNS, registros whois, motores de búsqueda, redes sociales, varias API en línea y extracción de metadatos. Una vez que haya iniciado Maltego, las seis áreas principales de la interfaz son la barra de herramientas, la paleta, el área de gráficos (vista), el área de resumen, el área detallada y el área de propiedad.

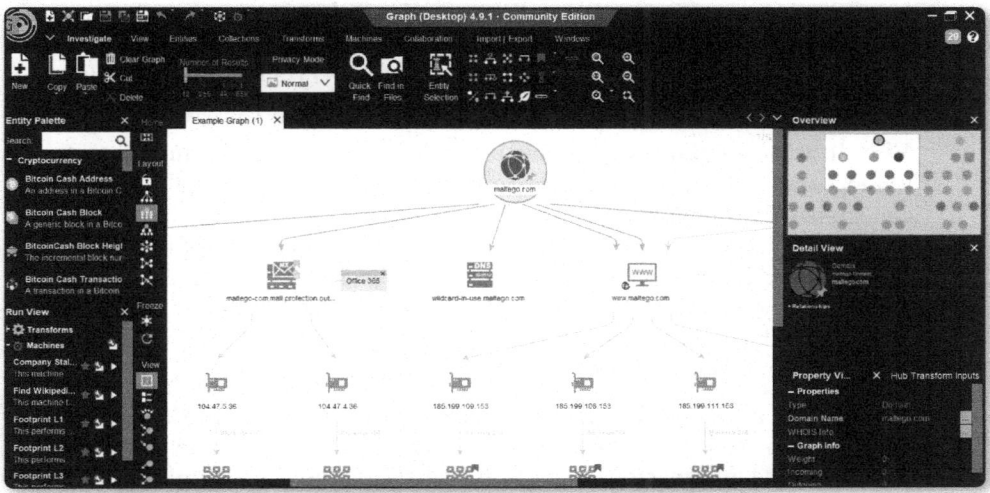

Figura 6.1. Interfaz de Maltego

En el contexto de ejecución de maltego podemos diferenciar los siguientes tipos de objetos:

▸ **Entidades:** las entidades son objetos reales, como persona, nombre DNS, número de teléfono, dirección de correo electrónico. Una entidad está representada visualmente como un nodo en el grafo. El cliente Maltego contiene aproximadamente 20 entidades, específicamente para investigaciones online. Sin embargo, también puedes crear tus propias entidades.

▸ **Transformaciones:** las transformaciones representan relaciones entre entidades. Esto se hace consultando un origen de datos y devolviendo los resultados como una nueva entidad. Las fuentes de los datos son lugares como servidores DNS, motores de búsqueda, redes sociales, información de whois, bases de datos propias o deep web.

El poder de Maltego está en la capacidad de transformar la información para generar otra información. Por ejemplo, desde una URL podemos obtener información relacionada con el dominio, dirección IP. Y a partir de esta información podemos expandir más información y podemos ver que los nodos se están expandiendo. Entre las principales **características** de recopilación de información de maltego podemos destacar:

▸ **Recolección y visualización de datos mediante transformaciones:** las transformaciones son el núcleo de Maltego. Son pequeños scripts o consultas que extraen datos de diversas fuentes para enriquecer el análisis de ciberseguridad. Con cada transformación, el usuario puede extraer información específica sobre una entidad, como direcciones IP, correos electrónicos, dominios y redes sociales. Esto permite integrar información de múltiples fuentes y visualizar rápidamente las conexiones entre entidades. La capacidad de ejecutar transformaciones personalizadas es clave para adaptar el análisis según el tipo de investigación, permitiendo obtener datos relevantes de fuentes OSINT (Open Source Intelligence) y privadas.

▶ **Visualización de datos en grafos**: una de las funcionalidades más potentes de Maltego es su capacidad de transformar datos en grafos visuales, mostrando conexiones entre entidades como personas, direcciones IP, dominios y perfiles en redes sociales. Esto facilita la identificación de patrones complejos y permite al analista detectar relaciones que podrían pasar desapercibidas en una base de datos convencional. Los grafos interactivos de Maltego permiten a los usuarios ampliar o reducir el enfoque de análisis, lo que resulta ideal para investigaciones que requieren una visión tanto global como detallada.

▶ **Integración de datos de fuentes abiertas (OSINT) y APIs**: Maltego permite conectar con diversas APIs y fuentes de datos OSINT, lo que automatiza la recolección de información y facilita el análisis de datos de múltiples plataformas en un solo entorno. Esta capacidad de integración permite al usuario realizar investigaciones más completas al combinar datos de diferentes fuentes, como redes sociales, servicios de inteligencia y registros de dominios. Además, Maltego ofrece compatibilidad con proveedores externos de datos, lo que permite al usuario personalizar su análisis según las fuentes más relevantes para su caso.

▶ **Análisis y relación entre entidades**: Maltego está diseñado para analizar y relacionar diferentes entidades, desde direcciones de correo electrónico y números de teléfono hasta organizaciones y ubicaciones. Su funcionalidad de análisis de relaciones permite a los usuarios mapear conexiones entre entidades, identificar patrones sospechosos y establecer redes de influencia o comportamiento. Este análisis es particularmente valioso en investigaciones de fraude, cibercrimen y amenazas internas, ya que ayuda a descubrir asociaciones ocultas entre personas y activos.

▶ **Escalabilidad y personalización**: Maltego es altamente escalable y permite la personalización de sus herramientas, de modo que los usuarios pueden adaptar las Transforms y las integraciones de datos según las necesidades de cada investigación. Esta flexibilidad es importante para los profesionales que necesitan ajustar sus análisis a diferentes tipos de amenazas y sectores.

▶ **Herramientas de colaboración y reportes**: Maltego permite a los usuarios colaborar en investigaciones en tiempo real y compartir sus hallazgos mediante gráficos y reportes detallados. Las funciones de colaboración permiten a los equipos trabajar conjuntamente, lo cual es muy útil en análisis de gran escala y en investigaciones que requieren la intervención de diferentes especialistas. Además, el sistema de reportes de Maltego facilita la documentación y comunicación de los hallazgos de una manera profesional y clara.

Maltego destaca en el ámbito de la ciberinteligencia y el análisis de amenazas porque facilita la recopilación de datos de múltiples fuentes, como redes sociales, registros de dominio, direcciones IP y sitios web. Con la capacidad de representar esta información visualmente mediante gráficos, permite a los investigadores descubrir patrones, vínculos y posibles amenazas de manera intuitiva y rápida.

En investigación digital y forense, Maltego es una herramienta que proporciona una plataforma segura para explorar conexiones entre datos y realizar investigaciones a fondo sobre amenazas. Por ejemplo, en un caso de ransomware, un analista puede usar Maltego para rastrear conexiones de red, identificar dominios relacionados y determinar posibles vínculos con ciberamenazas.

6.2.2 TIPOS DE ANÁLISIS CON MALTEGO

▸ **Investigación de redes sociales:** Maltego es una herramienta poderosa para analizar redes sociales y perfilar conexiones y comportamientos. A través de "Transforms" específicas, Maltego permite extraer datos públicos de redes sociales como Twitter, Facebook, LinkedIn y otras plataformas, proporcionando una visión detallada de las relaciones entre usuarios, ubicaciones geográficas y patrones de interacción. Esto es útil para identificar posibles actores involucrados en actividades sospechosas, mapear relaciones entre usuarios y observar comportamientos recurrentes. Además, en investigaciones de ciberseguridad, este análisis ayuda a entender la estructura social y digital de organizaciones o grupos de interés, aportando contexto a los análisis de amenazas y mitigación de riesgos.

▸ **Análisis de infraestructura de redes**: Maltego permite investigar la infraestructura de redes en profundidad, especialmente a nivel de IPs, dominios, subdominios y servidores asociados. Mediante la exploración de direcciones IP y dominios, los analistas pueden detectar conexiones entre diferentes nodos de una red y mapear la infraestructura utilizada por posibles atacantes. Por ejemplo, Maltego puede rastrear las ubicaciones de servidores que puedan estar involucrados en ataques, investigar proveedores de servicios y encontrar dominios relacionados. Este análisis es fundamental en la identificación de vulnerabilidades, ya que permite al investigador detectar configuraciones incorrectas, conexiones de red inseguras y posibles puntos de entrada para los atacantes.

▸ **Rastreo de personas o entidades**: Maltego facilita el rastreo y la recopilación de datos sobre individuos o entidades, lo cual es útil en investigaciones de fraude, cibercrimen y seguridad corporativa. Utilizando datos públicos y registros de fuentes abiertas, Maltego puede conectar información de contacto, correos electrónicos, números de teléfono y direcciones con otras entidades y eventos. Esto ayuda a construir un perfil integral de una persona o grupo de interés, identificando conexiones directas e indirectas con otros actores. En investigaciones de amenazas, esta capacidad permite a los analistas identificar redes de colaboradores, contactos y asociaciones que pueden pasar desapercibidas sin una herramienta avanzada de visualización y relación de datos.

▶ **Análisis de ciberamenazas y reconocimiento pasivo:** uno de los usos estratégicos de Maltego es el reconocimiento pasivo, que permite recolectar datos sin interactuar directamente con el objetivo. Esta técnica es especialmente valiosa para obtener inteligencia en la fase inicial de un análisis de amenazas. Con el reconocimiento pasivo, Maltego permite al analista recolectar datos de dominios, IPs, registros de DNS y redes sociales sin enviar solicitudes activas que pudieran disparar alertas de seguridad en el sistema objetivo. Esta capacidad es importante para analizar los activos digitales de potenciales amenazas y evaluar posibles puntos de vulnerabilidad, sin correr el riesgo de que el atacante se percate de la investigación.

6.2.3 NIVELES DE FOOTPRINTING

Maltego busca las relaciones existentes entre la información de diferentes fuentes. Las fuentes posibles incluyen proveedores de bases de datos, sitios web, motores de búsqueda, redes sociales y otros servicios en línea. Los datos obtenidos se pueden mostrar en un diagrama basado en nodos interconectados. Esto hace que los patrones y las conexiones sean fácilmente reconocibles en varios niveles.

Maltego viene configurado con 3 niveles de footprinting dependiendo de lo que queramos analizar y el nivel de profundidad que queremos alcanzar.

▶ **Footprinting L1**. Este es el nivel más básico y se ejecuta a través del modelo de datos directamente de arriba hacia abajo sin tener en cuenta ninguna infraestructura compartida o registros DNS históricos.

▶ **Footprinting L2**. Este nivel ejecutará los mismos pasos que el nivel Footprinting L1. Además, buscará dominios adicionales relacionados con el dominio original al buscar infraestructura compartida de sus servidores de nombres (Name Servers) y servidores de correo (MX). También buscará otros sitios web alojados en las mismas direcciones IP.

▶ **Footprinting L3.** Este nivel ejecuta las mismas transformaciones que Footprinting L2 y además analizará los registros DNS históricos en los bloques que se encuentran para encontrar nombres DNS adicionales que pertenecen al objetivo. El nivel L3 también ejecutará una transformación llamada **ToServerTechnologyWebsite** en entidades que correspondan con sitios web y devolverá el nombre de las diferentes tecnologías de servidor que se utilizan en dicho sitio web. La ejecución de esta transformación proporciona una manera fácil de identificar qué tecnologías se utilizan en muchos de los sitios web de nuestra entidad objetivo.

En la siguiente imagen se muestra un ejemplo de un filtro de usuario al ejecutar Footprinting L2 en el dominio maltego.com:

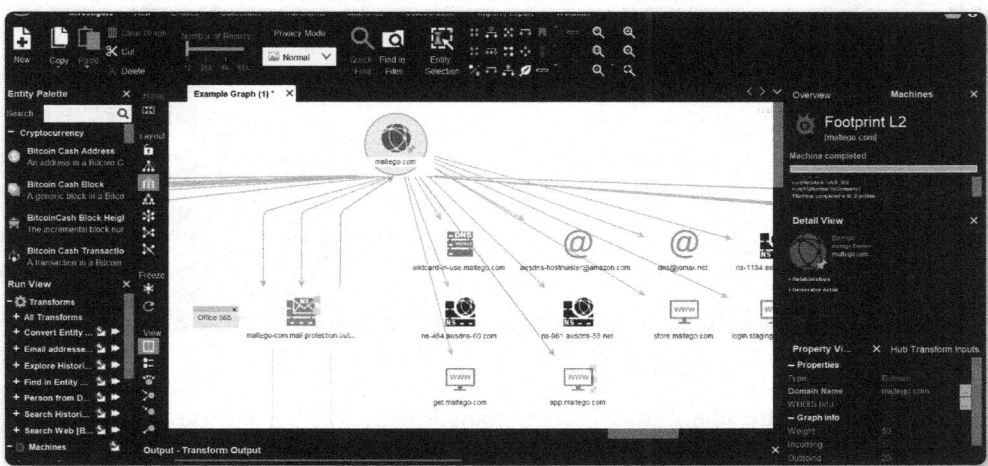

Figura 6.2. Ejecución de Footprinting L2 sobre dominio maltego.com

6.2.4 TRANSFORMACIONES EN MALTEGO

Maltego usa la idea de transformación para automatizar el proceso de consulta de diferentes fuentes de datos. Esta información se muestra en un grafo basado en nodos. Dicha representación visual es ideal para el análisis de enlaces. De esta manera, se pueden analizar las relaciones entre personas, sitios web, dominios y otros objetos. Una tarea común para la que se usa Maltego es obtener las huellas de infraestructura en la red de una organización. El objetivo es encontrar tanta información sobre el dominio como sea posible en un nivel de infraestructura.

Comenzando en la parte superior del modelo con el dominio objetivo, se puede observar una flecha que apunta de un dominio a otro. Esta transformación se relaciona con la expansión de TLD (dominio de nivel superior) del objetivo. En el mundo real esto significa pasar de google.com a todos los demás dominios o subdominios de Google (google.es, google.co.uk,...).

Una vez que se enumeran los dominios de nivel superior, el siguiente paso es intentar encontrar tantos nombres de DNS del archivo de zona de ese dominio. Esto incluye obtener los registros MX, NS y A del dominio. En Maltego hay nueve transformaciones para encontrar nombres DNS relacionados con un dominio.

Figura 6.3. Transformaciones a aplicar sobre un dominio

Cuando encuentre una infraestructura compartida, es importante considerar si los servidores de nombres y los servidores de correo están alojados por la organización objetivo o por un proveedor de servicios de Internet (ISP). Observar la infraestructura que pertenece a un ISP dará como resultado la obtención de muchos dominios alojados por el ISP pero no relacionados con su objetivo. El siguiente paso es resolver todos los nombres DNS a direcciones IP.

Continuando con el modelo de datos de las direcciones IP, a continuación, queremos encontrar los bloques de red a los que pertenecen las direcciones y determinar si realmente todo el bloque de red pertenece a nuestra organización objetivo. En Maltego hay tres transformaciones para encontrar bloques de red o netblocks desde una dirección IP. Estas tres transformaciones son:

▶ **To Netblocks [Using natural boundaries]** - Esta transformación clasificará las direcciones IP en los tamaños especificados por el usuario.

▶ **To Netblocks [Using routing info]** - Esta transformación determina el bloque de red al que pertenece una dirección IP a partir de su tabla de enrutamiento.

▶ **To Netblocks [Using WHOIS info]** - Esta transformación buscará una dirección IP en Netblock al consultar los registros de dominio.

Figura 6.4. Transformaciones para obtener bloques de red

Al ejecutar la transformación Netblocks [Using WHOIS info] da como resultado el siguiente grafo:

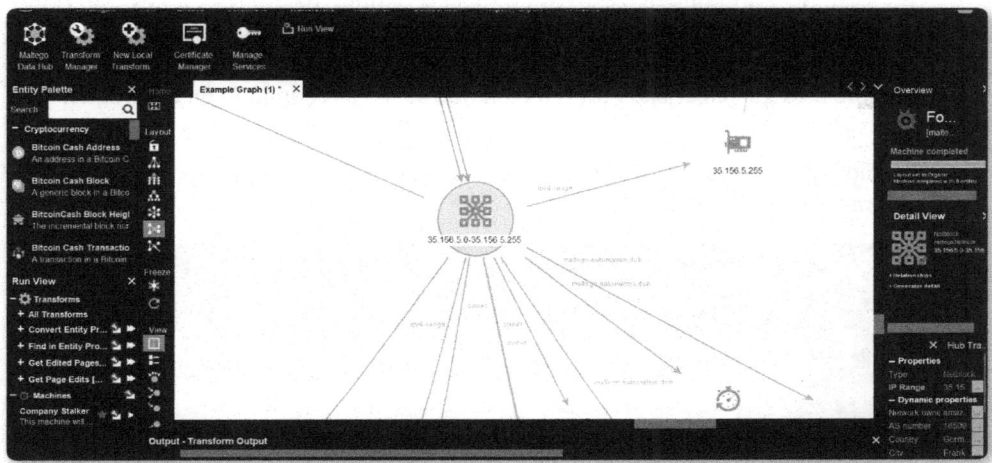

Figura 6.5. Obtención de información con la transformación Netblocks [Using WHOIS info]

Una vez que tengamos estos bloques de red, es importante validar que todavía estamos buscando en la infraestructura de nuestro objetivo y no hemos incluido el espacio de direcciones IP que pertenece a otras organizaciones. Una forma de hacerlo es ejecutar la transformación sobre datos históricos de DNS en el netblock e inspeccionar manualmente si el bloque pertenece o no a su objetivo mirando los nombres DNS (inversos) que recibe.

Al inspeccionar estos nombres de DNS podemos verificar si todos pertenecen a nuestra organización objetivo. A partir de los nuevos nombres DNS que se encuentran, podríamos encontrar más dominios que pertenezcan al objetivo y luego comenzar de nuevo todo el proceso en los nuevos dominios encontrados.

6.2.5 VISUALIZANDO LA BLOCKCHAIN DE BITCOIN Y ETHEREUM EN MALTEGO

Maltego nos ofrece la posibilidad de aplicar transformaciones para visualizar la información en cadenas de bloques como Bitcoin y Ethererum. Es importante tener una idea de cómo funcionan las cadenas de bloques y sus transacciones, así que comentaremos algunos de los conceptos principales:

- **Dirección**. Las direcciones son puntos finales de una transacción que se utilizan para enviar Bitcoins o Ethers a otro wallet.

- **Billetera o wallet.** Un wallet es un archivo que contiene una colección de claves privadas que se utilizan para generar direcciones de Bitcoin asociadas con el wallet. La propiedad de estas claves privadas permite al usuario gastar Bitcoins o Ethers que se han enviado a las direcciones asociadas. Naturalmente, estas claves privadas se mantienen en privado.

▶ **Transacciones**. Una transacción es una transferencia de una cantidad determinada de Bitcoins o Ethers que se transmite a la red y se recopila en bloques. Una transacción normalmente hace referencia a salidas de transacciones anteriores como nuevas entradas de transacciones y dedica todos los valores de entrada de Bitcoin a nuevas salidas. Las transacciones no están encriptadas, por lo que es posible navegar y ver cada transacción que se haya recopilado en un bloque.

Podríamos instalar las transformaciones relacionadas con **cryptocurrency** desde el centro de transformaciones de Maltego.

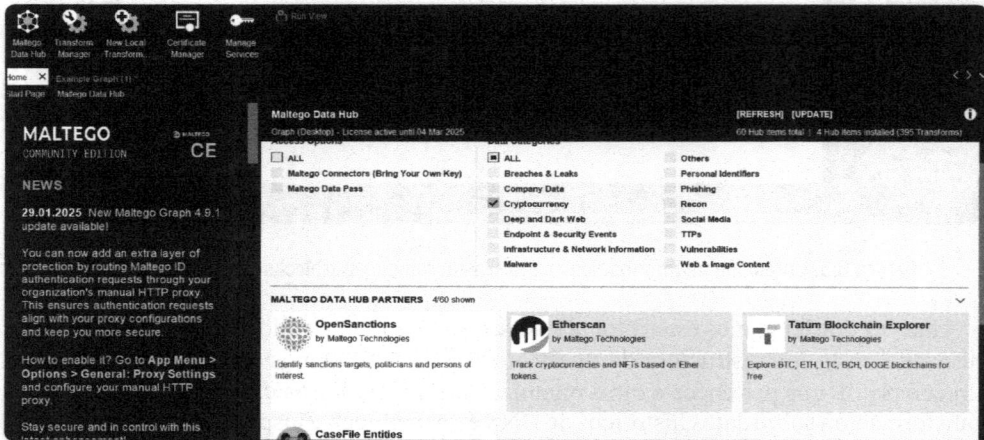

Figura 6.6. Instalación de transformaciones para obtener información sobre cryptocurrency

Las transformación que podríamos instalar es la de **Tatum Blockchain Explorer** https://tatum.io/ incluyen dos nuevos tipos de entidades, una dirección y una transacción.

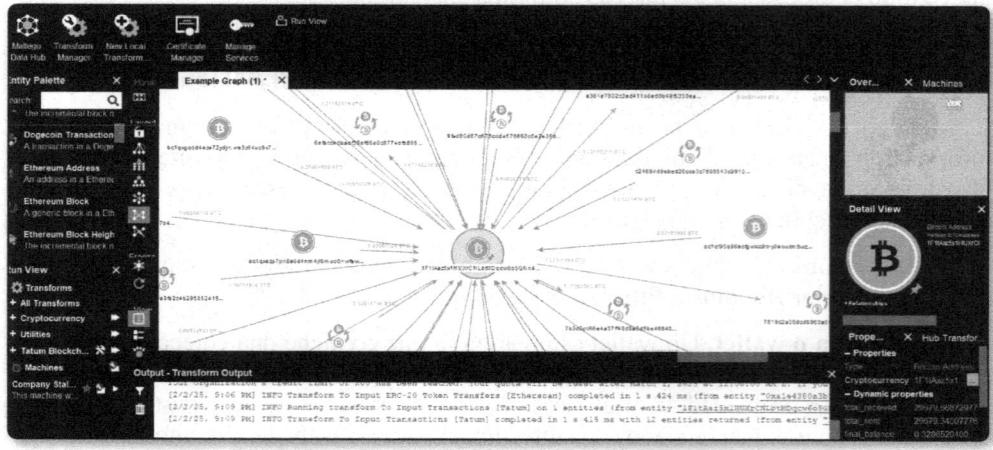

Figura 6.7. Obtención de información sobre transacciones y direcciones de Bitcoin

Algunas de las transformaciones que se puedan ejecutar en una transacción o sobre una dirección son:

- ▶ **To INPUT Addresses:** esta transformación devolverá las direcciones de entrada para la transacción analizada.

- ▶ **To OUTPUT Addresses**: esta transformación devolverá las direcciones de salida para la transacción analizada.

- ▶ **To OUTPUT Transactions**: esta transformación devolverá las transacciones de salida para la dirección analizada.

- ▶ **To INPUT Transactions**: esta transformación devolverá las transacciones de entrada para la dirección analizada.

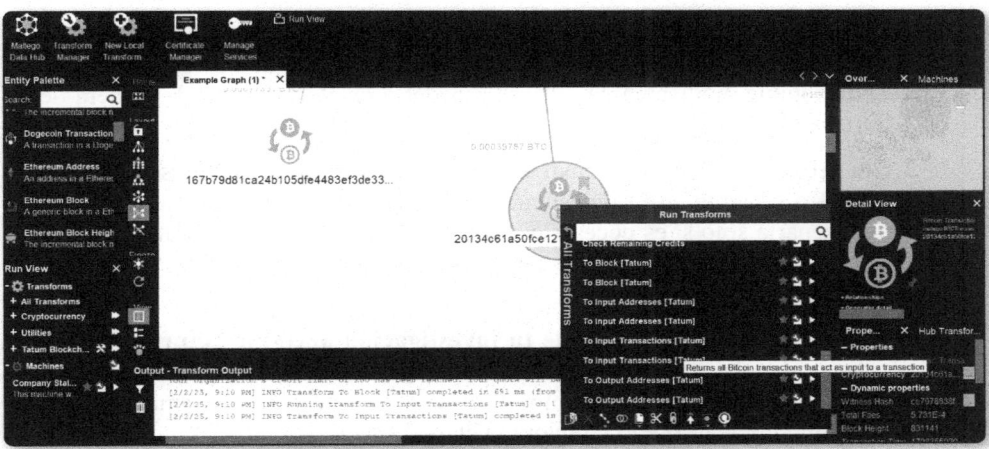

Figura 6.8. Obtención de información sobre transacciones y direcciones de Bitcoin

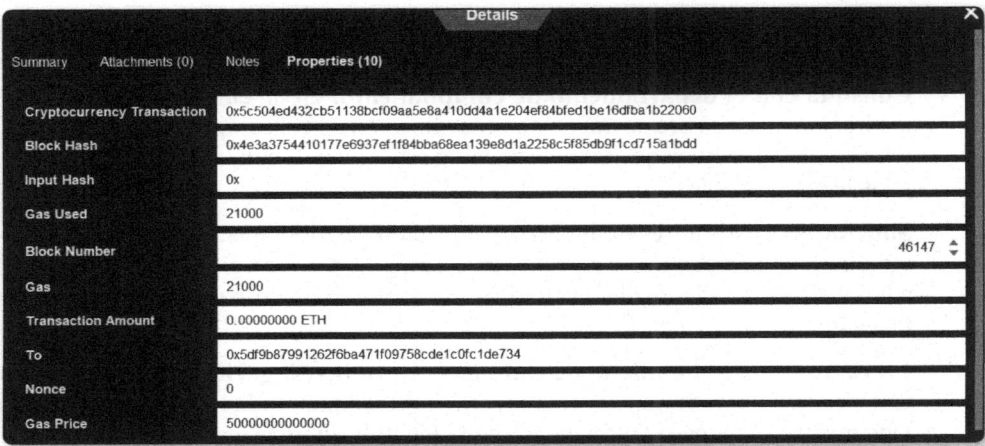

Figura 6.9. Obtención de información sobre una transacción en la cadena de bloques de Ethereum

6.2.6 BUENAS PRÁCTICAS DE USO DE MALTEGO

Para aprovechar al máximo Maltego de manera ética y eficaz, es importante seguir una serie de buenas prácticas que respeten la privacidad y las normativas de ciberseguridad. Estos consejos ayudarán a los usuarios a realizar investigaciones responsables y a evitar problemas legales o éticos al usar la herramienta.

▶ **Cumple con las leyes y regulaciones locales e internacionales**: antes de comenzar una investigación, asegúrate de que las acciones que realizarás con Maltego estén dentro del marco legal de tu país y de los países desde donde obtendrás la información. Algunas leyes de privacidad, como el GDPR en Europa, regulan la recolección y el uso de datos personales, por lo que es importante estar al tanto de estas normativas.

▶ **Recolecta sólo información de fuentes públicas y legítimas**: Maltego permite el acceso a datos OSINT, pero es importante asegurarse de que esta información esté disponible públicamente y de no acceder o recolectar datos de manera ilegal o intrusiva.

▶ **Evita almacenar datos sensibles innecesarios**: si encuentras información personal o sensible en tu investigación, asegúrate de protegerla adecuadamente y almacenarla solo si es necesario. La recopilación excesiva de datos personales puede violar la privacidad de las personas y también las políticas de seguridad de muchas organizaciones.

▶ **Define el objetivo y alcance de tu investigación antes de empezar:** limita tu recolección de datos a solo aquello que es relevante para el caso, evitando recolectar información innecesaria. Este enfoque no solo es ético, sino que también optimiza el rendimiento de Maltego y mejora la claridad de los resultados.

▶ **Minimiza el uso de transformaciones que consulten datos personales**: Maltego ofrece muchas transformaciones, pero no todas son necesarias para cada investigación. Utiliza únicamente aquellas que te ayuden a responder a tus preguntas de investigación de manera ética y con propósito claro.

▶ **Consulta con el departamento de cumplimiento:** en un entorno corporativo o institucional, asegúrate de trabajar en coordinación con el equipo de cumplimiento o legal. Esto garantiza que tu investigación esté alineada con las políticas internas y las leyes aplicables.

▶ **Solicita permisos antes de investigar entidades protegidas:** si tu investigación involucra organizaciones o personas que pueden estar protegidas por normativas adicionales, considera solicitar permiso o consentimiento para llevar a cabo la investigación.

▶ **Lleva un registro detallado de cada paso en tu investigación**: esto es esencial tanto para la transparencia como para la reproducibilidad de tus hallazgos. Documentar cada paso también facilita la identificación de errores y proporciona un historial detallado en caso de auditoría.

▼ **Genera informes claros y precisos**: los informes finales deben ser claros, objetivos y solo incluir información relevante para la investigación. Evita exponer información innecesaria o datos sensibles que no aporten valor a los objetivos de la investigación.

6.3 SPIDERFOOT COMO HERRAMIENTA DE FOOTPRINTING

6.3.1 INTRODUCCIÓN

El footprinting basa su éxito en el conjunto de fuentes que utilizamos para recopilar el máximo posible de información sobre nuestro objetivo. Para facilitar la recopilación de información disponemos de herramientas que tienen como objetivo agregar información de multitud de fuentes y nos presenta los resultados de una forma clara y ordenada.

SpiderFoot http://www.spiderfoot.net es una herramienta de automatización de inteligencia de código abierto https://github.com/smicallef/spiderfoot, cuyo objetivo es automatizar el proceso de recopilación de información sobre un objetivo determinado, que puede ser una dirección IP, un nombre de dominio, un nombre de host o una subred.

SpiderFoot se puede usar tanto ofensiva como defensivamente. Desde el punto de vista ofensivo como parte de una prueba de caja negra para recopilar información sobre el objetivo o de forma defensiva para identificar qué información proporciona una entidad u organización para que los atacantes la usen en su contra.

Los datos devueltos de un escaneo de SpiderFoot revelarán una gran cantidad de información acerca de su objetivo, ofreciendo información sobre posibles fugas de datos, vulnerabilidades u otra información confidencial que se puede aprovechar durante un pentesting o para información sobre amenazas. Hay tres áreas principales donde SpiderFoot puede ser útil:

▼ Permite automatizar la fase de reconocimiento en un proceso de pentesting.

▼ Comprobar lo que una organización está exponiendo de forma abierta en Internet.

▼ Recopilar inteligencia de amenazas sobre supuestas direcciones IP que tengan malware.

Sus **características** principales son:

▼ **Recolección de información:** realiza búsquedas automáticas en diversas fuentes públicas para recopilar información. Incluye datos relacionados con dominios, direcciones IP, nombres de usuarios, etc.

▼ **Análisis de DNS:** examina registros DNS para obtener información con un objetivo y verifica su existencia en servicios de correo electrónico.

▶ **Análisis WHOIS:** extrae detalles WHOIS, que incluyen información sobre el registro de dominios, propietarios y contactos asociados.

▶ **Búsqueda de vulnerabilidades:** busca vulnerabilidades conocidas relacionadas con el objetivo. Incluye información sobre software y versiones utilizadas.

▶ **Exploración de subdominios:** identifica subdominios asociados con un dominio principal.

▶ **Análisis de redes sociales:** recopila información de perfiles asociados en redes sociales para obtener una visión más completa de la presencia en línea del público objetivo.

▶ **Integración con APIs de servicios externos:** permite la integración de APIs de servicios externos para obtener datos adicionales de manera automatizada.

▶ **Análisis de enlaces:** examina enlaces relevantes para descubrir conexiones y posiblemente identificar nuevas fuentes de información.

▶ **Generación de informes:** facilita la creación de informes detallados que resumen la información recopilada de manera clara y estructurada.

SpiderFoot ofrece muchas funciones, incluidas las siguientes:

▶ Utiliza diferentes fuentes de datos incluidos Shodan, Whois, PasteBin.

▶ Exportación de datos a otros formatos como CSV para usar en otras herramientas.

▶ Altamente configurable. Casi todos los módulos se pueden configurar para que pueda definir el nivel de intrusión y funcionalidad.

▶ Todos los resultados de escaneo se almacenan en una base de datos SQLite.

▶ Escaneos simultáneos. Cada escaneo que se realice se ejecuta en su propio hilo, por lo que puede realizar el análisis de muchos objetivos simultáneamente.

6.3.2 INSTALACIÓN DE SPIDERFOOT

SpiderFoot es una herramienta desarrollada en Python 3. En el repositorio de GitHub encontramos el fichero que contiene las dependencias que tendríamos que instalar en nuestra máquina https://github.com/smicallef/spiderfoot/blob/master/requirements.txt.

```
adblockparser>=0.7,<1
dnspython>=2.3.0,<3
ExifRead>=2.3.2,<3
CherryPy>=18.8.0,<19
cherrypy-cors>=1.6,<2
Mako>=1.2.4,<2
beautifulsoup4>=4.11.2,<5
lxml>=4.9.2,<5
netaddr>=0.8.0,<1
```

```
pysocks>=1.7.1,<2
requests>=2.28.2,<3
ipwhois>=1.1.0,<1.2.0
ipaddr>=2.2.0,<3
phonenumbers>=8.13.6,<9
pygexf>=0.2.2,<0.3
PyPDF2>=1.28.6,<2
python-whois>=0.7.3,<0.8
secure>=0.3.0,<0.4.0
pyOpenSSL>=21.0.0,<22
python-docx>=0.8.11,<0.9
python-pptx>=0.6.21,<0.7
networkx>=2.6.3,<2.7
cryptography>=3.4.8,<4
publicsuffixlist>=0.9.3,<0.10
openpyxl>=3.1.1,<4
pyyaml>=6.0.0,<7
```

Con el siguiente comando podemos instalar las dependencias:

```
$ pip install -r requirements.txt
```

Todas las demás dependencias de módulos, como SQLite3 para tratar con base de datos, ya vienen incluidas en la instalación por defecto de Python. Para ejecutar SpiderFoot, habría que ejecutar el script **sf.py** que encontramos en el directorio raíz del repositorio:

```
$ python3 sf.py -l 127.0.0.1:5001

*************************************************************
 Use SpiderFoot by starting your web browser of choice and
 browse to http://127.0.0.1:5001/
*************************************************************

2025-01-31 23:14:57,736 [INFO] sf : Starting web server at 127.0.0.1:5001 ...
2025-01-31 23:14:57,737 [WARNING] sf :
*************************************************************
Warning: passwd file contains no passwords. Authentication disabled.
Please consider adding authentication to protect this instance!
Refer to https://www.spiderfoot.net/documentation/#security.
*************************************************************
```

Una vez ejecutado, se iniciará un servidor web, que por defecto escuchará en 127.0.0.1:5001. Puede utilizar el navegador web y acceder a la url http://127.0.0.1:5001

6.3.3 MÓDULOS PYTHON DE SPIDERFOOT

En el repositorio de github https://github.com/smicallef/spiderfoot/tree/master/modules podemos ver los diferentes módulos que ofrece:

▶ **sfp_accounts.py**: identifica la existencia de una cuenta dada en varios sitios.

▶ **sfp_bingsearch.py:** busca en el buscador Bing contenido relacionado con el dominio en cuestión.

▶ **sfp_botscout.py:** para buscar potenciales direcciones IP maliciosas y direcciones de correo electrónico.

▶ **sfp_coderepo.py**: identifica los repositorios de código fuente público en github asociados con el objetivo.

▶ **sfp_darksearch.py**: busca en los motores de búsqueda del sitio Tor onion el contenido relacionado con el dominio en cuestión.

▶ **sfp_defaced.py**: comprueba si el dominio o la dirección IP aparecen en el archivo defacement de zone-h.org.

▶ **sfp_duckduckgo.py**: consulta la API de DuckDuckGo para obtener información.

```
https://api.duckduckgo.com/?q=<target>&format=json&pretty=1
```

▶ **sfp_historic.py**: consulta el servicio de archive.org para obtener el histórico de versiones del dominio que estamos analizando.

```
http://archive.org/wayback/available?url=<domain>
{"url": "scanme.nmap.org", "archived_snapshots": {"closest": {"status":
"200", "available": true, "url": "http://web.archive.org/web/20240919234104/
http://scanme.nmap.org/", "timestamp": "20240919234104"}}}
```

▶ **sfp_malcheck.py**: comprueba si un ASN, IP o dominio es malicioso.

▶ **sfp_pgp.py:** complemento para buscar los correos electrónicos recibidos en los servidores de claves PGP, así como para encontrar las direcciones de correo electrónico que pertenecen a su objetivo.

▶ **sfp_portscan_tcp.py**: para realizar un escaneo de puertos tcp sobre las direcciones IP identificadas.

▶ **sfp_haveibeenpwned.py:** consulta haveibeenpwned.com para ver si una cuenta ha sido comprometida.

▶ **sfp_shodan.py**: consulta SHODAN para direcciones IP identificadas.

```
https://api.shodan.io/shodan/host/<ip_addres>?key=<api_key>
```

▶ **sfp_virustotal.py:** consulta VirusTotal para las direcciones IP identificadas. Podemos realizar la consulta por dirección IP o nombre de dominio.

```
https://www.virustotal.com/vtapi/v2/ip-address/report?ip=<ip>&apikey=<api_key
https://www.virustotal.com/vtapi/v2/domain/report?domain=<domain>&apikey=<a
pi_key>
```

▶ **sfp_vuln.py:** consulta las fuentes de vulnerabilidad externas.

6.3.4 AUTOMATIZANDO LA RECOLECCIÓN DE INFORMACIÓN

El principal objetivo es automatizar el proceso de recopilación de información sobre un objetivo determinado, que puede ser una dirección IP, un nombre de dominio, un nombre de host o una subred. La forma de funcionar es pasarle un dominio o dirección IP, y la selección de los servicios que nos interese.

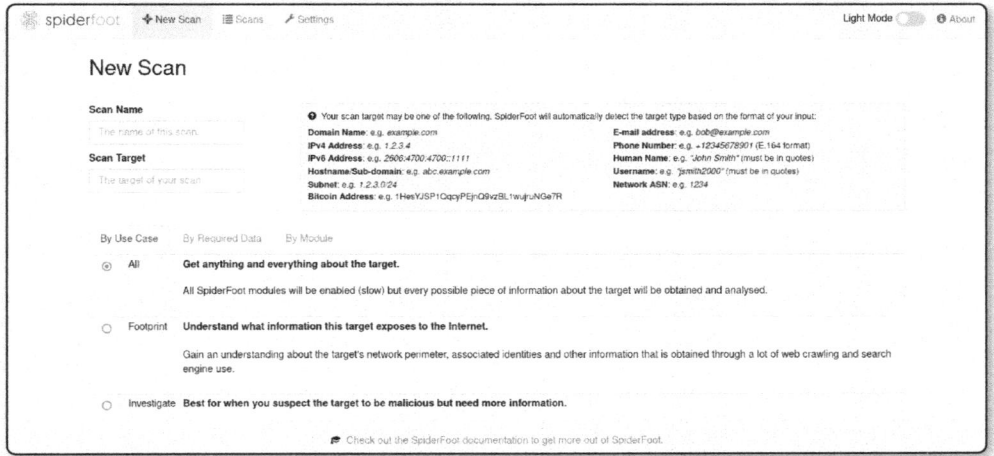

Figura 6.10. Pantalla para crear un nuevo escaneo

El objetivo del escaneo puede ser desde un nombre de dominio, una dirección IP, un email o un nombre de usuario. Además, se puede configurar el tipo de escaneo, que puede ser por caso de uso, por datos requeridos o por módulo. Lo más habitual es marcar alguna de las opciones que aparecen en «**By Use Case**», ya que cargan los módulos necesarios para hacer diferentes tipos de investigaciones:

- ▶ **All**: habilita todos los módulos e integraciones configuradas en Spiderfoot. Esto significa que se puede obtener mucha más información del objetivo, pero también que será un proceso lento y probablemente intrusivo.

- ▶ **Footprint**: este tipo de investigación carga aquellos módulos que permiten obtener información sobre el objetivo utilizando motores de búsqueda, procesos de crawling, identidades de usuarios, entre otras cosas. Es un tipo de investigación orientada a obtener información sobre el entorno de red del objetivo.

- ▶ **Investigate**: en este caso no se realizan tantas comprobaciones como en las anteriores, en este tipo de investigación se pretende determinar si el objetivo es una entidad maliciosa, por lo tanto busca en servicios relacionados con listas negras, sitios conocidos de distribución de malware, etc.

- ▶ **Passive**: este es el tipo de investigación más liviano de todos, está pensado para ser poco intrusivo y solamente carga módulos para recolección de información que en condiciones normales no generan alertas en el objetivo.

Una vez seleccionado el target y el tipo de investigación que se pretende lanzar, basta con iniciar el escaneo (**Run Scan Now**) y esperar a que Spiderfoot haga su trabajo. Los resultados se irán visualizando en la pestaña de «Scans» en donde aparece el estado de cada escaneo y el scan nos irá informando de su progreso en la pestaña de log.

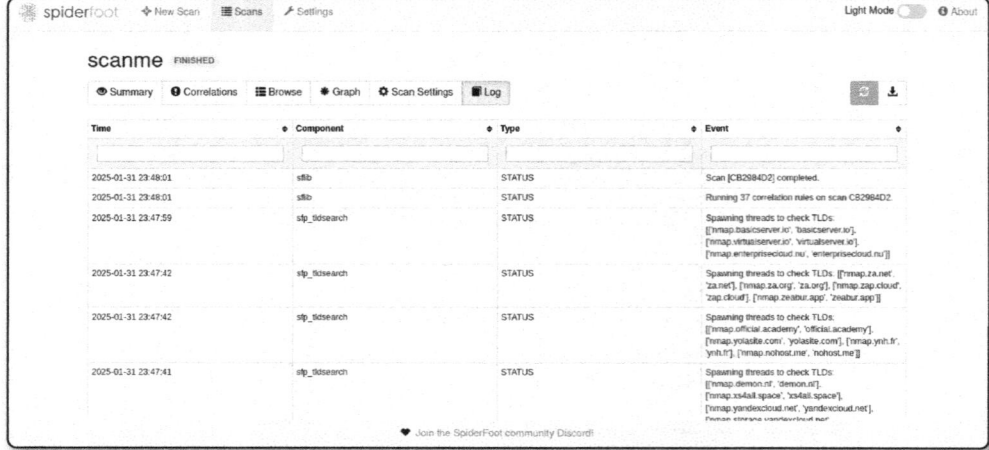

Figura 6.11. Pantalla con el log del escaneo

Tras la obtención de los resultados obtenidos por cada módulo seleccionado, además de poder consultarlos directamente sobre la interfaz web, es posible exportar todos los datos en formato csv:

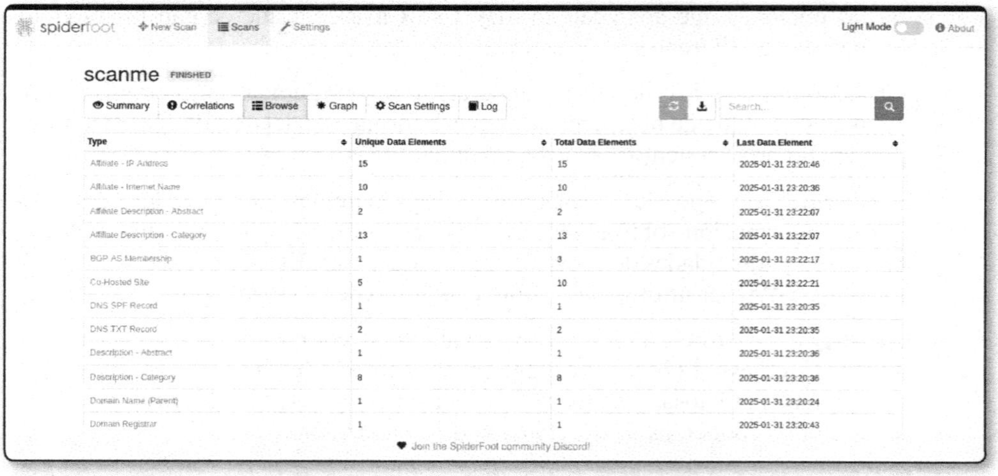

Figura 6.12. Pantalla con los resultados obtenidos por cada módulo

También podemos ver los resultados agrupados por los diferentes módulos:

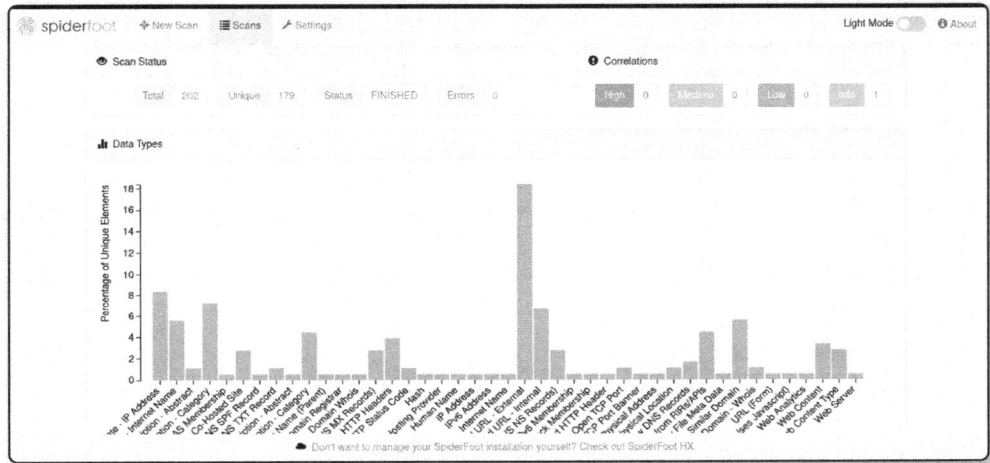

Figura 6.13. Pantalla con los resultados obtenidos por cada módulo

Desde la pestaña de **settings** podríamos establecer la configuración de cada módulo. Es posible extraer información de servicios como Shodan, Censys, VirusTotal, además de otros módulos que permiten obtener la reputación de un dominio.

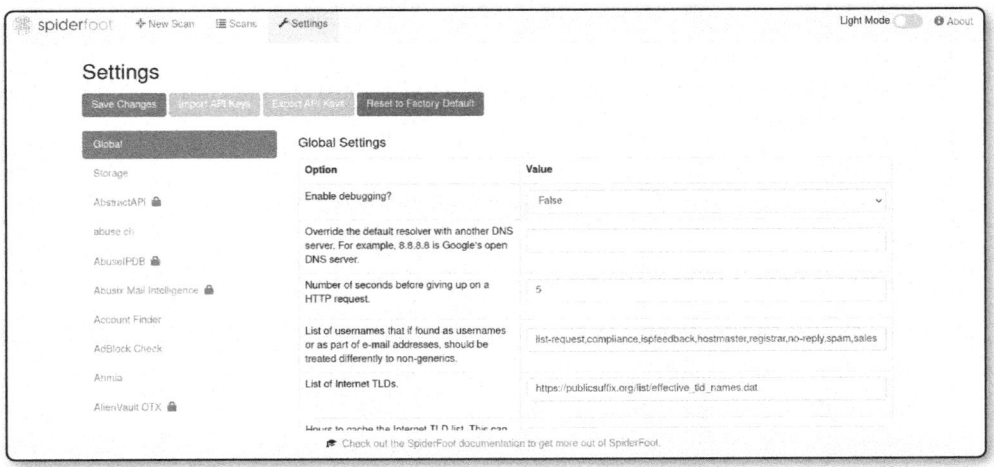

Figura 6.14. Pantalla para establecer la configuración de cada módulo

Dado que son muchos los servicios que se pueden integrar en una instancia de Spiderfoot, es posible importar y exportar API Keys. De esta manera, si se tiene una instalación de la herramienta con múltiples servicios configurados y APIs establecidas, se puede exportar dicha configuración e importarla en otra instalación de Spiderfoot.

6.3.5 FUENTES DE DATOS EN SPIDERFOOT

SpiderFoot es una poderosa herramienta de OSINT que utiliza una amplia gama de fuentes de datos públicas para recopilar información sobre un objetivo. Estas fuentes son la columna vertebral de SpiderFoot, ya que le permiten realizar investigaciones exhaustivas y obtener una imagen completa de un individuo, organización o entidad. SpiderFoot accede a una gran variedad de fuentes de datos, que incluyen:

▶ **Buscadores web:** Google, Bing, DuckDuckGo y otros motores de búsqueda se utilizan para encontrar información básica como sitios web, perfiles en redes sociales y noticias relacionadas con el objetivo.

▶ **Whois**: esta fuente proporciona información sobre el registro de dominios, como nombres de servidores, direcciones de correo electrónico y fechas de registro.

▶ **Redes sociales**: SpiderFoot puede buscar en diversas redes sociales como Facebook, Twitter, LinkedIn y otras para encontrar perfiles asociados con el objetivo.

▶ **Directorios de empresas:** se consultan directorios empresariales para obtener información sobre empresas, empleados y ubicaciones.

▶ **Foros y comunidades en línea**: los foros y comunidades en línea pueden contener información valiosa sobre el objetivo, como publicaciones, comentarios y discusiones.

▶ **Pastebins**: estos sitios web almacenan fragmentos de código, contraseñas y otra información que puede ser relevante para la investigación.

▶ **Buscadores de subdominios**: se utilizan para identificar subdominios asociados con el dominio principal del objetivo.

▶ **Buscadores de malware:** se consultan bases de datos de malware para verificar si el objetivo está asociado con alguna amenaza conocida.

▶ **Bases de datos de vulnerabilidades:** se utilizan para identificar posibles vulnerabilidades en los sistemas del objetivo.

▶ **Información de contacto**: se buscan direcciones de correo electrónico, números de teléfono y otras formas de contacto asociadas con el objetivo.

☑	abuse.ch	Check if a host/domain, IP or netblock is malicious according to abuse.ch.
☑	AbuseIPDB 🔒	Check if an IP address is malicious according to AbuseIPDB.com blacklist.
☑	Account Finder	Look for possible associated accounts on nearly 200 websites like Ebay, Slashdot, reddit, etc.
☑	AdBlock Check	Check if linked pages would be blocked by AdBlock Plus.
☑	Ahmia	Search Tor 'Ahmia' search engine for mentions of the target domain.
☑	AlienVault IP Reputation	Check if an IP or netblock is malicious according to the AlienVault IP Reputation database.
☑	AlienVault OTX 🔒	Obtain information from AlienVault Open Threat Exchange (OTX)
☑	Amazon S3 Bucket Finder	Search for potential Amazon S3 buckets associated with the target and attempt to list their contents.
☑	Apility 🔒	Search Apility API for IP address and domain reputation.
☑	Apple iTunes	Search Apple iTunes for mobile apps.
☑	Archive.org	Identifies historic versions of interesting files/pages from the Wayback Machine.
☑	ARIN	Queries ARIN registry for contact information.
☑	Azure Blob Finder	Search for potential Azure blobs associated with the target and attempt to list their contents.
☑	Bad Packets 🔒	Obtain information about any malicious activities involving IP addresses found
☑	badips.com	Check if an IP address is malicious according to BadIPs.com.
☑	Bambenek C&C List	Check if a host/domain or IP appears on Bambenek Consulting's C&C tracker lists.
☑	Base64 Decoder	Identify Base64-encoded strings in URLs, often revealing interesting hidden information.

Figura 6.15. Fuentes de datos en SpiderFoot

Los módulos que aparecen con un candado quieren decir que requieren API Key y para obtenerlas nos tenemos de registrar en el sitio web que la solicita.

6.3.6 EJECUCIÓN CON DOCKER

En el repositorio de GitHub disponemos también de un fichero Dockerfile https://github.com/smicallef/spiderfoot/blob/master/Dockerfile para construir la imagen de docker a partir de este fichero:

```
#
# Spiderfoot Dockerfile
#
# http://www.spiderfoot.net
#
# Written by: Michael Pellon <m@pellon.io>
# Updated by: Chandrapal <bnchandrapal@protonmail.com>
# Updated by: Steve Micallef <steve@binarypool.com>
# Updated by: Steve Bate <svc-spiderfoot@stevebate.net>
#    -> Inspired by https://github.com/combro2k/dockerfiles/tree/master/alpine-
spiderfoot
#
# Usage:
#
#   sudo docker build -t spiderfoot .
#   sudo docker run -p 5001:5001 --security-opt no-new-privileges spiderfoot
#
# Using Docker volume for spiderfoot data
```

```
#
#    sudo docker run -p 5001:5001 -v /mydir/spiderfoot:/var/lib/spiderfoot
spiderfoot
#
# Using SpiderFoot remote command line with web server
#
#    docker run --rm -it spiderfoot sfcli.py -s http://my.spiderfoot.host:5001/
#
# Running spiderfoot commands without web server (can optionally specify volume)
#
#    sudo docker run --rm spiderfoot sf.py -h
#
# Running a shell in the container for maintenance
#    sudo docker run -it --entrypoint /bin/sh spiderfoot
#
# Running spiderfoot unit tests in container
#
#    sudo docker build -t spiderfoot-test --build-arg REQUIREMENTS=test/
requirements.txt .
#    sudo docker run --rm spiderfoot-test -m pytest --flake8 .

FROM alpine:3.12.4 AS build
ARG REQUIREMENTS=requirements.txt
RUN apk add --no-cache gcc git curl python3 python3-dev py3-pip swig tinyxml-dev
\
 python3-dev musl-dev openssl-dev libffi-dev libxslt-dev libxml2-dev jpeg-dev \
 openjpeg-dev zlib-dev cargo rust
RUN python3 -m venv /opt/venv
ENV PATH="/opt/venv/bin":$PATH
COPY $REQUIREMENTS requirements.txt ./
RUN ls
RUN echo "$REQUIREMENTS"
RUN pip3 install -U pip
RUN pip3 install -r "$REQUIREMENTS"



FROM alpine:3.13.0
WORKDIR /home/spiderfoot

# Place database and logs outside installation directory
ENV SPIDERFOOT_DATA /var/lib/spiderfoot
ENV SPIDERFOOT_LOGS /var/lib/spiderfoot/log
ENV SPIDERFOOT_CACHE /var/lib/spiderfoot/cache

# Run everything as one command so that only one layer is created
RUN apk --update --no-cache add python3 musl openssl libxslt tinyxml libxml2
jpeg zlib openjpeg \
    && addgroup spiderfoot \
    && adduser -G spiderfoot -h /home/spiderfoot -s /sbin/nologin \
              -g "SpiderFoot User" -D spiderfoot \
    && rm -rf /var/cache/apk/* \
    && rm -rf /lib/apk/db \
    && rm -rf /root/.cache \
```

```
      && mkdir -p $SPIDERFOOT_DATA || true \
      && mkdir -p $SPIDERFOOT_LOGS || true \
      && mkdir -p $SPIDERFOOT_CACHE || true \
      && chown spiderfoot:spiderfoot $SPIDERFOOT_DATA \
      && chown spiderfoot:spiderfoot $SPIDERFOOT_LOGS \
      && chown spiderfoot:spiderfoot $SPIDERFOOT_CACHE

COPY . .
COPY --from=build /opt/venv /opt/venv
ENV PATH="/opt/venv/bin:$PATH"

USER spiderfoot

EXPOSE 5001

# Run the application.
ENTRYPOINT ["/opt/venv/bin/python"]
CMD ["sf.py", "-l", "0.0.0.0:5001"]
```

Si observamos el fichero Dockerfile, vemos que el puerto en el que escuchará dentro del contenedor es el 5001. Pero eso está dentro del contenedor, lo que necesitamos hacer es asignar un puerto en el servidor que ejecuta el contenedor a ese puerto, de modo que podemos conectarlo desde fuera del contenedor. Eso es lo que hará el argumento -p. Podríamos asignar el puerto 5009 en el servidor local al puerto 5001, que es el puerto que SpiderFoot está escuchando dentro del contenedor.

Usando el Dockerfile suministrado con SpiderFoot, podemos crear la imagen que se utilizará para ejecutar el contenedor:

```
$ docker build -t spiderfoot .
Sending build context to Docker daemon  15.62MB
Step 1/23 : FROM alpine:3.12.4 AS build
3.12.4: Pulling from library/alpine
f84cab65f19f: Pull complete
Digest: sha256:a295107679b0d92cb70145fc18fb53c76e79fceed7e1cf10ed763c7c102c5ebe
Status: Downloaded newer image for alpine:3.12.4
 ---> 88dd2752d2ea
Step 2/23 : ARG REQUIREMENTS=requirements.txt
 ---> Running in 1e9d791d26e9
Removing intermediate container 1e9d791d26e9
 ---> 7099604e9e69
Step 3/23 : RUN apk add --no-cache gcc git curl python3 python3-dev py3-pip swig
tinyxml-dev  python3-dev musl-dev openssl-dev libffi-dev libxslt-dev libxml2-dev
jpeg-dev  openjpeg-dev zlib-dev cargo rust
 ---> Running in 3eb47b4c1136
..
executing busybox-1.32.1-r0.trigger
OK: 61 MiB in 36 packages
Removing intermediate container c8e21b952072
 ---> bdaf8bd9f101
Step 17/23 : COPY . .
 ---> 71833d83553f
Step 18/23 : COPY --from=build /opt/venv /opt/venv
```

```
---> 311b380b2e15
Step 19/23 : ENV PATH="/opt/venv/bin:$PATH"
 ---> Running in 9f4906e70ed8
Removing intermediate container 9f4906e70ed8
 ---> 3c0cd1c1f541
Step 20/23 : USER spiderfoot
 ---> Running in 7f4e48a05b9f
Removing intermediate container 7f4e48a05b9f
 ---> 48a5fb2322ee
Step 21/23 : EXPOSE 5001
 ---> Running in e7538aefd8e4
Removing intermediate container e7538aefd8e4
 ---> 77199f19a25c
Step 22/23 : ENTRYPOINT ["/opt/venv/bin/python"]
 ---> Running in 6de36a76ade8
Removing intermediate container 6de36a76ade8
 ---> 15bfd880fb0a
Step 23/23 : CMD ["sf.py", "-l", "0.0.0.0:5001"]
 ---> Running in bd1b16944a7b
Removing intermediate container bd1b16944a7b
 ---> c6568414957e
Successfully built c6568414957e
Successfully tagged spiderfoot:latest
```

Una vez construida la imagen, el argumento -d le dice a Docker que ejecute el contenedor en segundo plano para que podamos ejecutar otros contenedores en paralelo.

```
$ docker run -p 5009:5001 -d spiderfoot
```

6.4 DESCUBRIMIENTO DE SUBDOMINIOS

6.4.1 INTRODUCCIÓN

La enumeración de subdominios es el proceso de búsqueda de subdominios para uno o más dominios. Encontrar aplicaciones que se ejecutan en subdominios ocultos puede llevar a descubrir vulnerabilidades críticas.

Existen muchas técnicas para el descubrimiento de subdominios, desde la utilización de recursos públicos como Google o VirusTotal, así como el escaneo de un bloque de direcciones IP y la realización de búsquedas inversas. Cualquiera de estos métodos ofrecerá buenos resultados, mientras que una combinación de ellos proporcionará un resultado más completo.

Todos los frameworks y metodologías existentes para tests de intrusión contemplan en sus fases iniciales el reconocimiento, y dentro del reconocimiento es fundamental el descubrimiento de subdominios ya que puede ayudar a un atacante o auditor a identificar y enumerar distintos sitios web del objetivo, algunos incluso mal configurados y vulnerables.

Hay muchas herramientas disponibles que realizan el descubrimiento de subdominios mediante fuerza bruta, por ejemplo, **Sublist3r** https://github.com/aboul3la/Sublist3r. Servicios como los de **DNS Dumpster** https://dnsdumpster.com y **Netcraft** https://www. netcraft.com también son una buena alternativa para obtener subdominios catalogados para un dominio de destino.

Además, los certificados TLS, extraídos de servicios como crt.sh o censys.io, pueden revelar subdominios adicionales que los servicios aún no han visto o registrado. Una búsqueda en censys.io de "**parsed.names: domain.com**" devolverá los resultados de los certificados emitidos para un subdominio de "domain.com".

Además, los registros de transparencia de certificados pueden ofrecer más subdominios que se pueden obtener utilizando la herramienta de informe de transparencia de Google https://transparencyreport.google.com/https/certificates.

6.4.2 TÉCNICAS DE ENUMERACIÓN DE SUBDOMINIOS

La enumeración de subdominios es una técnica fundamental en la investigación de seguridad y en la inteligencia de fuentes abiertas (OSINT). Consiste en identificar todos los subdominios asociados a un dominio principal, lo que puede revelar información valiosa sobre la infraestructura de una organización, sus aplicaciones y posibles vulnerabilidades. Entre los motivos que tenemos para realizar una enumeración de subdominios podemos destacar:

▶ **Descubrir activos desconocidos:** identificar subdominios desconocidos puede revelar sistemas, aplicaciones o servicios que no están documentados.

▶ **Encontrar vulnerabilidades:** los subdominios pueden ser un punto de entrada para ataques cibernéticos si no están correctamente configurados o protegidos.

▶ **Realizar mapeos de infraestructura**: obtener una visión completa de la infraestructura de una organización.

▶ **Investigación de OSINT:** recopilar información sobre una organización o persona.

Existen diversas técnicas y herramientas para enumerar subdominios. Algunas de las más destacadas son:

▶ **Amass** https://github.com/owasp-amass/amass: una herramienta de línea de comandos muy popular que utiliza múltiples fuentes para encontrar subdominios.

▶ **Sublist3r** https://github.com/aboul3la/Sublist3r: herramienta de línea de comandos que combina varias técnicas para descubrir subdominios.

▶ **Knockpy** https://github.com/guelfoweb/knock: una herramienta de Python que utiliza una variedad de fuentes y técnicas para enumerar subdominios.

▶ **Subfinder** https://github.com/projectdiscovery/subfinder: una herramienta desarrollada en Go para descubrir subdominios de forma rápida y eficiente.

▶ **Herramientas de escaneo de puertos**: herramientas como Nmap pueden utilizarse para identificar servicios en ejecución en diferentes subdominios.

▶ **Uso de motores de búsqueda**: utilizar operadores de búsqueda como site:example. com para encontrar subdominios indexados por Google. Los motores de búsqueda como Google y Bing admiten varios operadores de búsqueda avanzada para obtener subdominios. Dentro de los google dorks podemos utilizar el operador "site:" en la búsqueda de Google para encontrar todos los subdominios que Google ha encontrado para un dominio. Google también admite operadores negativos adicionales para excluir subdominios que no nos interesan.

▶ **Análisis de registros DNS:** utilizar herramientas como dig o nslookup para consultar los registros DNS de un dominio y encontrar subdominios. También podríamos utilizar servicios de terceros que obtienen conjuntos de datos DNS masivos a partir de los cuáles podemos recuperar subdominios para un dominio dado. Por ejemplo, VirusTotal ejecuta su propio servicio de replicación DNS pasiva, creado al almacenar las resoluciones de DNS realizadas al visitar las URLs enviadas por los usuarios. Para recuperar la información de un dominio, sólo tiene que poner el nombre de dominio en la barra de búsqueda https://www. virustotal.com/gui/domain/python.org/relations.

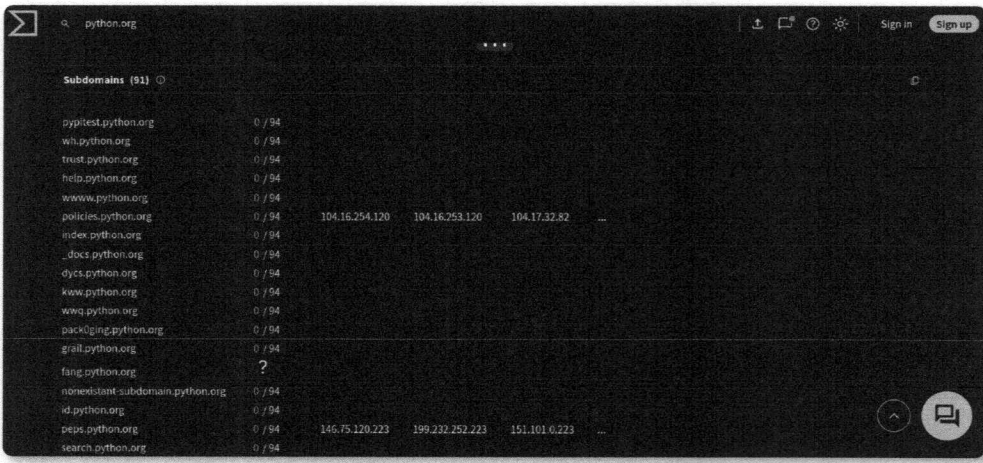

Figura 6.16. Subdominios obtenidos con virustotal

Existen otros servicios como el de https://crt.sh que permite obtener los registros de certificados a partir de un dominio.

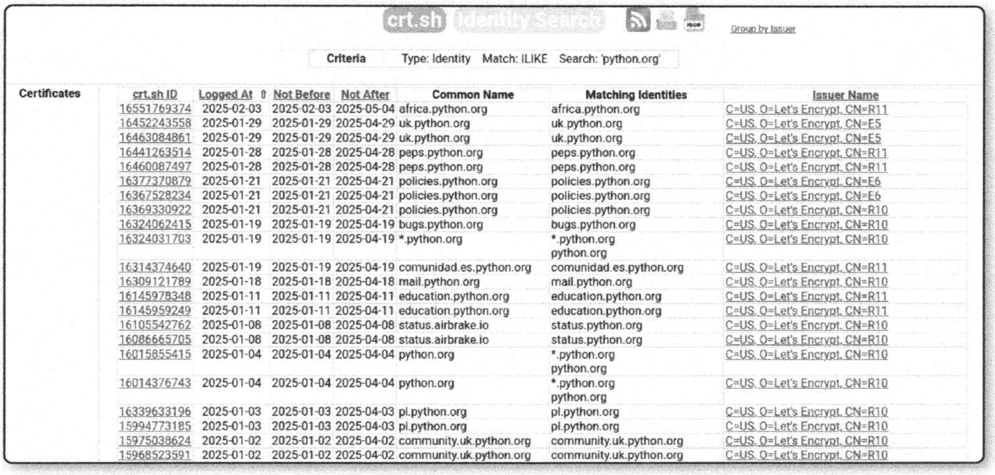

crt.sh Identity Search Group by Issuer

Criteria	Type: Identity Match: ILIKE Search: 'python.org'

Certificates

crt.sh ID	Logged At ⇧	Not Before	Not After	Common Name	Matching Identities	Issuer Name
16551769374	2025-02-03	2025-02-03	2025-05-04	africa.python.org	africa.python.org	C=US, O=Let's Encrypt, CN=R11
16452243558	2025-01-29	2025-01-29	2025-04-29	uk.python.org	uk.python.org	C=US, O=Let's Encrypt, CN=E5
16463084861	2025-01-29	2025-01-29	2025-04-29	uk.python.org	uk.python.org	C=US, O=Let's Encrypt, CN=E5
16441263514	2025-01-28	2025-01-28	2025-04-28	peps.python.org	peps.python.org	C=US, O=Let's Encrypt, CN=R11
16460087497	2025-01-28	2025-01-28	2025-04-28	peps.python.org	peps.python.org	C=US, O=Let's Encrypt, CN=R11
16377370879	2025-01-21	2025-01-21	2025-04-21	policies.python.org	policies.python.org	C=US, O=Let's Encrypt, CN=E6
16367528234	2025-01-21	2025-01-21	2025-04-21	policies.python.org	policies.python.org	C=US, O=Let's Encrypt, CN=E6
16369330922	2025-01-21	2025-01-21	2025-04-21	policies.python.org	policies.python.org	C=US, O=Let's Encrypt, CN=R10
16324062415	2025-01-19	2025-01-19	2025-04-19	bugs.python.org	bugs.python.org	C=US, O=Let's Encrypt, CN=R10
16324031703	2025-01-19	2025-01-19	2025-04-19	*.python.org	*.python.org python.org	C=US, O=Let's Encrypt, CN=R10
16314374640	2025-01-19	2025-01-19	2025-04-19	comunidad.es.python.org	comunidad.es.python.org	C=US, O=Let's Encrypt, CN=R11
16309121789	2025-01-18	2025-01-18	2025-04-18	mail.python.org	mail.python.org	C=US, O=Let's Encrypt, CN=R10
16145978348	2025-01-11	2025-01-11	2025-04-11	education.python.org	education.python.org	C=US, O=Let's Encrypt, CN=R11
16145959249	2025-01-11	2025-01-11	2025-04-11	education.python.org	education.python.org	C=US, O=Let's Encrypt, CN=R11
16105542762	2025-01-08	2025-01-08	2025-04-08	status.airbrake.io	status.python.org	C=US, O=Let's Encrypt, CN=R10
16086665705	2025-01-08	2025-01-08	2025-04-08	status.airbrake.io	status.python.org	C=US, O=Let's Encrypt, CN=R10
16015855415	2025-01-04	2025-01-04	2025-04-04	python.org	*.python.org python.org	C=US, O=Let's Encrypt, CN=R10
16014376743	2025-01-04	2025-01-04	2025-04-04	python.org	*.python.org python.org	C=US, O=Let's Encrypt, CN=R10
16339633196	2025-01-03	2025-01-03	2025-04-03	pl.python.org	pl.python.org	C=US, O=Let's Encrypt, CN=R10
15994773185	2025-01-03	2025-01-03	2025-04-03	pl.python.org	pl.python.org	C=US, O=Let's Encrypt, CN=R10
15975038624	2025-01-02	2025-01-02	2025-04-02	community.uk.python.org	community.uk.python.org	C=US, O=Let's Encrypt, CN=R10
15968523591	2025-01-02	2025-01-02	2025-04-02	community.uk.python.org	community.uk.python.org	C=US, O=Let's Encrypt, CN=R10

Figura 6.17. Subdominios obtenidos con crt.sh

El siguiente script desarrollado en Python permite extraer subdominios usando el API del servicio crt.sh, para ello utiliza los módulos **requests** y **json**.

obtener_subdominios_crtsh.py

```
import requests
import json

def get_crt_sh_data(domain):
  """
  Retrieves certificate information from crt.sh for the given domain.

  Args:
    domain: The domain name to query.

  Returns:
    A list of dictionaries, where each dictionary represents a certificate
    found for the domain.
  """
  url = f"https://crt.sh/json?identity={domain}"
  try:
    response = requests.get(url)
    response.raise_for_status()  # Raise an exception for bad status codes
    return response.json()
  except requests.exceptions.RequestException as e:
    print(f"Error fetching data from crt.sh: {e}")
    return []

def process_crt_sh_data(data):
  """
```

```
    Processes the certificate information from crt.sh.

    Args:
      data: A list of dictionaries, where each dictionary represents a certificate.

    Returns:
      A list of unique common names found in the certificates.
    """
    common_names = set()  # Use a set to avoid duplicates
    for cert in data:
      if "common_name" in cert:
        common_names.add(cert.get("common_name"))
    return list(common_names)

if __name__ == "__main__":
  domain = "python.org"
  crt_sh_data = get_crt_sh_data(domain)
  common_names = process_crt_sh_data(crt_sh_data)

  print(f"Common names found for {domain}:")
  for name in common_names:
    print(f"- {name}")
```

Por ejemplo, podríamos obtener los subdominios del dominio python.org:

```
$ python obtener_subdominios_crsh.py                         ✓  6s      base
Common names found for python.org:
- status.3dcart.com
- pl.python.org
- policies.python.org
- status.python.org
- vote.python.org
- python.org
- hg.es.python.org
- africa.python.org
- staging.python.org
- didactica-pyladies.es.python.org
- bugs.ams1.psf.io
- education.python.org
- blog.jcea.es
- comunidad.es.python.org
- dns-vetting1.map.fastly.net
- web.es.python.org
- smtp.jcea.es
- www.jcea.es
- bugs.nyc1.psf.io
- devguide.python.org
- status.airbrake.io
- msa.jcea.es
- *.pythonhosted.org
- *.c.ssl.fastly.net
- mail.python.org
- peps.python.org
- comunidades.es.python.org
```

```
- socios.es.python.org
- membership.uk.python.org
- web-ng.es.python.org
- discuss.python.org
- wiki.python.org
- svn.python.org
- dns-vetting1j.map.fastly.net
- lists.es.python.org
- minutebasestatus.com
- *.python.org
- mailman.jcea.es
- community.uk.python.org
- ukpatl.uk.python.org
- jcea.es
- pycon-archive.python.org
- *.b.ssl.fastly.net
- packaging.python.org
- hacktoberfest.es.python.org
- openbadges.es.python.org
- bugs.python.org
- chat.uk.python.org
- pycon-archives.python.org
- buildbot.python.org
- a.ssl.fastly.net
- *.a.ssl.fastly.net
- hg.jcea.es
- statuspage.io
- ukpatl.pyconuk.org
- uk.python.org
- www.python.org
- es.python.org
- legacy.python.org
- hg-interno.jcea.es
- hg.python.org
- www.es.python.org
- b.ssl.fastly.net
```

6.4.3 BLACKWIDOW

BlackWidow https://github.com/1N3/BlackWidow es una aplicación que actúa como web crawler desarrollada en Python que permite obtener subdominios, direcciones de correo electrónico y números de teléfono a partir de un dominio o un sitio web. Este proyecto también incluye el fuzzer Inject-X para escanear URLs dinámicas para la detección de vulnerabilidades comunes de OWASP. Entre las principales funciones podemos destacar:

▸ Recopilar todas las URLs de un sitio web.
▸ Recopilar todos los subdominios de un sitio web.
▸ Recolectar todos los números de teléfono de un sitio web.
▸ Recolectar todas las direcciones de correo electrónico de un sitio web.
▸ Escaneo de vulnerabilidades comunes de OWASP.

La herramienta está desarrollada en Python 3 y para su ejecución necesitamos instalar las dependencias que encontramos en el fichero **requirements.txt**

```
coloredlogs
beautifulsoup4
requests
lxml
cookies
urllib3
```

También podríamos ejecutarla utilizando Docker a partir del fichero **Dockerfile** que encontramos en el repositorio:

```
FROM alpine:3.10

RUN apk --update add --no-cache python3 py3-requests py3-pip py3-lxml py3-
requests openssl ca-certificates
RUN apk --update add --virtual build-dependencies python3-dev build-base wget
git \
   && git clone https://github.com/1N3/BlackWidow.git
WORKDIR BlackWidow

RUN pip3 install -r requirements.txt
ENTRYPOINT ["python3", "blackwidow"]
CMD ["--help"]
$ git clone https://github.com/1N3/BlackWidow.git
$ cd BlackWidow
$ docker build -t blackwidow .
$ docker run -it blackwidow # Defaults to --help
```

Algunos de los comandos que podemos ejecutar son:

▼ Analiza el dominio target.com con 5 niveles de profundidad.

```
$ blackwidow -d target.com -l 5 -v y
```

▼ Analiza el dominio target.com con 5 niveles de profundidad y busca vulnerabilidades OWASP.

```
$ blackwidow -d target.com -l 5 -s y -v y
```

6.4.4 PENTEST-TOOLS

Dentro de la categoría de Information Gathering que ofrece OSINT Framework, Pentest-tools https://pentest-tools.com/information-gathering/find-subdomains-of-domain ofrece una herramienta de búsqueda de subdominios que utiliza distintos métodos como transferencias de zona DNS, enumeración DNS basada en listas y peticiones a distintos motores de búsqueda.

→ Output

Subdomains	
HOSTNAME	IP ADDRESS
ukpatl.uk.python.org	3.124.100.143
education.python.org	15.197.246.237
status.python.org	18.244.179.103
chat.uk.python.org	35.179.56.184
bugs.python.org	45.55.99.191
hg.es.python.org	46.4.94.207
documentos-asociacion.es.python.org	46.4.94.207

Figura 6.18. Subdominios obtenidos a partir del dominio python.org

6.4.5 DNSDUMPSTER

DNSDumpster https://dnsdumpster.com es un servicio online que, además de los subdominios, nos devolverá información del servidor DNS, registros MX, registros TXT y un interesante esquema de las relaciones entre los subdominios del dominio analizado.

Figura 6.19. Relaciones entre los subdominios obtenidos

6.4.6 NETCRAFT

Netcraft http://searchdns.netcraft.com es un servicio que permite analizar los subdominios del sitio, proporcionando datos como sus direcciones IP y servidores de nombres de dominio.

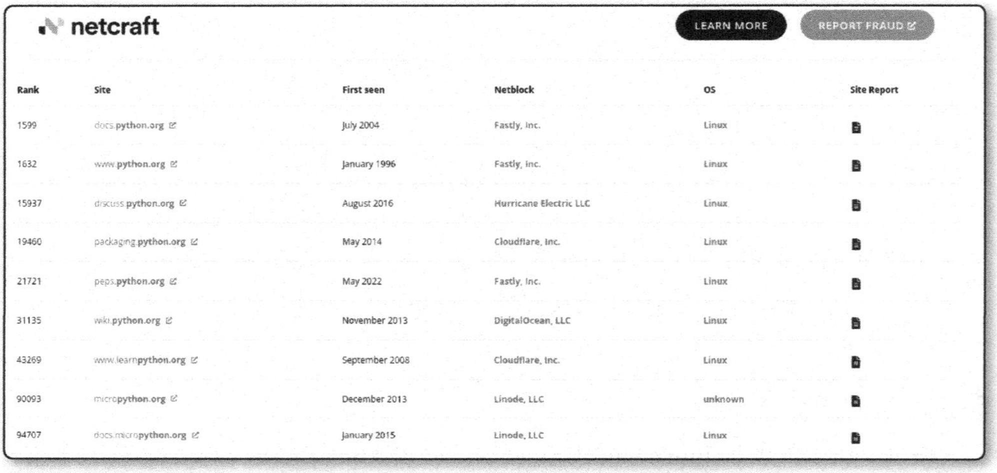

Rank	Site	First seen	Netblock	OS	Site Report
1599	docs.python.org	July 2004	Fastly, Inc.	Linux	
1632	www.python.org	January 1996	Fastly, Inc.	Linux	
15937	discuss.python.org	August 2016	Hurricane Electric LLC	Linux	
19460	packaging.python.org	May 2014	Cloudflare, Inc.	Linux	
21721	peps.python.org	May 2022	Fastly, Inc.	Linux	
31135	wiki.python.org	November 2013	DigitalOcean, LLC	Linux	
43269	www.learnpython.org	September 2008	Cloudflare, Inc.	Linux	
90093	micropython.org	December 2013	Linode, LLC	unknown	
94707	docs.micropython.org	January 2015	Linode, LLC	Linux	

Figura 6.20. Subdominios obtenido con netcraft

6.4.7 SUBLIST3R

Es una herramienta desarrollada en Python https://github.com/aboul3la/Sublist3r capaz de enumerar subdominios de sitios web a través de varios recursos OSINT. Utiliza como motores de búsqueda Google, Yahoo, Bing, Baidu y Ask y obtiene subdominios mediante diferentes servicios como Netcraft, Virustotal, ThreatCrowd, DNSdumpster y PassiveDNS. También incorpora otra herramienta llamada **subbrute** https://github.com/TheRook/subbrute que permite buscar subdominios mediante fuerza bruta utilizando diccionarios y listas de palabras.

Actualmente es compatible con Python 3 y la herramienta depende principalmente de los módulos de requests, dnspython y argparse.

```
$ git clone https://github.com/aboul3la/Sublist3r.git
$ pip install -r requirements.txt
$ python sublist3r.py -d <dominio>
```

Para ver todas las opciones y los parámetros que ofrece hay que utilizar la opción -h:

```
$ python3 sublist3r.py -h
usage: sublist3r.py [-h] -d DOMAIN [-b [BRUTEFORCE]] [-p PORTS] [-v [VERBOSE]]
[-t THREADS] [-e ENGINES] [-o OUTPUT] [-n]
```

```
OPTIONS:
  -h, --help              show this help message and exit
  -d DOMAIN, --domain DOMAIN
                          Domain name to enumerate it's subdomains
  -b [BRUTEFORCE], --bruteforce [BRUTEFORCE]
                          Enable the subbrute bruteforce module
  -p PORTS, --ports PORTS
                          Scan the found subdomains against specified tcp ports
  -v [VERBOSE], --verbose [VERBOSE]
                          Enable Verbosity and display results in realtime
  -t THREADS, --threads THREADS
                          Number of threads to use for subbrute bruteforce
  -e ENGINES, --engines ENGINES
                          Specify a comma-separated list of search engines
  -o OUTPUT, --output OUTPUT
                          Save the results to text file
  -n, --no-color          Output without color

Example: python sublist3r.py -d google.com
```

El siguiente comando permite obtener los subdominios utilizando el módulo de fuerza bruta utilizando 5 hilos:

```
$ python3 sublist3r.py -v -b -t 5 -d python.org




                 # Coded By Ahmed Aboul-Ela - @aboul3la

[-] Enumerating subdomains now for python.org
[-] verbosity is enabled, will show the subdomains results in realtime
[-] Searching now in Baidu..
[-] Searching now in Yahoo..
[-] Searching now in Google..
[-] Searching now in Bing..
[-] Searching now in Ask..
[-] Searching now in Netcraft..
[-] Searching now in DNSdumpster..
[-] Searching now in Virustotal..
[-] Searching now in ThreatCrowd..
[-] Searching now in SSL Certificates..
[-] Searching now in PassiveDNS..
[-] Starting bruteforce module now using subbrute..
python.org
www.python.org
mail.python.org
blog.python.org
test.python.org
wiki.python.org
es.python.org
svn.python.org
```

```
docs.python.org
jobs.python.org
uk.python.org
legacy.python.org
status.python.org
monitoring.python.org
pl.python.org
doc.python.org
downloads.python.org
console.python.org
education.python.org
bugs.python.org
hg.python.org
front.python.org
planet.python.org
speed.python.org
discuss.python.org
packages.python.org
warehouse.python.org
africa.python.org
policies.python.org
buildbot.python.org
pypi.python.org
```

6.4.8 SUBBRUTE

SubBrute https://github.com/TheRook/subbrute es una de las herramientas de enumeración de subdominios que utiliza "open resolvers" como proxy para no enviar directamente tráfico a los servidores de nombres. En el contexto de las redes y la seguridad informática, un "open resolver" se refiere a un servidor DNS que está configurado para responder a consultas DNS de cualquier dirección IP en Internet, no solo de clientes autorizados o de su propia red.

```
$ git clone https://github.com/TheRook/subbrute.git
$ cd subbrute
$ python subbrute.py -h
Usage:
subbrute.py [options] target_domain
subbrute.py -p target_domain

Options:
  -h, --help            show this help message and exit
  -s SUBS, --subs=SUBS  (optional) A list of subdomains, accepts a single
                        file, or a directory of files. default = 'names.txt'
  -r RESOLVERS, --resolvers=RESOLVERS
                        (optional) A list of DNS resolvers, if this list is
                        empty it will OS's internal resolver default =
                        'resolvers.txt'
  -t TARGETS, --targets_file=TARGETS
                        (optional) A file containing a newline delimited list
                        of domains to brute force.
  -p, -P                (optional) Print data from found DNS records (default
                        = off).
```

```
  -o OUTPUT, --output=OUTPUT
                          (optional) Output to file (Greppable Format)
  -j JSON, --json=JSON    (optional) Output to file (JSON Format)
  --type=TYPE             (optional) Print all reponses for an arbitrary DNS
                          record type (CNAME, AAAA, TXT, SOA, MX...)
  -c PROCESS_COUNT, --process_count=PROCESS_COUNT
                          (optional) Number of lookup theads to run. default = 8
  -v, --verbose           (optional) Print debug information.
```
Ejecución:
```
$ python3 subbrute.py -p www.python.org
python.org,AAAA,2a04:4e42:200::223
python.org,AAAA,2a04:4e42:600::223
python.org,AAAA,2a04:4e42::223
python.org,AAAA,2a04:4e42:400::223
python.org,TXT,"_globalsign-domain-verification=B57sRQpmte4G4w-
gavZbVNmmNsMxGp5kcL19UP2599"
python.org,TXT,"google-site-verification=9852CbTRhQ51-9gCUayPbGYqJeBle_MXLb6E4AL_
qQk"
python.org,TXT,"google-site-verification=QALZObrGl2OVG8lWUE40uVSMCAka316yADn9ZfC
U5OA"
python.org,TXT,"google-site-verification=dqhMiMzpbkSyEhgjGKyEOMlEg2tF0MSHD7UN-
MYfD-M"
www.python.org,CNAME,dualstack.python.map.fastly.net.
python.org,A,151.101.0.223
python.org,A,151.101.192.223
python.org,A,151.101.128.223
python.org,A,151.101.64.223
python.org,NS,ns-981.awsdns-58.net.
python.org,NS,ns-2046.awsdns-63.co.uk.
python.org,NS,ns-1134.awsdns-13.org.
python.org,NS,ns-484.awsdns-60.com.
python.org,SOA,ns-2046.awsdns-63.co.uk. awsdns-hostmaster.amazon.com. 1 7200 900
1209600 86400
python.org,MX,50 mail.python.org.
python.org,TXT,"google-site-verification=w3b8mU3wU6cZ8uSrj3E_5f1frPejJskDpSp_
nMWJ99o"
python.org,TXT,"libera-1298aas"
python.org,TXT,"status-page-domain-verification=9y2klhzbxsgk"
dualstack.python.map.fastly.net,A,199.232.28.223
dualstack.python.map.fastly.net,AAAA,2a04:4e42:44::223
blog.python.org,CNAME,dualstack.python.map.fastly.net.
es.python.org,TXT,"v=spf1 include:spf.mailjet.com include:_spf.google.com
ip4:185.195.96.31 -all"
es.python.org,MX,10 ALT4.ASPMX.L.GOOGLE.COM.
es.python.org,MX,5 ALT1.ASPMX.L.GOOGLE.COM.
es.python.org,MX,5 ALT2.ASPMX.L.GOOGLE.COM.
es.python.org,MX,1 ASPMX.L.GOOGLE.COM.
es.python.org,MX,10 ALT3.ASPMX.L.GOOGLE.COM.
es.python.org,A,185.199.110.153
es.python.org,A,185.199.111.153
es.python.org,A,185.199.108.153
es.python.org,A,185.199.109.153
es.python.org,NS,ns3.cdmon.net.
es.python.org,NS,ns5.cdmondns-01.COM.
es.python.org,NS,ns2.cdmon.net.
```

```
es.python.org,NS,ns4.cdmondns-01.org.
es.python.org,NS,ns1.cdmon.net.
mail.python.org,AAAA,2a03:b0c0:2:d0::71:1
mail.python.org,A,188.166.95.178
doc.python.org,CNAME,dualstack.python.map.fastly.net.
education.python.org,CNAME,desolate-laurel-pfbo73zvavjs5gdidi59tus8.herokudns.
com.
desolate-laurel-pfbo73zvavjs5gdidi59tus8.herokudns.com,A,99.83.183.127
desolate-laurel-pfbo73zvavjs5gdidi59tus8.herokudns.com,A,15.197.246.237
desolate-laurel-pfbo73zvavjs5gdidi59tus8.herokudns.com,A,3.33.193.101
desolate-laurel-pfbo73zvavjs5gdidi59tus8.herokudns.com,A,52.223.46.195
```

6.4.9 KNOCK

Herramienta desarrollada en Python https://github.com/guelfoweb/knock.git que permite descubrir subdominios usando una lista de palabras. Está diseñada para escanear los DNS en busca de transferencias de zona. También admite consultas a subdominios de VirusTotal a través de la configuración de la API_KEY dentro del archivo config.json.

Instalación a partir del código fuente e instalación de las dependencias de Python:

```
$ git clone https://github.com/guelfoweb/knock.git
$ cd knock
$ pip install -r requirements.txt
```

```
$ knockpy -h
usage: knockpy [-h] [-v] [-w WORDLIST] [-r] [-c] [-j] domain


knock subdomain scan
knockpy v.4.1
Author: Gianni 'guelfoweb' Amato
Github: https://github.com/guelfoweb/knock


positional arguments:
  domain          target to scan, like domain.com

optional arguments:
  -h, --help      show this help message and exit
  -v, --version   show program's version number and exit
  -w WORDLIST     specific path to wordlist file
  -r, --resolve   resolve ip or domain name
  -c, --csv       save output in csv
  -f, --csvfields add fields name to the first row of csv output file
  -j, --json      export full report in JSON

example:
  knockpy domain.com
  knockpy domain.com -w wordlist.txt
  knockpy -r domain.com or IP
  knockpy -c domain.com
  knockpy -j domain.com
```

Ejecución:

```
$ python knock.py -w wordlist/wordlist.txt <dominio>
```

6.4.10 DNSRECON

El reconocimiento de DNS es un paso importante al mapear recursos de dominio, subdominios, servidores de correo electrónico, etc. y puede llevarlo a encontrar una antigua entrada de DNS apuntando a un servidor no mantenido e inseguro.

DNSRecon https://github.com/darkoperator/dnsrecon es una herramienta que comprueba todos los registros NS en busca de transferencias de zona. También se encuentra disponible en la distribución de kali-linux https://tools.kali.org/information-gathering/dnsrecon. Entre las principales **características** podemos destacar:

▼ Búsqueda inversa en función del rango de direcciones IP.
▼ Realizar consultas DNS para los registros NS, SOA y MX.
▼ Almacenamiento en caché de servidores de nombres.
▼ Exploración de subdominios a partir de las consultas DNS.

En primer lugar, es importante entender lo que son los dominios de nivel superior. Un dominio de nivel superior (TLD) es uno de los dominios en el nivel más alto en el sistema de nombres de dominio jerárquico de Internet. Por ejemplo, en www.website.com, .com es un dominio de nivel superior. Por lo general, la expansión se produce para los sitios web que utilizan los códigos de país como sus dominios de nivel superior, como: .in, .uk, .au, etc.

Como su nombre sugiere, una expansión de dominio de nivel superior significa expandir su dominio de una región a otra que también se conoce como Transferencia de zona y en caso de que las zonas no estén configuradas correctamente, podemos extraer casi todos los registros internos de un dominio que también se conoce como Zone Walking.

De esta forma, DNSRecon proporciona la capacidad de realizar transferencias de zona. El problema de seguridad con la transferencia de zona DNS es que puede utilizarse para descifrar la topología de la red de una empresa. Específicamente, cuando un usuario está intentando realizar una transferencia de zona, envía una consulta DNS para listar toda la información de DNS como servidores de nombres, nombres de host, registros CNAME. Para usar DNSRecon, bastaría ejecutar el script en Python pasando por parámetro el dominio a analizar.

```
$ git clone https://github.com/darkoperator/dnsrecon.git

$ python dnsrecon.py -h                                    ✓  16s   base
usage: dnsrecon.py [-h] [-d DOMAIN] [-iL INPUT_LIST] [-n NS_SERVER] [-r RANGE]
[-D DICTIONARY] [-f] [-a] [-s] [-b] [-y] [-k] [-w] [-z]
                   [--threads THREADS] [--lifetime LIFETIME] [--loglevel {DEBUG,
INFO,WARNING,ERROR,CRITICAL}] [--tcp] [--db DB] [-x XML] [-c CSV]
```

```
                        [-j JSON] [--iw] [--disable_check_nxdomain] [--disable_check_
recursion] [--disable_check_bindversion] [-V] [-v] [-t TYPE]


optional arguments:
  -h, --help              show this help message and exit
  -d DOMAIN, --domain DOMAIN
                          Target domain.
  -iL INPUT_LIST, --input-list INPUT_LIST
                          File containing a list of domains to perform DNS
enumeration on, one per line.
  -n NS_SERVER, --name_server NS_SERVER
                          Domain server to use. If none is given, the SOA of the
target will be used. Multiple servers can be specified using a comma separated
list.
  -r RANGE, --range RANGE
                          IP range for reverse lookup brute force in formats
(first-last) or in (range/bitmask).
  -D DICTIONARY, --dictionary DICTIONARY
                          Dictionary file of subdomain and hostnames to use for
brute force.
  -f                      Filter out of brute force domain lookup, records that
resolve to the wildcard defined IP address when saving records.
  -a                      Perform AXFR with standard enumeration.
  -s                      Perform a reverse lookup of IPv4 ranges in the SPF
record with standard enumeration.
  -b                      Perform Bing enumeration with standard enumeration.
  -y                      Perform Yandex enumeration with standard enumeration.
  -k                      Perform crt.sh enumeration with standard enumeration.
  -w                      Perform deep whois record analysis and reverse lookup of
IP ranges found through Whois when doing a standard enumeration.
  -z                      Performs a DNSSEC zone walk with standard enumeration.
  --threads THREADS       Number of threads to use in reverse lookups, forward
lookups, brute force and SRV record enumeration.
  --lifetime LIFETIME     Time to wait for a server to respond to a query. default
is 3.0
  --loglevel {DEBUG,INFO,WARNING,ERROR,CRITICAL}
                          Log level to use. default is INFO
  --tcp                   Use TCP protocol to make queries.
  --db DB                 SQLite 3 file to save found records.
  -x XML, --xml XML       XML file to save found records.
  -c CSV, --csv CSV       Save output to a comma separated value file.
  -j JSON, --json JSON    save output to a JSON file.
  --iw                    Continue brute forcing a domain even if a wildcard
record is discovered.
  --disable_check_nxdomain
                          Disables check for NXDOMAIN hijacking on name servers.
  --disable_check_recursion
                          Disables check for recursion on name servers
  --disable_check_bindversion
                          Disables check for BIND version on name servers
  -V, --version           DNSrecon version
```

```
   -v, --verbose          Enable verbosity
   -t TYPE, --type TYPE  Type of enumeration to perform.
                          Possible types:
                          std:      SOA, NS, A, AAAA, MX and SRV.
                          rvl:      Reverse lookup of a given CIDR or IP
range.
                          brt:      Brute force domains and hosts using a
given dictionary.
                          srv:      SRV records.
                          axfr:     Test all NS servers for a zone transfer.
                          bing:     Perform Bing search for subdomains and
hosts.
                          yand:     Perform Yandex search for subdomains and
hosts.
                          crt:      Perform crt.sh search for subdomains and
hosts.
                          snoop:    Perform cache snooping against all NS
servers for a given domain, testing
                                    all with file containing the domains, file
given with -D option.

                          tld:      Remove the TLD of given domain and test
against all TLDs registered in IANA.
                          zonewalk: Perform a DNSSEC zone walk using NSEC
records.
```

Ejecución:

```
$ python dnsrecon.py -d python.org -t crt
2025-02-03T21:38:22.839436+0100 INFO Starting enumeration for domain: python.org
2025-02-03T21:38:22.839994+0100 INFO crt: Performing Crt.sh Search Enumeration
against python.org...
2025-02-03T21:38:49.652586+0100 INFO      *.python.org wildcard
2025-02-03T21:38:49.653067+0100 INFO      *.python.org wildcard
2025-02-03T21:38:49.653310+0100 INFO      *.python.org wildcard
2025-02-03T21:38:49.653546+0100 INFO      *.python.org wildcard
2025-02-03T21:38:49.653722+0100 INFO      *.python.org wildcard
2025-02-03T21:38:49.653928+0100 INFO      *.python.org wildcard
2025-02-03T21:38:49.654090+0100 INFO      *.python.org wildcard
2025-02-03T21:38:49.654301+0100 INFO      *.python.org wildcard
2025-02-03T21:38:49.654461+0100 INFO      *.python.org wildcard
2025-02-03T21:38:49.654661+0100 INFO      *.python.org wildcard
2025-02-03T21:38:49.654811+0100 INFO      *.python.org wildcard
2025-02-03T21:38:49.655003+0100 INFO      *.python.org wildcard
2025-02-03T21:38:49.655151+0100 INFO      *.python.org wildcard
2025-02-03T21:38:49.655347+0100 INFO      *.python.org wildcard
2025-02-03T21:38:49.655499+0100 INFO      *.python.org wildcard
2025-02-03T21:38:49.655656+0100 INFO      *.python.org wildcard
2025-02-03T21:38:49.655802+0100 INFO      *.python.org wildcard
2025-02-03T21:38:49.655960+0100 INFO      *.python.org wildcard
2025-02-03T21:38:49.656105+0100 INFO      *.python.org wildcard
```

```
2025-02-03T21:38:49.656293+0100 INFO      *.python.org wildcard
2025-02-03T21:38:49.656438+0100 INFO      *.python.org wildcard
2025-02-03T21:38:49.656643+0100 INFO      *.python.org wildcard
2025-02-03T21:38:49.656788+0100 INFO      *.python.org wildcard
2025-02-03T21:38:49.656976+0100 INFO      *.python.org wildcard
2025-02-03T21:38:49.657120+0100 INFO      *.python.org wildcard
2025-02-03T21:38:49.657319+0100 INFO      *.python.org wildcard
2025-02-03T21:38:49.657462+0100 INFO      *.python.org wildcard
2025-02-03T21:38:49.657622+0100 INFO      *.python.org wildcard
2025-02-03T21:38:49.657764+0100 INFO      *.python.org wildcard
2025-02-03T21:38:49.657906+0100 INFO      *.python.org wildcard
2025-02-03T21:38:49.658048+0100 INFO      *.python.org wildcard
2025-02-03T21:38:49.658215+0100 INFO      *.python.org wildcard
2025-02-03T21:38:49.658356+0100 INFO      *.python.org wildcard
2025-02-03T21:38:49.658507+0100 INFO      *.python.org wildcard
2025-02-03T21:38:49.658666+0100 INFO      *.python.org wildcard
2025-02-03T21:38:49.658839+0100 INFO      *.python.org wildcard
2025-02-03T21:38:49.658994+0100 INFO      *.python.org wildcard
2025-02-03T21:38:49.659195+0100 INFO      *.python.org wildcard
2025-02-03T21:38:49.659336+0100 INFO      *.python.org wildcard
2025-02-03T21:38:49.659495+0100 INFO      *.python.org wildcard
2025-02-03T21:38:49.659636+0100 INFO      *.python.org wildcard
2025-02-03T21:38:49.659818+0100 INFO      *.python.org wildcard
2025-02-03T21:38:49.659959+0100 INFO      *.python.org wildcard
2025-02-03T21:38:49.660127+0100 INFO      *.python.org wildcard
2025-02-03T21:38:49.660268+0100 INFO      *.python.org wildcard
2025-02-03T21:38:49.660407+0100 INFO      *.python.org wildcard
2025-02-03T21:38:49.660546+0100 INFO      *.python.org wildcard
2025-02-03T21:38:49.660741+0100 INFO      *.python.org wildcard
2025-02-03T21:38:49.660888+0100 INFO      *.python.org wildcard
2025-02-03T21:38:49.661029+0100 INFO      *.python.org wildcard
2025-02-03T21:38:49.661170+0100 INFO      *.python.org wildcard
2025-02-03T21:38:49.661353+0100 INFO      *.python.org wildcard
2025-02-03T21:38:49.661492+0100 INFO      *.python.org wildcard
2025-02-03T21:38:49.661627+0100 INFO      *.python.org wildcard
2025-02-03T21:38:49.661762+0100 INFO      *.python.org wildcard
2025-02-03T21:38:49.661907+0100 INFO      *.python.org wildcard
2025-02-03T21:38:49.662043+0100 INFO      *.python.org wildcard
2025-02-03T21:38:49.662178+0100 INFO      *.python.org wildcard
2025-02-03T21:38:49.662312+0100 INFO      *.python.org wildcard
2025-02-03T21:38:49.662506+0100 INFO      *.python.org wildcard
2025-02-03T21:38:49.662641+0100 INFO      *.python.org wildcard
2025-02-03T21:38:49.662797+0100 INFO      *.python.org wildcard
2025-02-03T21:38:49.662931+0100 INFO      *.python.org wildcard
2025-02-03T21:38:49.663120+0100 INFO      *.python.org wildcard
2025-02-03T21:38:49.663255+0100 INFO      *.python.org wildcard
2025-02-03T21:38:49.663443+0100 INFO      *.python.org wildcard
2025-02-03T21:38:49.663579+0100 INFO      *.python.org wildcard
2025-02-03T21:38:49.663762+0100 INFO      *.python.org wildcard
2025-02-03T21:38:49.664331+0100 INFO      *.python.org wildcard
2025-02-03T21:38:49.664541+0100 INFO      *.python.org wildcard
```

```
2025-02-03T21:38:49.664784+0100 INFO      *.python.org wildcard
2025-02-03T21:38:49.664949+0100 INFO      *.python.org wildcard
2025-02-03T21:38:49.665201+0100 INFO      *.python.org wildcard
2025-02-03T21:38:49.665384+0100 INFO      *.python.org wildcard
2025-02-03T21:38:49.665552+0100 INFO      *.python.org wildcard
2025-02-03T21:38:49.665694+0100 INFO      *.python.org wildcard
2025-02-03T21:38:49.665901+0100 INFO      *.python.org wildcard
2025-02-03T21:38:49.666076+0100 INFO      *.python.org wildcard
2025-02-03T21:38:49.666307+0100 INFO      *.python.org wildcard
2025-02-03T21:38:49.666472+0100 INFO      *.python.org wildcard
2025-02-03T21:38:49.666679+0100 INFO      *.python.org wildcard
2025-02-03T21:38:49.666854+0100 INFO      *.python.org wildcard
2025-02-03T21:38:49.667868+0100 INFO      *.python.org wildcard
2025-02-03T21:38:49.668299+0100 INFO      *.python.org wildcard
2025-02-03T21:38:49.668538+0100 INFO      *.python.org wildcard
2025-02-03T21:38:49.708826+0100 INFO      A uk.python.org 104.198.14.52
2025-02-03T21:38:49.773345+0100 INFO      CNAME peps.python.org python.map.fastly.
net
2025-02-03T21:38:49.773634+0100 INFO      A python.map.fastly.net 151.101.132.223
2025-02-03T21:38:49.773802+0100 INFO      CNAME peps.python.org python.map.fastly.
net
2025-02-03T21:38:49.851666+0100 INFO      CNAME policies.python.org readthedocs.io
2025-02-03T21:38:49.852094+0100 INFO      A readthedocs.io 104.16.254.120
2025-02-03T21:38:49.852397+0100 INFO      A readthedocs.io 104.16.253.120
2025-02-03T21:38:49.852725+0100 INFO      CNAME policies.python.org readthedocs.io
2025-02-03T21:38:49.887273+0100 INFO      A bugs.python.org 45.55.99.191
2025-02-03T21:38:49.995532+0100 INFO      A comunidad.es.python.org 185.195.96.31
2025-02-03T21:38:50.012044+0100 INFO      A mail.python.org 188.166.95.178
2025-02-03T21:38:50.090645+0100 INFO      CNAME education.python.org desolate-
laurel-pfbo73zvavjs5gdidi59tus8.herokudns.com
2025-02-03T21:38:50.090963+0100 INFO      A desolate-laurel-
pfbo73zvavjs5gdidi59tus8.herokudns.com 15.197.246.237
2025-02-03T21:38:50.091141+0100 INFO      A desolate-laurel-
pfbo73zvavjs5gdidi59tus8.herokudns.com 99.83.183.127
2025-02-03T21:38:50.091311+0100 INFO      A desolate-laurel-
pfbo73zvavjs5gdidi59tus8.herokudns.com 3.33.193.101
2025-02-03T21:38:50.091479+0100 INFO      A desolate-laurel-
pfbo73zvavjs5gdidi59tus8.herokudns.com 52.223.46.195
2025-02-03T21:38:50.124964+0100 INFO      A pl.python.org 57.128.173.223
2025-02-03T21:38:50.180696+0100 INFO      A community.uk.python.org
185.199.110.153
2025-02-03T21:38:50.181351+0100 INFO      A community.uk.python.org
185.199.108.153
2025-02-03T21:38:50.181833+0100 INFO      A community.uk.python.org
185.199.109.153
2025-02-03T21:38:50.182338+0100 INFO      A community.uk.python.org
185.199.111.153
2025-02-03T21:38:50.374745+0100 INFO      CNAME hacktoberfest.es.python.org
python-spain.github.io
2025-02-03T21:38:50.375405+0100 INFO      A python-spain.github.io 185.199.108.153
2025-02-03T21:38:50.375824+0100 INFO      A python-spain.github.io 185.199.109.153
```

```
2025-02-03T21:38:50.376227+0100 INFO    A python-spain.github.io 185.199.110.153
2025-02-03T21:38:50.376624+0100 INFO    A python-spain.github.io 185.199.111.153
2025-02-03T21:38:50.377010+0100 INFO    CNAME hacktoberfest.es.python.org
python-spain.github.io
2025-02-03T21:38:50.453705+0100 INFO    A es.python.org 185.199.109.153
2025-02-03T21:38:50.454307+0100 INFO    A es.python.org 185.199.110.153
2025-02-03T21:38:50.454734+0100 INFO    A es.python.org 185.199.111.153
2025-02-03T21:38:50.455136+0100 INFO    A es.python.org 185.199.108.153
2025-02-03T21:38:50.508444+0100 INFO    CNAME pycon-archive.python.org pycon.
github.io
2025-02-03T21:38:50.509094+0100 INFO    A pycon.github.io 185.199.108.153
2025-02-03T21:38:50.509542+0100 INFO    A pycon.github.io 185.199.110.153
2025-02-03T21:38:50.509947+0100 INFO    A pycon.github.io 185.199.109.153
2025-02-03T21:38:50.510344+0100 INFO    A pycon.github.io 185.199.111.153
2025-02-03T21:38:50.510729+0100 INFO    CNAME pycon-archive.python.org pycon.
github.io
2025-02-03T21:38:50.601462+0100 INFO    CNAME ukpatl.uk.python.org glistening-
kashata-2a8d56.netlify.app
2025-02-03T21:38:50.601771+0100 INFO    A glistening-kashata-2a8d56.netlify.app
3.125.36.175
2025-02-03T21:38:50.601960+0100 INFO    A glistening-kashata-2a8d56.netlify.app
3.124.100.143
2025-02-03T21:38:50.602120+0100 INFO    CNAME ukpatl.uk.python.org glistening-
kashata-2a8d56.netlify.app
2025-02-03T21:38:50.652532+0100 INFO    CNAME comunidades.es.python.org python-
spain.github.io
2025-02-03T21:38:50.652855+0100 INFO    A python-spain.github.io 185.199.111.153
2025-02-03T21:38:50.653197+0100 INFO    A python-spain.github.io 185.199.109.153
2025-02-03T21:38:50.653618+0100 INFO    A python-spain.github.io 185.199.108.153
2025-02-03T21:38:50.654031+0100 INFO    A python-spain.github.io 185.199.110.153
2025-02-03T21:38:50.654358+0100 INFO    CNAME comunidades.es.python.org python-
spain.github.io
2025-02-03T21:38:50.691617+0100 INFO    CNAME discuss.python.org python1.hosted-
by-discourse.com
2025-02-03T21:38:50.691945+0100 INFO    A python1.hosted-by-discourse.com
184.105.99.75
2025-02-03T21:38:50.692117+0100 INFO    CNAME discuss.python.org python1.hosted-
by-discourse.com
2025-02-03T21:38:50.742429+0100 INFO    A membership.uk.python.org 52.56.203.177
2025-02-03T21:38:50.901919+0100 INFO    A lists.es.python.org 46.4.94.207
2025-02-03T21:38:50.925396+0100 INFO    CNAME packaging.python.org readthedocs.
io
2025-02-03T21:38:50.925726+0100 INFO    A readthedocs.io 104.16.254.120
2025-02-03T21:38:50.925911+0100 INFO    A readthedocs.io 104.16.253.120
2025-02-03T21:38:50.926088+0100 INFO    CNAME packaging.python.org readthedocs.
io
2025-02-03T21:38:50.951827+0100 INFO    CNAME devguide.python.org readthedocs.io
2025-02-03T21:38:50.952170+0100 INFO    A readthedocs.io 104.16.254.120
2025-02-03T21:38:50.952372+0100 INFO    A readthedocs.io 104.16.253.120
2025-02-03T21:38:50.952554+0100 INFO    CNAME devguide.python.org readthedocs.io
2025-02-03T21:38:51.073847+0100 INFO    CNAME africa.python.org s22.wservices.ch
```

```
2025-02-03T21:38:51.074180+0100 INFO     A s22.wservices.ch 116.202.118.106
2025-02-03T21:38:51.074361+0100 INFO     CNAME africa.python.org s22.wservices.ch
2025-02-03T21:38:51.091157+0100 INFO     CNAME www.python.org dualstack.python.
map.fastly.net
2025-02-03T21:38:51.091492+0100 INFO     A dualstack.python.map.fastly.net
151.101.132.223
2025-02-03T21:38:51.091677+0100 INFO     CNAME www.python.org dualstack.python.
map.fastly.net
2025-02-03T21:38:51.206647+0100 INFO     CNAME chat.uk.python.org ukpa.riot.im
2025-02-03T21:38:51.207257+0100 INFO     CNAME ukpa.riot.im k8s-core-coreingr-
94929f85db-54fe34d134b32768.elb.eu-west-2.amazonaws.com
2025-02-03T21:38:51.207664+0100 INFO     A k8s-core-coreingr-94929f85db-
54fe34d134b32768.elb.eu-west-2.amazonaws.com 35.179.56.184
2025-02-03T21:38:51.362031+0100 INFO     CNAME www.es.python.org python-spain.
github.io
2025-02-03T21:38:51.362687+0100 INFO     A python-spain.github.io 185.199.111.153
2025-02-03T21:38:51.363177+0100 INFO     A python-spain.github.io 185.199.110.153
2025-02-03T21:38:51.363627+0100 INFO     A python-spain.github.io 185.199.108.153
2025-02-03T21:38:51.364070+0100 INFO     A python-spain.github.io 185.199.109.153
2025-02-03T21:38:51.364500+0100 INFO     CNAME www.es.python.org python-spain.
github.io
2025-02-03T21:38:51.512592+0100 INFO     CNAME wiki.python.org lb.nyc1.psf.io
2025-02-03T21:38:51.512916+0100 INFO     A lb.nyc1.psf.io 159.89.245.108
2025-02-03T21:38:51.513086+0100 INFO     A lb.nyc1.psf.io 167.99.21.118
2025-02-03T21:38:51.513245+0100 INFO     CNAME wiki.python.org lb.nyc1.psf.io
2025-02-03T21:38:51.587978+0100 INFO     CNAME legacy.python.org star.map.nyc1.
psf.io
2025-02-03T21:38:51.588299+0100 INFO     CNAME star.map.nyc1.psf.io map-lb.nyc1.
psf.io
2025-02-03T21:38:51.588478+0100 INFO     A map-lb.nyc1.psf.io 167.99.21.118
2025-02-03T21:38:51.588669+0100 INFO     A map-lb.nyc1.psf.io 159.89.245.108
2025-02-03T21:38:51.612096+0100 INFO     CNAME svn.python.org star.map.nyc1.psf.
io
2025-02-03T21:38:51.612372+0100 INFO     CNAME star.map.nyc1.psf.io map-lb.nyc1.
psf.io
2025-02-03T21:38:51.612531+0100 INFO     A map-lb.nyc1.psf.io 167.99.21.118
2025-02-03T21:38:51.612680+0100 INFO     A map-lb.nyc1.psf.io 159.89.245.108
2025-02-03T21:38:51.678151+0100 INFO     CNAME buildbot.python.org lb.nyc1.psf.io
2025-02-03T21:38:51.678473+0100 INFO     A lb.nyc1.psf.io 167.99.21.118
2025-02-03T21:38:51.678666+0100 INFO     A lb.nyc1.psf.io 159.89.245.108
2025-02-03T21:38:51.678840+0100 INFO     CNAME buildbot.python.org lb.nyc1.psf.io
2025-02-03T21:38:51.777708+0100 INFO     A openbadges.es.python.org 46.4.94.207
2025-02-03T21:38:51.819740+0100 INFO     CNAME hg.python.org map-lb.nyc1.psf.io
2025-02-03T21:38:51.820053+0100 INFO     A map-lb.nyc1.psf.io 159.89.245.108
2025-02-03T21:38:51.820217+0100 INFO     A map-lb.nyc1.psf.io 167.99.21.118
2025-02-03T21:38:51.918990+0100 INFO     A hg.es.python.org 46.4.94.207
2025-02-03T21:38:52.008981+0100 INFO     CNAME status.python.org 2p66nmmycsj3.
stspg-customer.com
2025-02-03T21:38:52.009287+0100 INFO     CNAME 2p66nmmycsj3.stspg-customer.com
status-python-org-b07d36db-4a86-4921-9e41-5feaddd766da.saas.atlassian.com
2025-02-03T21:38:52.009460+0100 INFO     A status-python-org-b07d36db-4a86-4921-
```

```
9e41-5feaddd766da.saas.atlassian.com 108.157.125.31
2025-02-03T21:38:52.009627+0100 INFO    A status-python-org-b07d36db-4a86-4921-
9e41-5feaddd766da.saas.atlassian.com 108.157.125.96
2025-02-03T21:38:52.009789+0100 INFO    A status-python-org-b07d36db-4a86-4921-
9e41-5feaddd766da.saas.atlassian.com 108.157.125.93
2025-02-03T21:38:52.009948+0100 INFO    A status-python-org-b07d36db-4a86-4921-
9e41-5feaddd766da.saas.atlassian.com 108.157.125.100
2025-02-03T21:38:52.010099+0100 INFO 102 Records Found
```

6.4.11 INSTARECON

InstaRecon   https://github.com/vergl4s/instarecon   es   una   herramienta   de
reconocimiento y descubrimiento de subdominios de forma automatizada. Las principales
características son:

▶ Consultas DNS (directo, PTR, MX, NS).
▶ Consultas Whois (dominios e IP).
▶ Google dorks en busca de subdominios.
▶ Búsquedas de Shodan.

La mayor ventaja de usar esta herramienta es que no realiza el escaneo directamente
sobre el objetivo, sino que la información se obtiene de los servidores DNS, Whois,
Google y Shodan. Por lo tanto, necesitará una clave Shodan API para una funcionalidad
completa.

Instalación:

```
$ python setup.py install
```

Ejecución:

```
$ instarecon.py python.org
# _____ Scanning python.org _____ #

[*] Domain: python.org

[*] IPs & reverse DNS:
45.55.99.72

[*] NS records:
ns-981.awsdns-58.net
  205.251.195.213 - ns-981.awsdns-58.net
ns-1134.awsdns-13.org
  205.251.196.110 - ns-1134.awsdns-13.org
ns-484.awsdns-60.com
  205.251.193.228 - ns-484.awsdns-60.com
ns-2046.awsdns-63.co.uk
  205.251.199.254 - ns-2046.awsdns-63.co.uk

[*] MX records:
```

```
mail.python.org
  188.166.95.178 - mail.python.org

[*] Whois domain:
Domain Name: PYTHON.ORG
Registry Domain ID: D820868-LROR
Registrar WHOIS Server: whois.gandi.net
Registrar URL: http://www.gandi.net
Updated Date: 2021-02-25T03:08:30Z
Creation Date: 1995-03-27T05:00:00Z
Registry Expiry Date: 2022-03-28T05:00:00Z
Registrar Registration Expiration Date:
Registrar: Gandi SAS
Registrar IANA ID: 81
Registrar Abuse Contact Email: abuse@support.gandi.net
Registrar Abuse Contact Phone: +33.170377661
[*] Whois IP for 45.55.99.72:
asn: 14061
asn_cidr: 45.55.96.0/22
asn_country_code: US
asn_date: 2015-02-05
asn_description: DIGITALOCEAN-ASN, US
asn_registry: arin
net 0:
  cidr: 45.55.0.0/16
  range: 45.55.0.0 - 45.55.255.255
  name: DIGITALOCEAN-45-55-0-0
  description: DigitalOcean, LLC
  handle: NET-45-55-0-0-1

  address: 101 Ave of the Americas, 10th Floor
  city: New York
  state: NY
  postal_code: 10013
  country: US

[*] Related CIDR:
45.55.0.0/16
```

6.4.12 DNSSCAN

La primera etapa de las pruebas de pentesting suele ser la recopilación de información pasiva y la enumeración o recopilación de información activa. Aquí es donde entran otras herramientas como dnsscan https://github.com/rbsec/dnscan cuyo objetivo es recopilar tanta información como sea posible sobre un dominio. El programa actualmente realiza las siguientes operaciones:

- ▶ Obtener el destinatario del host (registro A).
- ▶ Obtener los nameserver.
- ▶ Obtener el registro MX.
- ▶ Obtener nombres y subdominios adicionales.

Se trata de una herramienta desarrollada en Python que realiza un escaneo recursivo de subdominios mediante lista de palabras que encontramos en el repositorio en los ficheros subdomains.txt.

▼ Los ficheros subdomains-100.txt, subdomains-500.txt, subdomains-1000.txt y subdomains-10000.txt se crearon analizando los subdominios más frecuentes en unos 86.000 archivos de zona transferidos en el marco de un proyecto de investigación. Estas listas de palabras están ordenadas por la popularidad de los subdominios (más estrictamente por el porcentaje de zonas que los contenían en el conjunto de datos).

▼ Las listas subdomains-uk-500.txt y subdominio-uk-1000.txt se crean utilizando la misma metodología, pero a partir de un conjunto de aproximadamente 180.000 transferencias de zona de dominios.

▼ La lista de palabras subdomains.txt se basa en los 500 subdominios más populares.

Para su instalación bastaría con descargar el código fuente del repositorio e instalar las dependencias a partir del fichero de requirements.txt.

```
$ git clone https://github.com/rbsec/dnscan.git
$ cd dnscan
$ pip install -r requirements.txt
```

Con la opción -h podemos ver los parámetros que ofrece la herramienta:

```
$ python dnscan.py -h

usage: dnscan.py [-h] (-d DOMAIN | -l DOMAIN_LIST) [-w WORDLIST] [-t THREADS]
[-6] [-z] [-r] [--recurse-wildcards] [-m MAXDEPTH] [-a] [-R RESOLVERS]
                [-L RESOLVER_LIST] [-T] [-o OUTPUT_FILENAME] [-i OUTPUT_IPS]
[-D] [-N] [-v] [-n] [-q]

optional arguments:
  -h, --help                      show this help message and exit
  -d DOMAIN, --domain DOMAIN      Target domains (separated by commas)
  -l DOMAIN_LIST, --list DOMAIN_LIST  File containing list of target domains
  -w WORDLIST, --wordlist WORDLIST    Wordlist
  -t THREADS, --threads THREADS   Number of threads
  -6, --ipv6                      Scan for AAAA records
  -z, --zonetransfer              Only perform zone transfers
  -r, --recursive                 Recursively scan subdomains
  --recurse-wildcards             Recursively scan wildcards (slow)
  -m MAXDEPTH, --maxdepth MAXDEPTH    Maximal recursion depth (for brute-
forcing)
  -a, --alterations               Scan for alterations of subdomains
(slow)
  -R RESOLVERS, --resolver RESOLVERS   Use the specified resolvers (separated by
commas)
  -L RESOLVER_LIST, --resolver-list RESOLVER_LIST
                                  File containing list of resolvers
  -T, --tld                       Scan for TLDs
  -o OUTPUT_FILENAME, --output OUTPUT_FILENAME
```

```
                                        Write output to a file
  -i OUTPUT_IPS, --output-ips OUTPUT_IPS
                                        Write discovered IP addresses to a file
  -D, --domain-first                    Output domain first, rather than IP
address
  -N, --no-ip                           Don't print IP addresses in the output
  -v, --verbose                         Verbose mode
  -n, --nocheck                         Don't check nameservers before scanning
  -q, --quick                           Only perform zone transfer and
subdomains scan, with minimal output to file

Specify a custom insertion point with %% in the domain name, such as: dnscan.py
-d dev-%%.example.org
```

Para su ejecución le indicarnos el dominio, la lista que vayamos a utilizar para identificar subdominios y el fichero de salida donde guardar los resultados:

```
$ python dnscan.py -d python.org -v -n -D -w subdomains-10000.txt -i output.txt
[*] Processing domain python.org
[*] Using system resolvers: 192.168.18.1
[+] Getting nameservers
205.251.193.228 - ns-484.awsdns-60.com
[v] Trying zone transfer against ns-484.awsdns-60.com
python.org
205.251.199.254 - ns-2046.awsdns-63.co.uk
[v] Trying zone transfer against ns-2046.awsdns-63.co.uk
python.org
205.251.196.110 - ns-1134.awsdns-13.org
[v] Trying zone transfer against ns-1134.awsdns-13.org
python.org
205.251.195.213 - ns-981.awsdns-58.net
[v] Trying zone transfer against ns-981.awsdns-58.net
python.org
[-] Zone transfer failed

[v] Getting IPv6 (AAAA) records
[+] IPv6 (AAAA) records found. Try running dnscan with the -6 option.
2a04:4e42::223

2a04:4e42:400::223

2a04:4e42:600::223

2a04:4e42:200::223

[v] Getting TXT records
[v] Getting DMARC records
[+] DMARC records found
"v=DMARC1; p=none; pct=100; rua=mailto:re+shb8ybr70a3@dmarc.postmarkapp.com;
sp=none; aspf=r;"

[v] Checking DNSSEC
[-] DNSSEC not supported

[v] Getting MX records
[+] MX records found, added to target list
```

```
50 mail.python.org.

[v] No wildcard domain found
[*] Scanning python.org for A records
mail.python.org - 188.166.95.178
python.org - 151.101.0.223
python.org - 151.101.128.223
python.org - 151.101.192.223
python.org - 151.101.64.223
www.python.org - 151.101.132.223
blog.python.org - 151.101.132.223
test.python.org - 151.101.132.223
docs.python.org - 151.101.132.223
wiki.python.org - 167.99.21.118
wiki.python.org - 159.89.245.108
svn.python.org - 159.89.245.108
svn.python.org - 167.99.21.118
jobs.python.org - 159.89.245.108
jobs.python.org - 167.99.21.118
legacy.python.org - 159.89.245.108
legacy.python.org - 167.99.21.118
es.python.org - 185.199.109.153
es.python.org - 185.199.111.153
es.python.org - 185.199.108.153
es.python.org - 185.199.110.153
downloads.python.org - 151.101.132.223
bugs.python.org - 45.55.99.191
status.python.org - 18.154.48.20
status.python.org - 18.154.48.27
status.python.org - 18.154.48.51
status.python.org - 18.154.48.73
doc.python.org - 151.101.132.223
uk.python.org - 104.198.14.52
monitoring.python.org - 140.211.10.83
education.python.org - 3.33.193.101
education.python.org - 52.223.46.195
education.python.org - 15.197.246.237
education.python.org - 99.83.183.127
pl.python.org - 57.128.173.223
planet.python.org - 167.99.21.118
planet.python.org - 159.89.245.108
hg.python.org - 167.99.21.118
hg.python.org - 159.89.245.108
speed.python.org - 167.99.21.118
speed.python.org - 159.89.245.108
front.python.org - 140.211.10.69
console.python.org - 167.99.21.118
console.python.org - 159.89.245.108
packages.python.org - 159.89.245.108
packages.python.org - 167.99.21.118
warehouse.python.org - 151.101.132.223
discuss.python.org - 184.105.99.75
africa.python.org - 116.202.118.106
policies.python.org - 104.16.253.120
policies.python.org - 104.16.254.120
buildbot.python.org - 159.89.245.108
buildbot.python.org - 167.99.21.118
```

6.4.13 SUBFINDER

SubFinder https://github.com/subfinder/subfinder es una herramienta de descubrimiento de subdominios para sitios web mediante el uso de fuentes de forma pasiva online. Está desarrollada en golang https://go.dev y se puede considerar como el sucesor al proyecto sublist3r https://github.com/aboul3la/Sublist3r.

SubFinder utiliza fuentes pasivas, motores de búsqueda, Pastebins, archivos de Internet, etc. para encontrar subdominios. La herramienta es altamente personalizable y el código está construido con un enfoque modular. Para su instalación podemos utilizar el siguiente comando si tenemos **golang** instalado en nuestro sistema:

```
$ go install -v github.com/projectdiscovery/subfinder/v2/cmd/subfinder@latest
```

La otra forma es utilizar Docker a partir del fichero **Dockerfile** que tenemos disponible en el repositorio:

```
# Build
FROM golang:1.21-alpine AS build-env
RUN apk add build-base
WORKDIR /app
COPY . /app
WORKDIR /app/v2
RUN go mod download
RUN go build ./cmd/subfinder

# Release
FROM alpine:3.18.6
RUN apk upgrade --no-cache \
    && apk add --no-cache bind-tools ca-certificates
COPY --from=build-env /app/v2/subfinder /usr/local/bin/

ENTRYPOINT ["subfinder"]
```

En primer lugar construimos la imagen a partir del fichero anterior con el siguiente comando:

```
$ docker build -t subfinder .                                    ✓    base
Sending build context to Docker daemon  1.489MB
Step 1/11 : FROM golang:1.21-alpine AS build-env
1.21-alpine: Pulling from library/golang
c6a83fedfae6: Pull complete
41db7493d1c6: Pull complete
54bf7053e2d9: Pull complete
4579008f8500: Pull complete
4f4fb700ef54: Pull complete
Digest: sha256:2414035b086e3c42b99654c8b26e6f5b1b1598080d65fd03c7f499552ff4dc94
Status: Downloaded newer image for golang:1.21-alpine
```

Una vez se ha generado la imagen, pasamos a ejecutar el contenedor con el siguiente comando:

```
$ docker run -it subfinder -h /bin/sh

Subfinder is a subdomain discovery tool that discovers subdomains for websites by
using passive online sources.

Usage:
  subfinder [flags]

Flags:
INPUT:
   -d, -domain string[]  domains to find subdomains for
   -dL, -list string     file containing list of domains for subdomain discovery

SOURCE:
   -s, -sources string[]            specific sources to use for discovery (-s
crtsh,github). Use -ls to display all available sources.
   -recursive                       use only sources that can handle subdomains
recursively rather than both recursive and non-recursive sources
   -all                             use all sources for enumeration (slow)
   -es, -exclude-sources string[]   sources to exclude from enumeration (-es
alienvault,zoomeyeapi)

FILTER:
   -m, -match string[]   subdomain or list of subdomain to match (file or comma
separated)
   -f, -filter string[]  subdomain or list of subdomain to filter (file or comma
separated)

RATE-LIMIT:
   -rl, -rate-limit int    maximum number of http requests to send per second
(global)
   -rls, -rate-limits value  maximum number of http requests to send
per second for providers in key=value format (-rls hackertarget=10/m)
(default ["github=30/m", "fullhunt=60/m", "robtex=18446744073709551615/ms",
"securitytrails=1/s", "shodan=1/s", "virustotal=4/m", "hackertarget=2/s",
"waybackarchive=15/m", "whoisxmlapi=50/s", "securitytrails=2/s",
"sitedossier=8/m", "netlas=1/s", "github=83/m", "hudsonrock=5/s"])
   -t int                   number of concurrent goroutines for resolving
(-active only) (default 10)

UPDATE:
   -up, -update              update subfinder to latest version
   -duc, -disable-update-check  disable automatic subfinder update check

OUTPUT:
   -o, -output string     file to write output to
   -oJ, -json             write output in JSONL(ines) format
   -oD, -output-dir string  directory to write output (-dL only)
   -cs, -collect-sources  include all sources in the output (-json only)
   -oI, -ip               include host IP in output (-active only)
```

```
CONFIGURATION:
   -config string           flag config file (default "/root/.config/subfinder/
config.yaml")
   -pc, -provider-config string  provider config file (default "/root/.config/
subfinder/provider-config.yaml")
   -r string[]              comma separated list of resolvers to use
   -rL, -rlist string       file containing list of resolvers to use
   -nW, -active             display active subdomains only
   -proxy string            http proxy to use with subfinder
   -ei, -exclude-ip         exclude IPs from the list of domains

DEBUG:
   -silent          show only subdomains in output
   -version         show version of subfinder
   -v               show verbose output
   -nc, -no-color   disable color in output
   -ls, -list-sources  list all available sources
   -stats           report source statistics

OPTIMIZATION:
   -timeout int    seconds to wait before timing out (default 30)
   -max-time int   minutes to wait for enumeration results (default 10)
```

El siguiente comando permite obtener los subdominios del dominio python.org utilizando diferentes fuentes:

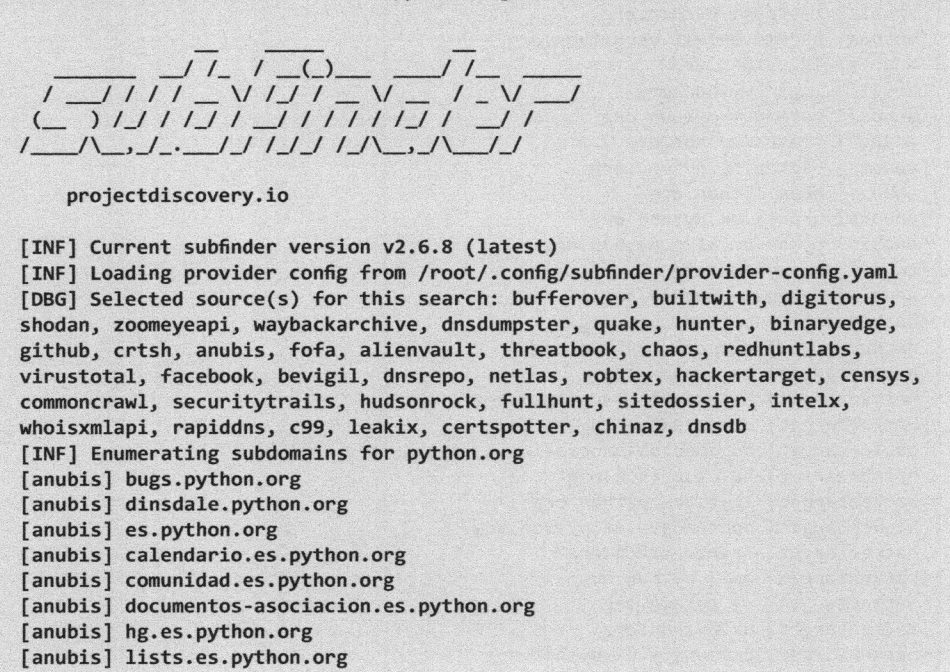

```
$ docker run -it subfinder -v -d python.org -all /bin/sh        ✓  9s      base


                 ___/ /_/ __()__  __/ /__  ____
    /  __/ / / / __ \/ / / __ \/ _ \/ __/
   (  )/ // / / / _/ / / / / / _/ / __/
  /__/\__,_/.__/ /_/ /_/ /_/\__,_/\__/


        projectdiscovery.io

[INF] Current subfinder version v2.6.8 (latest)
[INF] Loading provider config from /root/.config/subfinder/provider-config.yaml
[DBG] Selected source(s) for this search: bufferover, builtwith, digitorus,
shodan, zoomeyeapi, waybackarchive, dnsdumpster, quake, hunter, binaryedge,
github, crtsh, anubis, fofa, alienvault, threatbook, chaos, redhuntlabs,
virustotal, facebook, bevigil, dnsrepo, netlas, robtex, hackertarget, censys,
commoncrawl, securitytrails, hudsonrock, fullhunt, sitedossier, intelx,
whoisxmlapi, rapiddns, c99, leakix, certspotter, chinaz, dnsdb
[INF] Enumerating subdomains for python.org
[anubis] bugs.python.org
[anubis] dinsdale.python.org
[anubis] es.python.org
[anubis] calendario.es.python.org
[anubis] comunidad.es.python.org
[anubis] documentos-asociacion.es.python.org
[anubis] hg.es.python.org
[anubis] lists.es.python.org
```

```
[anubis] openbadges.es.python.org
[anubis] front.python.org
[anubis] mail.python.org
[anubis] pl.python.org
[anubis] mail.pl.python.org
[anubis] ns1.pl.python.org
[anubis] uk.python.org
[anubis] community.uk.python.org
[anubis] membership.uk.python.org
[anubis] didactica-pyladies.es.python.org
[anubis] socios.es.python.org
[anubis] downloads.python.org
[anubis] comunidades.es.python.org
[anubis] staging.python.org
[anubis] chat.uk.python.org
[anubis] web-ng.es.python.org
[anubis] discuss.python.org
[anubis] svn.python.org
[anubis] pypi.python.org
[anubis] africa.python.org
[anubis] web.es.python.org
[anubis] legacy.python.org
[anubis] pycon-archives.python.org
[anubis] education.python.org
[anubis] vote.python.org
[anubis] wiki.python.org
[anubis] docs.python.org
[anubis] policies.python.org
[anubis] testpypi.python.org
[anubis] hacktoberfest.es.python.org
[anubis] id.python.org
[anubis] login.python.org
[anubis] buildbot.python.org
[anubis] status.python.org
[anubis] packaging.python.org
[anubis] peps.python.org
[anubis] ukpatl.uk.python.org
[anubis] pycon-archive.python.org
[anubis] hg.python.org
[anubis] devguide.python.org
[hackertarget] bugs.python.org
[hackertarget] dinsdale.python.org
[hackertarget] es.python.org
[hackertarget] calendario.es.python.org
[hackertarget] comunidad.es.python.org
[hackertarget] documentos-asociacion.es.python.org
[hackertarget] hg.es.python.org
[hackertarget] lists.es.python.org
[hackertarget] openbadges.es.python.org
[hackertarget] front.python.org
[hackertarget] mail.python.org
[hackertarget] pl.python.org
[hackertarget] uk.python.org
[hackertarget] community.uk.python.org
```

```
[hackertarget] membership.uk.python.org
[sitedossier] a.pypi.python.org
[sitedossier] advocacy.python.org
[sitedossier] b.pypi.python.org
[sitedossier] beta.python.org
[sitedossier] blog-cn.python.org
[sitedossier] blog-ja.python.org
[sitedossier] blog.python.org
[sitedossier] bugs.python.org
[sitedossier] c.pypi.python.org
[sitedossier] cheeseshop.python.org
[sitedossier] d.pypi.python.org
[sitedossier] dinsdale.python.org
[sitedossier] doc.python.org
[sitedossier] docs.python.org
[sitedossier] e.pypi.python.org
[sitedossier] f.pypi.python.org
[sitedossier] ftp.python.org
[sitedossier] g.pypi.python.org
[sitedossier] hg.python.org
[sitedossier] mail.python.org
[sitedossier] packages.python.org
[sitedossier] planet.python.org
[sitedossier] pootle.python.org
[sitedossier] preview.python.org
[sitedossier] pycamp.python.org
[sitedossier] pypi.python.org
[sitedossier] redesign.python.org
[sitedossier] soc.python.org
[sitedossier] speed.python.org
[sitedossier] svn.python.org
[sitedossier] testpypi.python.org
[sitedossier] wiki.python.org
[sitedossier] www.python.org
[hudsonrock] mail.python.org
[hudsonrock] www.python.org
[hudsonrock] pypi.python.org
[hudsonrock] discuss.python.org
[commoncrawl] www.python.org
[commoncrawl] wiki.python.org
[commoncrawl] docs.python.org
[commoncrawl] peps.python.org
[leakix] blog.python.org
[leakix] www.python.org
[leakix] mail.python.org
[leakix] downloads.python.org
[leakix] devguide.python.org
[leakix] pypi.python.org
[leakix] docs.python.org
[leakix] packaging.python.org
[leakix] bugs.python.org
[leakix] wiki.python.org
[commoncrawl] mail.python.org
[commoncrawl] pypi.python.org
```

```
[commoncrawl] bugs.python.org
[commoncrawl] africa.python.org
[commoncrawl] blog.python.org
[commoncrawl] blog-cn.python.org
[commoncrawl] blog-de.python.org
[commoncrawl] blog-es.python.org
[commoncrawl] blog-ja.python.org
[commoncrawl] blog-ko.python.org
[commoncrawl] blog-pt.python.org
[commoncrawl] blog-ro.python.org
[commoncrawl] blog-ru.python.org
[rapiddns] bugs.python.org
[rapiddns] mail.python.org
[rapiddns] www.python.org
[rapiddns] lists.es.python.org
[rapiddns] warehouse.python.org
[rapiddns] blog-ro.python.org
[rapiddns] buildbot.python.org
[rapiddns] packaging.python.org
[rapiddns] staging.python.org
[rapiddns] openbadges.es.python.org
[rapiddns] blog-fr.python.org
[rapiddns] blog-ja.python.org
[rapiddns] blog-ru.python.org
[rapiddns] blog.python.org
[rapiddns] console.python.org
[rapiddns] planet.python.org
[rapiddns] downloads.python.org
[rapiddns] status.python.org
[rapiddns] blog-ko.python.org
[rapiddns] jobs.python.org
[rapiddns] cheeseshop.python.org
[rapiddns] hacktoberfest.es.python.org
[rapiddns] blog-es.python.org
[rapiddns] wiki.python.org
[rapiddns] hg.python.org
[rapiddns] speed.python.org
[rapiddns] pl.python.org
[rapiddns] mail.pl.python.org
[rapiddns] community.uk.python.org
[rapiddns] front.python.org
[rapiddns] es.python.org
[rapiddns] packages.python.org
[rapiddns] pypi.python.org
[rapiddns] education.python.org
[rapiddns] warehouse-staging.python.org
[rapiddns] blog-pt.python.org
[rapiddns] blog-tw.python.org
[rapiddns] chat.uk.python.org
[rapiddns] hg.es.python.org
[rapiddns] discuss.python.org
[rapiddns] pycon-archive.python.org
[rapiddns] svn.python.org
[rapiddns] devguide.python.org
```

```
[rapiddns] blog-de.python.org
[rapiddns] legacy.python.org
[rapiddns] membership.uk.python.org
[rapiddns] docs.python.org
[rapiddns] documentos-asociacion.es.python.org
[rapiddns] www.es.python.org
[rapiddns] africa.python.org
[rapiddns] blog-cn.python.org
[rapiddns] dinsdale.python.org
[rapiddns] testpypi.python.org
[rapiddns] uk.python.org
[rapiddns] ns2.pl.python.org
[rapiddns] comunidad.es.python.org
[rapiddns] doc.python.org
[rapiddns] calendario.es.python.org
[rapiddns] comunidades.es.python.org
[rapiddns] socios.es.python.org
[rapiddns] empleo.es.python.org
[rapiddns] planet.es.python.org
[commoncrawl] speed.python.org
[commoncrawl] blog-fr.python.org
[commoncrawl] blog-tw.python.org
[waybackarchive] www.python.org
[waybackarchive] wiki.python.org
[alienvault] downloads.python.org
[alienvault] test.python.org
[alienvault] education.python.org
[alienvault] comunidad.es.python.org
[alienvault] testpypi.python.org
[alienvault] legacy.python.org
[alienvault] www.python.org
[alienvault] smtp.www.python.org
[alienvault] mail.www.python.org
[alienvault] mx.www.python.org
[alienvault] pyi.python.org
[alienvault] pl.python.org
[alienvault] pypi.python.org
[alienvault] hg.python.org
[alienvault] bugs.python.org
[alienvault] packaging.python.org
[alienvault] policies.python.org
[alienvault] africa.python.org
[alienvault] www.docs.python.org
[alienvault] ukpat1.uk.python.org
[alienvault] packages.python.org
[alienvault] status.python.org
[alienvault] blog-es.python.org
[alienvault] discuss.python.org
[alienvault] docs.python.org
[alienvault] mx1.python.org
[alienvault] mail1.python.org
[alienvault] ns1.python.org
[alienvault] ds.python.org
[alienvault] dos.python.org
```

```
[alienvault] devguide.python.org
[alienvault] buildbot.python.org
[alienvault] peps.python.org
[alienvault] openbadges.es.python.org
[alienvault] documentos-asociacion.es.python.org
[alienvault] calendario.es.python.org
[alienvault] hg.es.python.org
[alienvault] lists.es.python.org
[alienvault] svn.python.org
[alienvault] doc.python.org
[alienvault] es.python.org
[alienvault] comunidades.es.python.org
[alienvault] console.python.org
[alienvault] hacktoberfest.es.python.org
[alienvault] www.es.python.org
[alienvault] web-ng.es.python.org
[alienvault] pycon-archive.python.org
[alienvault] wiki.python.org
[alienvault] staging.python.org
[alienvault] w.python.org
[alienvault] 250amx.python.org
[alienvault] chat.uk.python.org
[alienvault] web.es.python.org
[alienvault] smtp.python.org
[alienvault] mx.python.org
[alienvault] code.python.org
[alienvault] xml.python.org
[alienvault] jobs.python.org
[alienvault] b.pypi.python.org
[alienvault] d.pypi.python.org
[alienvault] speed.python.org
[alienvault] www.bugs.python.org
[alienvault] login.python.org
[alienvault] site-with-no-cookie.python.org
[alienvault] blog.python.org
[alienvault] membership.uk.python.org
[alienvault] warehouse.python.org
[alienvault] 10.118.180.25www.python.org
[alienvault] uk.python.org
[alienvault] www.pypi.orgpypi.python.org
[alienvault] pypy.python.org
[alienvault] soc.python.org
[alienvault] mail.python.org
[alienvault] www.cheeseshop.python.org
[alienvault] www.wiki.python.org
[alienvault] socios.es.python.org
[alienvault] anthem.python.org
[alienvault] community.uk.python.org
[alienvault] planet.python.org
[alienvault] cheeseshop.python.org
[alienvault] blog-ko.python.org
[alienvault] blog-ja.python.org
[alienvault] blog-pt.python.org
[alienvault] blog-de.python.org
```

```
[alienvault] blog-ru.python.org
[alienvault] blog-tw.python.org
[alienvault] blog-fr.python.org
[alienvault] blog-ro.python.org
[alienvault] staging2.python.org
[alienvault] blog-cn.python.org
[commoncrawl] legacy.python.org
[crtsh] africa.python.org
[crtsh] uk.python.org
[crtsh] peps.python.org
[crtsh] policies.python.org
[crtsh] bugs.python.org
[crtsh] comunidad.es.python.org
[crtsh] mail.python.org
[crtsh] education.python.org
[crtsh] status.python.org
[crtsh] pl.python.org
[crtsh] community.uk.python.org
[crtsh] hacktoberfest.es.python.org
[crtsh] es.python.org
[crtsh] pycon-archive.python.org
[crtsh] ukpatl.uk.python.org
[crtsh] comunidades.es.python.org
[crtsh] discuss.python.org
[crtsh] membership.uk.python.org
[crtsh] calendario.es.python.org
[crtsh] documentos-asociacion.es.python.org
[crtsh] hg.es.python.org
[crtsh] lists.es.python.org
[crtsh] openbadges.es.python.org
[crtsh] packaging.python.org
[crtsh] devguide.python.org
[crtsh] www.python.org
[crtsh] chat.uk.python.org
[crtsh] staging.python.org
[crtsh] socios.es.python.org
[crtsh] didactica-pyladies.es.python.org
[crtsh] docs.python.org
[crtsh] downloads.python.org
[crtsh] pypi.python.org
[crtsh] www.es.python.org
[crtsh] web-ng.es.python.org
[crtsh] wiki.python.org
[crtsh] legacy.python.org
[crtsh] svn.python.org
[crtsh] web.es.python.org
[crtsh] hg.python.org
[crtsh] login.python.org
[crtsh] www.bugs.python.org
[crtsh] buildbot.python.org
[crtsh] pycon-archives.python.org
[crtsh] www.pl.python.org
[crtsh] www.hg.es.python.org
[crtsh] www.lists.es.python.org
```

```
[crtsh] id.python.org
[crtsh] testpypi.python.org
[crtsh] vote.python.org
[crtsh] www.vote.python.org
[crtsh] www.openbadges.es.python.org
[crtsh] www.status.python.org
smtp.www.python.org
legacy.python.org
login.python.org
g.pypi.python.org
ns1.python.org
mx.python.org
xml.python.org
www.openbadges.es.python.org
calendario.es.python.org
doc.python.org
planet.python.org
hacktoberfest.es.python.org
b.pypi.python.org
cheeseshop.python.org
ds.python.org
pypi.python.org
africa.python.org
redesign.python.org
www.wiki.python.org
pl.python.org
pyi.python.org
10.118.180.25www.python.org
staging2.python.org
front.python.org
d.pypi.python.org
site-with-no-cookie.python.org
documentos-asociacion.es.python.org
250amx.python.org
blog-pt.python.org
mail1.python.org
www.vote.python.org
comunidades.es.python.org
ukpatl.uk.python.org
pycon-archive.python.org
mx1.python.org
www.pypi.orgpypi.python.org
lists.es.python.org
docs.python.org
testpypi.python.org
education.python.org
status.python.org
www.cheeseshop.python.org
planet.es.python.org
preview.python.org
blog-ko.python.org
blog-ro.python.org
pypy.python.org
www.lists.es.python.org
```

```
ns1.pl.python.org
community.uk.python.org
mail.www.python.org
comunidad.es.python.org
console.python.org
blog.python.org
www.pl.python.org
downloads.python.org
empleo.es.python.org
w.python.org
discuss.python.org
f.pypi.python.org
warehouse.python.org
warehouse-staging.python.org
www.docs.python.org
didactica-pyladies.es.python.org
e.pypi.python.org
blog-de.python.org
jobs.python.org
anthem.python.org
peps.python.org
pycamp.python.org
blog-fr.python.org
socios.es.python.org
web-ng.es.python.org
c.pypi.python.org
bugs.python.org
mail.python.org
blog-es.python.org
pootle.python.org
soc.python.org
hg.python.org
ftp.python.org
test.python.org
mx.www.python.org
es.python.org
chat.uk.python.org
wiki.python.org
www.es.python.org
buildbot.python.org
www.python.org
blog-tw.python.org
blog-ru.python.org
web.es.python.org
beta.python.org
packages.python.org
www.hg.es.python.org
hg.es.python.org
membership.uk.python.org
speed.python.org
dos.python.org
devguide.python.org
advocacy.python.org
blog-cn.python.org
```

```
openbadges.es.python.org
pycon-archives.python.org
a.pypi.python.org
mail.pl.python.org
packaging.python.org
www.status.python.org
uk.python.org
svn.python.org
www.bugs.python.org
dinsdale.python.org
id.python.org
blog-ja.python.org
ns2.pl.python.org
smtp.python.org
code.python.org
staging.python.org
vote.python.org
policies.python.org
[INF] Found 120 subdomains for python.org in 30 seconds 2 milliseconds
```

6.4.14   DOMLINK

DomLink https://github.com/vysec/domlink es una herramienta que usa los nombres de dominio para descubrir el nombre de la organización y la dirección de correo electrónico asociada para luego buscar otros dominios asociados. Para ello necesitamos obtener el API key del servicio https://www.whoxy.com. Si nos registramos en dicho servicio podremos realizar hasta 500 llamadas a la API de forma gratuita.

```
$ python domLink.py -h                              ✓    base

DomLink Domain Discovery Tool
Author: Vincent Yiu (@vysecurity)
Contributors: Jan Rude (@whoot); John Bond (@b4ldr)
https://www.github.com/vysec/DomLink
Version: 0.2

usage: domLink.py [-h] [-o OUTPUT] [-A API] [-v] [-C] [-E] [-D] domain

positional arguments:
  domain                  Domain to perform DomLink Discovery on

optional arguments:
  -h, --help              show this help message and exit
  -o OUTPUT, --output OUTPUT
                          Output file
  -A API, --api API       https://www.whoxy.com API key
  -v, --verbose
  -C, --companies         recursively search companies
  -E, --emails            recursively search emails
  -D, --domains           recursively search domains
```

La herramienta lo que hace es consultar el servicio https://www.whoxy.com utilizando el API Key que se obtiene al registrarse en el mismo.

```
https://api.whoxy.com/?key=xxxxx&whois=example.com
```

El siguiente comando permite analizar el dominio pasado por parámetro:

```
$ python domLink.py -D target.com -o target.out.txt
```

6.4.15 HOSTHUNTER

HostHunter https://github.com/SpiderLabs/HostHunter es una herramienta que permite descubrir y extraer de forma eficiente los nombres de host y subdominios a partir de una dirección IP. La herramienta utiliza técnicas de OSINT para asignar direcciones IP con nombres de host virtuales. Entre las principales **características** podemos destacar:

- ▶ Funciona con Python 3.10.
- ▶ Permite extraer información de los certificados SSL/TLS.
- ▶ Valida la dirección IPv4 de los objetivos.
- ▶ Admite formatos de archivo de salida .txt y .csv.
- ▶ Recopila información de las cabeceras HTTP.
- ▶ Obtiene nombres de host en los puertos 80 y 443.

En primer lugar, es necesario instalar las dependencias que tenemos en el fichero **requirements.txt** con el siguiente comando:

```
$ python3.10 -m pip install -r requirements.txt
Collecting validator_collection (from -r requirements.txt (line 2))
  Obtaining dependency information for validator_collection from https://files.
pythonhosted.org/packages/4c/cb/051b87d913beb43f7890b16e421965a1550d791637629893
a7448bb2b832/validator_collection-1.5.0-py2.py3-none-any.whl.metadata
  Downloading validator_collection-1.5.0-py2.py3-none-any.whl.metadata (28 kB)
Requirement already satisfied: urllib3 in /usr/lib/python3.10/site-packages (from
-r requirements.txt (line 3)) (1.26.9)
Requirement already satisfied: fake_useragent in /home/linux/.local/lib/
python3.10/site-packages (from -r requirements.txt (line 4)) (1.1.1)
Requirement already satisfied: pyOpenSSL in /home/linux/.local/lib/python3.10/
site-packages (from -r requirements.txt (line 5)) (21.0.0)
Requirement already satisfied: charset-normalizer<4,>=2 in /home/linux/.local/
lib/python3.10/site-packages (from requests->-r requirements.txt (line 1))
(3.2.0)
Requirement already satisfied: idna<4,>=2.5 in /usr/lib/python3.10/site-packages
(from requests->-r requirements.txt (line 1)) (3.3)
Requirement already satisfied: certifi>=2017.4.17 in /usr/lib/python3.10/site-
packages (from requests->-r requirements.txt (line 1)) (2022.6.15)
Requirement already satisfied: jsonschema in /home/linux/.local/lib/python3.10/
site-packages (from validator_collection->-r requirements.txt (line 2)) (4.22.0)
Requirement already satisfied: cryptography>=3.3 in /home/linux/.local/lib/
python3.10/site-packages (from pyOpenSSL->-r requirements.txt (line 5)) (3.4.8)
Requirement already satisfied: six>=1.5.2 in /usr/lib/python3.10/site-packages
```

```
(from pyOpenSSL->-r requirements.txt (line 5)) (1.16.0)
Requirement already satisfied: cffi>=1.12 in /usr/lib/python3.10/site-packages
(from cryptography>=3.3->pyOpenSSL->-r requirements.txt (line 5)) (1.15.0)
Requirement already satisfied: attrs>=22.2.0 in /home/linux/.local/lib/
python3.10/site-packages (from jsonschema->validator_collection->-r
requirements.txt (line 2)) (23.2.0)
Requirement already satisfied: jsonschema-specifications>=2023.03.6 in /home/
linux/.local/lib/python3.10/site-packages (from jsonschema->validator_
collection->-r requirements.txt (line 2)) (2023.12.1)
Requirement already satisfied: referencing>=0.28.4 in /home/linux/.local/
lib/python3.10/site-packages (from jsonschema->validator_collection->-r
requirements.txt (line 2)) (0.35.1)
Requirement already satisfied: rpds-py>=0.7.1 in /home/linux/.local/lib/
python3.10/site-packages (from jsonschema->validator_collection->-r
requirements.txt (line 2)) (0.18.1)
Requirement already satisfied: pycparser in /usr/lib/python3.10/site-packages
(from cffi>=1.12->cryptography>=3.3->pyOpenSSL->-r requirements.txt (line 5))
(2.21)
Downloading validator_collection-1.5.0-py2.py3-none-any.whl (36 kB)
Installing collected packages: validator_collection
Successfully installed validator_collection-1.5.0
```

A continuación, con la opción -h vemos los parámetros que ofrece la herramienta:

```
$ python3.10 hosthunter.py -h
usage: hosthunter.py [-h] [-f FORMAT] [-o OUTPUT] [-t TARGET] [-g GRAB] [-v]
[-V] [-d] [targets]

[?] HostHunter v2.0 - Help Page

positional arguments:
  targets                 Sets the path of the target IPs file.

options:
  -h, --help              show this help message and exit
  -f FORMAT, --format FORMAT
                          Choose between .CSV, .TXT, Nessus output file formats.
  -o OUTPUT, --output OUTPUT
                          Sets the path of the output file.
  -t TARGET, --target TARGET
                          Hunt a Single IP.
  -g GRAB, --grab GRAB    Choose which SSL ports to actively scan. Default ports:
21/tcp, 25/tcp, 443/tcp, 993/tcp, 8443/tcp
  -v, --verify            Attempts to resolve IP Address
  -V, --version           Displays the current version.
  -d, --debug             Displays additional output and debugging information.
```

El siguiente comando lee de un fichero **targets.txt** que contiene una lista de direcciones IP y se obtiene un fichero **hosts.csv** con los resultados de la búsqueda de nombres de hosts y subdominios.

```
$ python3.10 hosthunter.py targets.txt -f csv -o hosts.csv      ✓  14s      base

 | $$  | $$                                  | $$  | $$
 | $$  | $$                       | $$  | $$  | $$                          | $$
 | $$  | $$ /$$$$$$   /$$$$$$$$ /$$$$$$  | $$  | $$ /$$   /$$ /$$$$$$$  /$$$$$$
/$$$$$$   /$$$$$$
 | $$$$$$$$ /$$__ $$ /$$_____/|_ $$_/  | $$$$$$$$| $$  | $$| $$__  $$|_  $$_/
/$$__  $$ /$$__  $$
 | $$__  $$| $$  \ $$| $$$$$$   | $$   | $$__  $$| $$  | $$| $$ \ $$  | $$   |
$$$$$$$$| $$  \__/
 | $$  | $$| $$__| $$ \____  $$  | $$ /$$| $$  | $$| $$__| $$| $$  | $$ | $$ /$$|
$$_____/| $$
 | $$  | $$| $$$$$$/ /$$$$$$$/  | $$$$/| $$  | $$| $$$$$$/| $$  | $$  | $$$$/|
$$$$$$$| $$
  \__/ \__/ _____/ |_____/   \___/  \__/ \__/ _____/ \__/ \__/   \___/
  _____/|__/  v2.0


HostHunter:  v2.0
Author :  Andreas Georgiou (@superhedgy)

|----------------------------------------------------------------------------
--------------------|

[!] IPv6 Hunting is Disabled

[+] Target: 8.8.8.8
[+] Hostnames:
dns.google
dns.google.com
*.dns.google.com
8888.google
dns64.dns.google
ddress:8.8.8.8
ddress:8.8.4.4
ddress:2001:4860:4860:0:0:0:0:8888
ddress:2001:4860:4860:0:0:0:0:8844
ddress:2001:4860:4860:0:0:0:0:6464
ddress:2001:4860:4860:0:0:0:0:64

|----------------------------------------------------------------------------
--------------------|

  Hunting Completed!

  Searched against 1 targets

  11 hostnames were discovered in 18.09 sec
```

HostHunter es una herramienta que puede resultar de gran utilidad para los analistas de ciberseguridad, especialmente cuando se encuentran en tareas de reconocimiento, realizando pruebas de penetración o evaluaciones de ciberseguridad. Algunos ejemplos de uso son:

▶ **Descubrimiento de subdominios:** nos permite descubrir subdominios para dominios específicos. Esto se puede realizar con todos los sitios web.

▶ **Exportar resultados:** como buen analizador, nos permite realizar una exportación de los resultados. Esto ayuda a que sean analizados de forma más detenida y eficaz.

▶ **Utilizar múltiples fuentes de datos:** la herramienta recopila información de diferentes fuentes públicas. Al utilizar la opción adecuada, se pueden realizar búsquedas más exhaustivas para todas las fuentes que se encuentran disponibles.

▶ **Escanear direcciones IP asociadas:** si no deseamos tener solo un listado de los subdominios, podemos configurar esta solución para que también nos indique las direcciones IP que se encuentran en ese dominio en particular.

▶ **Verificación de direcciones IP en tiempo real:** nos permite resolver direcciones IP en tiempo real, mientras las está asociando con todos los subdominios que ha descubierto.

▶ **Identificación de subdominios vulnerables:** tras el descubrimiento de los subdominios, los pentesters pueden hacer uso de las herramientas adicionales para poder identificar vulnerabilidades. Así como configuraciones incorrectas, certificados caducados o servicios que puedan estar expuestos.

▶ **Evaluación de la superficie de ataque:** muchas empresas dan uso de HostHunter para poder identificar los subdominios que están expuestos al público. Lo cual permite tener una visión más amplia de la superficie de ataque, y así tomar las medidas que se consideren oportunas para mantener la seguridad.

▶ **Investigaciones de inteligencia de amenazas:** se puede utilizar HostHunter para realizar un descubrimiento de la infraestructura que está asociada a dominios sospechosos o maliciosos.

6.4.16 SUBCERT

Subcert https://github.com/A3h1nt/Subcert es una herramienta de enumeración de subdominios que busca todos los subdominios válidos de los registros de transparencia de certificados. Para ejecutarla lo podemos hacer desde la línea de comandos con el intérprete de Python.

```
$ python subcert.py -h                                          ✓     base
usage: subcert.py [-h] -d DOMAIN [-o OUTPUT]

optional arguments:
  -h, --help            show this help message and exit
  -d DOMAIN, --domain DOMAIN
                        Domain to query
  -o OUTPUT, --output OUTPUT
                        Output file name
```

Ejecución:

```
$ python subcert.py -d python.org                        ✓  17s     base
===========================================================
     ___   __  ____   _____   ____
    / _/  // / / / _ )/ ___/ ___/ _ \/_  /
    \_ \ / / / / _  / /  / /__/ , _/ / /
   ___/ / /_/ /_/ /_/\__/\___/_/|_| /_/
  /____/\____/____/\____/____// |_| /_/

                                 by: A3h1nt
===========================================================
[*] 116.202.118.106   -   africa.python.org
[*] 104.198.14.52     -   uk.python.org
[*] 151.101.132.223   -   peps.python.org
[*] 104.16.253.120    -   policies.python.org
[*] 45.55.99.191      -   bugs.python.org
[*] 151.101.128.223   -   python.org
[*] 185.195.96.31     -   comunidad.es.python.org
[*] 188.166.95.178    -   mail.python.org
[*] 15.197.246.237    -   education.python.org
[*] 185.199.109.153   -   community.uk.python.org
[*] 185.199.108.153   -   hacktoberfest.es.python.org
[*] 185.199.110.153   -   es.python.org
[*] 185.199.110.153   -   pycon-archive.python.org
[*] 3.124.100.143     -   ukpatl.uk.python.org
[*] 185.199.111.153   -   comunidades.es.python.org
[*] 184.105.99.75     -   discuss.python.org
[*] 52.56.203.177     -   membership.uk.python.org
[*] 104.16.253.120    -   packaging.python.org
[*] 104.16.254.120    -   devguide.python.org
[*] 57.128.173.223    -   pl.python.org
[*] 18.154.48.20      -   status.python.org
[*] 151.101.132.223   -   www.python.org
[*] 46.4.94.207       -   calendario.es.python.org
[*] 46.4.94.207       -   documentos-asociacion.es.python.org
[*] 46.4.94.207       -   hg.es.python.org
[*] 46.4.94.207       -   lists.es.python.org
[*] 46.4.94.207       -   openbadges.es.python.org
[*] 35.179.56.184     -   chat.uk.python.org
[*] 151.101.132.223   -   docs.python.org
[*] 151.101.132.223   -   downloads.python.org
[*] 151.101.132.223   -   pypi.python.org
[*] 185.199.109.153   -   www.es.python.org
[*] 159.89.245.108    -   wiki.python.org
[*] 159.89.245.108    -   legacy.python.org
[*] 159.89.245.108    -   svn.python.org
[*] 167.99.21.118     -   hg.python.org
[*] 159.89.245.108    -   buildbot.python.org
[*] 151.101.132.223   -   testpypi.python.org
```

6.4.17 AMASS

Amass https://github.com/OWASP/Amass es una herramienta del proyecto OWASP que está desarrollada en golang https://golang.org y obtiene nombres de subdominios además de utilizar las direcciones IP obtenidas durante la resolución para descubrir los bloques de red y los ASN asociados. Para ejecutarlo lo podemos hacer a través de Docker ya que podemos partir del siguiente **Dockerfile** que podemos encontrar en el repositorio.

```
FROM golang:1.19-alpine as build
RUN apk --no-cache add git
WORKDIR /go/src/github.com/owasp-amass/amass
COPY . .
RUN go install -v ./...

FROM alpine:latest
RUN apk --no-cache add ca-certificates
COPY --from=build /go/bin/amass /bin/amass
ENV HOME /
RUN addgroup user \
    && adduser user -D -G user \
    && mkdir /.config \
    && mkdir /.config/amass \
    && chown -R user:user /.config
USER user
ENTRYPOINT ["/bin/amass"]
```

Construimos la imagen con el comando docker build y ejecutamos la imagen con el comando docker run. Vemos como utiliza las imágenes base de golang y alpine.

```
$ docker build -t amass https://github.com/OWASP/Amass.git
Sending build context to Docker daemon  28.96MB
Step 1/12 : FROM golang:1.19-alpine as build
1.19-alpine: Pulling from library/golang
7264a8db6415: Pull complete
c4d48a809fc2: Pull complete
e2e938b61487: Pull complete
7896c2688058: Pull complete
Digest: sha256:0ec0646e208ea58e5d29e558e39f2e59fccf39b7bda306cb53bbaff91919eca5
Status: Downloaded newer image for golang:1.19-alpine
...
```

Una vez construida la imagen podríamos ejecutar con el siguiente comando:

```
$ docker run amass -h

      .+++:.                :                                 .+++.
    +W@@@@@@8           &+W@#                    o8W8:       +W@@@@@@#.    oW@@@W#+
   &@#+   .o@##.      .@@@o@W.o@@o                :@@#&W8o   .@#:   .:oW+  .@#+++&#&
   +@&       &@&     #@8 +@W@&8@+     :@W.     +@8       +@:             .@8
   8@         @@     8@o  8@8  WW    .@W       W@+      .@W.           o@#:
   WW         &@o    &@:  o@+  o@+  #@.        8@o     +W@#+.          +W@8:
   #@          :@W    &@+  &@+  @8  :@o         o@o     oW@@@W+         oW@8
   o@+          @@&   &@+  &@+  #@  &@.         .W@W        .+#@&         o@W.
```

```
        WW          +@W@8. &@+   :&    o@+ #@      :@W&@&         &@:   ..     :@o
      :@W:        o@# +Wo &@+       :W: +@W&o++o@W. &@&  8@#o+&@W.  #@:     o@+
     :W@@WWWW@@8        +               :&W@@@@&    &W  .o#@@W&.   :W@WWW@@&
        +o&&&&+.                                                   +oooo.

                                                              v4.2.0
                                         OWASP Amass Project - @owaspamass
                                 In-depth Attack Surface Mapping and Asset Discovery


Usage: amass intel|enum [options]

  -h  Show the program usage message
  -help
      Show the program usage message
  -version
      Print the version number of this Amass binary


Subcommands:

  amass intel - Discover targets for enumerations
  amass enum  - Perform enumerations and network mapping

The user's guide can be found here:
https://github.com/owasp-amass/amass/blob/master/doc/user_guide.md

An example configuration file can be found here:
https://github.com/owasp-amass/amass/blob/master/examples/config.yaml

The Amass tutorial can be found here:
https://github.com/owasp-amass/amass/blob/master/doc/tutorial.md
```

Ejecución para obtener subdominios mediante fuerza bruta:

```
$ docker run amass enum -brute -v -d python.org
Querying DNSSpy for python.org subdomains
Querying Ask for python.org subdomains
Querying Crtsh for python.org subdomains
Querying DuckDuckGo for python.org subdomains
Querying HAW for python.org subdomains
Querying HackerOne for python.org subdomains
Querying DNSDumpster for python.org subdomains
Querying CommonCrawl for python.org subdomains
Querying HackerTarget for python.org subdomains
Querying Pulsedive for python.org subdomains
Querying AnubisDB for python.org subdomains
Querying SiteDossier for python.org subdomains
Querying Brute Forcing for python.org subdomains
Querying CertSpotter for python.org subdomains
Querying RapidDNS for python.org subdomains
Querying Active Crawl for python.org subdomains
Querying Arquivo for python.org subdomains
Querying AbuseIPDB for python.org subdomains
```

```
Querying SubdomainCenter for python.org subdomains
Querying Bing for python.org subdomains
Querying Greynoise for python.org subdomains
Querying HyperStat for python.org subdomains
Querying Riddler for python.org subdomains
Querying ThreatMiner for python.org subdomains
Querying DNSHistory for python.org subdomains
Querying Digitorus for python.org subdomains
Querying DNS SRV for python.org subdomains
Querying URLScan for python.org subdomains
Querying Active DNS for python.org subdomains
Querying Searx for python.org subdomains
Querying GrepApp for python.org subdomains
Querying Baidu for python.org subdomains
Querying Gists for python.org subdomains
Querying LeakIX for python.org subdomains
Querying PKey for python.org subdomains
Querying UKWebArchive for python.org subdomains
Querying Mnemonic for python.org subdomains
Querying Yahoo for python.org subdomains
Querying Synapsint for python.org subdomains
Querying Maltiverse for python.org subdomains
Querying AlienVault for python.org subdomains
Querying Google for python.org subdomains
Querying Searchcode for python.org subdomains
Querying Sublist3rAPI for python.org subdomains
Querying Wayback for python.org subdomains
python.org (FQDN) --> mx_record --> mail.python.org (FQDN)
python.org (FQDN) --> ns_record --> ns-1134.awsdns-13.org (FQDN)
python.org (FQDN) --> ns_record --> ns-484.awsdns-60.com (FQDN)
python.org (FQDN) --> ns_record --> ns-2046.awsdns-63.co.uk (FQDN)
python.org (FQDN) --> ns_record --> ns-981.awsdns-58.net (FQDN)
testpypi.python.org (FQDN) --> cname_record --> dualstack.python.map.fastly.net
(FQDN)
front.python.org (FQDN) --> a_record --> 140.211.10.69 (IPAddress)
hg.es.python.org (FQDN) --> a_record --> 46.4.94.207 (IPAddress)
hg.es.python.org (FQDN) --> aaaa_record --> 2a01:4f8:140:80bc:10:200:0:10
(IPAddress)
140.211.0.0/20 (Netblock) --> contains --> 140.211.10.69 (IPAddress)
3701 (ASN) --> managed_by --> NERONET - Network for Education and Research in
Oregon (NERO) (RIROrganization)
3701 (ASN) --> announces --> 140.211.0.0/20 (Netblock)
www.es.python.org (FQDN) --> cname_record --> python-spain.github.io (FQDN)
jobs.python.org (FQDN) --> cname_record --> star.map.nyc1.psf.io (FQDN)
hacktoberfest.es.python.org (FQDN) --> cname_record --> python-spain.github.io
(FQDN)
docs.python.org (FQDN) --> cname_record --> dualstack.python.map.fastly.net
(FQDN)
blog-ru.python.org (FQDN) --> cname_record --> ghs46.google.com (FQDN)
wiki.python.org (FQDN) --> cname_record --> lb.nyc1.psf.io (FQDN)
comunidad.es.python.org (FQDN) --> a_record --> 185.195.96.31 (IPAddress)
blog-es.python.org (FQDN) --> cname_record --> ghs46.google.com (FQDN)
blog-ro.python.org (FQDN) --> cname_record --> ghs46.google.com (FQDN)
46.4.0.0/16 (Netblock) --> contains --> 46.4.94.207 (IPAddress)
```

```
2a01:4f8::/31 (Netblock) --> contains --> 2a01:4f8:140:80bc:10:200:0:10
(IPAddress)
24940 (ASN) --> managed_by --> HETZNER-AS (RIROrganization)
24940 (ASN) --> announces --> 46.4.0.0/16 (Netblock)
24940 (ASN) --> announces --> 2a01:4f8::/31 (Netblock)
ns-981.awsdns-58.net (FQDN) --> a_record --> 205.251.195.213 (IPAddress)
ns-981.awsdns-58.net (FQDN) --> aaaa_record --> 2600:9000:5303:d500::1
(IPAddress)
buildbot.python.org (FQDN) --> cname_record --> lb.nyc1.psf.io (FQDN)
legacy.python.org (FQDN) --> cname_record --> star.map.nyc1.psf.io (FQDN)
svn.python.org (FQDN) --> cname_record --> star.map.nyc1.psf.io (FQDN)
speed.python.org (FQDN) --> cname_record --> lb.nyc1.psf.io (FQDN)
documentos-asociacion.es.python.org (FQDN) --> a_record --> 46.4.94.207
(IPAddress)
documentos-asociacion.es.python.org (FQDN) --> aaaa_record -->
2a01:4f8:140:80bc:10:200:0:10 (IPAddress)
monitoring.python.org (FQDN) --> a_record --> 140.211.10.83 (IPAddress)
packages.python.org (FQDN) --> cname_record --> star.map.nyc1.psf.io (FQDN)
140.211.0.0/20 (Netblock) --> contains --> 140.211.10.83 (IPAddress)
185.195.96.0/22 (Netblock) --> contains --> 185.195.96.31 (IPAddress)
205.251.192.0/21 (Netblock) --> contains --> 205.251.195.213 (IPAddress)
2600:9000:5300::/45 (Netblock) --> contains --> 2600:9000:5303:d500::1
(IPAddress)
206102 (ASN) --> managed_by --> ASPL (RIROrganization)
206102 (ASN) --> announces --> 185.195.96.0/22 (Netblock)
16509 (ASN) --> managed_by --> AMAZON-02 - Amazon.com, Inc. (RIROrganization)
16509 (ASN) --> announces --> 205.251.192.0/21 (Netblock)
16509 (ASN) --> announces --> 2600:9000:5300::/45 (Netblock)
lb.nyc1.psf.io (FQDN) --> a_record --> 167.99.21.118 (IPAddress)
lb.nyc1.psf.io (FQDN) --> a_record --> 159.89.245.108 (IPAddress)
lb.nyc1.psf.io (FQDN) --> aaaa_record --> 2604:a880:800:10::f7d:7001 (IPAddress)
lb.nyc1.psf.io (FQDN) --> aaaa_record --> 2604:a880:800:10::92a:1001 (IPAddress)
openbadges.es.python.org (FQDN) --> a_record --> 46.4.94.207 (IPAddress)
openbadges.es.python.org (FQDN) --> aaaa_record -->
2a01:4f8:140:80bc:10:200:0:10 (IPAddress)
pycon-archive.python.org (FQDN) --> cname_record --> pycon.github.io (FQDN)
uk.python.org (FQDN) --> a_record --> 104.198.14.52 (IPAddress)
peps.python.org (FQDN) --> cname_record --> python.map.fastly.net (FQDN)
blog.python.org (FQDN) --> cname_record --> dualstack.python.map.fastly.net
(FQDN)
104.198.0.0/20 (Netblock) --> contains --> 104.198.14.52 (IPAddress)
167.99.0.0/16 (Netblock) --> contains --> 167.99.21.118 (IPAddress)
2604:a880:800::/48 (Netblock) --> contains --> 2604:a880:800:10::f7d:7001
(IPAddress)
396982 (ASN) --> managed_by --> AS396982 (RIROrganization)
396982 (ASN) --> announces --> 104.198.0.0/20 (Netblock)
14061 (ASN) --> managed_by --> DIGITALOCEAN-ASN - DigitalOcean, LLC
(RIROrganization)
14061 (ASN) --> announces --> 167.99.0.0/16 (Netblock)
14061 (ASN) --> announces --> 2604:a880:800::/48 (Netblock)
DNS wildcard detected: Resolver 8.8.8.8:53: *.python.map.fastly.net
DNS wildcard detected: Resolver 8.8.8.8:53: *.python-spain.github.io
python.org (FQDN) --> a_record --> 151.101.64.223 (IPAddress)
python.org (FQDN) --> a_record --> 151.101.0.223 (IPAddress)
```

```
python.org (FQDN) --> a_record --> 151.101.128.223 (IPAddress)
python.org (FQDN) --> a_record --> 151.101.192.223 (IPAddress)
python.org (FQDN) --> aaaa_record --> 2a04:4e42:400::223 (IPAddress)
python.org (FQDN) --> aaaa_record --> 2a04:4e42::223 (IPAddress)
python.org (FQDN) --> aaaa_record --> 2a04:4e42:600::223 (IPAddress)
python.org (FQDN) --> aaaa_record --> 2a04:4e42:200::223 (IPAddress)
console.python.org (FQDN) --> cname_record --> star.map.nyc1.psf.io (FQDN)
lists.es.python.org (FQDN) --> a_record --> 46.4.94.207 (IPAddress)
lists.es.python.org (FQDN) --> aaaa_record --> 2a01:4f8:140:80bc:10:200:0:10
(IPAddress)
2604:a880:800::/48 (Netblock) --> contains --> 2604:a880:800:10::92a:1001
(IPAddress)
159.89.244.0/22 (Netblock) --> contains --> 159.89.245.108 (IPAddress)
14061 (ASN) --> announces --> 159.89.244.0/22 (Netblock)
DNS wildcard detected: Resolver 8.8.8.8:53: *.pycon.github.io
151.101.64.0/22 (Netblock) --> contains --> 151.101.64.223 (IPAddress)
151.101.0.0/21 (Netblock) --> contains --> 151.101.0.223 (IPAddress)
54113 (ASN) --> managed_by --> FASTLY - Fastly (RIROrganization)
54113 (ASN) --> announces --> 151.101.64.0/22 (Netblock)
54113 (ASN) --> announces --> 151.101.0.0/21 (Netblock)
blog-tw.python.org (FQDN) --> cname_record --> ghs46.google.com (FQDN)
blog-ja.python.org (FQDN) --> cname_record --> ghs46.google.com (FQDN)
2a04:4e42::/47 (Netblock) --> contains --> 2a04:4e42::223 (IPAddress)
151.101.128.0/22 (Netblock) --> contains --> 151.101.128.223 (IPAddress)
54113 (ASN) --> announces --> 2a04:4e42::/47 (Netblock)
54113 (ASN) --> announces --> 151.101.128.0/22 (Netblock)
python.map.fastly.net (FQDN) --> a_record --> 146.75.120.223 (IPAddress)
python.map.fastly.net (FQDN) --> aaaa_record --> 2a04:4e42:8d::223 (IPAddress)
comunidades.es.python.org (FQDN) --> cname_record --> python-spain.github.io
(FQDN)
151.101.192.0/22 (Netblock) --> contains --> 151.101.192.223 (IPAddress)
2a04:4e42:400::/48 (Netblock) --> contains --> 2a04:4e42:400::223 (IPAddress)
54113 (ASN) --> announces --> 151.101.192.0/22 (Netblock)
54113 (ASN) --> announces --> 2a04:4e42:400::/48 (Netblock)
ns-484.awsdns-60.com (FQDN) --> a_record --> 205.251.193.228 (IPAddress)
ns-484.awsdns-60.com (FQDN) --> aaaa_record --> 2600:9000:5301:e400::1
(IPAddress)
es.python.org (FQDN) --> mx_record --> alt2.aspmx.l.google.com (FQDN)
es.python.org (FQDN) --> mx_record --> alt3.aspmx.l.google.com (FQDN)
es.python.org (FQDN) --> mx_record --> alt4.aspmx.l.google.com (FQDN)
es.python.org (FQDN) --> mx_record --> alt1.aspmx.l.google.com (FQDN)
es.python.org (FQDN) --> mx_record --> aspmx.l.google.com (FQDN)
es.python.org (FQDN) --> a_record --> 185.199.110.153 (IPAddress)
es.python.org (FQDN) --> a_record --> 185.199.109.153 (IPAddress)
es.python.org (FQDN) --> a_record --> 185.199.108.153 (IPAddress)
es.python.org (FQDN) --> a_record --> 185.199.111.153 (IPAddress)
community.uk.python.org (FQDN) --> a_record --> 185.199.110.153 (IPAddress)
community.uk.python.org (FQDN) --> a_record --> 185.199.111.153 (IPAddress)
community.uk.python.org (FQDN) --> a_record --> 185.199.109.153 (IPAddress)
community.uk.python.org (FQDN) --> a_record --> 185.199.108.153 (IPAddress)
test.python.org (FQDN) --> cname_record --> dualstack.python.map.fastly.net
(FQDN)
2a04:4e42:600::/48 (Netblock) --> contains --> 2a04:4e42:600::223 (IPAddress)
2a04:4e42:200::/48 (Netblock) --> contains --> 2a04:4e42:200::223 (IPAddress)
```

```
54113 (ASN) --> announces --> 2a04:4e42:600::/48 (Netblock)
54113 (ASN) --> announces --> 2a04:4e42:200::/48 (Netblock)
ns-1134.awsdns-13.org (FQDN) --> a_record --> 205.251.196.110 (IPAddress)
ns-1134.awsdns-13.org (FQDN) --> aaaa_record --> 2600:9000:5304:6e00::1
(IPAddress)
ghs46.google.com (FQDN) --> a_record --> 142.250.200.19 (IPAddress)
ghs46.google.com (FQDN) --> aaaa_record --> 2a00:1450:4009:81d::2013 (IPAddress)
alt4.aspmx.l.google.com (FQDN) --> a_record --> 74.125.200.27 (IPAddress)
alt4.aspmx.l.google.com (FQDN) --> aaaa_record --> 2607:f8b0:400e:c06::1b
(IPAddress)
alt1.aspmx.l.google.com (FQDN) --> a_record --> 142.250.153.27 (IPAddress)
alt1.aspmx.l.google.com (FQDN) --> aaaa_record --> 2a00:1450:4013:c16::1b
(IPAddress)
205.251.192.0/21 (Netblock) --> contains --> 205.251.196.110 (IPAddress)
2600:9000:5300::/45 (Netblock) --> contains --> 2600:9000:5304:6e00::1
(IPAddress)
2001:888::/29 (Netblock) --> contains --> 2001:888:2000:d::a2 (IPAddress)
82.92.0.0/14 (Netblock) --> contains --> 82.94.164.162 (IPAddress)
57.128.128.0/18 (Netblock) --> contains --> 57.128.173.223 (IPAddress)
3265 (ASN) --> managed_by --> XS4ALL-NL Amsterdam (RIROrganization)
3265 (ASN) --> announces --> 2001:888::/29 (Netblock)
3265 (ASN) --> managed_by --> XS4ALL-NL Amsterdam, NL (RIROrganization)
3265 (ASN) --> announces --> 82.92.0.0/14 (Netblock)
16276 (ASN) --> managed_by --> OVH, FR (RIROrganization)
16276 (ASN) --> announces --> 57.128.128.0/18 (Netblock)
uk.python.org (FQDN) --> mx_record --> alt4.aspmx.l.google.com (FQDN)
uk.python.org (FQDN) --> mx_record --> alt2.aspmx.l.google.com (FQDN)
uk.python.org (FQDN) --> mx_record --> aspmx.l.google.com (FQDN)
uk.python.org (FQDN) --> mx_record --> alt1.aspmx.l.google.com (FQDN)
uk.python.org (FQDN) --> mx_record --> alt3.aspmx.l.google.com (FQDN)
alt2.aspmx.l.google.com (FQDN) --> a_record --> 108.177.98.26 (IPAddress)
alt2.aspmx.l.google.com (FQDN) --> aaaa_record --> 2a00:1450:4025:c03::1a
(IPAddress)
146.75.120.0/22 (Netblock) --> contains --> 146.75.120.223 (IPAddress)
2a04:4e42:8d::/48 (Netblock) --> contains --> 2a04:4e42:8d::223 (IPAddress)
185.199.110.0/24 (Netblock) --> contains --> 185.199.110.153 (IPAddress)
185.199.111.0/24 (Netblock) --> contains --> 185.199.111.153 (IPAddress)
185.199.109.0/24 (Netblock) --> contains --> 185.199.109.153 (IPAddress)
185.199.108.0/24 (Netblock) --> contains --> 185.199.108.153 (IPAddress)
54113 (ASN) --> announces --> 146.75.120.0/22 (Netblock)
54113 (ASN) --> announces --> 2a04:4e42:8d::/48 (Netblock)
54113 (ASN) --> announces --> 185.199.110.0/24 (Netblock)
54113 (ASN) --> announces --> 185.199.111.0/24 (Netblock)
54113 (ASN) --> announces --> 185.199.109.0/24 (Netblock)
54113 (ASN) --> announces --> 185.199.108.0/24 (Netblock)
mail.python.org (FQDN) --> a_record --> 188.166.95.178 (IPAddress)
mail.python.org (FQDN) --> aaaa_record --> 2a03:b0c0:2:d0::71:1 (IPAddress)
ns-2046.awsdns-63.co.uk (FQDN) --> a_record --> 205.251.199.254 (IPAddress)
ns-2046.awsdns-63.co.uk (FQDN) --> aaaa_record --> 2600:9000:5307:fe00::1
(IPAddress)
star.map.nyc1.psf.io (FQDN) --> cname_record --> map-lb.nyc1.psf.io (FQDN)
doc.python.org (FQDN) --> cname_record --> dualstack.python.map.fastly.net
(FQDN)
blog-ko.python.org (FQDN) --> cname_record --> ghs46.google.com (FQDN)
```

```
pypi.python.org (FQDN) --> cname_record --> dualstack.python.map.fastly.net
(FQDN)
status.python.org (FQDN) --> cname_record --> 2p66nmmycsj3.stspg-customer.com
(FQDN)
www.python.org (FQDN) --> cname_record --> dualstack.python.map.fastly.net
(FQDN)
africa.python.org (FQDN) --> cname_record --> s22.wservices.ch (FQDN)
bugs.python.org (FQDN) --> a_record --> 45.55.99.191 (IPAddress)
blog-de.python.org (FQDN) --> cname_record --> ghs46.google.com (FQDN)
cheeseshop.python.org (FQDN) --> cname_record --> star.map.nyc1.psf.io (FQDN)
membership.uk.python.org (FQDN) --> a_record --> 52.56.203.177 (IPAddress)
205.251.192.0/21 (Netblock) --> contains --> 205.251.193.228 (IPAddress)
2600:9000:5300::/45 (Netblock) --> contains --> 2600:9000:5301:e400::1
(IPAddress)
142.250.153.0/24 (Netblock) --> contains --> 142.250.153.27 (IPAddress)
15169 (ASN) --> managed_by --> GOOGLE - Google LLC (RIROrganization)
15169 (ASN) --> announces --> 142.250.153.0/24 (Netblock)
DNS wildcard detected: Resolver 8.8.8.8:53: *.stspg-customer.com
2p66nmmycsj3.stspg-customer.com (FQDN) --> cname_record --> status-python-org-
b07d36db-4a86-4921-9e41-5feaddd766da.saas.atlassian.com (FQDN)
planet.python.org (FQDN) --> cname_record --> star.map.nyc1.psf.io (FQDN)
discuss.python.org (FQDN) --> cname_record --> python1.hosted-by-discourse.com
(FQDN)
142.250.0.0/15 (Netblock) --> contains --> 142.250.200.19 (IPAddress)
2a00:1450:4013::/48 (Netblock) --> contains --> 2a00:1450:4013:c16::1b
(IPAddress)
108.177.98.0/24 (Netblock) --> contains --> 108.177.98.26 (IPAddress)
2607:f8b0:400e::/48 (Netblock) --> contains --> 2607:f8b0:400e:c06::1b
(IPAddress)
2a00:1450::/32 (Netblock) --> contains --> 2a00:1450:4009:81d::2013 (IPAddress)
15169 (ASN) --> managed_by --> AS15169 - Google LLC (RIROrganization)
15169 (ASN) --> announces --> 142.250.0.0/15 (Netblock)
15169 (ASN) --> announces --> 2a00:1450:4013::/48 (Netblock)
15169 (ASN) --> announces --> 108.177.98.0/24 (Netblock)
15169 (ASN) --> announces --> 2607:f8b0:400e::/48 (Netblock)
15169 (ASN) --> announces --> 2a00:1450::/32 (Netblock)
DNS wildcard detected: Resolver 8.8.8.8:53: *.glistening-kashata-2a8d56.netlify.
app
dinsdale.python.org (FQDN) --> a_record --> 82.94.164.162 (IPAddress)
dinsdale.python.org (FQDN) --> aaaa_record --> 2001:888:2000:d::a2 (IPAddress)
alt3.aspmx.l.google.com (FQDN) --> a_record --> 142.250.27.27 (IPAddress)
alt3.aspmx.l.google.com (FQDN) --> aaaa_record --> 2a00:1450:4010:c1c::1b
(IPAddress)
s22.wservices.ch (FQDN) --> a_record --> 116.202.118.106 (IPAddress)
s22.wservices.ch (FQDN) --> aaaa_record --> 2a01:4f8:231:4626::2 (IPAddress)
ukpa.riot.im (FQDN) --> cname_record --> k8s-core-coreingr-94929f85db-
54fe34d134b32768.elb.eu-west-2.amazonaws.com (FQDN)
166.164.94.82.in-addr.arpa (FQDN) --> ptr_record --> mail.python.org (FQDN)
164.164.94.82.in-addr.arpa (FQDN) --> ptr_record --> svn.python.org (FQDN)
167.164.94.82.in-addr.arpa (FQDN) --> ptr_record --> dinsdale2.python.org (FQDN)
162.164.94.82.in-addr.arpa (FQDN) --> ptr_record --> dinsdale.python.org (FQDN)
k8s-core-coreingr-94929f85db-54fe34d134b32768.elb.eu-west-2.amazonaws.com (FQDN)
--> a_record --> 35.179.56.184 (IPAddress)
169.164.94.82.in-addr.arpa (FQDN) --> ptr_record --> wiki.python.org (FQDN)
```

```
blog-fr.python.org (FQDN) --> cname_record --> ghs46.google.com (FQDN)
education.python.org (FQDN) --> cname_record --> desolate-laurel-
pfbo73zvavjs5gdidi59tus8.herokudns.com (FQDN)
desolate-laurel-pfbo73zvavjs5gdidi59tus8.herokudns.com (FQDN) --> a_record -->
52.223.46.195 (IPAddress)
desolate-laurel-pfbo73zvavjs5gdidi59tus8.herokudns.com (FQDN) --> a_record -->
3.33.193.101 (IPAddress)
desolate-laurel-pfbo73zvavjs5gdidi59tus8.herokudns.com (FQDN) --> a_record -->
99.83.183.127 (IPAddress)
desolate-laurel-pfbo73zvavjs5gdidi59tus8.herokudns.com (FQDN) --> a_record -->
15.197.246.237 (IPAddress)
ukpat1.uk.python.org (FQDN) --> cname_record --> glistening-kashata-2a8d56.
netlify.app (FQDN)
glistening-kashata-2a8d56.netlify.app (FQDN) --> a_record --> 3.124.100.143
(IPAddress)
glistening-kashata-2a8d56.netlify.app (FQDN) --> a_record --> 3.125.36.175
(IPAddress)
blog-cn.python.org (FQDN) --> cname_record --> ghs46.google.com (FQDN)
warehouse.python.org (FQDN) --> cname_record --> dualstack.python.map.fastly.net
(FQDN)
2a01:4f8::/31 (Netblock) --> contains --> 2a01:4f8:231:4626::2 (IPAddress)
142.250.0.0/15 (Netblock) --> contains --> 142.250.27.27 (IPAddress)
2a00:1450::/32 (Netblock) --> contains --> 2a00:1450:4025:c03::1a (IPAddress)
2a00:1450::/32 (Netblock) --> contains --> 2a00:1450:4010:c1c::1b (IPAddress)
52.56.0.0/14 (Netblock) --> contains --> 52.56.203.177 (IPAddress)
188.166.64.0/18 (Netblock) --> contains --> 188.166.95.178 (IPAddress)
2a03:b0c0:2::/48 (Netblock) --> contains --> 2a03:b0c0:2:d0::71:1 (IPAddress)
116.202.0.0/15 (Netblock) --> contains --> 116.202.118.106 (IPAddress)
35.176.0.0/13 (Netblock) --> contains --> 35.179.56.184 (IPAddress)
24940 (ASN) --> announces --> 116.202.0.0/15 (Netblock)
16509 (ASN) --> announces --> 52.56.0.0/14 (Netblock)
16509 (ASN) --> announces --> 35.176.0.0/13 (Netblock)
14061 (ASN) --> announces --> 45.55.96.0/22 (Netblock)
14061 (ASN) --> announces --> 188.166.64.0/18 (Netblock)
14061 (ASN) --> announces --> 2a03:b0c0:2::/48 (Netblock)
status-python-org-b07d36db-4a86-4921-9e41-5feaddd766da.saas.atlassian.com (FQDN)
--> a_record --> 13.35.58.23 (IPAddress)
status-python-org-b07d36db-4a86-4921-9e41-5feaddd766da.saas.atlassian.com (FQDN)
--> a_record --> 13.35.58.31 (IPAddress)
status-python-org-b07d36db-4a86-4921-9e41-5feaddd766da.saas.atlassian.com (FQDN)
--> a_record --> 13.35.58.43 (IPAddress)
status-python-org-b07d36db-4a86-4921-9e41-5feaddd766da.saas.atlassian.com (FQDN)
--> a_record --> 13.35.58.75 (IPAddress)
hg.python.org (FQDN) --> cname_record --> map-lb.nyc1.psf.io (FQDN)
warehouse-staging.python.org (FQDN) --> cname_record --> dualstack.python.map.
fastly.net (FQDN)
52.223.0.0/17 (Netblock) --> contains --> 52.223.46.195 (IPAddress)
3.33.128.0/17 (Netblock) --> contains --> 3.33.193.101 (IPAddress)
99.83.128.0/17 (Netblock) --> contains --> 99.83.183.127 (IPAddress)
15.197.128.0/17 (Netblock) --> contains --> 15.197.246.237 (IPAddress)
16509 (ASN) --> announces --> 52.223.0.0/17 (Netblock)
16509 (ASN) --> announces --> 3.33.128.0/17 (Netblock)
16509 (ASN) --> announces --> 99.83.128.0/17 (Netblock)
16509 (ASN) --> announces --> 15.197.128.0/17 (Netblock)
```

```
map-lb.nyc1.psf.io (FQDN) --> a_record --> 159.89.245.108 (IPAddress)
map-lb.nyc1.psf.io (FQDN) --> a_record --> 167.99.21.118 (IPAddress)
python1.hosted-by-discourse.com (FQDN) --> a_record --> 184.105.99.75
(IPAddress)
python1.hosted-by-discourse.com (FQDN) --> aaaa_record --> 2602:fd3f:3:ff02::4b
(IPAddress)
165.164.94.82.in-addr.arpa (FQDN) --> ptr_record --> macteagle.python.org (FQDN)
178.95.166.188.in-addr.arpa (FQDN) --> ptr_record --> mail.python.org (FQDN)
3.120.0.0/13 (Netblock) --> contains --> 3.124.100.143 (IPAddress)
3.120.0.0/13 (Netblock) --> contains --> 3.125.36.175 (IPAddress)
13.35.56.0/21 (Netblock) --> contains --> 13.35.58.23 (IPAddress)
16509 (ASN) --> announces --> 3.120.0.0/13 (Netblock)
0 (ASN) --> managed_by --> Not routed (RIROrganization)
0 (ASN) --> announces --> 13.35.56.0/21 (Netblock)
aspmx.l.google.com (FQDN) --> a_record --> 74.125.71.27 (IPAddress)
aspmx.l.google.com (FQDN) --> aaaa_record --> 2a00:1450:4013:c08::1b (IPAddress)
163.164.94.82.in-addr.arpa (FQDN) --> ptr_record --> ximinez.python.org (FQDN)
13.35.56.0/21 (Netblock) --> contains --> 13.35.58.31 (IPAddress)
13.35.56.0/21 (Netblock) --> contains --> 13.35.58.43 (IPAddress)
13.35.56.0/21 (Netblock) --> contains --> 13.35.58.75 (IPAddress)
184.105.99.0/24 (Netblock) --> contains --> 184.105.99.75 (IPAddress)
2602:fd3f::/46 (Netblock) --> contains --> 2602:fd3f:3:ff02::4b (IPAddress)
6939 (ASN) --> managed_by --> HURRICANE - Hurricane Electric LLC
(RIROrganization)
6939 (ASN) --> announces --> 184.105.99.0/24 (Netblock)
6939 (ASN) --> announces --> 2602:fd3f::/46 (Netblock)
2a00:1450::/32 (Netblock) --> contains --> 2a00:1450:4013:c08::1b (IPAddress)
74.125.71.0/24 (Netblock) --> contains --> 74.125.71.27 (IPAddress)
15169 (ASN) --> announces --> 74.125.71.0/24 (Netblock)
```

6.4.18 SUDOMY

Sudomy https://github.com/screetsec/Sudomy es una herramienta para recopilar subdominios y analizar dominios mediante un reconocimiento automatizado avanzado.

```
 __   __ _ _
/ __| _ _ _| ( )( )_ _ _
\__ \ || / _ / _ \ ` \ || |
|__/\_,_\_,_\___/_||_\_, |
                    |__/ v{1.2.1#dev} by @screetsec
SudÖmy - Fast Subdmain Enumeration and Analyzer
   http://github.com/screetsec/sudomy

Usage: sudÖmy.sh [-h [--help]] [-s[--source]][-d[--domain=]]

Example: sudÖmy.sh -d example.com
         sudÖmy.sh -s Shodan,VirusTotal -d example.com

Best Argument:
  sudomy -d domain.com -dP -eP -rS -cF -pS -tO -gW --httpx --dnsx  -aI
webanalyze --slack -sS
```

```
Optional Arguments:
  -a,  --all      Running all Enumeration, no nmap & gobuster
  -b,  --bruteforce  Bruteforce Subdomain Using Gobuster (Wordlist: ALL Top
SecList DNS)
  -d,  --domain      domain of the website to scan
  -h,  --help       show this help message
  -o,  --outfile   specify an output file when completed
  -s,  --source      Use source for Enumerate Subdomain
  -aI, --apps-identifier Identify technologies on website (ex: -aI webanalyze)
  -dP, --db-port    Collecting port from 3rd Party default=shodan
  -eP, --extract-params   Collecting URL Parameter from Engine
  -tO, --takeover    Subdomain TakeOver Vulnerabilty Scanner
  -wS, --websocket   WebSocket Connection Check
  -cF, --cloudfare   Check an IP is Owned by Cloudflare
  -pS, --ping-sweep   Check live host using methode Ping Sweep
  -rS, --resolver    Convert domain lists to resolved IP lists without duplicates
  -sC, --status-code  Get status codes, response from domain list
  -nT, --nmap-top    Port scanning with top-ports using nmap from domain list
  -sS, --screenshot  Screenshots a list of website (default: gowitness)
  -nP, --no-passive  Do not perform passive subdomain enumeration
  -gW, --gwordlist   Generate wordlist based on collecting url resources
(Passive)
      --httpx     Perform httpx multiple probers using retryablehttp
      --dnsx   Perform multiple dns queries (dnsx)
      --no-probe   Do not perform httprobe
      --html     Make report output into HTML
      --graph     Network Graph Visualization

Sources:
  + Shodan      http://developer.shodan.io
  + VirusTotal     https://www.virustotal.com
  + Censys     http://censys.io
  + Certspotter     https://api.certspotter.com
  + BinaryEdge     https://docs.binaryedge.io/
  + Hackertarget     https://api.hackertarget.com
  + Threatminer     https://api.threatminer.org
  + CrtSH     https://crt.sh
  + DnsDB     https://www.dnsdb.info
  + BufferOver     http://dns.bufferover.run
  + Sypse     https://spyse.com
  + Threatcrowd     http://threatcrowd.org
  + Dnsdumpster     https://dnsdumpster.com
  + Riddler     http://riddler.io
  + Webarchive     http://web.archive.org
  + SecurityTrails   http://securitytrails.com
  + RapidDNS     https://rapiddns.io
  + AlienVault     https://otx.alienvault.com
  + CommonCrawl     http://index.commoncrawl.org
  + FBcert     https://graph.facebook.com
  + URLScan     https://urlscan.io
  + RiskIQ     https://community.riskiq.com
```

Una de las formas para ejecutar la herramienta es usar la imagen que está disponible en el Docker hub https://hub.docker.com/layers/screetsec/sudomy:

```
$ docker pull screetsec/sudomy:v1.1.8
$ docker images
screetsec/sudomy        v1.1.8              0a7085626ca2   4 years ago   1.23GB
```

Ejemplo de ejecución para extraer los subdominios del dominio python.org:

```
$ docker run -v "${PWD}/output:/usr/lib/sudomy/output"  -t --rm screetsec/
sudomy:v1.1.8 -d python.org --all

+] Probe subdomain for working on http/https
--------------------------------------------

  - http://africa.python.org
  - http://blog-tw.python.org
  - http://blog.python.org
  - http://chat.uk.python.org
  - http://bugs.python.org
  - https://africa.python.org
  - http://blog-es.python.org
  - http://blog-cn.python.org
  - http://blog-pt.python.org
  - http://calendario.es.python.org
  - http://buildbot.python.org
  - https://chat.uk.python.org
  - http://cheeseshop.python.org
  - http://comunidad.es.python.org
  - http://blog-fr.python.org
  - http://blog-ko.python.org
  - http://blog-ja.python.org
  - http://community.uk.python.org
  - https://calendario.es.python.org
  - http://blog-ro.python.org
  - http://blog-de.python.org
  - https://comunidad.es.python.org
  - https://community.uk.python.org
  - http://blog-ru.python.org
  - https://blog.python.org
  - http://comunidades.es.python.org
  - http://doc.python.org
  - http://docs.python.org
  - https://buildbot.python.org
  - https://comunidades.es.python.org
  - https://doc.python.org
  - https://docs.python.org
  - http://downloads.python.org
  - https://downloads.python.org
  - http://console.python.org
  - http://devguide.python.org
  - http://documentos-asociacion.es.python.org
  - https://cheeseshop.python.org
  - http://es.python.org
```

```
- http://discuss.python.org
- http://hacktoberfest.es.python.org
- https://documentos-asociacion.es.python.org
- https://es.python.org
- http://hg.es.python.org
- https://hacktoberfest.es.python.org
- http://education.python.org
- https://console.python.org
- https://devguide.python.org
- http://hg.python.org
- http://mail.python.org
- https://hg.es.python.org
- http://lists.es.python.org
- http://membership.uk.python.org
- http://jobs.python.org
- http://legacy.python.org
- https://mail.python.org
- https://education.python.org
- https://lists.es.python.org
- https://membership.uk.python.org
- http://peps.python.org
- http://openbadges.es.python.org
- https://hg.python.org
- https://discuss.python.org
- http://pl.python.org
- https://bugs.python.org
- http://packages.python.org
- http://psf@python.org
- https://jobs.python.org
- https://psf@python.org
- https://openbadges.e
s.python.org
- https://peps.python.org
- https://pl.python.org
- https://legacy.python.org
- http://pypi.python.org
- http://python.org
- http://planet.python.org
- https://pypi.python.org
- https://python.org
- http://pycon-archive.python.org
- https://pycon-archive.python.org
- http://testpypi.python.org
- http://status.python.org
- https://packages.python.org
- https://packaging.python.org
- http://packaging.python.org
- https://testpypi.python.org
- https://planet.python.org
- http://policies.python.org
- http://speed.python.org
- http://svn.python.org
- http://warehouse.python.org
- https://policies.python.org
```

```
    - http://ukpat1.uk.python.org
    - https://warehouse.python.org
    - https://status.python.org
    - http://typing.python.org
    - http://test.python.org
    - https://test.python.org
    - http://www.python.org
    - http://uk.python.org
    - https://speed.python.org
    - https://svn.python.org
    - http://www.es.python.org
    - https://www.python.org
    - http://wiki.python.org
    - https://www.es.python.org
    - https://typing.python.org
    - https://wiki.python.org
    - https://uk.python.org
    - https://ukpat1.uk.python.org

    Ö  Total        [110]


[+] Check Live Host: Ping Sweep - ICMP PING
--------------------------------------------

    Ö  [DEAD]    10.118.180.25www.python.org
    Ö  [DEAD]    250amx.python.org
    Ö  [LIVE]    africa.python.org
    Ö  [DEAD]    anthem.python.org
    Ö  [DEAD]    b.pypi.python.org
    Ö  [LIVE]    blog-cn.python.org
    Ö  [LIVE]    blog-de.python.org
    Ö  [LIVE]    blog-es.python.org
    Ö  [LIVE]    blog-fr.python.org
    Ö  [LIVE]    blog-ja.python.org
    Ö  [LIVE]    blog-ko.python.org
    Ö  [LIVE]    blog-pt.python.org
    Ö  [LIVE]    blog-ro.python.org
    Ö  [LIVE]    blog-ru.python.org
    Ö  [LIVE]    blog-tw.python.org
    Ö  [LIVE]    blog.python.org
    Ö  [LIVE]    bugs.python.org
    Ö  [LIVE]    buildbot.python.org
    Ö  [DEAD]    bus.python.org
    Ö  [DEAD]    calendario.es.python.org
    Ö  [DEAD]    chat.uk.python.org
    Ö  [LIVE]    cheeseshop.python.org
    Ö  [DEAD]    code.python.org
    Ö  [LIVE]    community.uk.python.org
    Ö  [LIVE]    comunidad.es.python.org
    Ö  [LIVE]    comunidades.es.python.org
    Ö  [LIVE]    console.python.org
    Ö  [DEAD]    d.pypi.python.org
    Ö  [LIVE]    devguide.python.org
```

```
Ö  [DEAD]   didactica-pyladies.es.python.org
Ö  [DEAD]   dinsdale.python.org
Ö  [LIVE]   discuss.python.org
Ö  [LIVE]   doc.python.org
Ö  [LIVE]   docs.python.org
Ö  [DEAD]   documentos-asociacion.es.python.org
Ö  [DEAD]   dos.python.org
Ö  [LIVE]   downloads.python.org
Ö  [DEAD]   ds.python.org
Ö  [LIVE]   education.python.org
Ö  [LIVE]   es.python.org
Ö  [DEAD]   front.python.org
Ö  [LIVE]   hacktoberfest.es.python.org
Ö  [DEAD]   hello.python.org
Ö  [DEAD]   hg.es.python.org
Ö  [LIVE]   hg.python.org
Ö  [DEAD]   id.python.org
Ö  [LIVE]   jobs.python.org
Ö  [LIVE]   legacy.python.org
Ö  [DEAD]   lists.es.python.org
Ö  [DEAD]   login.python.org
Ö  [LIVE]   mail.python.org
Ö  [DEAD]   mail.www.python.org
Ö  [DEAD]   mail1.python.org
Ö  [LIVE]   membership.uk.python.org
Ö  [DEAD]   mx.python.org
Ö  [DEAD]   mx.www.python.org
Ö  [DEAD]   mx1.python.org
Ö  [DEAD]   ns1.python.org
Ö  [DEAD]   openbadges.es.python.org
Ö  [LIVE]   packages.python.org
Ö  [LIVE]   packaging.python.org
Ö  [LIVE]   peps.python.org
Ö  [LIVE]   pl.python.org
Ö  [LIVE]   planet.python.org
Ö  [LIVE]   policies.python.org
Ö  [DEAD]   psf@python.org
Ö  [LIVE]   pycon-archive.python.org
Ö  [DEAD]   pycon-archives.python.org
Ö  [DEAD]   pyi.python.org
Ö  [LIVE]   pypi.python.org
Ö  [DEAD]   pypy.python.org
Ö  [LIVE]   python.org
Ö  [DEAD]   site-with-no-cookie.python.org
Ö  [DEAD]   smtp.python.org
Ö  [DEAD]   smtp.www.python.org
Ö  [DEAD]   soc.python.org
Ö  [DEAD]   socios.es.python.org
Ö  [LIVE]   speed.python.org
Ö  [DEAD]   staging.python.org
Ö  [DEAD]   staging2.python.org
Ö  [LIVE]   status.python.org
Ö  [LIVE]   svn.python.org
Ö  [LIVE]   test.python.org
```

```
Ö  [LIVE]    testpypi.python.org
Ö  [LIVE]    typing.python.org
Ö  [LIVE]    uk.python.org
Ö  [DEAD]    ukpatl.uk.python.org
Ö  [DEAD]    vote.python.org
Ö  [DEAD]    w.python.org
Ö  [LIVE]    warehouse.python.org
Ö  [DEAD]    web-ng.es.python.org
Ö  [DEAD]    web.es.python.org
Ö  [LIVE]    wiki.python.org
Ö  [DEAD]    www.bugs.python.org
Ö  [DEAD]    www.cheeseshop.python.org
Ö  [DEAD]    www.docs.python.org
Ö  [LIVE]    www.es.python.org
Ö  [DEAD]    www.hg.es.python.org
Ö  [DEAD]    www.lists.es.python.org
Ö  [DEAD]    www.openbadges.es.python.org
Ö  [DEAD]    www.pl.python.org
Ö  [DEAD]    www.pypi.orgpypi.python.org
Ö  [LIVE]    www.python.org
Ö  [DEAD]    www.status.python.org
Ö  [DEAD]    www.vote.python.org
Ö  [DEAD]    www.wiki.python.org
Ö  [DEAD]    wxw.python.org
Ö  [DEAD]    xml.python.org

[+] Check Resolving: Subdomains & Domains
-----------------------------------------------

Ö  Resolving domains to: RESOLVE ERROR
Ö  Resolving domains to: RESOLVE ERROR
Ö  Resolving domains to: 116.202.118.106
Ö  Resolving domains to: RESOLVE ERROR
Ö  Resolving domains to: RESOLVE ERROR
Ö  Resolving domains to: 142.250.184.19
Ö  Resolving domains to: 142.250.184.19
Ö  Resolving domains to: 142.250.184.19
Ö  Resolving domains to: 142.250.184.19
Ö  Resolving domains to: 142.250.184.19
Ö  Resolving domains to: 142.250.184.19
Ö  Resolving domains to: 142.250.184.19
Ö  Resolving domains to: 142.250.184.19
Ö  Resolving domains to: 142.250.184.19
Ö  Resolving domains to: 142.250.184.19
Ö  Resolving domains to: 151.101.192.223
Ö  Resolving domains to: 45.55.99.191
Ö  Resolving domains to: 159.89.245.108
Ö  Resolving domains to: RESOLVE ERROR
Ö  Resolving domains to: 116.202.237.104
Ö  Resolving domains to: 35.179.56.184
Ö  Resolving domains to: 159.89.245.108
Ö  Resolving domains to: RESOLVE ERROR
Ö  Resolving domains to: 185.199.110.153
Ö  Resolving domains to: 185.195.96.31
```

```
Ö   Resolving domains to: 185.199.111.153
Ö   Resolving domains to: 167.99.21.118
Ö   Resolving domains to: RESOLVE ERROR
Ö   Resolving domains to: 104.16.253.120
Ö   Resolving domains to: RESOLVE ERROR
Ö   Resolving domains to: 82.94.164.162
Ö   Resolving domains to: 184.105.99.75
Ö   Resolving domains to: 151.101.64.223
Ö   Resolving domains to: 151.101.128.223
Ö   Resolving domains to: 116.202.237.104
Ö   Resolving domains to: RESOLVE ERROR
Ö   Resolving domains to: 151.101.128.223
Ö   Resolving domains to: RESOLVE ERROR
Ö   Resolving domains to: 3.33.193.101
Ö   Resolving domains to: 185.199.109.153
Ö   Resolving domains to: 140.211.10.69
Ö   Resolving domains to: 185.199.110.153
Ö   Resolving domains to: RESOLVE ERROR
Ö   Resolving domains to: 116.202.237.104
Ö   Resolving domains to: 159.89.245.108
Ö   Resolving domains to: RESOLVE ERROR
Ö   Resolving domains to: 159.89.245.108
Ö   Resolving domains to: 167.99.21.118
Ö   Resolving domains to: 116.202.237.104
Ö   Resolving domains to: RESOLVE ERROR
Ö   Resolving domains to: 188.166.95.178
Ö   Resolving domains to: RESOLVE ERROR
Ö   Resolving domains to: RESOLVE ERROR
Ö   Resolving domains to: 52.56.203.177
Ö   Resolving domains to: RESOLVE ERROR
Ö   Resolving domains to: RESOLVE ERROR
Ö   Resolving domains to: RESOLVE ERROR
Ö   Resolving domains to: RESOLVE ERROR
Ö   Resolving domains to: 116.202.237.104
Ö   Resolving domains to: 167.99.21.118
Ö   Resolving domains to: 104.16.253.120
Ö   Resolving domains to: 151.101.0.223
Ö   Resolving domains to: 57.128.173.223
Ö   Resolving domains to: 167.99.21.118
Ö   Resolving domains to: 104.16.253.120
Ö   Resolving domains to: RESOLVE ERROR
Ö   Resolving domains to: 185.199.108.153
Ö   Resolving domains to: RESOLVE ERROR
Ö   Resolving domains to: RESOLVE ERROR
Ö   Resolving domains to: 151.101.192.223
Ö   Resolving domains to: RESOLVE ERROR
Ö   Resolving domains to: 151.101.192.223
Ö   Resolving domains to: RESOLVE ERROR
Ö   Resolving domains to: RESOLVE ERROR
Ö   Resolving domains to: RESOLVE ERROR
Ö   Resolving domains to: RESOLVE ERROR
Ö   Resolving domains to: RESOLVE ERROR
Ö   Resolving domains to: 159.89.245.108
Ö   Resolving domains to: RESOLVE ERROR
```

```
Ö   Resolving domains to: RESOLVE ERROR
Ö   Resolving domains to: 108.157.125.100
Ö   Resolving domains to: 159.89.245.108
Ö   Resolving domains to: 151.101.128.223
Ö   Resolving domains to: 151.101.128.223
Ö   Resolving domains to: 104.16.254.120
Ö   Resolving domains to: 104.198.14.52
Ö   Resolving domains to: 3.125.36.175
Ö   Resolving domains to: RESOLVE ERROR
Ö   Resolving domains to: RESOLVE ERROR
Ö   Resolving domains to: 151.101.0.223
Ö   Resolving domains to: RESOLVE ERROR
Ö   Resolving domains to: RESOLVE ERROR
Ö   Resolving domains to: 159.89.245.108
Ö   Resolving domains to: RESOLVE ERROR
Ö   Resolving domains to: RESOLVE ERROR
Ö   Resolving domains to: RESOLVE ERROR
Ö   Resolving domains to: 185.199.110.153
Ö   Resolving domains to: RESOLVE ERROR
Ö   Resolving domains to: RESOLVE ERROR
Ö   Resolving domains to: RESOLVE ERROR
Ö   Resolving domains to: RESOLVE ERROR
Ö   Resolving domains to: RESOLVE ERROR
Ö   Resolving domains to: 151.101.192.223
Ö   Resolving domains to: RESOLVE ERROR
Ö   Resolving domains to: RESOLVE ERROR
Ö   Resolving domains to: RESOLVE ERROR
Ö   Resolving domains to: RESOLVE ERROR
Ö   Resolving domains to: RESOLVE ERROR

[+]  Checks status code on port 80 and 443
----------------------------------------------

Ö   [301]   http://africa.python.org
Ö   [301]   http://blog.python.org
Ö   [404]   http://blog-tw.python.org
Ö   [200]   http://blog-ko.python.org
Ö   [200]   http://blog-fr.python.org
Ö   [301]   http://bugs.python.org
Ö   [404]   http://chat.uk.python.org
Ö   [200]   http://blog-ja.python.org
Ö   [502]   https://africa.python.org
Ö   [200]   https://blog.python.org
Ö   [200]   http://blog-de.python.org
Ö   [200]   http://blog-ro.python.org
Ö   [301]   http://calendario.es.python.org
Ö   [000]   https://chat.uk.python.org
Ö   [200]   http://blog-ru.python.org
Ö   [302]   http://comunidad.es.python.org
Ö   [301]   http://buildbot.python.org
Ö   [301]   https://comunidad.es.python.org
Ö   [301]   http://cheeseshop.python.org
Ö   [301]   http://community.uk.python.org
Ö   [200]   https://calendario.es.python.org
```

```
Ö  [200]    http://blog-pt.python.org
Ö  [200]    https://community.uk.python.org
Ö  [200]    http://blog-cn.python.org
Ö  [301]    http://comunidades.es.python.org
Ö  [301]    http://doc.python.org
Ö  [200]    http://blog-es.python.org
Ö  [301]    http://docs.python.org
Ö  [200]    https://comunidades.es.python.org
Ö  [301]    http://console.python.org
Ö  [200]    https://buildbot.python.org
Ö  [302]    https://docs.python.org
Ö  [200]    https://downloads.python.org
Ö  [302]    http://devguide.python.org
Ö  [301]    https://doc.python.org
Ö  [200]    https://devguide.python.org
Ö  [301]    http://documentos-asociacion.es.python.org
Ö  [301]    https://cheeseshop.python.org
Ö  [301]    http://es.python.org
Ö  [301]    http://discuss.python.org
Ö  [403]    https://console.python.org
Ö  [301]    http://hacktoberfest.es.python.org
Ö  [200]    https://documentos-asociacion.es.python.org
Ö  [200]    https://es.python.org
Ö  [301]    http://hg.es.python.org
Ö  [200]    https://hacktoberfest.es.python.org
Ö  [301]    http://education.python.org
Ö  [301]    http://hg.python.org
Ö  [301]    http://mail.python.org
Ö  [200]    https://hg.es.python.org
Ö  [301]    http://downloads.python.org
Ö  [301]    http://lists.es.python.org
Ö  [302]    http://membership.uk.python.org
Ö  [301]    http://jobs.python.org
Ö  [200]    https://bugs.python.org
Ö  [301]    http://legacy.python.org
Ö  [200]    https://education.python.org
Ö  [302]    https://mail.python.org
Ö  [301]    http://peps.python.org
Ö  [404]    https://membership.uk.python.org
Ö  [302]    https://lists.es.python.org
Ö  [200]    https://hg.python.org
Ö  [301]    http://openbadges.es.python.org
Ö  [200]    https://discuss.python.org
Ö  [301]    http://pl.python.org
Ö  [301]    http://psf@python.org
Ö  [301]    http://packages.python.org
Ö  [301]    https://jobs.python.org
Ö  [301]    https://psf@python.org
Ö  [200]    https://peps.python.org
Ö  [302]    https://packaging.python.org
Ö  [200]    https://openbadges.es.python.org
Ö  [200]    https://pl.python.org
Ö  [200]    https://legacy.python.org
Ö  [301]    http://pypi.python.org
```

```
Ö  [301]   http://python.org
Ö  [301]   http://planet.python.org
Ö  [301]   https://pypi.python.org
Ö  [200]   https://policies.python.org
Ö  [301]   https://python.org
Ö  [301]   http://pycon-archive.python.org
Ö  [200]   https://pycon-archive.python.org
Ö  [302]   http://packaging.python.org
Ö  [301]   http://testpypi.python.org
Ö  [301]   https://packages.python.org
Ö  [301]   http://status.python.org
Ö  [301]   https://testpypi.python.org
Ö  [302]   http://policies.python.org
Ö  [301]   https://planet.python.org
Ö  [301]   http://warehouse.python.org
Ö  [301]   http://test.python.org
Ö  [301]   http://speed.python.org
Ö  [301]   http://svn.python.org
Ö  [301]   https://warehouse.python.org
Ö  [301]   http://ukpatl.uk.python.org
Ö  [302]   http://typing.python.org
Ö  [200]   https://status.python.org
Ö  [200]   https://test.python.org
Ö  [301]   http://uk.python.org
Ö  [301]   http://www.python.org
Ö  [200]   https://speed.python.org
Ö  [200]   https://ukpatl.uk.python.org
Ö  [200]   https://www.python.org
Ö  [200]   https://svn.python.org
Ö  [301]   http://www.es.python.org
Ö  [301]   http://wiki.python.org
Ö  [000]   https://www.es.python.org
Ö  [302]   https://typing.python.org
Ö  [200]   https://uk.python.org
Ö  [200]   https://wiki.python.org

[+] Perform multiple dns queries (dnsprobe)
---------------------------------------------


    Ö  Execute

sort: unrecognized option: output=/usr/lib/sudomy/output/03-29-2025/python.org/
dnsprobe_subdomain.txt
BusyBox v1.29.3 (2019-01-24 07:45:07 UTC) multi-call binary.

Usage: sort [-nrugMcszbdfiokt] [-o FILE] [-k start[.offset][opts][,end[.offset]
[opts]] [-t CHAR] [FILE]...

Sort lines of text

  -o FILE  Output to FILE
  -c  Check whether input is sorted
  -b  Ignore leading blanks
```

```
-f  Ignore case
-i  Ignore unprintable characters
-d  Dictionary order (blank or alphanumeric only)
-n  Sort numbers
-g  General numerical sort
-M  Sort month
-t CHAR  Field separator
-k N[,M] Sort by Nth field
-r  Reverse sort order
-s  Stable (don't sort ties alphabetically)
-u  Suppress duplicate lines
-z  Lines are terminated by NUL, not newline
 - bugs.python.org 45.55.99.191
 - blog-de.python.org 142.250.185.19
 - docs.python.org 151.101.192.223
 - docs.python.org 151.101.128.223
 - docs.python.org 151.101.0.223
 - docs.python.org 151.101.64.223
 - hg.es.python.org 116.202.237.104
 - peps.python.org 151.101.128.223
 - peps.python.org 151.101.0.223
 - peps.python.org 151.101.64.223
 - peps.python.org 151.101.192.223
 - python.org 151.101.192.223
 - python.org 151.101.0.223
 - python.org 151.101.64.223
 - python.org 151.101.128.223
 - pypi.python.org 151.101.64.223
 - pypi.python.org 151.101.0.223
 - pypi.python.org 151.101.128.223
 - pypi.python.org 151.101.192.223
 - packaging.python.org 104.16.254.120
 - packaging.python.org 104.16.253.120
 - documentos-asociacion.es.python.org 116.202.237.104
 - www.python.org 151.101.64.223
 - www.python.org 151.101.128.223
 - www.python.org 151.101.192.223
 - www.python.org 151.101.0.223
 - discuss.python.org 184.105.99.75
 - membership.uk.python.org 52.56.203.177
 - blog.python.org 151.101.0.223
 - blog.python.org 151.101.64.223
 - blog.python.org 151.101.128.223
 - blog.python.org 151.101.192.223
 - doc.python.org 151.101.64.223
 - doc.python.org 151.101.128.223
 - doc.python.org 151.101.0.223
 - doc.python.org 151.101.192.223
 - test.python.org 151.101.64.223
 - test.python.org 151.101.192.223
 - test.python.org 151.101.0.223
 - test.python.org 151.101.128.223
 - front.python.org 140.211.10.69
 - devguide.python.org 104.16.253.120
```

```
- devguide.python.org 104.16.254.120
- pl.python.org 57.128.173.223
- comunidad.es.python.org 185.195.96.31
- console.python.org 167.99.21.118
- console.python.org 159.89.245.108
- wiki.python.org 167.99.21.118
- wiki.python.org 159.89.245.108
- dinsdale.python.org 82.94.164.162
- typing.python.org 104.16.253.120
- typing.python.org 104.16.254.120
- downloads.python.org 151.101.0.223
- downloads.python.org 151.101.64.223
- downloads.python.org 151.101.128.223
- downloads.python.org 151.101.192.223
- es.python.org 185.199.108.153
- es.python.org 185.199.110.153
- es.python.org 185.199.111.153
- es.python.org 185.199.109.153
- legacy.python.org 167.99.21.118
- legacy.python.org 159.89.245.108
- uk.python.org 104.198.14.52
- planet.python.org 159.89.245.108
- planet.python.org 167.99.21.118
- mail.python.org 188.166.95.178
- warehouse.python.org 151.101.64.223
- warehouse.python.org 151.101.192.223
- warehouse.python.org 151.101.128.223
- warehouse.python.org 151.101.0.223
- blog-tw.python.org 142.250.184.179
- policies.python.org 104.16.254.120
- policies.python.org 104.16.253.120
- blog-fr.python.org 172.217.17.19
- blog-ko.python.org 172.217.17.19
- blog-cn.python.org 142.250.200.115
- education.python.org 99.83.183.127
- education.python.org 15.197.246.237
- education.python.org 52.223.46.195
- education.python.org 3.33.193.101
- blog-ja.python.org 142.250.185.19
- community.uk.python.org 185.199.108.153
- community.uk.python.org 185.199.109.153
- community.uk.python.org 185.199.110.153
- community.uk.python.org 185.199.111.153
- blog-es.python.org 142.250.200.147
- hacktoberfest.es.python.org 185.199.110.153
- hacktoberfest.es.python.org 185.199.111.153
- hacktoberfest.es.python.org 185.199.108.153
- hacktoberfest.es.python.org 185.199.109.153
- blog-pt.python.org 142.250.184.179
- comunidades.es.python.org 185.199.108.153
- comunidades.es.python.org 185.199.109.153
- comunidades.es.python.org 185.199.110.153
- comunidades.es.python.org 185.199.111.153
- www.es.python.org 185.199.108.153
```

```
- www.es.python.org 185.199.109.153
- www.es.python.org 185.199.110.153
- www.es.python.org 185.199.111.153
- hg.python.org 167.99.21.118
- hg.python.org 159.89.245.108
- status.python.org 108.157.125.31
- status.python.org 108.157.125.96
- status.python.org 108.157.125.100
- status.python.org 108.157.125.93
- speed.python.org 159.89.245.108
- speed.python.org 167.99.21.118
- testpypi.python.org 151.101.0.223
- testpypi.python.org 151.101.64.223
- testpypi.python.org 151.101.192.223
- testpypi.python.org 151.101.128.223
- pycon-archive.python.org 185.199.109.153
- pycon-archive.python.org 185.199.108.153
- pycon-archive.python.org 185.199.110.153
- pycon-archive.python.org 185.199.111.153
- calendario.es.python.org 116.202.237.104
- ukpat1.uk.python.org 3.124.100.143
- ukpat1.uk.python.org 3.75.10.80
- packages.python.org 167.99.21.118
- packages.python.org 159.89.245.108
- cheeseshop.python.org 167.99.21.118
- cheeseshop.python.org 159.89.245.108
- blog-ro.python.org 142.250.185.19
- openbadges.es.python.org 116.202.237.104
- blog-ru.python.org 142.250.200.83
- africa.python.org 116.202.118.106
- jobs.python.org 167.99.21.118
- jobs.python.org 159.89.245.108
- svn.python.org 159.89.245.108
- svn.python.org 167.99.21.118
- lists.es.python.org 116.202.237.104
- buildbot.python.org 167.99.21.118
- buildbot.python.org 159.89.245.108
- chat.uk.python.org 35.179.56.184

[+] Check an IP is Owned by Cloudflare
----------------------------------------------

   x This Plugin need cf-check, running the tools again

[+] Multiple probers use retryablehttp httpx
----------------------------------------------


   Ö  Execute

- https://downloads.python.org [200] [536] []
- https://docs.python.org [302] [138] [302 Found]
- https://comunidad.es.python.org [301] [337] [301 Moved Permanently]
- https://es.python.org [200] [174735] [Python España]
```

```
    - https://devguide.python.org [200] [98946] [Python Developer's Guide]
    - https://doc.python.org [301] [162] [301 Moved Permanently]
    - https://psf@python.org [301] [0] []
    - https://python.org [301] [0] []
    - https://packaging.python.org [302] [0] []
    - https://pypi.python.org [301] [122] [301 Moved Permanently]
    - https://hacktoberfest.es.python.org [200] [26472] [HacktoberfestES | Octubre
2020]
    - https://community.uk.python.org [200] [8838] [UK Python Association]
    - https://chat.uk.python.org [404] [146] [404 Not Found]
    - https://peps.python.org [200] [325940] [PEP 0 - Index of Python Enhancement
Proposals (PEPs) | peps.python.org]
    - https://comunidades.es.python.org [200] [3781] [Comunidades PythonES PoC]
    - https://policies.python.org [200] [24217] [About - Python Software
Foundation Policies]
    - https://pl.python.org [200] [3624] [Python w Polsce]
    - https://hg.es.python.org [200] [3373] [Mercurial repositories index]
    - https://membership.uk.python.org [404] [1710] [App Not Found]
    - https://mail.python.org [302] [306] [302 Found]
    - https://documentos-asociacion.es.python.org [200] [17476] [Documentación de
la Asociación Python España — Documentación de la Asociación Python España]
    - https://testpypi.python.org [301] [122] [301 Moved Permanently]
    - https://blog.python.org [200] [126760] [Python Insider]
    - https://openbadges.es.python.org [200] [6421] [index | OpenBadges de Python
España]
    - https://lists.es.python.org [302] [220] [302 Found]
    - https://calendario.es.python.org [200] [17895] [Eventos Python en España |
Eventos Python en España]
    - https://warehouse.python.org [301] [122] [301 Moved Permanently]
    - http://blog-pt.python.org [200] [62900] [Python Insider PT]
    - https://pycon-archive.python.org [200] [3109] [PyCon Historical Archive |
pycon-archive]
    - https://www.es.python.org [301] [162] [301 Moved Permanently]
    - https://typing.python.org [302] [0] []
    - http://blog-ko.python.org [200] [72580] [Python Insider KO]
    - http://blog-tw.python.org [404] [1557] [Error 404 (Not Found)!!1]
    - https://hg.python.org [503] [108] []
    - https://africa.python.org [502] [157] [502 Bad Gateway]
    - https://console.python.org [403] [94] []
    - https://www.python.org [200] [51028] [Welcome to Python.org]
    - https://ukpatl.uk.python.org [200] [4163] [UKPA Trading Ltd. | UKPA Trading
Ltd. is a limited company (12254310) registered in England and Wales.]
    - http://blog-fr.python.org [200] [15633] [Python Insider FR]
    - http://blog-ja.python.org [200] [60048] [Python Insider JA]
    - https://education.python.org [200] [5187] [Python in Education]
    - https://jobs.python.org [301] [162] [301 Moved Permanently]
    - http://blog-es.python.org [200] [74521] [Python Insider ES]
    - https://cheeseshop.python.org [301] [162] [301 Moved Permanently]
    - http://blog-ru.python.org [200] [73287] [Python Insider RU]
    - http://blog-cn.python.org [200] [74576] [Python Insider CN]
    - https://legacy.python.org [200] [20679] [Python Programming Language -
Legacy Website]
    - https://packages.python.org [301] [162] [301 Moved Permanently]
    - http://blog-ro.python.org [200] [28674] [Python Insider RO]
```

```
    - https://planet.python.org [301] [162] [301 Moved Permanently]
    - https://discuss.python.org [200] [24108] [Discussions on Python.org]
    - https://buildbot.python.org [200] [2351] [Buildbot]
    - https://status.python.org [200] [369043] [Python Infrastructure Status]
    - https://svn.python.org [200] [389] [Collection of Repositories]
    - https://test.python.org [200] [51094] [Welcome to Python.org]
    - https://speed.python.org [200] [1993] []
    - http://blog-de.python.org [200] [78755] [Python Insider DE]
    - https://wiki.python.org [200] [2993] [Python Software Foundation Wiki
Server]
    - https://uk.python.org [200] [5425] [The UK Python Association | The UK
Python Association is a Charitable Incorporated Organisation (Registered Charity
1173471) registered in England and Wales.]
    - https://bugs.python.org [200] [42611] []
```

6.4.19   OBTENER SUBDOMINIOS CON NMAP

Nmap ha sido durante años la herramienta open source más utilizada para
el descubrimiento de equipos en redes e identificación de puertos y servicios en
sistemas operativos. Con la integración del módulo **Nmap Scripting Engine (NSE)**,
las funcionalidades de Nmap se han ampliado permitiendo también la detección y
explotación de vulnerabilidades a través de scripts escritos en Lua https://www.lua.org/.
En este punto, Nmap dispone de un script llamado **dns-brute** https://nmap.org/nsedoc/
scripts/dns-brute.html para la obtención de subdominios.

```
$ nmap --script dns-brute scanme.nmap.org
Starting Nmap 7.92 ( https://nmap.org ) at 2025-02-10 17:58 CET
Nmap scan report for scanme.nmap.org (45.33.32.156)
Host is up (0.17s latency).
Other addresses for scanme.nmap.org (not scanned):
2600:3c01::f03c:91ff:fe18:bb2f
Not shown: 996 closed tcp ports (conn-refused)
PORT       STATE SERVICE
22/tcp     open  ssh
80/tcp     open  http
9929/tcp   open  nping-echo
31337/tcp open  Elite

Host script results:
| dns-brute:
|   DNS Brute-force hostnames:
|     chat.nmap.org - 45.33.32.156
|     chat.nmap.org - 2600:3c01::f03c:91ff:fe18:bb2f
|     *AAAA: 2600:3c01:e000:3e6::6d4e:7061
|_    *A: 50.116.1.184

Nmap done: 1 IP address (1 host up) scanned in 29.64 seconds
```

El script acepta una serie de parámetros como el dominio a analizar y número de threads (hilos de ejecución):

```
$ sudo nmap --script dns-brute --script-args dns-brute.domain=python.org,dns-
brute.threads=6 -sS -p 80

Starting Nmap 7.92 ( https://nmap.org ) at 2025-02-10 18:02 CET
Pre-scan script results:
| dns-brute:
|   DNS Brute-force hostnames:
|     mail.python.org - 188.166.95.178
|     mail.python.org - 2a03:b0c0:2:d0::71:1
|     wiki.python.org - 159.89.245.108
|     wiki.python.org - 167.99.21.118
|     wiki.python.org - 2604:a880:800:10::92a:1001
|     wiki.python.org - 2604:a880:800:10::f7d:7001
|     www.python.org - 151.101.132.223
|     www.python.org - 2a04:4e42:200::223
|     www.python.org - 2a04:4e42:400::223
|     www.python.org - 2a04:4e42:600::223
|     www.python.org - 2a04:4e42::223
|     blog.python.org - 151.101.132.223
|     blog.python.org - 2a04:4e42:200::223
|     blog.python.org - 2a04:4e42:400::223
|     blog.python.org - 2a04:4e42:600::223
|     blog.python.org - 2a04:4e42::223
|     svn.python.org - 159.89.245.108
|     svn.python.org - 167.99.21.118
|     test.python.org - 151.101.132.223
|     test.python.org - 2a04:4e42:200::223
|     test.python.org - 2a04:4e42:400::223
|     test.python.org - 2a04:4e42:600::223
|_    test.python.org - 2a04:4e42::223
```

6.4.20   OBTENER DOMINIOS DE PHISHING

Dnstwist https://github.com/0xbharath/dnstwist es una herramienta que permite realizar combinaciones para un determinado nombre de dominio con el objetivo de detectar urls de phishing. La herramienta genera una lista de posibles dominios de phishing para verificar si están registrados. Además, puede probar si el servidor de nombres se puede usar para interceptar correos electrónicos corporativos que puedan suponer un ataque de phishing. Para ejecutarlo, disponemos de una imagen en el repositorio de Docker Hub https://hub.docker.com/r/elceef/dnstwist.

```
$ docker run elceef/dnstwist --help
dnstwist 20240812 by <marcin@ulikowski.pl>

usage: ./dnstwist.py [OPTION]... DOMAIN

Domain name permutation engine for detecting homograph phishing attacks,
typosquatting, fraud and brand impersonation.
```

```
positional arguments:
  domain                        Domain name or URL to scan

options:
  -a, --all                     Print all DNS records instead of the first ones
  -b, --banners                 Determine HTTP and SMTP service banners
  -d FILE, --dictionary FILE    Generate more domains using dictionary FILE
  -f FORMAT, --format FORMAT    Output format: cli, csv, json, list (default:
                                cli)
  --fuzzers LIST                Use only selected fuzzing algorithms (separated
                                with commas)
  -g, --geoip                   Lookup for GeoIP location
  --lsh [LSH]                   Evaluate web page similarity with LSH algorithm:
                                ssdeep, tlsh (default: ssdeep)
  --lsh-url URL                 Override URL to fetch the original web page from
  -m, --mxcheck                 Check if MX host can be used to intercept emails
  -o FILE, --output FILE        Save output to FILE
  -r, --registered              Show only registered domain names
  -u, --unregistered            Show only unregistered domain names
  -p, --phash                   Render web pages and evaluate visual similarity
  --phash-url URL               Override URL to render the original web page
                                from
  --screenshots DIR             Save web page screenshots into DIR
  -t NUM, --threads NUM         Start specified NUM of threads (default: 8)
  -w, --whois                   Lookup WHOIS database for creation date and
                                registrar
  --tld FILE                    Swap TLD for the original domain from FILE
  --nameservers LIST            DNS or DoH servers to query (separated with
                                commas)
  --useragent STRING            Set User-Agent STRING (default: Mozilla/5.0
                                (linux 64-bit) dnstwist/20240812)
```

La herramienta utiliza el concepto de hashes difusos que implica la capacidad de comparar dos entradas y determinar un nivel de similitud. Para cada dominio generado, la herramienta obtiene el contenido html del servidor HTTP que responde y compara su hash con el del dominio original.

```
$ docker run elceef/dnstwist amazon.com                    ✓  10s      base
*original        amazon.com       205.251.242.103 NS:ns1.amzndns.co.uk MX:amazon-
smtp.amazon.com
addition         amazon9.com      139.129.182.250 NS:ns11.xincache.com
addition         amazon1.com      15.197.245.13 NS:ns1.amzndns.co.uk
addition         amazon2.com      15.197.245.13 NS:ns1.amzndns.co.uk
addition         amazonb.com      15.197.245.13 NS:ns1.amzndns.co.uk
addition         amazonc.com      15.197.245.13 NS:ns1.amzndns.co.uk
addition         amazonf.com      15.197.245.13 NS:ns1.amzndns.co.uk
addition         amazong.com      15.197.245.13 NS:ns1.amzndns.co.uk
addition         amazonh.com      15.197.245.13 NS:ns1.amzndns.co.uk
….
```

7

ANÁLISIS DE MALWARE Y CIBERINTELIGENCIA

7.1 INTRODUCCIÓN

La ciberseguridad es una disciplina en constante evolución, impulsada por la creciente sofisticación de los ciberataques. El análisis de malware y la ciberinteligencia son dos pilares fundamentales de la ciberseguridad. El análisis de malware se centra en el estudio de códigos maliciosos para comprender su funcionamiento, identificar sus objetivos y desarrollar medidas de protección. La ciberinteligencia, por su parte, va más allá del análisis individual de las amenazas, proporcionando un panorama general de la amenaza cibernética y permitiendo a las organizaciones tomar decisiones estratégicas para proteger sus activos.

7.2 OBTENER DOMINIOS Y DIRECCIONES IP DE MALWARE

Algunos links de proyectos que mantienen listas que pueden ser de utilidad para añadir a nuestro firewall o IDS ya que ofrecen tanto reglas de detección de malware como direcciones IP que pueden ser el origen de malware:

- **EmergingThreats** http://rules.emergingthreats.net: compañía dedicada a la investigación de ciberamenazas. Desde su web proporciona listas tanto comerciales como open source para la protección frente a amenazas.

Proofpoint Emerging Threats Rules

Please review the instructions for Pro and Open rule downloads.

Name	Last Modified	Size
📄 OPEN_download_instructions.html	2024-10-18T19:53:50Z	6.12 KB
📄 PRO_download_instructions.html	2024-10-18T19:54:03Z	6.38 KB
📁 blockrules/	2025-02-14T05:30:03Z	-
📁 changelogs/	2025-02-14T21:38:35Z	-
📁 fwrules/	2014-08-11T17:22:20Z	-
📁 open/	2025-02-14T21:35:09Z	-
📁 open-nogpl/	2025-02-14T21:35:10Z	-
📄 version.txt	2025-02-14T21:35:02Z	6 B

Figura 7.1. Servicio de EmergingThreats

► **Spamhaus** http://www.spamhaus.org: mantiene un gran número de bases de datos y listas como SBL (Spamhaus Block List), Exploits Block List (XBL), Policy Block List (PBL) y Domain Block List (DBL) que ayudan a detectar y prevenir amenazas. También mantiene un servicio https://check.spamhaus.org para comprobar si una dirección o nombre de dominio se encuentra en alguna de estas listas.

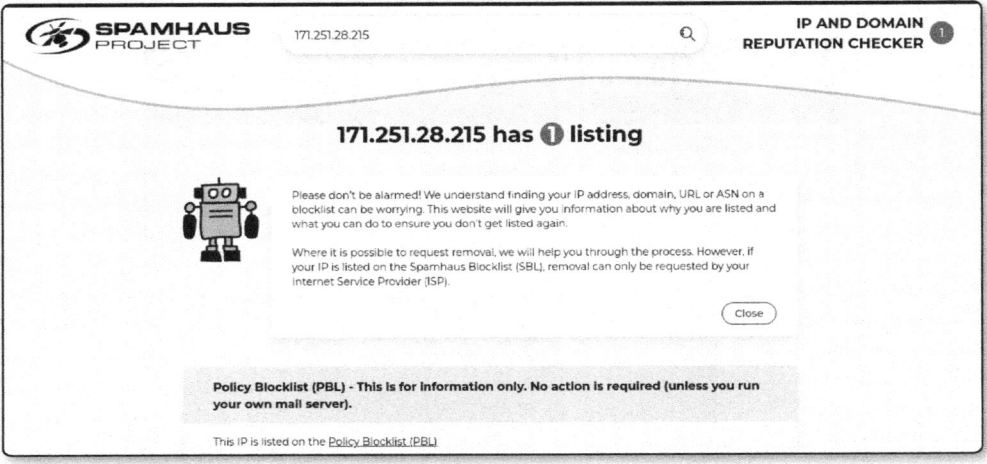

Figura 7.2. Servicio de SpamHaus para obtener información sobre una dirección IP

▶ **SANS ICS** https://isc.sans.edu/data/port.html: las listas de amenazas de SANS ICS rastrea dominios sospechosos. En un esfuerzo por identificarlos, así como los falsos positivos, han reunido listas ponderadas basadas en listas de rastreo y malware de diferentes fuentes.

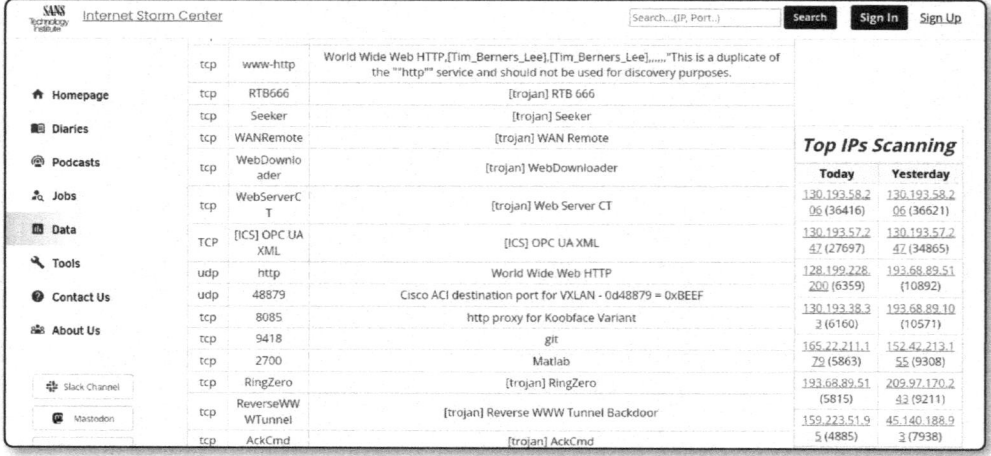

Figura 7.3. Servicio de SANS ICS

▶ **I-Blocklist** https://www.iblocklist.com/lists: servicio que mantiene varios tipos de listas que contienen direcciones IP pertenecientes a varias categorías. Algunas de estas categorías principales incluyen países, ISPs y organizaciones. Otras listas incluyen ataques web, TOR, spyware y proxies. Muchas son libres de uso y están disponibles en varios formatos.

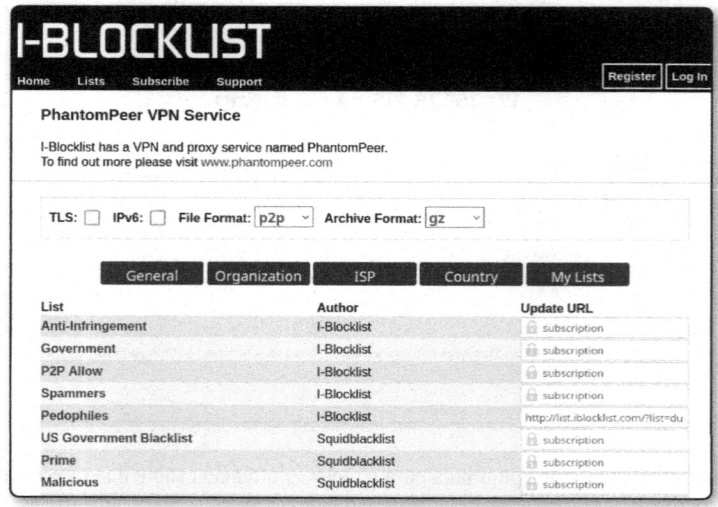

Figura 7.4. Servicio de I-BlockList

▸ https://multirbl.valli.org: servicio que se utiliza para verificar si una dirección IP o un dominio se encuentra en alguna lista negra. Estas listas negras son bases de datos que contienen direcciones IP o dominios que han sido identificados como fuentes de spam o correo electrónico no deseado.

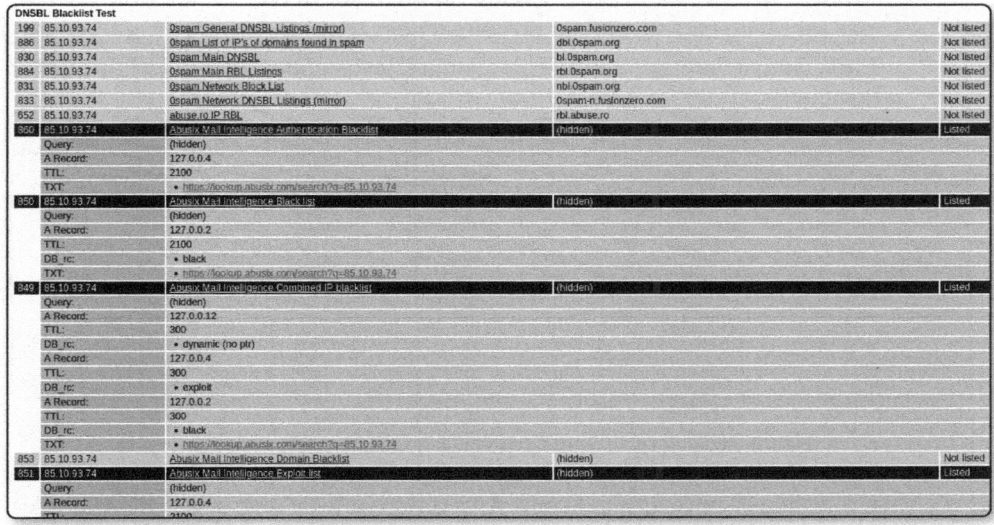

Figura 7.5. Servicio de https://multirbl.valli.org

7.3 SERVICIOS PARA COMPROBAR SI UNA URL ES MALICIOSA

Existen numerosos servicios en línea diseñados para evaluar la seguridad de las URLs. Estos servicios utilizan una variedad de técnicas, como el análisis de contenido, la verificación de certificados SSL y la comparación con bases de datos de sitios web maliciosos, para determinar si un sitio es seguro o no. Al utilizar estos servicios, los usuarios pueden tomar decisiones más informadas sobre qué enlaces hacer clic y cuáles evitar.

▸ https://safeweb.norton.com. Norton Safe Web es una herramienta diseñada para proteger a los usuarios de internet al evaluar la seguridad de los sitios web que visitan. Funciona como una capa adicional de seguridad que te ayuda a navegar por la web de forma más segura.

- **Analiza sitios web**: examina los sitios web que visitas en busca de amenazas como virus, spyware, malware y sitios de phishing.

- **Asigna calificaciones de seguridad**: cada sitio web recibe una calificación de seguridad basada en el análisis realizado. Estas calificaciones te ayudan a identificar rápidamente los sitios seguros y los que pueden ser peligrosos.

- **Protección contra phishing**: te alerta sobre sitios web que intentan robar tu información personal o financiera y se hacen pasar por sitios web legítimos.
- **Protección para banca en línea**: ofrece protección adicional cuando realizas transacciones bancarias en línea.
- **Análisis del sistema de prevención de intrusiones (IPS)**: realiza un análisis más profundo para identificar posibles amenazas.
- **Link Guard:** protege contra enlaces maliciosos que pueden redirigir a sitios maliciosos.

Figura 7.6. Servicio de Norton para la detección de urls maliciosas

▶ URLVoid https://www.urlvoid.com. Analiza un sitio web a través de múltiples motores de blacklists (listas negras) y herramientas de reputación en línea para facilitar la detección de sitios web fraudulentos y maliciosos. Este servicio ayuda a identificar sitios web involucrados en incidentes de malware, actividades fraudulentas y sitios web de phishing.

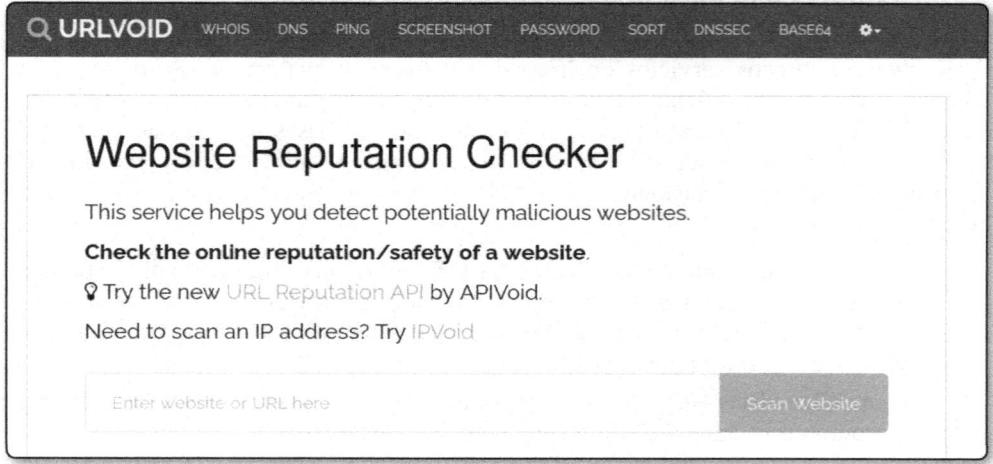

Figura 7.7. Servicio para comprobar la reputación de un sitio web

La herramienta internamente utiliza diferentes motores antimalware para detectar urls maliciosas:

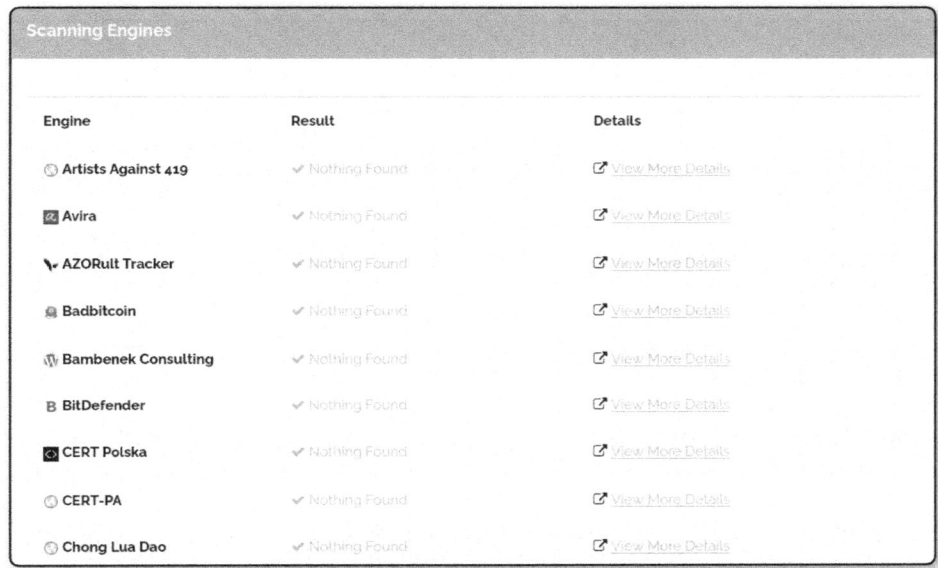

Figura 7.8. Motores antimalware que utiliza la herramienta para detectar urls maliciosas

▶ https://global.sitesafety.trendmicro.com. Analiza un sitio web a partir de las puntuaciones que se asignan en función de factores como la antigüedad de un sitio web, las ubicaciones históricas, los cambios y los indicios de actividades sospechosas descubiertos mediante el análisis del comportamiento del malware.

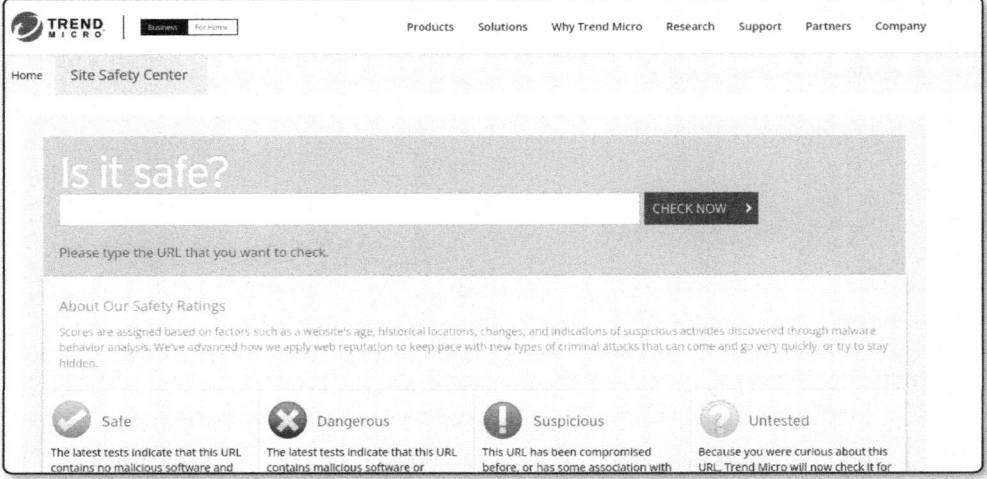

Figura 7.9. Servicio de Trend Micro para comprobar la reputación de un sitio web

▶ https://zulu.zscaler.com. Analiza un sitio web a partir de la comprobación de urls externas.

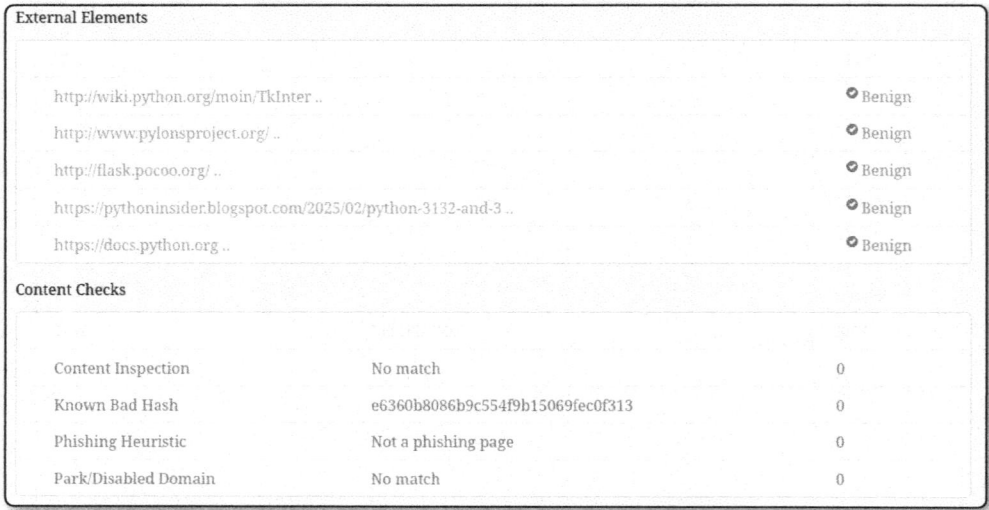

Figura 7.10. Servicio de ZScaler para comprobar la reputación de un sitio web

▶ https://sitecheck.sucuri.net. Analiza un sitio web en busca de malware conocido, virus, presencia en listas negras, errores del sitio web, software desactualizado y código malicioso.

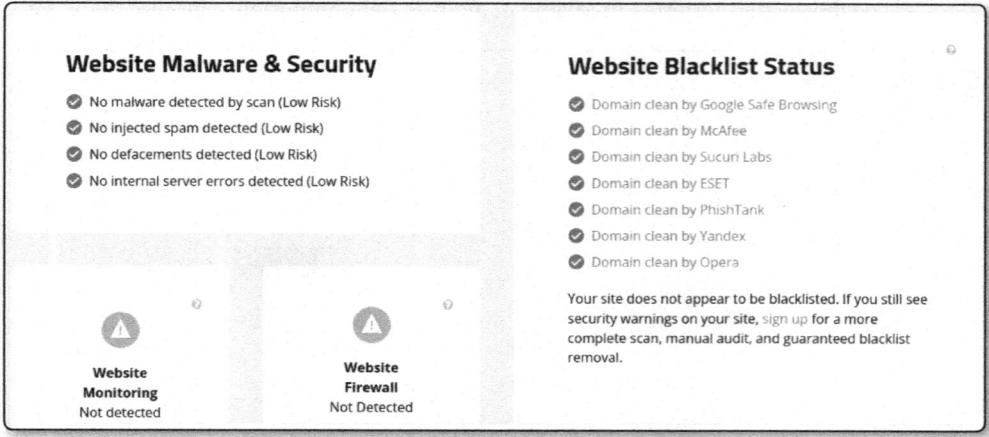

Figura 7.11. Servicio de Sucuri para comprobar la reputación de un sitio web

Los siguientes servicios permiten obtener aquellos dominios, direcciones IP sospechosas en búsqueda de malware, phishing, spam y amenazas en general.

▼ https://honeydb.io/#threats. Analiza direcciones IP en busca de presencia en listas negras.

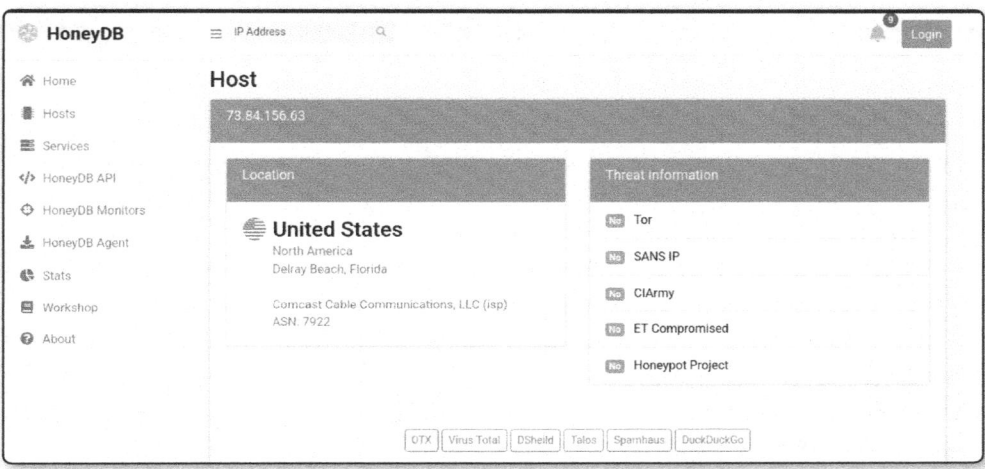

Figura 7.12. Servicio de Honey DB para comprobar la reputación de una dirección IP

▼ https://www.malwareurl.com/listing-urls.php. Analiza urls en busca de presencia en listas negras.

Figura 7.13. Servicio de Malware para comprobar la reputación de una URL

- https://cybercrime-tracker.net. Lista de dominios identificados con el cibercrimen.
- PhishTank https://www.phishtank.com/phish_archive.php devuelve una lista de URLs de phishing sospechosas.

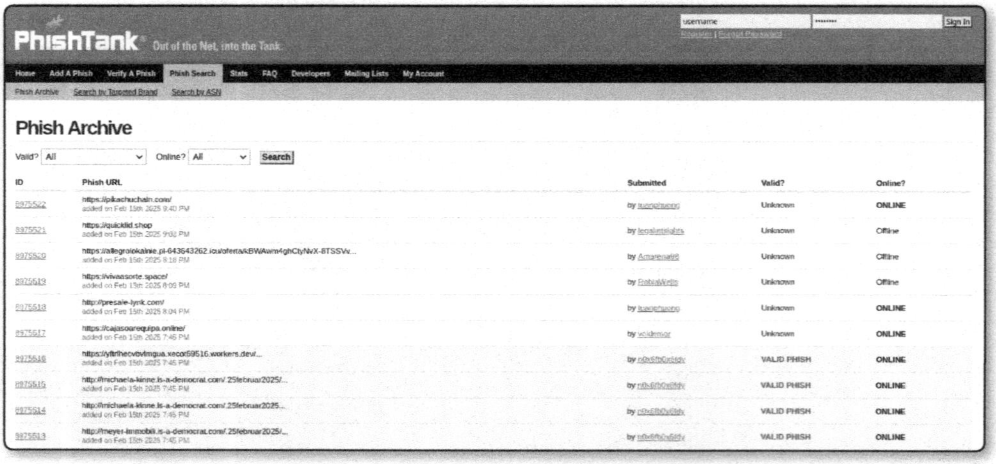

Figura 7.14. Servicio de PhishTank para la detección de dominios de phishing

- **ProjectHoneyPot** https://www.projecthoneypot.org/list_of_ips.php devuelve una lista de IPs que son origen de spam.

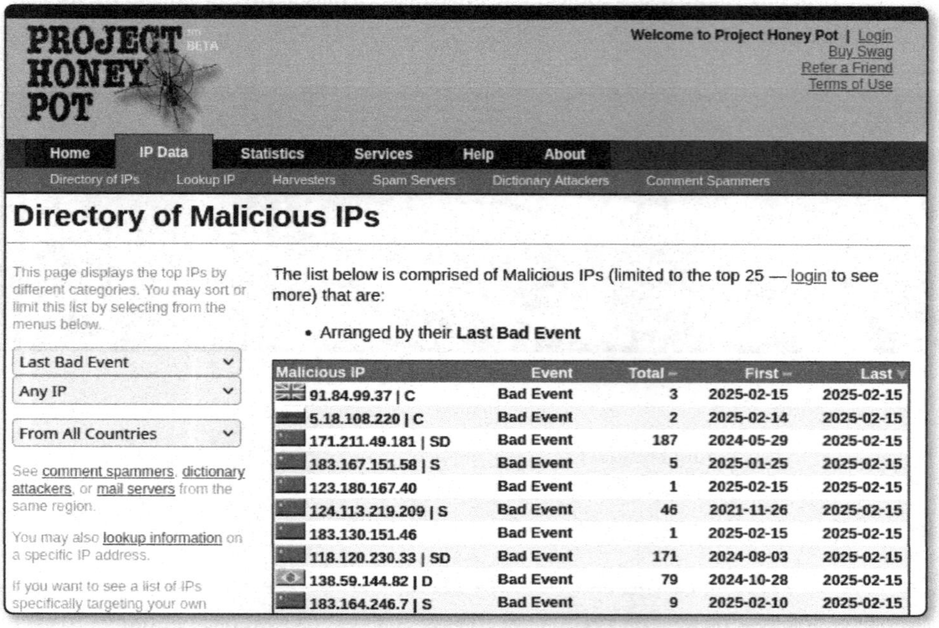

Figura 7.15. Servicio para la detección de direcciones IP maliciosas

7.4 OBTENER MUESTRAS DE MALWARE

Uno de los mayores obstáculos es encontrar sitios que tengan muestras de malware. Hay muchos repositorios de Github con muestras de malware, pero en su mayoría contiene malware muy conocido. Por supuesto, estos sitios están bien para un primer análisis, pero si el objetivo es encontrar muestras nuevas, es necesario recurrir a otros recursos. Por ejemplo, el servicio http://www.malware-traffic-analysis.net ofrece la posibilidad de descargar ficheros pcap de capturas de red que contienen muestras de malware y ransomware.

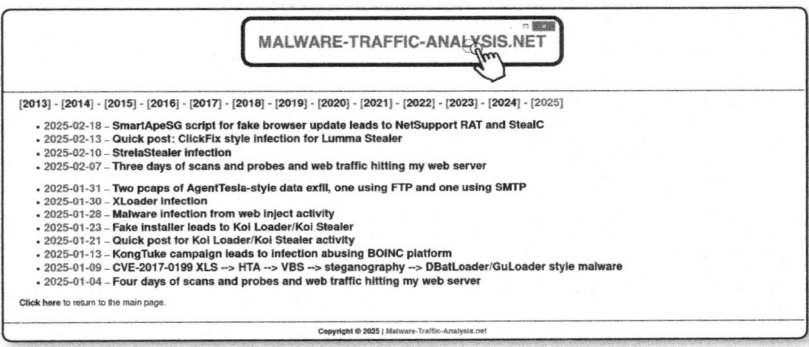

Figura 7.16. Servicio para obtener muestras de malware

7.4.1 PROYECTO MALSHARE

El proyecto MalShare http://www.malshare.com es un repositorio público de malware que ofrece a los investigadores acceso gratuito a las muestras de malware subidas por otros usuarios para poder analizarlas en una máquina virtual.

SHA256 Hash	File type	Added	Source	Yara Hits
f4dee15f6dd3a82d15c3ecc593f9d08e84a1d3a9cefb3e175d2c9dbdaf16b3b2	PE32	2025-01-22 14:26:57 UTC	User Submission	YRP\contents_base64 YRP\domain YRP\gem [+]
d74fc9b78725e2680a863c2d8c61d823e93a5a85d93919e4edc2bac124db293b6	PE32	2025-01-22 14:26:53 UTC	User Submission	YRP\contents_base64 YRP\domain YRP\gif_bitmap [+]
d84500bfb12c911e497e50c83522079409e95474780d96215e0958004cdd966a	PE32	2025-01-22 14:26:49 UTC	User Submission	YRP\contents_base64 YRP\domain YRP\Str_Win32_Winsock2_Library [+]
68da156f06e331f2ce9866dbdd728eecd8cbf0e1df6f6b742a63b1e1fc76c0dc	PE32	2025-01-22 14:26:44 UTC	User Submission	YRP\CRC32_poly_Constant YRP\CRC32_table YRP\contents_base64 [+]
e09abf3289577fe7e8db92d9f8ff5002614ed2e265e655a65e316260fca02e69	PE32	2025-01-22 14:26:38 UTC	User Submission	YRP\maldoc_getEIP_method_1 YRP\contents_base64 YRP\domain [+]
723a1368647b68b6c75b650c7a2ba7941d7eadb26d9f5	PE32	2025-01-22 14:26:33 UTC	User Submission	YRP\CRC32_poly_Constant YRP\Delphi_CompareCall YRP\Delphi_Copy [+]

Figura 7.17. Servicio para obtener muestras de malware

Podemos también acceder al detalle del malware como obtener los hashes, etiquetas y realizar una previsualización del análisis llevado a cabo en Virus Total.

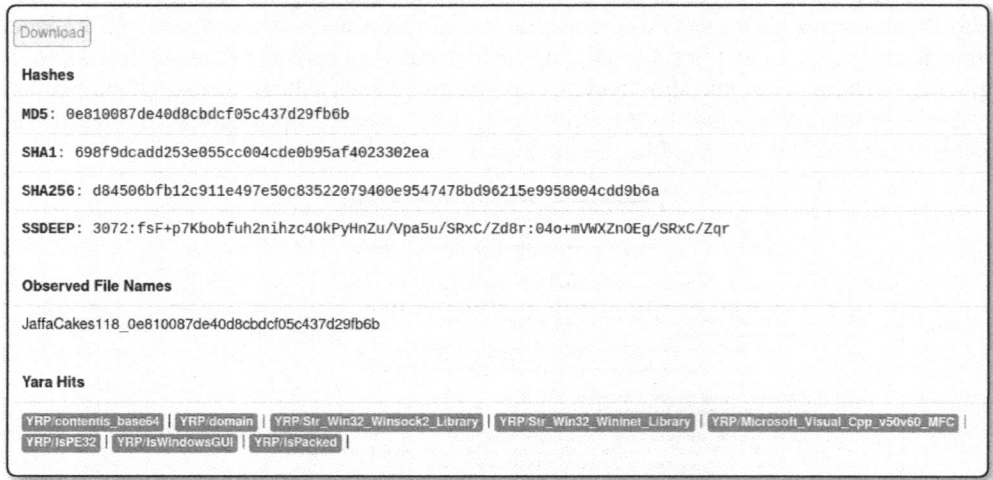

Figura 7.18. Hashes y etiquetas asociadas al malware

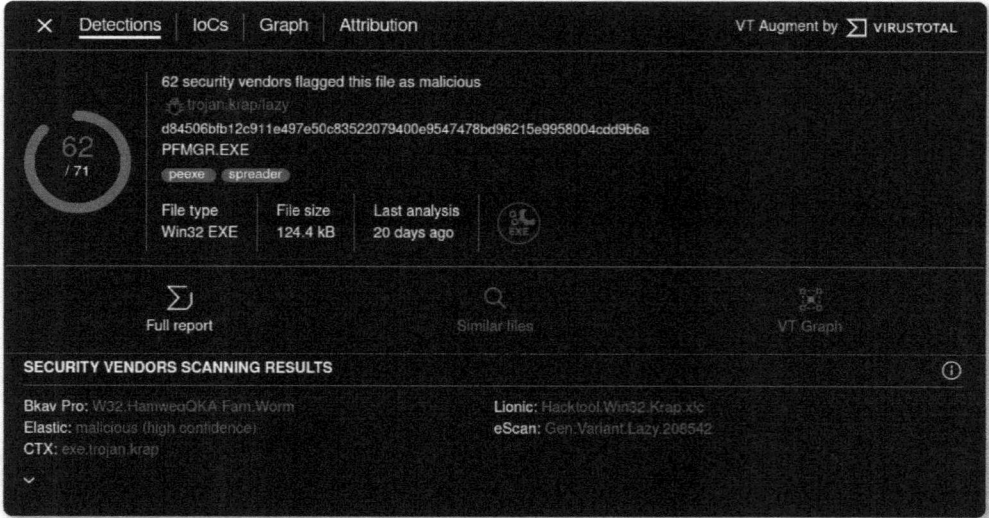

Figura 7.19. Análisis del malware en Virus Total

También ofrece un API sobre la cual realizar consultas sobre hashes y ficheros de muestra subidos en las últimas 24h http://www.malshare.com/doc.php

API Endpoints

Request Type	URL Path	Description	Output Format
GET	/api.php?api_key=[API_KEY]& action=getlist	List hashes from the past 24 hours	JSON
GET	/api.php?api_key=[API_KEY]& action=getlistraw	List hashes from the past 24 hours	Raw Text List
GET	/api.php?api_key=[API_KEY]& action=getsources	List of sample sources from the past 24 hours	JSON
GET	/api.php?api_key=[API_KEY]& action=getsourcesraw	List of sample sources from the past 24 hours	Raw Text List
GET	/api.php?api_key=[API_KEY]& action=getfile&hash=[HASH]	Download File	Raw data
GET	/api.php?api_key=[API_KEY]& action=details&hash=[HASH]	GET stored file details	JSON
POST	/api.php?api_key=[API_KEY]& action=hashlookup	Supply an array of hex-encoded hashes in a POST field named hashes.	JSON
GET	/api.php?api_key=[API_KEY]& action=type&type=[FILE TYPE]	List MD5/SHA1/SHA256 hashes of a specific type from the past 24 hours	JSON

Figura 7.20. Endpoints ofrecidos por la API

7.5 METADEFENDER CLOUD THREAT INTELLIGENCE

Metadefender Cloud Threat Intelligence https://metadefender.opswat.com/ es un proyecto que contiene nuevas firmas hash de malware, incluidas firmas MD5, SHA1 y SHA256, incluidos hashes detectados por Meta Defender en las últimas 24 horas. Los feeds se actualizan diariamente con el malware detectado y reportado para proporcionar inteligencia de amenazas. Se trata de una plataforma integral diseñada para mejorar la ciberseguridad a través de capacidades avanzadas de análisis de amenazas. Las principales **características** son:

▸ **Análisis con múltiples motores anti-malware**: utiliza más de 30 motores anti-malware para escanear archivos, proporcionando tasas de detección superiores en comparación con las soluciones de un solo motor.

▸ **Detección de amenazas desconocidas**: emplea tecnologías de análisis heurístico y de comportamiento para identificar amenazas de día cero y malware polimórfico.

▸ **Desinfección y reconstrucción de archivos:** limpia y reconstruye archivos para eliminar amenazas potenciales mientras se mantiene la funcionalidad del archivo.

▸ **Búsqueda de Hash y análisis de URLs:** permite a los usuarios buscar hashes de archivos y analizar URLs para determinar su reputación y posibles riesgos.

- **Integración de API**: se integra fácilmente con otras aplicaciones y flujos de trabajo a través de API, lo que permite la automatización de los procesos de seguridad.
- **Informes detallados:** proporciona informes completos sobre los resultados del análisis, incluidas las detecciones de malware, las vulnerabilidades y otra información relevante.

La herramienta nos ofrece la posibilidad de analizar un archivo y obtener una puntuación junto con las detecciones que ha realizado que pueden ser indicadores de malware.

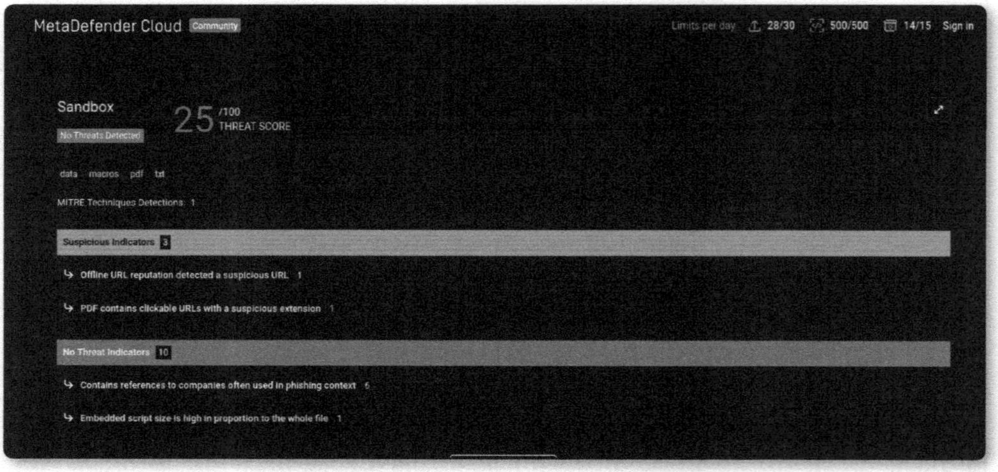

Figura 7.21. Puntuación obtenida al realizar un análisis de un fichero

Una característica interesante que ofrece es la capacidad de eliminar elementos maliciosos de un fichero y realizar la reconstrucción del fichero sin dichos elementos.

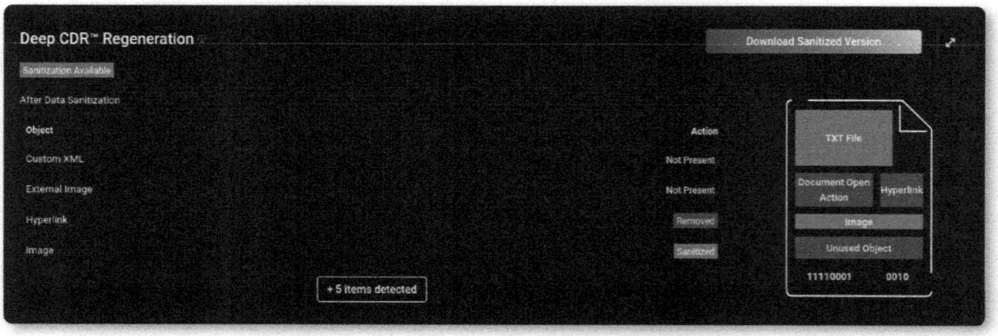

Figura 7.22. Reconstrucción de un fichero eliminando elementos maliciosos del mismo

7.6 SERVICIOS DE DETECCIÓN DE RANSOMWARE

El ransomware se ha convertido en una amenaza cibernética frecuente, capaz de paralizar operaciones y comprometer datos críticos. Ante este panorama, los servicios de detección de ransomware emergen como una línea de defensa esencial. Estos servicios emplean diversas técnicas, desde el análisis de comportamiento hasta la detección de firmas y el aprendizaje automático, para identificar y neutralizar estas amenazas antes de que puedan causar daños irreparables.

Además, iniciativas como ID Ransomware https://id-ransomware.malwarehunterteam.com/ y No More Ransom https://www.nomoreransom.org ofrecen herramientas gratuitas y orientación para ayudar a las víctimas a recuperar el control de sus datos sin ceder a las demandas de los ciberdelincuentes. Además de estos servicios gratuitos, muchas empresas de ciberseguridad ofrecen servicios de detección de ransomware. Estos servicios suelen incluir:

- ▶ **Análisis de comportamiento**: supervisar los sistemas en busca de actividades sospechosas que puedan indicar un ataque de ransomware.

- ▶ **Detección de firmas**: buscar firmas de ransomware conocidas en archivos y sistemas.

- ▶ **Aprendizaje automático:** utilizar algoritmos de aprendizaje automático para identificar nuevas cepas de ransomware.

Algunas **recomendaciones** en el caso de que hayamos sido víctimas de un ransomware:

- ▶ Si ha sido víctima de un ataque de ransomware, no pague el rescate. Hay muchas posibilidades de que no recupere sus archivos y que esté financiando a los ciberdelincuentes.

- ▶ Utilizar ID Ransomware para identificar el tipo de ransomware que ha cifrado sus archivos.

- ▶ Visite el sitio web de No More Ransom para ver si hay una herramienta de descifrado disponible para su cepa de ransomware.

- ▶ Considere la posibilidad de utilizar un servicio de detección de ransomware para proteger sus sistemas de futuros ataques.

7.6.1 ID RANSOMWARE

ID Ransomware es un servicio gratuito en línea que ayuda a las víctimas de ransomware a identificar qué tipo de ransomware ha cifrado sus archivos. Los usuarios pueden cargar un archivo cifrado o una nota de rescate, y ID Ransomware utiliza algoritmos avanzados para analizar el archivo y determinar el tipo de ransomware.

Figura 7.23. Servicio para detectar el tipo de ransomware

7.6.2 NOMORERANSOM

Se trata de un servicio https://www.nomoreransom.org que nos proporciona una serie de guías para determinar si hemos sido afectados por un ransomware y cómo podemos actuar en el caso de que hayamos sido víctimas de un cifrado. Además, nos proporciona una herramienta online para identificar el tipo de ransomware a partir de la subida de una muestra de un archivo cifrado.

A continuación, analizamos los diferentes tipos de ransomware que actúan a día de hoy, afectando casi cualquier dispositivo personal que podamos tener a mano:

- **Ransomware de cifrado:** altera y bloquea archivos en base a extensiones predefinidas en su código. Ejemplos: Cryptolocker, Petya, CryptXXX.

- **Ransomware de bloqueo:** intenta aparentar un bloqueo completo, limitándose a bloquearnos el acceso a nuestras aplicaciones mientras el equipo está encendido, bloqueando procesos de Windows, antivirus, etc. Sin embargo, este tipo no cifra los documentos. Ejemplos: WinLocker y el ya viejo «virus de la policía».

- **Ransomware de MBR:** el Master Boot Record o registro de arranque maestro permite que el sistema operativo instalado pueda arrancar. Algunas muestras de este malware cifran el sector de arranque del disco en lugar de hacerlo con los archivos, por lo que se pueden recuperar normalmente con herramientas forenses.

▼ **Ransomware mobile**: desde hace ya tiempo los móviles pueden infectarse por medio de descargas dirigidas desde aplicaciones -aparentemente útiles- que pretenden ser lo que no son. Es importante mantener el teléfono actualizado y con un antimalware activo.

▼ **Enfocado a servidores web:** cada vez más, existen muestras que van dirigidas a infectar servidores web, aprovechando vulnerabilidades conocidas y no parcheadas. La web en cuestión quedará inutilizable o incluso podría llegar a infectar a usuarios visitantes.

Figura 7.24. Mensaje obtenido que nos dice que nuestro sistema ha sido infectado

Un servicio interesante que nos podría ayudar a obtener el tipo de ransomware que nos ha infectado y encontrar una herramienta de descifrado es el de **Crypto Sheriff.**

▼ https://www.nomoreransom.org/crypto-sheriff.php.

7.7 SERVICIOS DE BUSCADORES DE EXPLOITS

Los servicios de búsqueda de exploits, como Sploitus https://sploitus.com son herramientas valiosas para los profesionales de la ciberseguridad. Permiten a los usuarios buscar exploits conocidos para vulnerabilidades específicas, lo que puede ser útil para las pruebas de pentesting, la investigación de vulnerabilidades y la respuesta a incidentes. Entre las principales **características** de los servicios de búsqueda de exploits podemos destacar:

- ► **Base de datos completa:** los servicios de búsqueda de exploits suelen mantener grandes bases de datos de exploits conocidos, que se actualizan periódicamente con nueva información.

- ► **Funcionalidad de búsqueda:** los usuarios pueden buscar exploits por CVE, CWE, plataforma, tipo de vulnerabilidad y otras palabras clave.

- ► **Información detallada sobre exploits:** los resultados de la búsqueda suelen incluir información detallada sobre cada exploit, como el tipo de vulnerabilidad que explota, las plataformas a las que se dirige y el código de exploit.

- ► **Interfaz fácil de usar:** los servicios de búsqueda de exploits suelen tener interfaces fáciles de usar que facilitan la búsqueda y el acceso a la información sobre exploits.

El detalle del exploit nos muestra una interfaz que nos permite acceder al código fuente y cómo podemos ejecutarlo.

Figura 7.25. Detalle del exploit

```
## https://sploitus.com/exploit?id=EA62BC87-B22F-5D5F-9741-A6C43A64242F
[![Python 3.x](https://img.shields.io/badge/python-3.x-yellow.svg)](https://www.
python.org/)
```

```
# CVE-2025-24016
An unsafe deserialization vulnerability in Wazuh servers allows remote code
execution through unsanitized dictionary injection in DAPI requests/responses.
This issue arises from the way DistributedAPI parameters are serialized as JSON
and then deserialized using the as_wazuh_object function in framework/wazuh/
core/cluster/common.py.

If an attacker injects an unsanitized dictionary into a DAPI request or
response, they can craft an unhandled exception (__unhandled_exc__), allowing
arbitrary Python code execution.

# Screenshot
![cve-2025-24016](https://github.com/aratane/CVE-2025-24016/blob/main/wazuhrce.
png)

| :exclamation:  **Disclaimer**  |
|--------------------------------|
| This project is primarily built to be used as a standalone CLI tool. **Running
this exploit as a service may pose security risks.** It's recommended to use
with caution and additional security measures. DWYOR |

# Installation
```
```
git clone https://github.com/0xjessie21/CVE-2025-24016.git
cd CVE-2025-24016/
pip install -r requirements.txt
```
```

# Usage
```sh
python3 CVE-2025-24016.py -h
```
<details>
  <summary>Expand full help flags</summary>

This will display help for the tool. Here are all the switches it supports.
```yaml
Usage:
  python3 CVE-2025-24016.py [flags]

options:
  -h, --help             show this help message and exit
  -u URL, --url URL      Target URL (ex: https://<worker-server>:55000/security/
user/authenticate/run_as)
  -i IP, --ip IP         Local host for reverse shell connection
  -p PORT, --port PORT   Local port for reverse shell connection
```
</details>

Credits

- [Aiman Al-Fatih](https://github.com/pondoksiber)
- [Cahyo Ramdhani](https://github.com/danarseno)
- [Michael Sanji](https://github.com/aratane)
```

```
<br>

## Contributors
<p align="left">
<a href="https://github.com/aratane"><img src="http://avatars.githubusercontent.
com/u/76691705?v=4" width="50" height="50" alt="" style="max-width: 100%;"></a>
</p>
```

Entre los principales **casos de uso** de los servicios de búsqueda de exploits tenemos:

► **Pruebas de pentesting:** los analistas pueden utilizar los servicios de búsqueda de exploits para encontrar exploits para vulnerabilidades conocidas en los sistemas de destino.

► **Investigación de vulnerabilidades:** los investigadores de vulnerabilidades pueden utilizar los servicios de búsqueda de exploits para encontrar exploits para nuevas vulnerabilidades.

► **Respuesta a incidentes**: los equipos de respuesta a incidentes pueden utilizar los servicios de búsqueda de exploits para encontrar exploits que se estén utilizando en ataques activos.

7.8 HERRAMIENTAS PARA AUTOMATIZAR LA DETECCIÓN DE AMENAZAS

En el panorama actual de la ciberseguridad, donde las amenazas evolucionan a una velocidad vertiginosa, la automatización se ha convertido en un pilar fundamental para la detección y respuesta a incidentes. Las herramientas de automatización permiten a los equipos de seguridad procesar grandes volúmenes de datos, identificar patrones sospechosos y responder a las amenazas en tiempo real, superando las limitaciones de los procesos manuales. Desde la orquestación de la seguridad hasta el análisis de comportamiento impulsado por IA, estas herramientas están transformando la forma en que las organizaciones protegen sus activos digitales, permitiendo una detección más rápida y precisa de las amenazas y una reducción significativa en el tiempo de respuesta.

7.8.1 HARPOON

Harpoon https://github.com/Te-k/harpoon es una herramienta para automatizar inteligencia de amenazas y tareas de inteligencia de código abierto. Está desarrollada en Python 3 y organizada en complementos, por lo que la idea es tener un complemento por plataforma o tarea. Si tenemos python3 instalado podríamos ejecutar los comandos:

```
$ git clone https://github.com/Te-k/harpoon.git
$ cd harpoon
$ pip3 install -r requirements.txt
$ pip3 install .
```

Principales características:

▼ **Soporte a plataformas de Threat Intelligence:** Total de Virus, Total Passive, AlienVault OTX, Shodan, Censys, RobTex, ThreatGrid, GreyNoise, TotalHash, MISP, MalShare.

▼ **Información de red**: los comandos ip, dns y asn proporcionan información básica sobre un IP, dominio o número de ASN (ubicación y resoluciones de dns).

▼ **Redes sociales:** al investigar en plataformas de redes sociales es posible guardar toda la información de una cuenta.

Para la ejecución del script lo primero es ver las opciones que ofrece:

```
$ harpoon -h

usage: harpoon [-h]
               {asn,binaryedge,cache,censys,certspotter,circl,config,crtsh,cybe
rcure,dns,dnsdb,email,fullcontact,github,googl,greynoise,help,hibp,hunter,hybr
id,intel,ip,ipinfo,koodous,malshare,misp,numverify,opencage,otx,permacc,pgp,pt,p
ulsedive,quad9,robtex,safebrowsing,save,screenshot,securitytrails,shodan,spyonwe
b,subdomains,telegram,threatcrowd,threatgrid,threatminer,tor,totalhash,twitter,u
mbrella,update,urlhaus,urlscan,vt,xforce,zetalytics}
               ...

positional arguments:
  {asn,binaryedge,cache,censys,certspotter,circl,config,crtsh,cybercure,dns,dnsdb
,email,fullcontact,github,googl,greynoise,help,hibp,hunter,hybrid,intel,ip,ipinf
o,koodous,malshare,misp,numverify,opencage,otx,permacc,pgp,pt,pulsedive,quad9,ro
btex,safebrowsing,save,screenshot,securitytrails,shodan,spyonweb,subdomains,tele
gram,threatcrowd,threatgrid,threatminer,tor,totalhash,twitter,umbrella,update,ur
lhaus,urlscan,vt,xforce,zetalytics}

asn                     Gather information on an ASN
    binaryedge          Request BinaryEdge API
    cache               Requests webpage cache from different sources
    censys              Request information from Censys database (https://
censys.io/)
    certspotter         Get certificates from https://sslmate.com/certspotter
    circl               Request the CIRCL passive DNS database
    config              Configure Harpoon
    crtsh               Search in https://crt.sh/ (Certificate Transparency
database)
    cybercure           Search cybercure.ai intelligence database for specific
indicators.
    dns                 Map DNS information for a domain or an IP
    dnsdb               Requests Farsight DNSDB
    email               Gather information on an email address
    fullcontact         Requests Full Contact API (https://www.fullcontact.com/)
    github              Request Github information through the API
    greynoise           Request information from GreyNoise API (pick Community
or Enterprise via api_type config)
    hashlookup          Request CIRCL Hash Lookup db
```

```
    help                Give help on an Harpoon command
    hibp                Request Have I Been Pwned API (https://haveibeenpwned.
com/)
    hunter              Request hunter.io information through the API
    hybrid              Requests Hybrid Analysis platform
    intel               Gather information on a domain
    ip                  Gather information on an IP address
    ipinfo              Request ipinfo.io information
    koodous             Request Koodous API
    malshare            Requests MalShare database
    misp                Get information from a MISP server through the API
    numverify           Query phone number information from NumVerify
    opencage            Forward/Reverse Geocoding using OpenCage
    otx                 Requests information from AlienVault OTX
    permacc             Request Perma.cc information through the API
    pgp                 Search for information in PGP key servers
    pt                  Requests Passive Total database
    pulsedive           Request PulseDive API
    quad9               Check if a domain is blocked by Quad9
    robtex              Search in Robtex API (https://www.robtex.com/api/)
    safebrowsing        Check if the given domain is in Google safe Browsing
list
    save                Save a webpage in cache platforms
    securitytrails      Requests SecurityTrails database
    shodan              Requests Shodan API
    spyonweb            Search in SpyOnWeb through the API
    subdomains          Research subdomains of a domain
    telegram            Request information from Telegram through the API
    threatcrowd         Request the ThreatCrowd API
    threatgrid          Request Threat Grid API
    threatminer         Requests TreatMiner database https://www.threatminer.
org/
    tor                 Check if an IP is a Tor exit node listed in the public
list
    totalhash           Request Total Hash API
    twitter             Requests Twitter API
    umbrella            Check if a domain is in Umbrella Top 1 million domains
    update              Update Harpoon data
    urlhaus             Request urlhaus.abuse.ch API
    urlscan             Search and submit urls to urlscan.io
    vt                  Request Virus Total API
    xforce              Query IBM Xforce Exchange API
    zetalytics          Search in Zetalytics database
```

7.9 COMPROBAR LA REPUTACIÓN DE UNA DIRECCIÓN IP

Durante la respuesta a incidentes o el análisis de malware, en ocasiones es necesario comprobar la reputación de un dominio, que puede darnos una pista si el dominio está asociado a alguna actividad maliciosa. La mejor estrategia en este punto es verificar múltiples fuentes ya que las estrategias para categorizar dominios difieren de un proveedor a otro. En este punto, la reputación normalmente va de la mano con la categorización del dominio que está determinada por el contenido que aloja el servidor.

La reputación de una dirección IP tiene en cuenta una amplia variedad de factores que incluyen, entre otros, informes de correo no deseado, entregas de carpetas de correo no deseado y destinatarios no válidos. Tenemos varios servicios que permiten comprobar la reputación de una dirección IP entre los que podemos destacar:

▼ http://www.ipvoid.com: IPVoid es un servicio en línea que proporciona una variedad de herramientas para analizar direcciones IP y dominios. Su objetivo principal es evaluar la reputación y la seguridad de las direcciones IP y los sitios web.

- **Verificación de listas negras de IP:** permite a los usuarios verificar si una dirección IP ha sido incluida en alguna lista negra de direcciones IP maliciosas. Esto es útil para determinar si una dirección IP se ha asociado con actividades como spam, ataques de malware u otras actividades maliciosas.

- **Búsqueda de información WHOIS**: proporciona información WHOIS sobre direcciones IP y dominios, lo que incluye detalles sobre el propietario, el registrador y otra información de registro.

- **Análisis de DNS:** ofrece herramientas para analizar registros DNS, lo que puede ayudar a los usuarios a obtener información sobre la infraestructura de un dominio y a identificar posibles problemas de configuración.

- **Geolocalización de IP:** permite a los usuarios determinar la ubicación geográfica asociada con una dirección IP.

- **Escaneo de puertos UDP**: permite a los usuarios escanear los puertos UDP de un servidor.

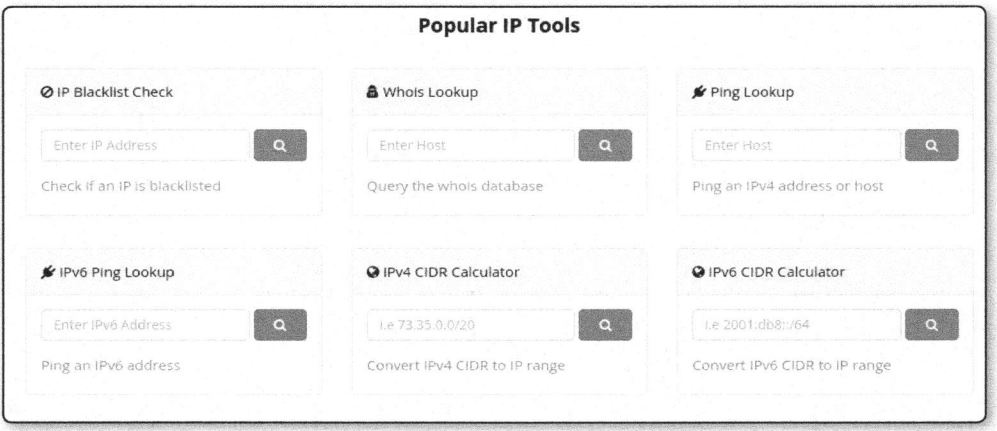

Figura 7.26. Servicio de IPVoid

- http://www.voipbl.org. Podemos comprobar si una determinada dirección IP está incluida en la blacklist del servicio. También te permite enviar una dirección IP que puedas detectar que es maliciosa y añadirla a la blacklist del servicio.

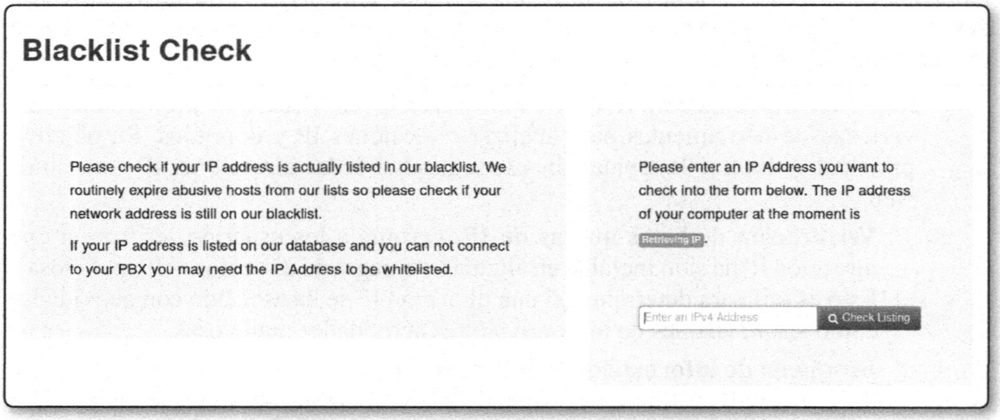

Figura 7.27. Servicio para comprobar si una dirección IP es maliciosa

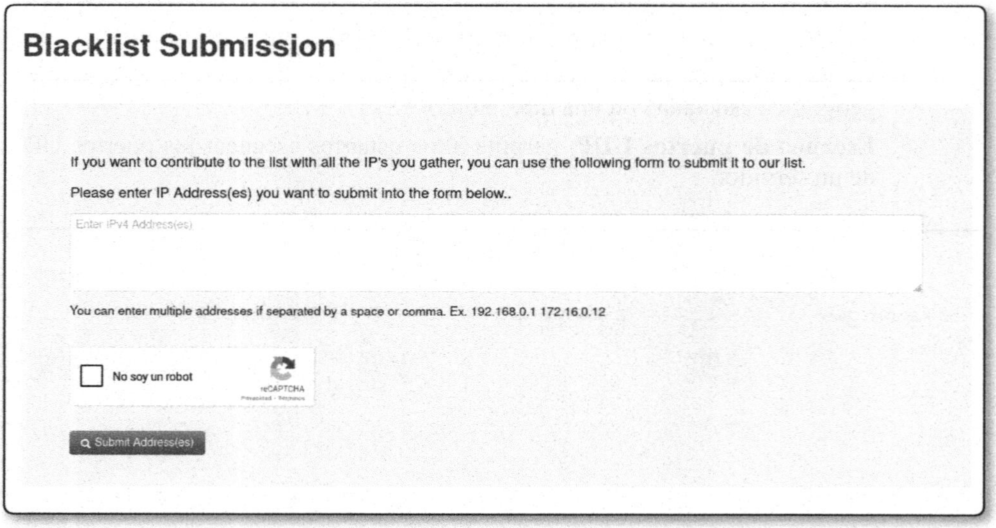

Figura 7.28. Servicio para informar una dirección IP maliciosa

- Barracuda Central http://www.barracudacentral.org/lookups/lookup-reputation mantiene una base de datos de direcciones IP con información sobre su reputación. Esto es importante para la seguridad del correo electrónico, ya que se utiliza para filtrar spam y otras amenazas. A través de las búsquedas en "Lookups", podemos verificar si una dirección IP está listada como fuente de spam o actividad maliciosa.

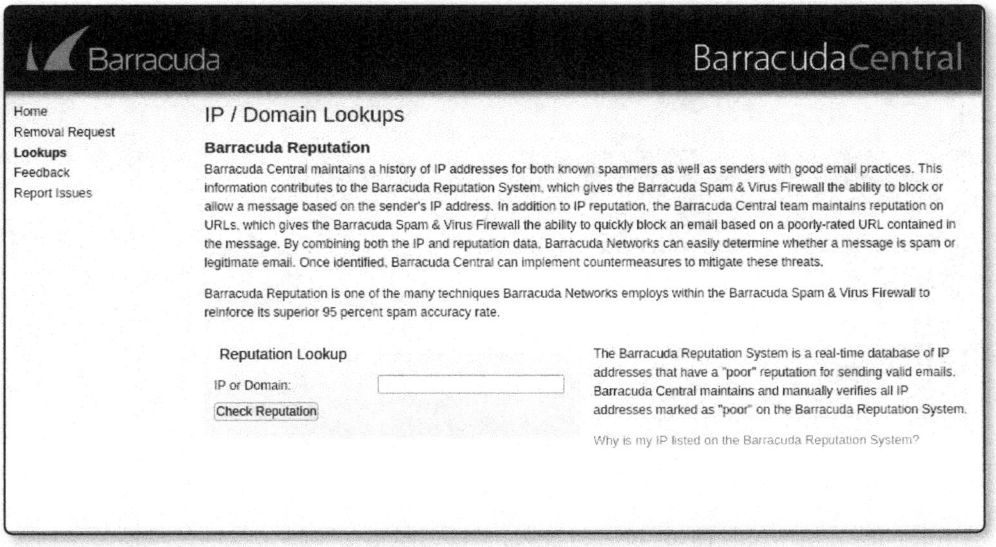

Figura 7.29. Servicio para comprobar la reputación de una dirección IP

7.9.1 TALOS INTELLIGENCE

Talos Intelligence https://talosintelligence.com, también conocido como Cisco Talos, es una de las plataformas de inteligencia de amenazas más grandes del mundo. Se dedica a la investigación de amenazas, la detección y la prevención. Talos proporciona protección contra amenazas conocidas y emergentes en productos de seguridad de Cisco, y también comparte su investigación con la comunidad de seguridad en general. Entre las principales funciones y servicios que proporciona podemos destacar:

- **Investigación de amenazas**: Talos investiga una amplia gama de amenazas, incluyendo malware, exploits, vulnerabilidades y campañas de phishing.

- **Detección y prevención**: Talos desarrolla firmas, reglas y otros mecanismos de detección para proteger contra amenazas en productos de seguridad de Cisco.

- **Inteligencia de amenazas:** Talos recopila y analiza datos de amenazas de una variedad de fuentes para proporcionar inteligencia de amenazas procesable a los clientes de Cisco y a la comunidad de seguridad.

- **Divulgación de vulnerabilidades**: Talos descubre y divulga vulnerabilidades en software y hardware, trabajando con los proveedores para corregir estos problemas.

- **Herramientas y recursos:** Talos proporciona una variedad de herramientas y recursos gratuitos, incluyendo Snort (un sistema de detección de intrusiones de código abierto) y ClamAV (un motor antivirus de código abierto).

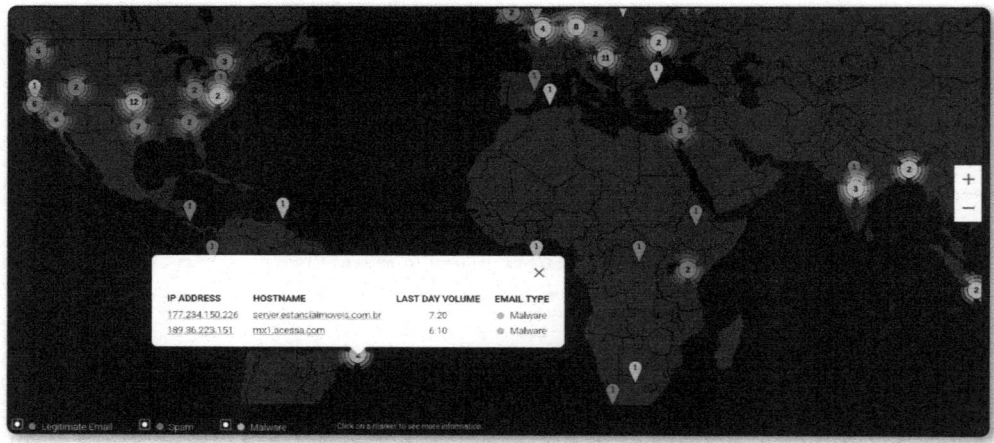

Figura 7.30. Servicio para comprobar el origen del malware sobre un mapa

Entre los principales **casos de uso** podemos destacar:

▼ **Protección de redes:** Talos ayuda a proteger las redes contra una amplia gama de amenazas, incluyendo malware, exploits y ataques de denegación de servicio.

▼ **Protección de endpoints:** Talos ayuda a proteger los endpoints contra malware y otras amenazas.

▼ **Protección de correo electrónico**: Talos ayuda a proteger contra el spam, el phishing y otras amenazas transmitidas por correo electrónico.

▼ **Inteligencia de amenazas:** Talos proporciona inteligencia de amenazas que puede utilizarse para mejorar la postura de seguridad de una organización.

▼ **Investigación de seguridad:** Talos realiza investigaciones de seguridad que ayudan a comprender mejor el panorama de amenazas y a desarrollar nuevas técnicas de detección y prevención.

7.9.2 PULSE DIVE

Pulsedive https://pulsedive.com es una plataforma de inteligencia de amenazas donde se recopilan datos actuales e históricos sobre el malware, atributos e indicadores de compromiso. Podemos realizar la búsqueda por dirección IP, dominio y url. Ofrece una variedad de funciones, que incluyen:

▼ **Detección de amenazas**: utiliza una variedad de técnicas para detectar amenazas cibernéticas, incluido el aprendizaje automático y el análisis de comportamiento.

▼ **Análisis de amenazas:** proporciona información detallada sobre las amenazas cibernéticas, incluida su gravedad, su origen y su posible impacto.

▼ **Inteligencia de amenazas**: recopila y analiza datos de amenazas de una variedad de fuentes, incluidas fuentes de código abierto, fuentes comerciales y la comunidad de investigación de seguridad.

▼ **Detección y respuesta a incidentes:** se puede utilizar para detectar y responder a incidentes de seguridad.

▼ **Gestión de vulnerabilidades:** se puede utilizar para identificar y priorizar vulnerabilidades.

Pulsedive está continuamente actualizándose a través de una lista de feeds, recopilando toda la información a partir de otras fuentes. Existen múltiples formas de consultar la información y puede filtrar listas, encontrar noticias relacionadas o propiedades de cada elemento de riesgo. También podemos ver para un determinado dominio si forma parte de una blacklist de malware.

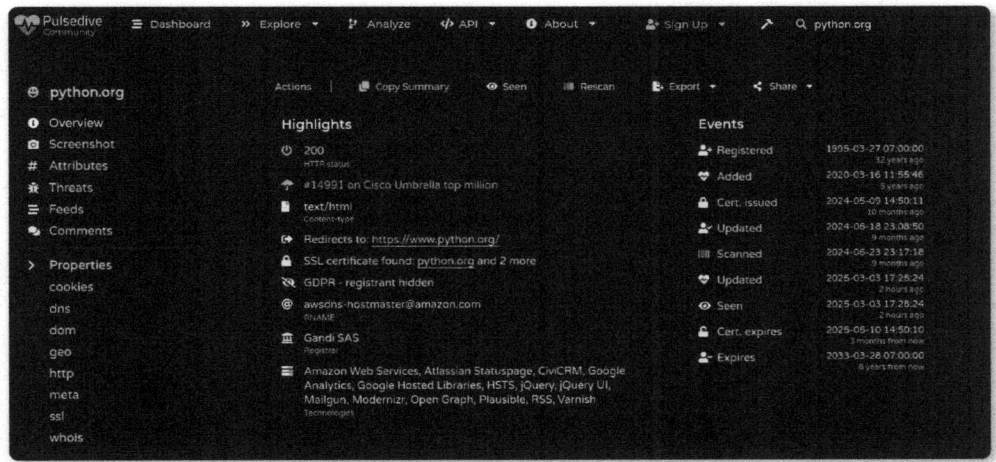

Figura 7.31. Servicio para obtener información sobre un dominio

Además, ofrece una API para obtener información sobre un dominio y realizar búsquedas:

```
https://pulsedive.com/api/info.php?indicator=python.org
```

```
{
    "qid":null,
    "iid":10239583,
    "indicator":"python.org",
    "type":"domain",
    "risk":"none",
    "risk_recommended":"none",
    "manualrisk":0,
```

```
"retired":null,
"stamp_added":"2020-03-16 10:55:46",
"stamp_updated":"2025-03-03 16:28:24",
"stamp_seen":"2025-03-03 16:28:24",
"stamp_probed":"2024-06-23 21:17:18",
"stamp_retired":null,
"recent":0,
"submissions":1,
"umbrella_rank":14991,
"umbrella_domain":"python.org",
"riskfactors":[
    {
        "rfid":74,
        "description":"SPF record present",
        "risk":"none"
    },
    {
        "rfid":58,
        "description":"top 100k domain",
        "risk":"none"
    }
],
"redirects":{
    "from":[

    ],
    "to":[
        {
            "iid":46611712,
            "indicator":"https:\/\/www.python.org\/"
        }
    ]
},
"threats":[
    {
        "tid":85,
        "name":"Cobalt Strike",
        "category":"malware",
        "risk":"high",
        "stamp_linked":"2024-12-07 19:56:52"
    }
],
"feeds":[

],
"comments":[

],
"attributes":{
    "port":[
        "443",
        "80"
    ],
    "protocol":[
```

```
            "HTTP",
            "HTTPS"
        ],
      "technology":[
            "Amazon Web Services",
            "Atlassian Statuspage",
            "CiviCRM",
            "Google Analytics",
            "Google Hosted Libraries",
            "HSTS",
            "jQuery",
            "jQuery UI",
            "Mailgun",
            "Modernizr",
            "Open Graph",
            "Plausible",
            "RSS",
            "Varnish"
        ]
    },
   "properties":{
      "geo":{
            "countrycode":"US",
            "region":"Oregon",
            "country":"United States of America",
            "address":"REDACTED FOR PRIVACY",
            "org":"REDACTED FOR PRIVACY",
            "zip":"REDACTED FOR PRIVACY",
            "city":"REDACTED FOR PRIVACY"
        },
      "whois":{
            "registrant country":"US",
            "url of the icann whois inaccuracy complaint form":"https:\/\/www.
icann.org\/wicf\/",
            "++abuse":"abuse@support.gandi.net",
            "registrar abuse contact email":"abuse@support.gandi.net",
            "registrar abuse contact phone":"+33.170377661",
            "registrar iana id":"81",
            "registrar url":"http:\/\/www.gandi.net",
            "registrant state\/province":"OR",
            "domain status":"clientTransferProhibited",
            "tech name":"REDACTED FOR PRIVACY",
            "tech organization":"REDACTED FOR PRIVACY",
            "registrant city":"REDACTED FOR PRIVACY",
            "tech street":"REDACTED FOR PRIVACY",
            "admin postal code":"REDACTED FOR PRIVACY",
            "admin city":"REDACTED FOR PRIVACY",
            "registrant postal code":"REDACTED FOR PRIVACY",
            "admin name":"REDACTED FOR PRIVACY",
            "tech city":"REDACTED FOR PRIVACY",
            "admin organization":"REDACTED FOR PRIVACY",
            "registrant name":"REDACTED FOR PRIVACY",
            "tech postal code":"REDACTED FOR PRIVACY",
            "registrant street":"REDACTED FOR PRIVACY",
```

```
            "admin street":"REDACTED FOR PRIVACY",
            "registrant fax ext":"REDACTED FOR PRIVACY",
            "admin state\/province":"REDACTED FOR PRIVACY",
            "admin fax":"REDACTED FOR PRIVACY",
            "registrant phone ext":"REDACTED FOR PRIVACY",
            "tech fax ext":"REDACTED FOR PRIVACY",
            "admin phone ext":"REDACTED FOR PRIVACY",
            "tech fax":"REDACTED FOR PRIVACY",
            "admin phone":"REDACTED FOR PRIVACY",
            "tech country":"REDACTED FOR PRIVACY",
            "admin country":"REDACTED FOR PRIVACY",
            "registrant fax":"REDACTED FOR PRIVACY",
            "tech phone ext":"REDACTED FOR PRIVACY",
            "registrant phone":"REDACTED FOR PRIVACY",
            "registry admin id":"REDACTED FOR PRIVACY",
            "tech state\/province":"REDACTED FOR PRIVACY",
            "registry tech id":"REDACTED FOR PRIVACY",
            "tech phone":"REDACTED FOR PRIVACY",
            "admin fax ext":"REDACTED FOR PRIVACY",
            "registrant email":"Please query the RDDS service of the Registrar
of Record identified in this output for information on how to contact the
Registrant, Admin, or Tech contact of the queried domain name.",
            "tech email":"Please query the RDDS service of the Registrar of Record
identified in this output for information on how to contact the Registrant,
Admin, or Tech contact of the queried domain name.",
            "admin email":"Please query the RDDS service of the Registrar of Record
identified in this output for information on how to contact the Registrant,
Admin, or Tech contact of the queried domain name.",
            "registry registrant id":"REDACTED FOR PRIVACY",
            "name server":[
                "ns-1134.awsdns-13.org",
                "ns-2046.awsdns-63.co.uk",
                "ns-981.awsdns-58.net",
                "ns-484.awsdns-60.com"
            ],
            "++gdpr":"1",
            "dnssec":"unsigned",
            "registrar":"Gandi SAS",
            "++registrar":"Gandi SAS",
            "registrant organization":"Python Software Foundation",
            "domain name":"python.org",
            "creation date":"1995-03-27T05:00:00Z",
            "++registered":"1995-03-27 05:00:00",
            "updated date":"2024-06-18T21:08:50Z",
            "registrar whois server":"http:\/\/whois.gandi.net",
            "registry expiry date":"2033-03-28T05:00:00Z",
            "++updated":"2024-06-18 21:08:50",
            "registry domain id":"8182a33af4314b999853885eb16ef749-LROR",
            "++expires":"2033-03-28 05:00:00"
        },
        "http":{
            "x-frame-options":"SAMEORIGIN",
            "accept-ranges":"bytes",
            "content-encoding":"gzip",
```

```
            "vary":"Cookie",
            "x-cache":"MISS, HIT, HIT",
            "age":"1574",
            "content-length":"12402",
            "++code":"200",
            "content-type":"text\/html; charset=utf-8",
            "strict-transport-security":"max-age=63072000; includeSubDomains;
preload",
            "via":"1.1 varnish, 1.1 varnish, 1.1 varnish",
            "++content-type":"text\/html",
            "date":"Sat, 07 Dec 2024 19:57:29 GMT",
            "x-timer":"S1733601449.138940,VS0,VE1",
            "x-cache-hits":"0, 497, 0",
            "x-served-by":"cache-iad-kiad7000114-IAD, cache-iad-kiad7000114-IAD,
cache-mia-kmia1760024-MIA",
            "++redirect":"https:\/\/www.python.org\/",
            "++target":"http:\/\/python.org\/"
        },
        "dns":{
            "rname":"awsdns-hostmaster@amazon.com",
            "mname":"ns-2046.awsdns-63.co.uk",
            "ns":[
                "ns-2046.awsdns-63.co.uk",
                "ns-1134.awsdns-13.org",
                "ns-484.awsdns-60.com",
                "ns-981.awsdns-58.net"
            ],
            "soa":"ns-2046.awsdns-63.co.uk. awsdns-hostmaster.amazon.com. 1 7200
900 1209600 86400",
            "a":[
                "151.101.192.223",
                "151.101.64.223",
                "151.101.0.223",
                "151.101.128.223"
            ],
            "aaaa":[
                "2a04:4e42:600::223",
                "2a04:4e42::223",
                "2a04:4e42:200::223",
                "2a04:4e42:400::223"
            ],
            "mx":"mail.python.org",
            "txt":[
                "888acb5757da46ad83b7e341ec544c64",
                "google-site-verification=9852CbTRhQ51-9gCUayPbGYqJeBle_MXLb6E4AL_
qQk",
                "google-site-verification=QALZObrGl2OVG8lWUE40uVSMCAka316yADn9ZfCU5
OA",
                "google-site-verification=dqhMiMzpbkSyEhgjGKyEOMlEg2tF0MSHD7UN-
MYfD-M",
                "google-site-verification=w3b8mU3wU6cZ8uSrj3E_5f1frPejJskDpSp_
nMWJ99o",
                "status-page-domain-verification=9y2klhzbxsgk",
                "v=spf1 mx a:mail.wooz.org ip4:188.166.95.178\/32
```

```
ip6:2a03:b0c0:2:d0::71:1 include:stspg-customer.com include:_spf.google.com
include:mailgun.org ~all",
        "_globalsign-domain-verification=B57sRQpmte4G4w-
gavZbVNmmNsMxGp5kcL19UP2599",
        "libera-1298aas",
        "MS=73147F1EC0843C399CF17F586EC6B8EAF8C57961"
    ]
},
"meta":{
    "x-ua-compatible":"IE=edge",
    "viewport":"width=device-width, initial-scale=1.0",
    "og:type":"website",
    "handheldfriendly":"True",
    "format-detection":"telephone=no",
    "apple-mobile-web-app-status-bar-style":"black",
    "cleartype":"on",
    "imagetoolbar":"false",
    "charset":"utf-8",
    "apple-mobile-web-app-capable":"yes",
    "msapplication-tooltip":"The official home of the Python Programming
Language",
    "msapplication-tilecolor":"#3673a5",
    "msapplication-navbutton-color":"#3673a5",
    "og:image:secure_url":"https:\/\/www.python.org\/static\/opengraph-
icon-200x200.png",
    "keywords":"Python programming language object oriented web free open
source software license documentation download community",
    "apple-mobile-web-app-title":"Python.org",
    "og:image":"https:\/\/www.python.org\/static\/opengraph-icon-200x200.
png",
    "og:site_name":"Python.org",
    "og:description":"The official home of the Python Programming Language",
    "description":"The official home of the Python Programming Language",
    "og:url":"https:\/\/www.python.org\/",
    "og:title":"Welcome to Python.org",
    "application-name":"Python.org",
    "msapplication-tileimage":"\/static\/metro-icon-144x144.png",
    "++title":"Welcome to Python.org"
},
"ssl":{
    "domain":[
        "www.python.org",
        "*.python.org",
        "python.org"
    ],
    "version":"v3",
    "subject":"\/CN=www.python.org",
    "issuer":"\/C=BE\/O=GlobalSign nv-sa\/CN=GlobalSign Atlas R3 DV TLS CA
2024 Q2",
    "org":"GlobalSign Atlas R3 DV TLS CA 2024 Q2",
    "valid":"2024-05-09 12:50:11",
    "expires":"2025-06-10 12:50:10",
    "fingerprint":"bac3a92d2baf9b2d167839b3dae900aae150343e0847fba4bda1487f6
ea2352f"
```

```
        },
        "cookies":{
            "__utmt":"1",
            "__utmc":"32101439",
            "__utma":"32101439.142355353.1733601449.1733601450.1733601450.1",
            "__utmz":"32101439.1733601450.1.1.utmcsr=(direct)|utmccn=(direct)|utmcmd
=(none)",
            "_ga":"GA1.1.142355353.1733601449",
            "_ga_tf35yf9cvh":"GS1.1.1733601449.1.0.1733601449.0.0.0",
            "__utmb":"32101439.1.10.1733601450"
        },
        "dom":{
            "screenshot":"https:\/\/sandbox.pulsedive.com\/screenshots\/
c0ad4c0feb04091d4c1a93ca8a74418a.jpeg"
        }
    }
}
```

https://pulsedive.com/api/explore.php?q=ioc%3Dpulsedive.
com%20or%20threat%3Dryuk&limit=10&pretty=1

```
{
    "results": [
        {
            "iid": 53929,
            "indicator": "pulsedive.com",
            "type": "domain",
            "risk": "none",
            "stamp_added": "2017-10-04 01:20:55",
            "stamp_updated": "2025-03-03 18:51:35",
            "stamp_seen": "2025-03-03 18:51:35",
            "summary": {
                "properties": {
                    "geo": {
                        "countrycode": "US",
                        "city": "REDACTED FOR PRIVACY",
                        "country": "United States of America",
                        "region": "NJ"
                    },
                    "whois": {
                        "++gdpr": "1"
                    },
                    "http": {
                        "++content-type": "text\/html",
                        "++code": "200"
                    }
                }
            }
        },
        {
            "iid": 8342625,
            "indicator": "target-support.online",
```

```
            "type": "domain",
            "risk": "low",
            "stamp_added": "2020-02-11 16:33:26",
            "stamp_updated": "2024-01-30 14:23:29",
            "stamp_seen": "2023-10-29 13:42:56",
            "stamp_retired": "2024-01-30 14:23:29",
            "summary": {
                "properties": {
                    "http": {
                        "++code": "404",
                        "++content-type": "text\/html"
                    },
                    "geo": {
                        "countrycode": "US",
                        "city": "San Mateo",
                        "country": "United States of America",
                        "region": "California"
                    }
                }
            }
        },
        {
            "iid": 8430082,
            "indicator": "web-analysis.live",
            "type": "domain",
            "risk": "medium",
            "stamp_added": "2020-02-12 00:06:29",
            "stamp_updated": "2025-02-03 08:22:23",
            "stamp_seen": "2025-02-03 08:22:23",
            "summary": {
                "properties": {
                    "http": {
                        "++content-type": "text\/html",
                        "++code": "200"
                    },
                    "whois": {
                        "++gdpr": "1"
                    },
                    "geo": {
                        "region": "CA",
                        "country": "United States of America",
                        "city": "LOS ANGELES",
                        "countrycode": "US"
                    }
                }
            }
        },
        {
            "iid": 8963066,
            "indicator": "renovatesystem.com",
            "type": "domain",
            "risk": "low",
            "stamp_added": "2020-02-20 13:37:14",
            "stamp_updated": "2022-06-28 04:32:48",
```

```
        "stamp_seen": "2022-03-25 08:37:51",
        "stamp_retired": "2022-06-28 04:32:48",
        "summary": {
            "properties": {
                "geo": {
                    "countrycode": "US",
                    "country": "United States of America",
                    "city": "Drums",
                    "region": "PA"
                },
                "http": {
                    "++code": "200",
                    "++content-type": "text\/html"
                }
            }
        }
    },
    {
        "iid": 10517362,
        "indicator": "serviceboostnumberone.com",
        "type": "domain",
        "risk": "low",
        "stamp_added": "2020-03-24 01:45:24",
        "stamp_updated": "2022-03-23 07:10:22",
        "stamp_seen": "2022-03-23 07:10:22",
        "stamp_retired": "2022-01-18 01:06:26",
        "summary": {
            "properties": {
                "http": {
                    "++content-type": "text\/html",
                    "++code": "200"
                },
                "geo": {
                    "region": "PA",
                    "city": "Drums",
                    "countrycode": "US",
                    "country": "United States of America"
                }
            }
        }
    },
    {
        "iid": 10903232,
        "indicator": "service-updater.com",
        "type": "domain",
        "risk": "medium",
        "stamp_added": "2020-04-03 04:17:21",
        "stamp_updated": "2022-06-28 04:32:48",
        "stamp_seen": "2022-03-25 17:03:02",
        "stamp_retired": "2022-06-28 04:32:48",
        "summary": {
            "properties": {
                "http": {
                    "++content-type": "text\/html",
```

```
                            "++code": "200"
                        },
                        "geo": {
                            "country": "Virgin Islands (British)",
                            "region": "British Virgin Islands",
                            "countrycode": "VG"
                        }
                    }
                }
            },
            {
                "iid": 10903235,
                "indicator": "microsoftupdateswin.com",
                "type": "domain",
                "risk": "high",
                "stamp_added": "2020-04-03 04:17:27",
                "stamp_updated": "2024-03-19 10:36:07",
                "stamp_seen": "2024-03-19 10:36:07",
                "stamp_retired": "2022-06-16 02:23:46",
                "summary": {
                    "properties": {
                        "geo": {
                            "city": "REDACTED FOR PRIVACY",
                            "countrycode": "NL",
                            "country": "Netherlands",
                            "region": "Zuid-Holland"
                        },
                        "whois": {
                            "++gdpr": "1",
                            "++privacy": "1"
                        }
                    }
                }
            },
            {
                "iid": 10910031,
                "indicator": "updatemanagir.us",
                "type": "domain",
                "risk": "low",
                "stamp_added": "2020-04-03 06:55:41",
                "stamp_updated": "2022-03-26 00:58:52",
                "stamp_seen": "2022-03-26 00:58:52",
                "stamp_retired": "2022-02-03 17:25:52",
                "summary": {
                    "properties": {
                        "http": {
                            "++code": "200"
                        }
                    }
                }
            },
            {
                "iid": 10910034,
                "indicator": "topserviceupdater.com",
```

```
                    "type": "domain",
                    "risk": "medium",
                    "stamp_added": "2020-04-03 06:55:46",
                    "stamp_updated": "2022-06-19 02:59:21",
                    "stamp_seen": "2022-03-16 06:11:24",
                    "stamp_retired": "2022-06-19 02:59:21",
                    "summary": {
                        "properties": {
                            "http": {
                                "++content-type": "text\/html",
                                "++code": "200"
                            },
                            "geo": {
                                "countrycode": "PA",
                                "country": "Panama",
                                "city": "Panama",
                                "region": "Panama"
                            },
                            "whois": {
                                "++privacy": "1"
                            }
                        }
                    }
                },
                {
                    "iid": 10910041,
                    "indicator": "topservicesecurity.net",
                    "type": "domain",
                    "risk": "medium",
                    "stamp_added": "2020-04-03 06:55:53",
                    "stamp_updated": "2024-06-20 13:13:26",
                    "stamp_seen": "2024-03-19 11:00:36",
                    "stamp_retired": "2024-06-20 13:13:26",
                    "summary": {
                        "properties": {
                            "whois": {
                                "++privacy": "1"
                            },
                            "geo": {
                                "countrycode": "PA",
                                "region": "Panama",
                                "city": "Panama",
                                "country": "Panama"
                            },
                            "http": {
                                "++code": "200",
                                "++content-type": "text\/html"
                            }
                        }
                    }
                }
            ],
        "query": "ioc=pulsedive.com or threat=ryuk"
}
```

7.9.3 VIRUS TOTAL

VirusTotal es un servicio que analiza archivos y URL sospechosos y facilita la detección rápida de virus, troyanos y todo tipo de malware. Dispone de una api pública https://docs.virustotal.com/reference/overview para desarrolladores con la cual es posible cargar y escanear archivos, URL, acceder a informes de análisis y realizar comentarios automáticos sobre URL y muestras de malware. También le permite crear scripts en lenguajes como Python y PHP para automatizar el acceso a la información generada por VirusTotal.

La API de VirusTotal permite enviar archivos https://docs.virustotal.com/reference/files-scan, para ello basta con realizar una petición HTTP POST a la siguiente URL: https://www.virustotal.com/api/v3/files

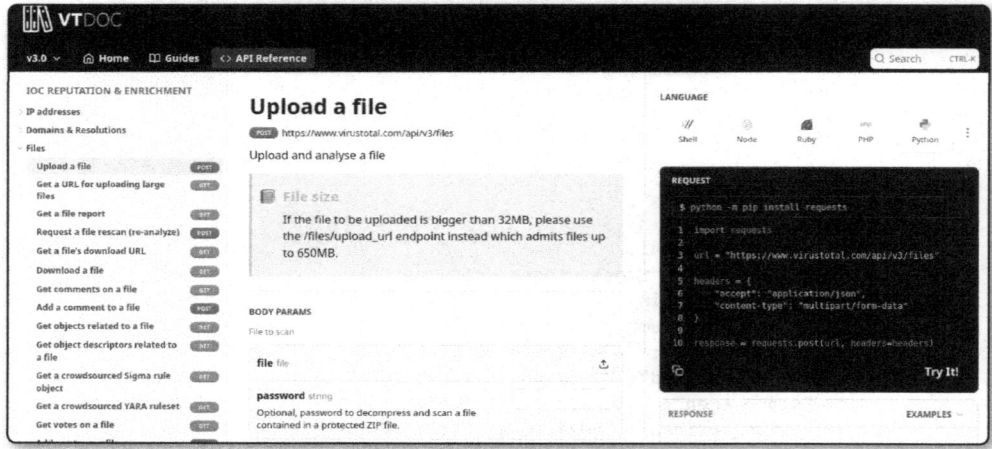

Figura 7.32. Servicio para subir un fichero

```
import requests

url = "https://www.virustotal.com/api/v3/files"

headers = {
    "accept": "application/json",
    "content-type": "multipart/form-data"
}

response = requests.post(url, headers=headers)

print(response.text)
```

Podríamos desarrollar con Python un script que permita obtener un informe a partir de una dirección IP https://docs.virustotal.com/reference/ip-info. Para ello, podríamos realizar una petición HTTP GET a la siguiente URL:https://www.virustotal.com/api/v3/ip_addresses/{ip}

```python
import requests

url = "https://www.virustotal.com/api/v3/ip_addresses/ip"

headers = {"accept": "application/json"}

response = requests.get(url, headers=headers)

print(response.text)
```

7.9.4 THREATMINER

ThreatMiner https://www.threatminer.org/index.php es un servicio que proporciona a los analistas un portal en el que puedan llevar a cabo sus tareas, desde la lectura de informes hasta el enriquecimiento de datos y el intercambio de información. ThreatMiner, aparte de tratar indicadores de compromiso (IOC), también proporciona información contextualizada y relacionada con el IOC que se está analizando.

Figura 7.33. Plataforma de inteligencia de amenazas

ThreatMiner proporciona diferentes endpoints de búsqueda. Por ejemplo, ofrece búsqueda por dominio. https://www.threatminer.org/domain.php?q=python.org.

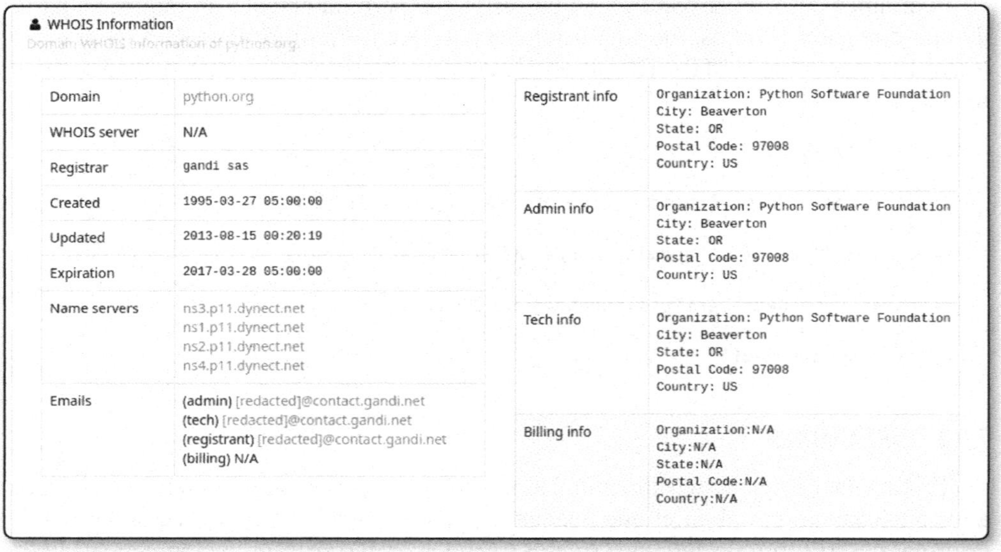

WHOIS Information			
Domain	python.org	Registrant info	Organization: Python Software Foundation City: Beaverton State: OR Postal Code: 97008 Country: US
WHOIS server	N/A		
Registrar	gandi sas		
Created	1995-03-27 05:00:00	Admin info	Organization: Python Software Foundation City: Beaverton State: OR Postal Code: 97008 Country: US
Updated	2013-08-15 00:20:19		
Expiration	2017-03-28 05:00:00		
Name servers	ns3.p11.dynect.net ns1.p11.dynect.net ns2.p11.dynect.net ns4.p11.dynect.net	Tech info	Organization: Python Software Foundation City: Beaverton State: OR Postal Code: 97008 Country: US
Emails	(admin) [redacted]@contact.gandi.net (tech) [redacted]@contact.gandi.net (registrant) [redacted]@contact.gandi.net (billing) N/A	Billing info	Organization:N/A City:N/A State:N/A Postal Code:N/A Country:N/A

Figura 7.34. Búsqueda por dominio en ThreatMiner

7.9.5 OPEN THREAT EXCHANGE (OTX)

Open Threat Exchange (OTX) de AlienVault https://otx.alienvault.com es una plataforma de inteligencia de amenazas que permite a investigadores de seguridad, profesionales de TI y otros miembros de la comunidad global de seguridad, compartir e investigar información sobre amenazas de seguridad.

En esencia, OTX es un gran repositorio global y abierto donde se recopilan y comparten indicadores de compromiso (IOCs), tendencias de ataques, vulnerabilidades y otras informaciones relevantes sobre las amenazas cibernéticas más recientes. Como plataforma de inteligencia de amenazas, ofrece las siguientes funcionalidades:

► **Colaboración global:** OTX se basa en la idea de la inteligencia colectiva. Profesionales de seguridad de todo el mundo pueden contribuir con información sobre las amenazas que observan. Esto crea una base de datos de amenazas mucho más amplia y actualizada que cualquier organización podría construir por sí sola.

► **Fuente abierta y gratuita:** OTX es una plataforma abierta y de uso gratuito. Esto significa que cualquier persona puede acceder a la información compartida y contribuir con sus propios hallazgos. La naturaleza abierta fomenta la transparencia y la colaboración.

Entre la información que podemos encontrar podemos destacar:

▶ **Indicadores de compromiso (IOCs):** estos son datos técnicos que indican que un sistema o red ha sido comprometido. Ejemplos de IOCs incluyen:

- Direcciones IP maliciosas.
- Dominios web sospechosos.
- Hashes de archivos maliciosos (malware).
- URLs maliciosas.
- Direcciones de correo electrónico utilizadas en ataques de phishing.

▶ **Pulsos (Pulses):** los "Pulsos" son informes o publicaciones sobre amenazas específicas. Un pulso puede contener:

- Descripción detallada de una campaña de malware o un ataque.
- IOCs relacionados con esa amenaza específica.
- Información sobre el actor de amenazas (si se conoce).
- Técnicas, tácticas y procedimientos (TTPs) utilizadas en el ataque.
- Recomendaciones de mitigación y detección.

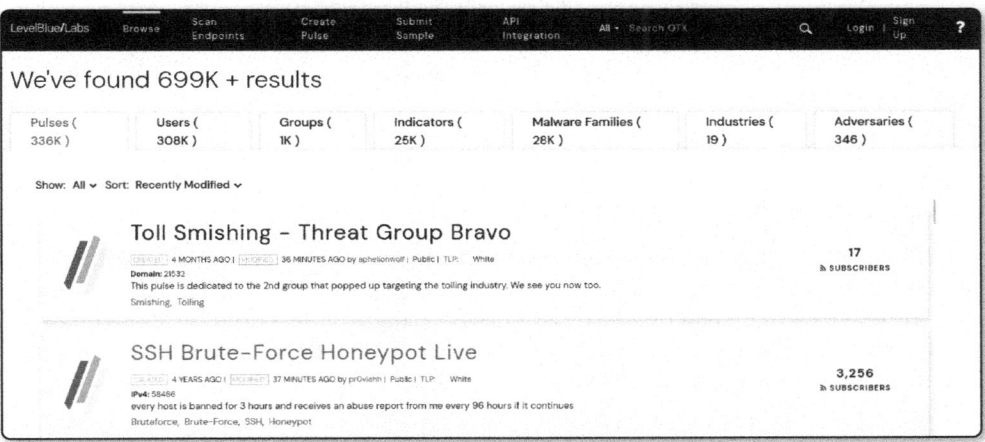

Figura 7.35. Búsqueda de Pulses

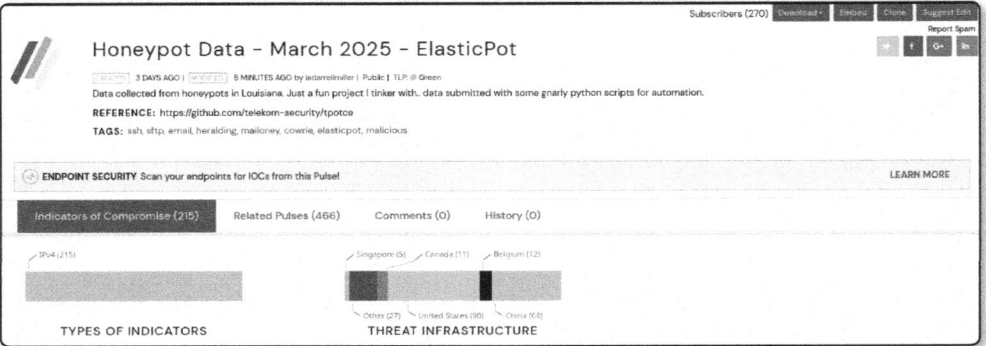

Figura 7.36. Obtención de IOCs a partir de Pulses

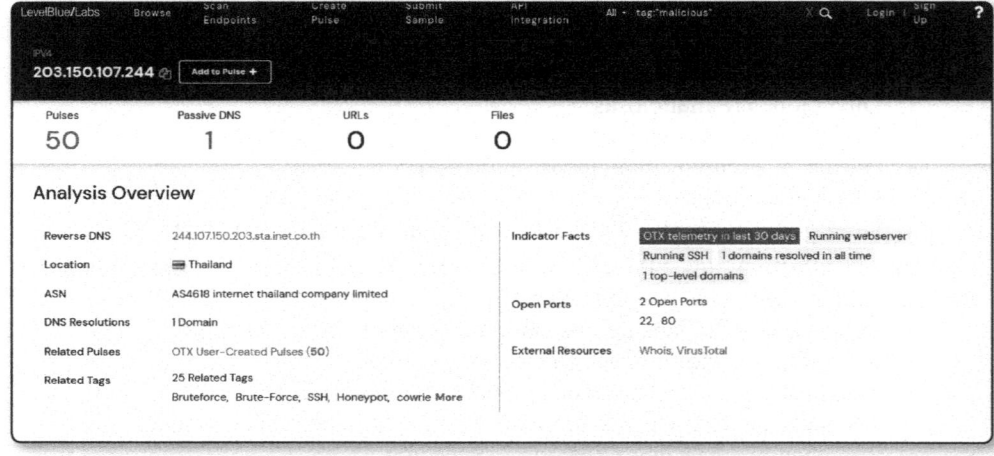

Figura 7.37. Obtención de IOCs a partir de Pulses

7.9.6 FRAUDGUARD

Servicio https://docs.fraudguard.io que ofrece en forma de API una serie de endpoints para obtener la reputación de una IP o dominio. Es posible utilizar el API desde diferentes lenguajes como Python y Ruby.

Si trabajamos con Python bastaría con utilizar el módulo de **requests** para hacer una petición al endpoint pasándole por parámetro la dirección IP. Además, para realizar la petición tenemos que autenticarnos con nuestro usuario y password al registrarnos en el servicio. Para ello podemos utilizar el submódulo **HTTPBasicAuth** para realizar la petición con el usuario y contraseña.

El siguiente endpoint de la API recupera todos los datos de reputación de IP para una IP específica y devuelve todos los datos de amenazas almacenados por tipo de amenaza. En la salida se proporciona contexto sobre listas negras/blancas e información de geolocalización.

```python
import requests
from requests.auth import HTTPBasicAuth
ip=requests.get('https://api.fraudguard.io/v5/ip-all-threats/1.52.122.126',
verify=True, auth=HTTPBasicAuth('username', 'password'))
print (ip.text)
```

Salida en formato JSON:

```json
{
    "isocode": "VN",
    "country": "Vietnam",
    "state_code": "HN",
    "state": "Hanoi",
```

```
        "city": "Hanoi",
        "postal_code": "unknown",
        "latitude": 21.0292,
        "longitude": 105.8526,
        "timezone": "Asia/Bangkok",
        "connection_type": "Cable/DSL",
        "asn": 18403,
        "asn_organization": "The Corporation for Financing & Promoting Technology",
        "isp": "FPT Telecom",
        "organization": "FPT Telecom",
        "ip_in_whitelist": "false",
        "ip_in_blacklist": "true",
        "ip_in_geoblock": "true",
        "anonymous_tracker": {
            "listed": false,
            "discover_date": "2024-11-13 04:34:49"
        },
        "botnet_tracker": {
            "listed": false,
            "discover_date": "2024-11-13 04:34:49"
        },
        "honeypot_tracker": {
            "listed": true,
            "discover_date": "2024-11-13 04:00:08"
        },
        "abuse_tracker": {
            "listed": false,
            "discover_date": "2024-11-13 04:34:49"
        },
        "spam_tracker": {
            "listed": false,
            "discover_date": "2024-11-13 04:34:49"
        }
}
```

Con el siguiente endpoint podríamos obtener el nivel de riesgo de una dirección IP:

```
import requests
from requests.auth import HTTPBasicAuth
ip=requests.get('https://api.fraudguard.io/ip/1.221.157.205', verify=True,
auth=HTTPBasicAuth('username', 'password'))
print (ip.text)
```

Salida en formato JSON:

```
{
    "isocode": "KR",
    "country": "Republic of Korea",
    "state": "Seoul",
    "city": "Seoul",
    "discover_date": "2018-12-11 07:00:45",
    "threat": "honeypot_tracker",
    "risk_level": "5"
}
```

7.9.7 GRAYNOISE

GreyNoise https://www.greynoise.io es una plataforma de inteligencia de amenazas que se enfoca en analizar y etiquetar la "actividad de escaneo de Internet masiva" o el "ruido de Internet". Su objetivo principal es ayudar a los equipos de seguridad a diferenciar entre la actividad maliciosa real y el ruido generado por escáneres legítimos, motores de búsqueda, investigadores y otras entidades. Las principales características de esta plataforma son:

- ▶ **Identificación del ruido de Internet**: GreyNoise recopila y analiza continuamente datos sobre direcciones IP que están escaneando activamente la Internet pública. Etiqueta estas direcciones según su comportamiento y la probabilidad de que sean benignas o maliciosas.

- ▶ **Base de datos de escáneres conocidos:** mantiene una extensa base de datos de direcciones IP asociadas con escáneres legítimos (como Shodan, Censys, Project Sonar), proveedores de servicios en la nube, investigadores de seguridad y otras entidades que realizan escaneos masivos de forma rutinaria.

- ▶ **Contexto de las direcciones IP**: para cada dirección IP que identifica, GreyNoise proporciona contexto adicional, como:

- ▶ **Etiquetas (Tags):** describen el comportamiento y la probable intención del escáner (por ejemplo, "Benign Scanner", "Known Attacker", "Cloud Provider").

- ▶ **Organización**: identifica la organización o entidad propietaria de la dirección IP.

- ▶ **Actividad reciente**: muestra los puertos y protocolos que la dirección IP ha estado escaneando recientemente.

- ▶ **API robusta**: GreyNoise ofrece una API bien documentada que permite a los usuarios integrar sus datos con otras herramientas y plataformas de seguridad (SIEM, SOAR, firewalls, etc.).

- ▶ **Datos en tiempo real e histórico:** ofrece acceso tanto a datos actuales como históricos sobre la actividad de escaneo.

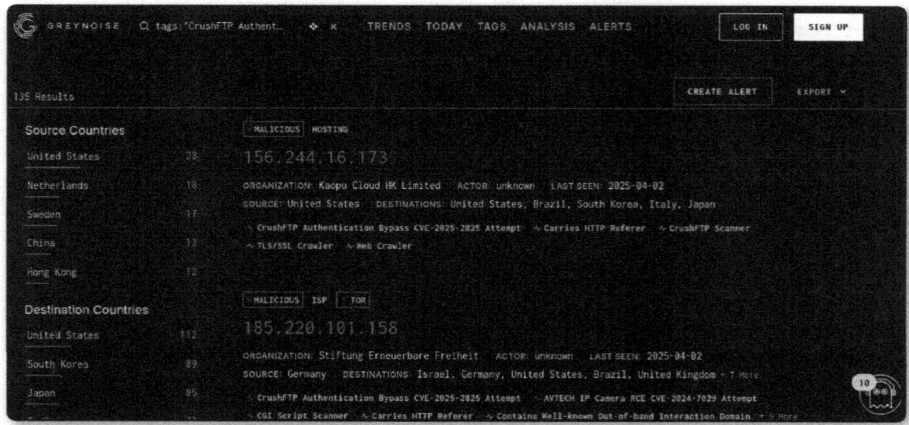

Figura 7.38. Análisis de direcciones IP maliciosas

Entre los principales **casos de uso** de GreyNoise podemos destacar:

▶ **Priorización de alertas de seguridad**: al integrar GreyNoise con un SIEM o un sistema de detección de intrusiones (IDS/IPS), las alertas generadas por direcciones IP etiquetadas como benignas pueden ser priorizadas más bajo o incluso ignoradas, permitiendo a los equipos de seguridad centrarse en las amenazas más relevantes.

▶ **Investigación de incidentes:** durante la respuesta a incidentes, GreyNoise puede ayudar a determinar si una dirección IP sospechosa es parte de una campaña de ataque dirigida o simplemente un escáner conocido. Esto acelera el proceso de investigación y reduce el tiempo de respuesta.

▶ **Threat Hunting:** los analistas de amenazas pueden utilizar GreyNoise para identificar patrones de actividad inusual o para encontrar direcciones IP maliciosas que podrían estar intentando explotar vulnerabilidades.

▶ **Gestión de vulnerabilidades:** al identificar qué escáneres están activos en Internet, las organizaciones pueden obtener información sobre posibles intentos de descubrimiento de vulnerabilidades en sus sistemas expuestos.

▶ **Bloqueo de tráfico no deseado**: las organizaciones pueden utilizar la información de GreyNoise para bloquear el tráfico proveniente de escáneres conocidos que no tienen una razón legítima para interactuar con sus sistemas.

▶ **Enriquecimiento de datos de inteligencia de amenazas:** GreyNoise complementa otras fuentes de inteligencia de amenazas al proporcionar un contexto valioso sobre la naturaleza del tráfico de Internet.

7.10 REPUTACIÓN DE SITIOS WEB

Si nuestro objetivo es obtener la reputación de un sitio web, podemos recurrir a herramientas que se utilizan principalmente para obtener información sobre un sitio web y evaluar su posible riesgo o reputación. Por ejemplo, urlscan.io https://urlscan.io/ es un servicio gratuito para escanear y analizar sitios web que se utiliza principalmente para obtener información sobre un sitio web y evaluar su posible riesgo o reputación. urlscan. io recopila una amplia gama de datos útiles para evaluar la reputación y la seguridad de un sitio web, incluyendo:

▶ **Captura de pantalla:** toma una captura de pantalla del sitio web tal como se ve en un navegador, lo cual es útil para verificar la apariencia del sitio.

▶ **Contenido del DOM**: muestra el árbol del Document Object Model (DOM) del sitio web. Esto permite a los usuarios inspeccionar la estructura del sitio, el código HTML, JavaScript y CSS, en busca de elementos sospechosos o maliciosos.

▶ **Recursos solicitados**: lista todos los recursos que el sitio web solicita al cargarse (imágenes, scripts, hojas de estilo, etc.). Esto es importante para identificar recursos que se cargan desde dominios sospechosos o no esperados, que podrían indicar una inyección de contenido malicioso.

▶ **Direcciones IP e información de red**: obtiene la dirección IP del servidor donde está alojado el sitio web, su geolocalización, el proveedor de hosting (ASN), y otros datos de red relevantes.

▶ **Redirecciones:** si el sitio web redirige a otras URLs, urlscan.io muestra la cadena completa de redirecciones. Esto es útil para detectar redirecciones sospechosas a sitios maliciosos o no relacionados.

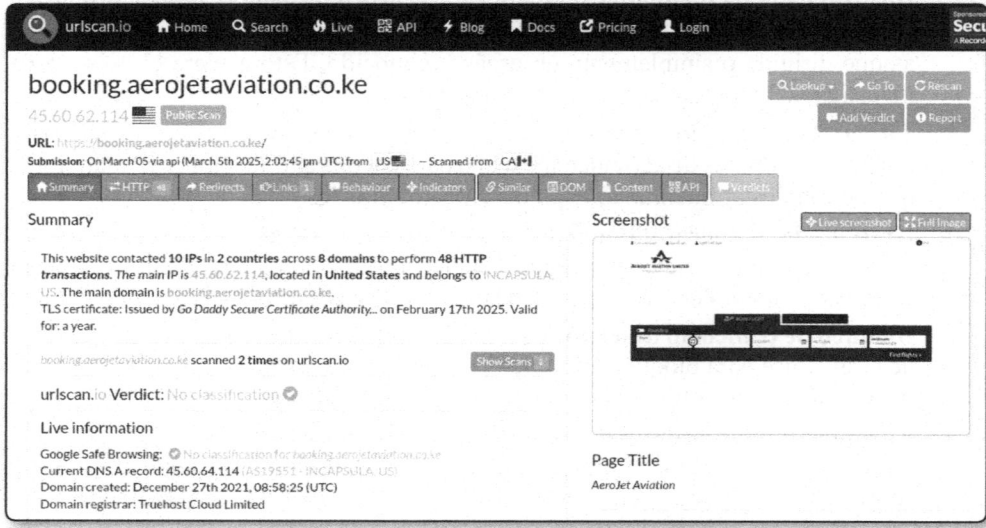

Figura 7.39. Obtención del análisis de un sitio web

Figura 7.40. Obtención del código HTML y JavaScript del sitio web

7.11 API DE GEOLOCALIZACIÓN Y CIBERAMENAZAS

En la era digital actual, donde la ubicación y la seguridad en línea están intrínsecamente entrelazadas, las APIs de geolocalización y ciberamenazas se han convertido en herramientas indispensables para comprender y mitigar los riesgos cibernéticos. Estas interfaces de programación permiten obtener información detallada sobre la ubicación geográfica de direcciones IP y, correlacionar estos datos con inteligencia de ciberamenazas. Dentro de este panorama, la herramienta disponible online ipdata.co emerge como una plataforma destacada, ofreciendo una API que combina geolocalización precisa con datos exhaustivos sobre la reputación y el riesgo asociado a cada dirección IP.

ipdata.co https://ipdata.co/ es un proveedor de una API de geolocalización y datos de inteligencia sobre direcciones IP (IP Intelligence). Su servicio principal se centra en proporcionar información detallada sobre cualquier dirección IP a nivel global, combinando datos de geolocalización con información de seguridad y riesgo cibernético asociado a esas IPs. De esta forma, ipdata.co te permite "conocer a fondo" una dirección IP, no solo dónde está ubicada geográficamente, sino también si representa algún riesgo o está asociada a actividades maliciosas en Internet.

El servicio ofrece una API que integra funcionalidades de geolocalización de IPs con datos de inteligencia de amenazas cibernéticas. Esto significa que con una llamada a la API, se puede obtener información tanto sobre la ubicación física de un usuario o dispositivo (basado en su IP) como sobre el nivel de riesgo asociado a esa IP. Entre las principales características podemos destacar:

▶ **Validación de transacciones:** evaluar el riesgo de transacciones online en tiempo real basándose en la geolocalización y la reputación de la IP del usuario. Por ejemplo, si una transacción proviene de una IP asociada a fraude o un país de alto riesgo, se puede solicitar una verificación adicional o bloquear la transacción.

▶ **Prevención de fraude de cuentas**: detectar intentos de creación de cuentas falsas o toma de control de cuentas (Account Takeover - ATO) analizando la IP y buscando patrones sospechosos (uso de VPNs, proxies, IPs de hosting, etc.).

▶ **Geofencing y restricciones geográficas:** implementar restricciones basadas en la ubicación geográfica. Por ejemplo, permitir el acceso a ciertos servicios solo desde regiones geográficas específicas, o bloquear el acceso desde países con alta actividad fraudulenta.

▶ **Firewall dinámico y reglas de acceso**: configurar firewalls o reglas de acceso basadas en la geolocalización y la reputación de las IPs. Bloquear o limitar el tráfico proveniente de IPs sospechosas o regiones de alto riesgo.

▶ **Detección de intrusiones (IDS/IPS)**: integrar la información de ipdata.co en sistemas de detección de intrusiones para mejorar la precisión en la identificación de tráfico malicioso.

▶ **Análisis de logs y eventos de seguridad**: enriquecer los logs de seguridad con datos de geolocalización y reputación de IPs para un análisis más completo de incidentes y amenazas.

▶ **Web Application Firewall (WAF)**: utilizar la API para implementar reglas de WAF basadas en la ubicación geográfica o el riesgo asociado a las IPs de los solicitantes.

La documentación de la API la podemos encontrar en https://docs.ipdata.co/docs/getting-started. El endpoint de reputación permite obtener una puntuación para una dirección IP. Cada puntuación puede tener un valor entre 0 y 100.

```
$ curl https://api.ipdata.co/101.3.121.242/threat?api-key=APIKEY
{
        threat: {
        is_tor: false,
        is_vpn: false,
        is_icloud_relay: false,
        is_proxy: false,
        is_datacenter: false,
        is_anonymous: false,
        is_known_attacker: false,
        is_known_abuser: false,
        is_threat: false,
        is_bogon: false,
        blocklists: [],
        scores: {
            vpn_score: 0,
            proxy_score: 0,
            threat_score: 1,
            trust_score: 100
        }
    }
}
```

El indicador **is_threat** informa si una dirección IP está incluida en alguna de las más de 100 listas de bloqueo de confianza (estas listas de bloqueo se enumeran en el campo blocklists), mientras que **threat_score** proporciona una probabilidad del nivel de riesgo que puede suponer una IP. Si is_threat es falso pero la puntuación threat_score es alta, significa que aunque no se sabe si la dirección IP es una amenaza, el sistema de puntuación ha determinado que tiene una alta probabilidad de serlo basándose en su reputación y comportamiento.

También disponemos de un endpoint que nos proporciona información acerca de una IP, por ejemplo si forma parte de la red TOR o se encuentra en una lista de bloqueo.

```
$ curl "https://api.ipdata.co/27.126.160.0/threat?api-key=APIKEY"
{
    "is_tor": false,
    "is_icloud_relay": false,
    "is_proxy": false,
    "is_datacenter": false,
    "is_anonymous": false,
    "is_known_attacker": true,
```

```
"is_known_abuser": true,
"is_threat": true,
"is_bogon": false,
"blocklists": [
  {
    "name": "Spamhaus",
    "site": "https://www.spamhaus.org",
    "type": "general"
  },
  {
    "name": "USTC.edu.cn",
    "site": "https://ustc.edu.cn",
    "type": "general"
  }
 ]
}
```

7.12 MAPAS DE CIBERAMENAZAS

Un mapa de ciberamenazas es una representación visual interactiva de la actividad de ciberamenazas que está ocurriendo a nivel global en tiempo real. Estos mapas utilizan datos recopilados de diversas fuentes para mostrar de manera gráfica y dinámica la distribución geográfica, el tipo, la frecuencia y el origen de los diferentes tipos de ciberataques. Estos mapas nos proveen de la siguiente información:

▶ **Visualización de la actividad maliciosa**: un mapa de ciberamenazas representa visualmente los ciberataques que están ocurriendo. Utiliza un mapamundi como fondo y superpone elementos visuales (líneas, puntos, colores) para mostrar información sobre las amenazas.

▶ **Datos de ataques en tiempo real**: la característica principal es que los datos se actualizan constantemente, reflejando la actividad de amenazas en el momento actual o con un pequeño retraso. Esto da una sensación de inmediatez y permite observar las tendencias a medida que evolucionan.

Los mapas de ciberamenazas suelen visualizar diferentes categorías de ciberamenazas, como:

▶ **Infecciones de malware**: intentos de infección por virus, troyanos, ransomware y otros tipos de software malicioso.

▶ **Ataques web**: ataques contra aplicaciones web, como ataques de inyección SQL, cross-site scripting (XSS), etc.

▶ **Ataques DDoS (denegación de servicio distribuido):** intentos de sobrecargar sistemas y servicios para hacerlos inaccesibles.

▶ **Ataques de phishing**: intentos de engañar a los usuarios para que revelen información confidencial.

▶ **Información geográfica**: los mapas muestran la ubicación geográfica del origen y/o destino de los ataques. Esto permite visualizar las regiones más afectadas o desde donde se originan más amenazas.

▶ **Interfaz interactiva**: suelen ser interactivos, permitiendo a los usuarios hacer zoom, moverse por el mapa, seleccionar tipos de amenazas, obtener información detallada al hacer clic en elementos, y a veces aplicar filtros o ver datos históricos.

Entre los principales mapas de ciberamenazas podemos destacar:

- https://cybermap.kaspersky.com/es: el mapa de ciberamenazas de Kaspersky visualiza los siguientes tipos de amenazas:
    - **Infecciones detectadas en equipos de usuarios de Kaspersky:** muestra las detecciones de diversos tipos de malware en los ordenadores de los usuarios que tienen instalados productos de seguridad de Kaspersky y han aceptado compartir datos de forma anónima.
    - **Ataques web detectados por Kaspersky Web Application Firewall:** visualiza los ataques web que son bloqueados por las tecnologías de firewall de aplicaciones web de Kaspersky.
    - **Ataques DDoS Detectados por Kaspersky DDoS Protection**: muestra los ataques de denegación de servicio distribuido que son mitigados por las soluciones de protección DDoS de Kaspersky.
    - **Actividad de bots detectada por Botnet Tracking**: visualiza la actividad de redes de bots (botnets) que Kaspersky rastrea, incluyendo la ubicación de los centros de comando y control (C&C) y los equipos infectados.
    - **Spam detectado por Kaspersky Anti-Spam:** representa la distribución geográfica del spam detectado por los filtros anti-spam de Kaspersky.

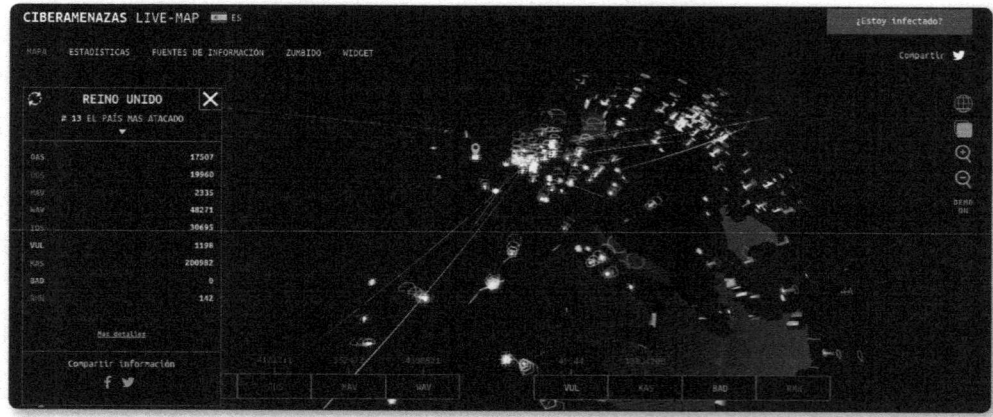

Figura 7.41. Mapa de ciberamenazas de Kaspersky

Otros mapas de ciberamenazas interesantes son los proporcionados por las empresas Checkpoint https://threatmap.checkpoint.com/ y Telekom https://www.sicherheitstacho.eu.

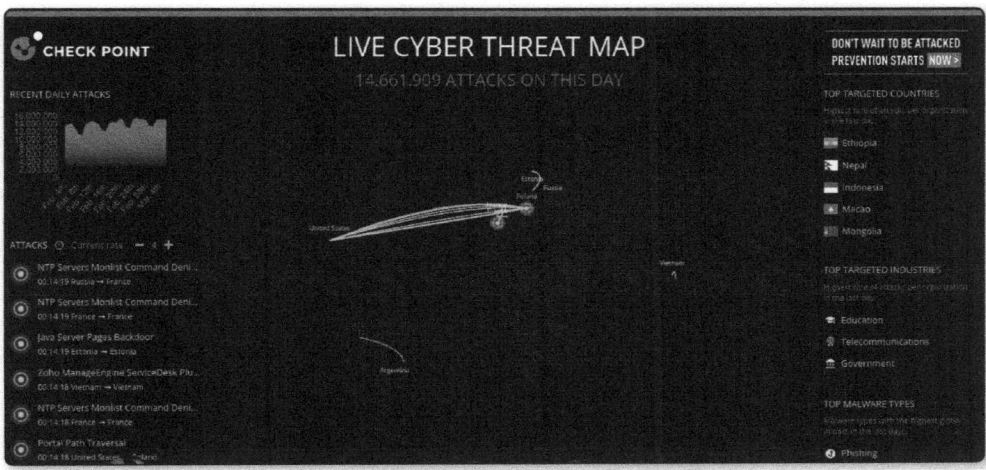

Figura 7.42. Mapa de ciberamenazas de CheckPoint

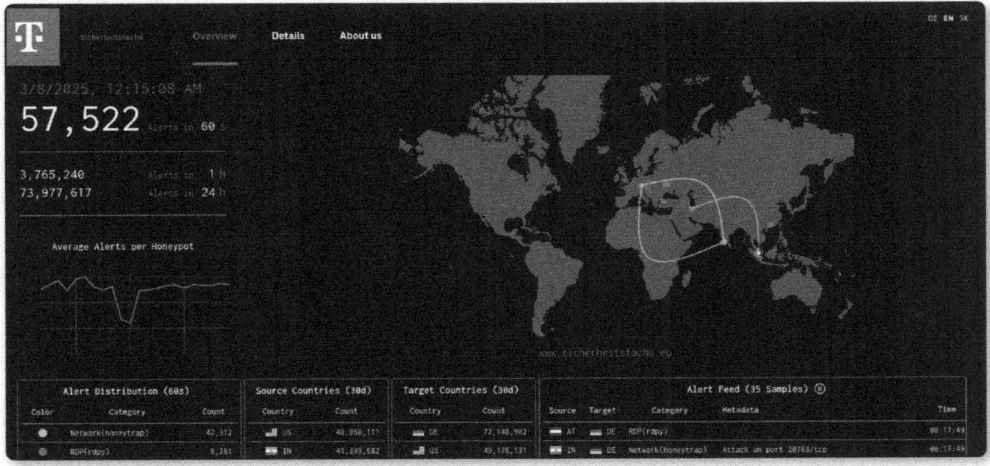

Figura 7.43. Mapa de ciberamenazas de Telekom

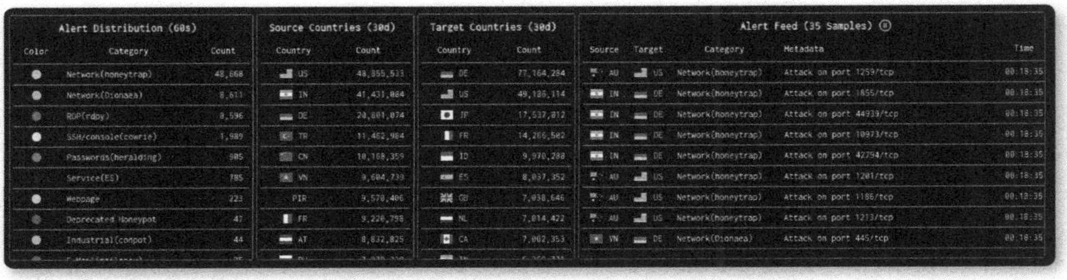

Figura 7.44. Ataques en tiempo real entre países

INTELIGENCIA DE AMENAZAS (THREAT INTELLIGENCE)

8.1 INTRODUCCIÓN

Si definimos inteligencia como aquella información elaborada y tratada con el fin de ayudar al proceso de toma de decisiones, podemos definir la inteligencia de amenazas como el conocimiento de las amenazas, incluyendo las capacidades, infraestructura, motivación, objetivos y recursos del atacante. La inteligencia de amenazas es una categoría de inteligencia que se centra en la seguridad de la información. Según lo define Gartner, es "conocimiento basado en evidencias sobre una amenaza o peligro existente o emergente para informar decisiones sobre la respuesta a esa amenaza o peligro". Básicamente, la inteligencia de amenazas proporciona información sobre actividades potencialmente maliciosas y ayuda a tomar decisiones para su organización.

En este punto podemos dividir por un lado la inteligencia de amenazas como el análisis de los adversarios, sus capacidades, motivaciones y objetivos; y por otro lado la inteligencia de amenazas cibernética (CTI) como el análisis de cómo los adversarios usan el dominio cibernético para lograr sus objetivos.

El objetivo principal de la inteligencia de amenazas es ayudar a las organizaciones a comprender los riesgos de las amenazas externas más comunes y severas, como amenazas de día cero, amenazas persistentes avanzadas (APT) o exploits. Aunque las ciberamenazas también incluyen amenazas internas (o insiders), el énfasis está en los tipos de amenazas que tienen más probabilidades de afectar el ambiente de una organización particular, y por ello, en este capítulo se detallan los recursos para hacer frente al Cyber Threat Intelligence a nivel de desde fuentes de datos, frameworks y herramientas.

Como probablemente pueda deducir, administrar y analizar toda la información que haya explotado durante una investigación no es una tarea nada trivial. Normalmente se utilizan plataformas de inteligencia de amenazas para simplificar ese proceso y facilitar la recopilación, el almacenamiento y la búsqueda de esta información.

El ciclo de inteligencia es el proceso de generación y comunicación de conocimiento ajustado a las necesidades y los requerimientos de un usuario a partir de la obtención y la transformación de información apropiada mediante las que se obtiene información que se convierte en conocimiento que se pone a disposición de un usuario. La información más relevante se convierte en ciberinteligencia a través de un ciclo de recolección, análisis, integración y producción.

La inteligencia de amenazas es un proceso avanzado que permite a una organización recopilar de forma contínua información sobre amenazas basadas previamente en un análisis de riesgos de la organización. A grandes rasgos, la inteligencia de amenazas es el resultado del análisis basado en la identificación, recopilación y enriquecimiento de datos e información de amenazas cibernéticas relevantes. Los datos de amenazas cibernéticas normalmente incluyen indicadores de compromiso (IOC), como son direcciones IP maliciosas, hashes de archivos, dominios, direcciones de correo electrónico.

8.2 TIPOS DE INTELIGENCIA

En el complejo y dinámico mundo de la ciberseguridad, la inteligencia se erige como un pilar fundamental para la defensa y la toma de decisiones informadas. No obstante, la "inteligencia" en este contexto no es monolítica; se manifiesta en diversas formas, cada una diseñada para abordar necesidades específicas y servir a diferentes roles dentro de una organización. A continuación, analizamos los cuatro tipos principales de inteligencia, desde la visión panorámica de la inteligencia estratégica dirigida a la alta dirección, hasta el detalle técnico de la inteligencia operativa y táctica para los equipos de seguridad y analistas. Comprender estas distintas categorías es esencial para construir una estrategia de ciberseguridad integral y efectiva, que abarque desde la mitigación de riesgos a largo plazo hasta la respuesta ágil a incidentes en tiempo real.

- ▶ **Inteligencia estratégica:** es información de alto nivel. Puede abarcar aspectos como el impacto financiero de la actividad cibernética, las tendencias de ataque y las áreas que pueden afectar las decisiones comerciales de alto nivel. Destinados a personal directivo y altos cargos responsables de la toma de decisiones. Se enfoca en evaluar y mitigar los riesgos actuales y futuros para las empresas. Como ejemplo, una corporación que libera un nuevo producto o completa una fusión querrá comprender no sólo el impacto potencial sino también los riesgos asociados con la actividad. Esto es particularmente útil para los CISO y el personal ejecutivo que deben justificar los presupuestos y tomar decisiones de inversión bien informadas.

- ▶ **Inteligencia operacional:** es información sobre ataques específicos que llegan a la organización. Destinados a personal de seguridad y de defensa. Ayuda a impulsar la detección significativa, respuesta a incidentes y programas de captura de amenazas. Este nivel de inteligencia permite a los equipos de seguridad de la información identificar patrones en los ataques, a partir de los cuales se pueden desarrollar reglas del sistema lógico que luego pueden detectar indicadores específicos de actividad maliciosa.

▼ **Inteligencia técnica**: se trata de datos o información sobre indicadores de malware específico. La inteligencia de amenazas técnica generalmente alimenta las funciones de investigación o supervisión de una empresa y están destinadas a personal de IT, analistas SOC (Centro de operaciones de seguridad).

▼ **Inteligencia táctica**: incluye tácticas, técnicas y procedimientos (TTP). Es información sobre cómo los ciberatacantes pretenden o están realizando sus ataques. Esta inteligencia viene en forma de Indicadores de Compromiso (IOC), que incluyen elementos como dominios o direcciones IP. Sin embargo, los indicadores normalmente cambian rápidamente, lo que significa que es importante que la inteligencia operacional y estratégica también se incorpore en la toma de decisiones.

La combinación de estos diferentes niveles de inteligencia frente a amenazas ofrece a los equipos de ciberinteligencia la capacidad de saber cómo responder de manera proactiva y reactiva a los riesgos. Esto incluye qué soluciones usar, cómo deben apalancarse e incluso a quién controlar. Por ejemplo, la inteligencia estratégica ofrece una visión más amplia, y analiza cómo las amenazas y los ciberataques cambian con el tiempo. Los enfoques comunes de inteligencia estratégica incluyen tendencias históricas, motivaciones o atribuciones sobre quién está detrás de un ataque.

8.3 PLATAFORMAS DE INTELIGENCIA DE AMENAZAS

El proceso de recopilación de inteligencia se puede automatizar con la ayuda de diferentes scripts que podemos combinar, o mediante alguna plataforma que centralice la información de amenazas y permita recopilar y compartir inteligencia de ciberamenazas. Una plataforma de inteligencia de amenazas es una base de datos e interfaz de usuario diseñada específicamente para manejar información de amenazas. Existen varios tipos de plataformas de inteligencia de amenazas, algunas especializadas en el intercambio de información y otras que se centran en el almacenamiento y la administración de indicadores de compromiso (IOC).

Los indicadores de compromiso se basan en la idea de tener un método estandarizado basado principalmente en metalenguajes y cuyo fin principal es la identificación y detección de manera anticipada de amenazas relacionadas con la ciberseguridad. Un indicador de compromiso nos describe desde actividad maliciosa (incluyendo los elementos que participan de ella), hasta un incidente de seguridad por medio de patrones de comportamiento y características que pueden ser parametrizadas y categorizadas. La efectividad de los indicadores de compromiso se encuentra en la posibilidad de que la información que contienen, es actualizable en cualquier momento y que se puede compartir e intercambiar de una manera muy sencilla con cualquier persona o grupo interesado, como podrían serlo aquellos dedicados a la gestión de incidentes de seguridad.

Todas las plataformas de inteligencia de amenazas, ya sean de código abierto o comerciales, comparten muchas de las características y funcionalidades, pero pueden haber sido diseñadas teniendo en cuenta un caso particular de uso, ya sea información de amenazas basada en malware, compartir información específica, o apoyar y habilitar procesos analíticos. Una de las mejores cosas de comenzar con plataformas de inteligencia de amenazas de código abierto es que puede encontrar la mejor opción para su organización. Algunas de las herramientas comerciales más conocidas disponibles son las siguientes:

- ▼ **IBM X-Force Exchange** https://exchange.xforce.ibmcloud.com
- ▼ **Anomali** https://www.anomali.com
- ▼ **Cortex** https://www.paloaltonetworks.com/cortex/threat-intel-management
- ▼ **Mandiant** https://advantage.mandiant.com

En este libro, analizaremos con más detalle las herramientas que son de código abierto más conocidas entre las que podemos destacar:

- ▼ **MISP** https://www.misp-project.org
- ▼ **OpenTAXII** https://opentaxii.readthedocs.io/en/stable
- ▼ **Yeti** https://yeti-platform.github.io

Todas las herramientas de código abierto mencionadas anteriormente son muy buenas y tienen diferentes capacidades para ofrecer. En particular, Malware Information Sharing Platform (MISP) es una de las que ofrece más flexibilidad a nivel de arquitectura y el API que ofrece. Además, MISP expone una API programada en Python con la cual se puede interactuar a través de la librería pymisp https://pymisp.readthedocs.io para obtener los IOC de la base de datos de MISP.

8.3.1 FEEDS DE INTELIGENCIA DE AMENAZAS

El malware y en general las ciberamenazas siempre está evolucionando y las organizaciones están constantemente buscando cómo protegerse de los ataques dirigidos. El proceso más efectivo para proteger a las organizaciones es diseñar diferentes estrategias de protección contra amenazas conocidas y desconocidas. Uno de los mejores métodos para abordar las amenazas conocidas es implementar listas negras. Las listas negras pueden frenar la exposición a amenazas generalizadas y triviales monitoreando el tráfico de la red. Uno de los casos de uso más comunes es que las listas negras pueden bloquear su acceso en función de datos como la dirección IP, el nombre de dominio y la URL.

Desafortunadamente, esos parámetros por sí solo son insuficientes para la protección contra las amenazas, por lo que las organizaciones también están monitorizando los archivos que están pasando por su red. Muchas herramientas de seguridad y administración de red, como SIEM, Proxies, Content-Aware Firewalls e IDS/IPS, proporcionan los complementos necesarios para bloquear archivos basados en firmas de hash como MD5, SHA1 y SHA256. Al alimentar esas herramientas existentes con firmas hash de malware, las organizaciones pueden protegerse eficazmente contra las amenazas.

Hay varios sitios y comunidades de seguridad que comparten de forma abierta los datos de inteligencia, como una medida de colaboración para proteger a las organizaciones contra amenazas emergentes. Estas comunidades suelen utilizar lo que se conoce como fuentes de amenazas compartidas. Los datos que se comparten contienen direcciones URL maliciosas, direcciones IP maliciosas, archivos maliciosos, firmas de archivos maliciosos, dominios maliciosos y servidores de Command & Control que puedan estar controlando botnets.

Las organizaciones y comunidades adscritas a estos foros suelen compartir información relacionada con el tráfico que detectan como sospechoso, de forma que, toda la información que se recopila, se comparte con el SIEM y se crean reglas para detectar cualquier comunicación dentro de la organización contra los IOC etiquetados como maliciosos. Si el SIEM detecta que ha habido una comunicación entre un servidor interno o un activo con los IOC recopilados, alertará a la organización, para tomar las medidas preventivas apropiadas.

Si bien este proceso puede parecer sencillo, en realidad no es tan simple como parece. El mayor desafío que enfrenta la industria es la calidad de los IOC. Cuanto mejor sea la calidad de los IOC que tenga una organización, mejor será la detección. Sin embargo, tener millones de IOC no mejora la detección de forma predeterminada. En ocasiones, además de recolectar IOC de forma automática y enviarlos al SIEM, también debemos realizar tareas de filtrado ya que muchas veces los IOC que se recopilan de varias fuentes en diferentes formatos como JSON, CSV, STIX, XML, base de datos, donde viene mucha información que podría ocasionar la aparición de falsos positivos, aspecto que requerirá un esfuerzo extra por parte del analista. Por ejemplo. ThreatFeeds https://threatfeeds.io es un servicio que ofrece diferentes fuentes y feed de amenazas en diferentes formatos.

Figura 8.1. ThreatFeeds como plataforma para obtener feeds de amenazas

Entre las principales **características** de los feeds de inteligencia de amenazas podemos destacar:

▸ **Automatización**: los feeds están diseñados para ser consumidos automáticamente por sistemas de seguridad. Se entregan en formatos legibles por máquina (como STIX, TAXII, JSON, CSV, etc.) y pueden ser integrados mediante APIs.

▸ **Actualización continua:** la información en los feeds se actualiza constantemente, ya sea en tiempo real o con actualizaciones frecuentes (cada pocos minutos, horas o diariamente). Esto asegura que la inteligencia sea lo más actual y relevante posible.

▸ **Estructura y formato estándar:** los feeds suelen seguir formatos de datos estandarizados (como STIX/TAXII) para facilitar la interoperabilidad y la integración con diferentes herramientas de seguridad.

▸ **Filtrado y curación:** los proveedores de feeds suelen filtrar y "curar" la información para asegurar la calidad y la relevancia de los datos. No toda la información en internet es inteligencia de amenazas útil, por lo que el proceso de curación es importante.

▸ **Contexto y enriquecimiento:** algunos feeds no solo proporcionan IOCs "crudos", sino que también enriquecen la información con contexto adicional (categorización, severidad, TTPs, etc.) para facilitar su uso y análisis.

▸ **Personalización y adaptación**: algunos proveedores ofrecen feeds personalizables que permiten a los usuarios seleccionar los tipos de amenazas, la severidad o las fuentes de información que son más relevantes para sus necesidades.

Los feeds de inteligencia de amenazas se pueden clasificar de varias maneras:

▸ **Feeds de IOCs (Indicadores de Compromiso):** se centran principalmente en proporcionar listas de IOCs (IPs, dominios, hashes, URLs, etc.). Son útiles para la detección directa y el bloqueo de amenazas conocidas.

▸ **Feeds de vulnerabilidades:** informan sobre nuevas vulnerabilidades (CVEs), exploits disponibles y parches de seguridad. Ayudan a la gestión de vulnerabilidades y la priorización de parches.

▸ **Feeds de malware:** proporcionan información sobre nuevas familias de malware, características técnicas, análisis de comportamiento y firmas de detección. Útiles para la defensa contra malware y el análisis forense.

▸ **Feeds de amenazas web:** informan sobre ataques web, sitios web maliciosos, phishing, ataques XSS, inyección SQL, etc. Relevantes para la seguridad de aplicaciones web y la protección de usuarios online.

▸ **Feeds de ciberatacantes:** proporcionan información sobre grupos de atacantes, sus TTPs, objetivos, motivaciones y campañas. Ayudan a comprender el panorama de amenazas y anticipar ataques.

▸ **Feeds de código abierto**: gratuitos y disponibles públicamente. Pueden ser valiosos, pero en ocasiones se requiere un proceso de validación y curación. Ejemplos: Emerging Threats, AlienVault OTX.

▼ **Feeds de pago:** ofrecidos por empresas de seguridad bajo suscripción de pago. Suelen ofrecer mayor calidad, precisión, cobertura y soporte. Ejemplos: Recorded Future, FireEye iSIGHT, CrowdStrike Falcon Intelligence.

8.3.2 IBM X-FORCE EXCHANGE

IBM X-Force Exchange https://exchange.xforce.ibmcloud.com es una plataforma de inteligencia de amenazas basada en la nube que permite a los usuarios investigar rápidamente las últimas amenazas de seguridad. Es un producto SaaS que se puede utilizar para buscar información de inteligencia sobre amenazas y vulnerabilidades detectadas en aplicaciones y servidores. También busca posibles programas maliciosos, spam, malware dentro de un dominio u organización. Es posible realizar la búsqueda por nombre de aplicación, dirección IP, URL, vulnerabilidad, MD5.

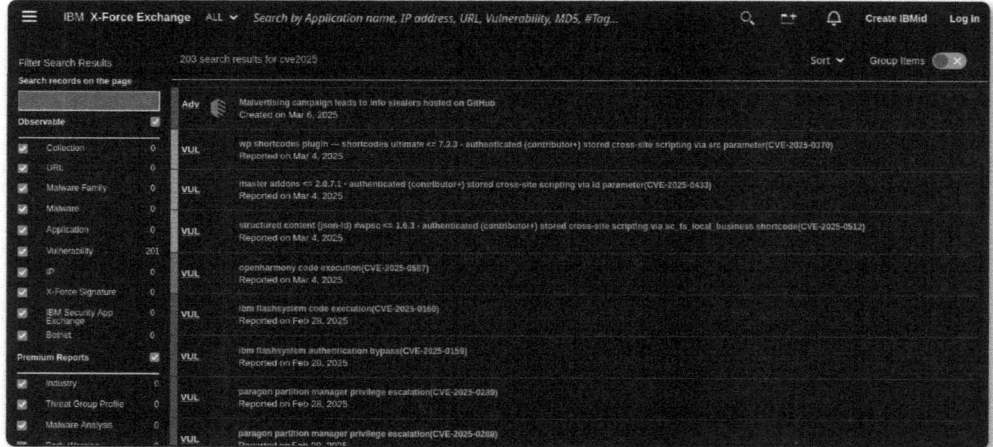

Figura 8.2. IBM X-Force Exchange como plataforma para obtener feeds de amenazas

La herramienta dispone de una API https://api.xforce.ibmcloud.com capaz de obtener la reputación para una dirección IP.

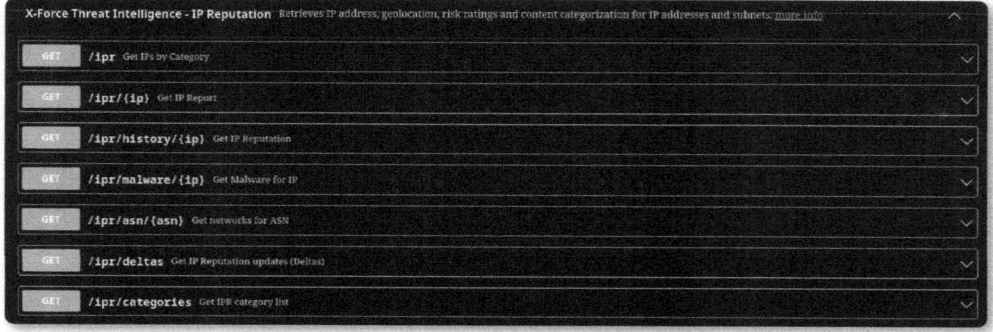

Figura 8.3. API para obtener la reputación de una dirección IP

▶ https://api.xforce.ibmcloud.com/ipr/malware/<direccion_ip>.   devuelve   el malware asociado con una dirección IP.

```json
{
  "malware": [
    {
      "type": "SPM",
      "md5": "A1E89815F872CA691F942CFAABD872C4",
      "domain": "cleverdoughcakes.com",
      "firstseen": "2016-12-16T17:45:00Z",
      "lastseen": "2016-12-16T17:45:00Z",
      "ip": "0x00000000000000000000ffffbaa7f894",
      "count": 1,
      "filepath": "user8796750.zip",
      "uri": "file://user8796750.zip",
      "first": "2016-12-16T17:45:00Z",
      "last": "2016-12-16T17:45:00Z",
      "origin": "SPM",
      "family": [
        "Spam Zero-Day"
      ]
    },
    {
      "type": "SPM",
      "md5": "5219CC74CABDBA8AB8D68A9B6FE74C25",
      "domain": "empoweringtransitions.com",
      "firstseen": "2016-12-16T11:30:00Z",
      "lastseen": "2016-12-16T11:30:00Z",
      "ip": "0x00000000000000000000ffffbaa7f894",
      "count": 1,
      "filepath": "user7697761.zip",
      "uri": "file://user7697761.zip",
      "first": "2016-12-16T11:30:00Z",
      "last": "2016-12-16T11:30:00Z",
      "origin": "SPM",
      "family": [
        "Spam Zero-Day"
      ]
    },
    ...
    ...
```

▶ https://api.xforce.ibmcloud.com/ipr/history/<direccion_ip>.   devuelve   la reputación de una dirección IP.

```json
{
  "ip": "string",
  "history": [
    {
      "created": "2025-03-11T20:49:00.670Z",
      "geo": {
        "country": "string",
```

```
        "countrycode": "string"
      },
      "ip": "string",
      "reason": "string",
      "reasonDescription": "string",
      "malware_extended": {
        "BotNet": "string",
        "lat": 0,
        "long": 0,
        "city": "string",
        "CC": "string",
        "country": 0,
        "isnew": true
      },
      "deleted": true,
      "reason_removed": true,
      "categoryDescriptions": {
        "key": "string",
        "value": "string"
      },
      "cats": {
        "key": "string",
        "value": "string"
      },
      "score": 10,
      "subnet": "string",
      "asns": {
        "asn": {
          "Company": "string",
          "cidr": 0
        }
      }
    }
  ]
}
```

▶ https://api.xforce.ibmcloud.com/ipr/<direccion_ip>. devuelve el reporte de una dirección IP.

```
{
  "ip": "string",
  "history": [
    {
      "created": "2025-03-11T20:51:41.237Z",
      "geo": {
        "country": "string",
        "countrycode": "string"
      },
      "ip": "string",
      "reason": "string",
      "reasonDescription": "string",
      "malware_extended": {
```

```
        "BotNet": "string",
        "lat": 0,
        "long": 0,
        "city": "string",
        "CC": "string",
        "country": 0,
        "isnew": true
      },
      "deleted": true,
      "reason_removed": true,
      "categoryDescriptions": {
        "key": "string",
        "value": "string"
      },
      "cats": {
        "key": "string",
        "value": "string"
      },
      "score": 10,
      "subnet": "string",
      "asns": {
        "asn": {
          "Company": "string",
          "cidr": 0
        }
      }
    }
  ],
  "subnets": [
    {
      "created": "2025-03-11T20:51:41.237Z",
      "geo": {
        "country": "string",
        "countrycode": "string"
      },
      "ip": "string",
      "reason": "string",
      "reasonDescription": "string",
      "malware_extended": {
        "BotNet": "string",
        "lat": 0,
        "long": 0,
        "city": "string",
        "CC": "string",
        "country": 0,
        "isnew": true
      },
      "deleted": true,
      "reason_removed": true,
      "categoryDescriptions": {
        "key": "string",
        "value": "string"
      },
```

```
    "cats": {
      "key": "string",
      "value": "string"
    },
    "score": 10,
    "subnet": "string",
    "asns": {
      "asn": {
        "Company": "string",
        "cidr": 0
      }
    }
  }
],
"cats": {
  "key": "string",
  "value": "string"
},
"geo": {
  "country": "string",
  "countrycode": "string"
},
"score": 10,
"reason": "string",
"reasonDescription": "string",
"categoryDescriptions": {
  "key": "string",
  "value": "string"
},
"tags": [
  {
    "type": "string",
    "tag": "string",
    "entityType": "string",
    "entityId": "string",
    "commentId": "string",
    "user": "string",
    "date": "string",
    "displayName": "string"
  }
]
}
```

8.3.3 MISP (MALWARE INFORMATION SHARING PLATFORM)

MISP http://www.misp-project.org es probablemente la plataforma de intercambio de información de malware más conocida como solución de software de código abierto para recopilar, almacenar, distribuir y compartir indicadores de seguridad y análisis de malware. Esta solución incluye una base de datos junto con una interfaz de usuario que permite a las organizaciones almacenar información relacionada con los ataques para facilitar la correlación y el intercambio de información sobre amenazas.

A grandes rasgos, se trata de una plataforma para compartir información sobre malware, muy enfocado a ser implementado en empresas que usen inteligencia de amenazas para compartir, almacenar y correlacionar indicadores de compromiso (IOCs) de ataques dirigidos, permitiendo así a las distintas organizaciones compartir información sobre malware y sus indicadores. Con esto se consigue una comunidad colaborativa sobre amenazas existentes, cuyo objetivo es ayudar a mejorar las contramedidas utilizadas contra los ataques dirigidos y establecer acciones preventivas y de detección.

El objetivo es recopilar información sobre amenazas de diversas fuentes de información que publiquen contenido malicioso y almacenarlo en una base de datos. El mismo contenido se puede recuperar para analizarlo posteriormente y compartirlo con herramientas de seguridad como SIEM, Firewall e IDS/IPS. Las principales **características** son las siguientes:

▶ Es capaz de analizar diferentes formatos de archivos como CSV, TSV, JSON y XML. Esto supone una ventaja porque no tenemos que preocuparnos por el formato en el que suministramos las fuentes de inteligencia. Al analizar la información, la transforma en un formato coherente para que coincida con el esquema backend que soporta MISP.

▶ Tiene una API que nos da la flexibilidad de compartir la inteligencia directamente con las herramientas SIEM.

▶ Tiene la capacidad de comunicarse con otras instancias de la misma plataforma para compartir amenazas.

▶ Tiene un acceso basado en roles a la interfaz web, que permite a los analistas comprender y relacionar las IOC recopiladas.

▶ Almacena datos en un formato estructurado, permitiendo así un uso automatizado de la base de datos para alimentar sistemas de detección de intrusos (IDS).

▶ Cuenta con un sistema de backend basado en workers y colas de mensajes con redis, en el que se puede programar una colección de fuentes en cualquier momento del día, pudiendo también cambiar la frecuencia con que esto debe repetirse.

Para levantar una instancia de la plataforma en nuestra máquina lo podemos hacer utilizando a partir del código fuente que encontramos en GitHub https://github.com/MISP/MISP. Si disponemos de un sistema operativo basado en UNIX, podemos realizar la instalación siguiendo las instrucciones que aparecen en esta página https://misp.github.io/MISP. También tenemos otras opciones como la descarga de una máquina ya preparada con la aplicación. En el siguiente repositorio https://vm.misp-project.org encontramos imágenes para VMware https://www.vmware.com y VirtualBox https://www.virtualbox.org.

Si trabajamos con entornos basados en contenedores como Docker y docker-compose, en el siguiente repositorio https://github.com/MISP/misp-docker encontramos las instrucciones de instalación utilizando el siguiente fichero **docker-compose.yml:**

```yaml
services:
  # This is capable to relay via gmail, Amazon SES, or generic relays
  # See: https://hub.docker.com/r/ixdotai/smtp
  mail:
    image: ixdotai/smtp
    environment:
      - "SMARTHOST_ADDRESS=${SMARTHOST_ADDRESS}"
      - "SMARTHOST_PORT=${SMARTHOST_PORT}"
      - "SMARTHOST_USER=${SMARTHOST_USER}"
      - "SMARTHOST_PASSWORD=${SMARTHOST_PASSWORD}"
      - "SMARTHOST_ALIASES=${SMARTHOST_ALIASES}"

  redis:
    image: valkey/valkey:7.2
    command: "--save '' --requirepass '${REDIS_PASSWORD:-redispassword}'"
    healthcheck:
      test: "valkey-cli -a '${REDIS_PASSWORD:-redispassword}' -p ${REDIS_PORT:-
6379} ping | grep -q PONG || exit 1"
      interval: 2s
      timeout: 1s
      retries: 3
      start_period: 5s
      start_interval: 5s

  db:
    # We use MariaDB because it supports ARM and has the expected collations
    image: mariadb:10.11
    restart: always
    environment:
      - "MYSQL_USER=${MYSQL_USER:-misp}"
      - "MYSQL_PASSWORD=${MYSQL_PASSWORD:-example}"
      - "MYSQL_ROOT_PASSWORD=${MYSQL_ROOT_PASSWORD:-password}"
      - "MYSQL_DATABASE=${MYSQL_DATABASE:-misp}"
    command: "\
      --innodb-buffer-pool-size=${INNODB_BUFFER_POOL_SIZE:-2048M} \
      --innodb-change-buffering=${INNODB_CHANGE_BUFFERING:-none} \
      --innodb-io-capacity=${INNODB_IO_CAPACITY:-1000} \
      --innodb-io-capacity-max=${INNODB_IO_CAPACITY_MAX:-2000} \
      --innodb-log-file-size=${INNODB_LOG_FILE_SIZE:-600M} \
      --innodb-read-io-threads=${INNODB_READ_IO_THREADS:-16} \
      --innodb-stats-persistent=${INNODB_STATS_PERSISTENT:-ON} \
      --innodb-write-io-threads=${INNODB_WRITE_IO_THREADS:-4}"
    volumes:
      - mysql_data:/var/lib/mysql
    cap_add:
      - SYS_NICE  # CAP_SYS_NICE Prevent runaway mysql log
    healthcheck:
      test: mysqladmin --user=$$MYSQL_USER --password=$$MYSQL_PASSWORD status
      interval: 2s
      timeout: 1s
      retries: 3
      start_period: 30s
      start_interval: 5s

  misp-core:
    image: ghcr.io/misp/misp-docker/misp-core:${CORE_RUNNING_TAG:-latest}
```

```
    cap_add:
      - AUDIT_WRITE
    build:
      context: core/.
      args:
        - CORE_TAG=${CORE_TAG:?Missing .env file, see README.md for
instructions}
        - CORE_COMMIT=${CORE_COMMIT}
        - CORE_FLAVOR=${CORE_FLAVOR:-full}
        - PHP_VER=${PHP_VER:?Missing .env file, see README.md for instructions}
        - PYPI_REDIS_VERSION=${PYPI_REDIS_VERSION}
        - PYPI_LIEF_VERSION=${PYPI_LIEF_VERSION}
        - PYPI_PYDEEP2_VERSION=${PYPI_PYDEEP2_VERSION}
        - PYPI_PYTHON_MAGIC_VERSION=${PYPI_PYTHON_MAGIC_VERSION}
        - PYPI_MISP_LIB_STIX2_VERSION=${PYPI_MISP_LIB_STIX2_VERSION}
        - PYPI_MAEC_VERSION=${PYPI_MAEC_VERSION}
        - PYPI_MIXBOX_VERSION=${PYPI_MIXBOX_VERSION}
        - PYPI_CYBOX_VERSION=${PYPI_CYBOX_VERSION}
        - PYPI_PYMISP_VERSION=${PYPI_PYMISP_VERSION}
        - PYPI_MISP_STIX_VERSION=${PYPI_MISP_STIX_VERSION}
    depends_on:
      redis:
        condition: service_healthy
      db:
        condition: service_healthy
      misp-modules:
        condition: service_healthy
    healthcheck:
      test: curl -ks ${BASE_URL:-https://localhost}/users/heartbeat > /dev/null
|| exit 1
      interval: 2s
      timeout: 1s
      retries: 3
      start_period: 30s
      start_interval: 30s
    ports:
      - "80:80"
      - "443:443"
    volumes:
      - "./configs/:/var/www/MISP/app/Config/"
      - "./logs/:/var/www/MISP/app/tmp/logs/"
      - "./files/:/var/www/MISP/app/files/"
      - "./ssl/:/etc/nginx/certs/"
      - "./gnupg/:/var/www/MISP/.gnupg/"
      # customize by replacing ${CUSTOM_PATH} with a path containing 'files/
customize_misp.sh'
      # - "${CUSTOM_PATH}/:/custom/"
      # mount custom ca root certificates
      # - "./rootca.pem:/usr/local/share/ca-certificates/rootca.crt"
    environment:
      - "BASE_URL=${BASE_URL}"
      - "CRON_USER_ID=${CRON_USER_ID}"
      - "DISABLE_IPV6=${DISABLE_IPV6}"
      - "DISABLE_SSL_REDIRECT=${DISABLE_SSL_REDIRECT}"
      - "ENABLE_DB_SETTINGS=${ENABLE_DB_SETTINGS}"
      - "ENABLE_BACKGROUND_UPDATES=${ENABLE_BACKGROUND_UPDATES}"
```

```
        - "ENCRYPTION_KEY=${ENCRYPTION_KEY}"
        - "DISABLE_CA_REFRESH=${DISABLE_CA_REFRESH}"
        # standard settings
        - "ADMIN_EMAIL=${ADMIN_EMAIL}"
        - "ADMIN_PASSWORD=${ADMIN_PASSWORD}"
        - "ADMIN_KEY=${ADMIN_KEY}"
        - "ADMIN_ORG=${ADMIN_ORG}"
        - "ADMIN_ORG_UUID=${ADMIN_ORG_UUID}"
        - "GPG_PASSPHRASE=${GPG_PASSPHRASE}"
        - "ATTACHMENTS_DIR=${ATTACHMENTS_DIR}"
        # OIDC authentication settings
        - "OIDC_ENABLE=${OIDC_ENABLE}"
        - "OIDC_PROVIDER_URL=${OIDC_PROVIDER_URL}"
        - "OIDC_CLIENT_ID=${OIDC_CLIENT_ID}"
        - "OIDC_CLIENT_SECRET=${OIDC_CLIENT_SECRET}"
        - "OIDC_ROLES_PROPERTY=${OIDC_ROLES_PROPERTY}"
        - "OIDC_ROLES_MAPPING=${OIDC_ROLES_MAPPING}"
        - "OIDC_DEFAULT_ORG=${OIDC_DEFAULT_ORG}"
        - "OIDC_LOGOUT_URL=${OIDC_LOGOUT_URL}"
        - "OIDC_SCOPES=${OIDC_SCOPES}"
        # APACHESECUREAUTH authentication settings
        - "APACHESECUREAUTH_LDAP_OLD_VAR_DETECT=${LDAP_ENABLE}"
        - "APACHESECUREAUTH_LDAP_ENABLE=${APACHESECUREAUTH_LDAP_ENABLE:-${LDAP_
ENABLE}}"
        - "APACHESECUREAUTH_LDAP_APACHE_ENV=${APACHESECUREAUTH_LDAP_APACHE_ENV:-
${LDAP_APACHE_ENV}}"
        - "APACHESECUREAUTH_LDAP_SERVER=${APACHESECUREAUTH_LDAP_SERVER:-${LDAP_
SERVER}}"
        - "APACHESECUREAUTH_LDAP_STARTTLS=${APACHESECUREAUTH_LDAP_STARTTLS:-
${LDAP_STARTTLS}}"
        - "APACHESECUREAUTH_LDAP_READER_USER=${APACHESECUREAUTH_LDAP_READER_USER:-
${LDAP_READER_USER}}"
        - "APACHESECUREAUTH_LDAP_READER_PASSWORD=${APACHESECUREAUTH_LDAP_READER_
PASSWORD:-${LDAP_READER_PASSWORD}}"
        - "APACHESECUREAUTH_LDAP_DN=${APACHESECUREAUTH_LDAP_DN:-${LDAP_DN}}"
        - "APACHESECUREAUTH_LDAP_SEARCH_FILTER=${APACHESECUREAUTH_LDAP_SEARCH_
FILTER:-${LDAP_SEARCH_FILTER}}"
        - "APACHESECUREAUTH_LDAP_SEARCH_ATTRIBUTE=${APACHESECUREAUTH_LDAP_SEARCH_
ATTRIBUTE:-${LDAP_SEARCH_ATTRIBUTE}}"
        - "APACHESECUREAUTH_LDAP_FILTER=${APACHESECUREAUTH_LDAP_FILTER:-${LDAP_
FILTER}}"
        - "APACHESECUREAUTH_LDAP_DEFAULT_ROLE_ID=${APACHESECUREAUTH_LDAP_DEFAULT_
ROLE_ID:-${LDAP_DEFAULT_ROLE_ID}}"
        - "APACHESECUREAUTH_LDAP_DEFAULT_ORG=${APACHESECUREAUTH_LDAP_DEFAULT_ORG:-
${LDAP_DEFAULT_ORG}}"
        - "APACHESECUREAUTH_LDAP_EMAIL_FIELD=${APACHESECUREAUTH_LDAP_EMAIL_FIELD:-
${LDAP_EMAIL_FIELD}}"
        - "APACHESECUREAUTH_LDAP_OPT_PROTOCOL_VERSION=${APACHESECUREAUTH_LDAP_OPT_
PROTOCOL_VERSION:-${LDAP_OPT_PROTOCOL_VERSION}}"
        - "APACHESECUREAUTH_LDAP_OPT_NETWORK_TIMEOUT=${APACHESECUREAUTH_LDAP_OPT_
NETWORK_TIMEOUT:-${LDAP_OPT_NETWORK_TIMEOUT}}"
        - "APACHESECUREAUTH_LDAP_OPT_REFERRALS=${APACHESECUREAUTH_LDAP_OPT_
REFERRALS:-${LDAP_OPT_REFERRALS}}"
        # LdapAuth MISP authentication settings
        - "LDAPAUTH_ENABLE=${LDAPAUTH_ENABLE}"
        - "LDAPAUTH_LDAPSERVER=${LDAPAUTH_LDAPSERVER}"
```

```
- "LDAPAUTH_LDAPDN=${LDAPAUTH_LDAPDN}"
- "LDAPAUTH_LDAPREADERUSER=${LDAPAUTH_LDAPREADERUSER}"
- "LDAPAUTH_LDAPREADERPASSWORD=${LDAPAUTH_LDAPREADERPASSWORD}"
- "LDAPAUTH_LDAPSEARCHFILTER=${LDAPAUTH_LDAPSEARCHFILTER}"
- "LDAPAUTH_LDAPSEARCHATTRIBUTE=${LDAPAUTH_LDAPSEARCHATTRIBUTE}"
- "LDAPAUTH_LDAPEMAILFIELD=${LDAPAUTH_LDAPEMAILFIELD}"
- "LDAPAUTH_LDAPNETWORKTIMEOUT=${LDAPAUTH_LDAPNETWORKTIMEOUT}"
- "LDAPAUTH_LDAPPROTOCOL=${LDAPAUTH_LDAPPROTOCOL}"
- "LDAPAUTH_LDAPALLOWREFERRALS=${LDAPAUTH_LDAPALLOWREFERRALS}"
- "LDAPAUTH_STARTTLS=${LDAPAUTH_STARTTLS}"
- "LDAPAUTH_MIXEDAUTH=${LDAPAUTH_MIXEDAUTH}"
- "LDAPAUTH_LDAPDEFAULTORGID=${LDAPAUTH_LDAPDEFAULTORGID}"
- "LDAPAUTH_LDAPDEFAULTROLEID=${LDAPAUTH_LDAPDEFAULTROLEID}"
- "LDAPAUTH_UPDATEUSER=${LDAPAUTH_UPDATEUSER}"
- "LDAPAUTH_DEBUG=${LDAPAUTH_DEBUG}"
- "LDAPAUTH_LDAPTLSREQUIRECERT=${LDAPAUTH_LDAPTLSREQUIRECERT}"
- "LDAPAUTH_LDAPTLSCUSTOMCACERT=${LDAPAUTH_LDAPTLSCUSTOMCACERT}"
- "LDAPAUTH_LDAPTLSCRLCHECK=${LDAPAUTH_LDAPTLSCRLCHECK}"
- "LDAPAUTH_LDAPTLSPROTOCOLMIN=${LDAPAUTH_LDAPTLSPROTOCOLMIN}"
# AAD authentication settings
- "AAD_ENABLE=${AAD_ENABLE}"
- "AAD_CLIENT_ID=${AAD_CLIENT_ID}"
- "AAD_TENANT_ID=${AAD_TENANT_ID}"
- "AAD_CLIENT_SECRET=${AAD_CLIENT_SECRET}"
- "AAD_REDIRECT_URI=${AAD_REDIRECT_URI}"
- "AAD_PROVIDER=${AAD_PROVIDER}"
- "AAD_PROVIDER_USER=${AAD_PROVIDER_USER}"
- "AAD_MISP_USER=${AAD_MISP_USER}"
- "AAD_MISP_ORGADMIN=${AAD_MISP_ORGADMIN}"
- "AAD_MISP_SITEADMIN=${AAD_MISP_SITEADMIN}"
- "AAD_CHECK_GROUPS=${AAD_CHECK_GROUPS}"
# nginx settings
- "NGINX_X_FORWARDED_FOR=${NGINX_X_FORWARDED_FOR}"
- "NGINX_SET_REAL_IP_FROM=${NGINX_SET_REAL_IP_FROM}"
- "NGINX_CLIENT_MAX_BODY_SIZE=${NGINX_CLIENT_MAX_BODY_SIZE:-50M}"
# proxy settings
- "PROXY_ENABLE=${PROXY_ENABLE}"
- "PROXY_HOST=${PROXY_HOST}"
- "PROXY_PORT=${PROXY_PORT}"
- "PROXY_METHOD=${PROXY_METHOD}"
- "PROXY_USER=${PROXY_USER}"
- "PROXY_PASSWORD=${PROXY_PASSWORD}"
# sync server settings (see https://www.misp-project.org/openapi/#tag/
Servers for more options)
- "SYNCSERVERS=${SYNCSERVERS}"
- |
  SYNCSERVERS_1_DATA=
  {
    "remote_org_uuid": "${SYNCSERVERS_1_UUID}",
    "name": "${SYNCSERVERS_1_NAME}",
    "authkey": "${SYNCSERVERS_1_KEY}",
    "url": "${SYNCSERVERS_1_URL}",
    "pull_rules": "${SYNCSERVERS_1_PULL_RULES}",
    "pull": true
  }
# mysql settings
```

```
      - "MYSQL_HOST=${MYSQL_HOST:-db}"
      - "MYSQL_PORT=${MYSQL_PORT:-3306}"
      - "MYSQL_USER=${MYSQL_USER:-misp}"
      - "MYSQL_PASSWORD=${MYSQL_PASSWORD:-example}"
      - "MYSQL_DATABASE=${MYSQL_DATABASE:-misp}"
      # redis settings
      - "REDIS_HOST=${REDIS_HOST:-redis}"
      - "REDIS_PORT=${REDIS_PORT:-6379}"
      - "REDIS_PASSWORD=${REDIS_PASSWORD:-redispassword}"
      # debug setting
      - "DEBUG=${DEBUG}"
      # SMTP setting
      - "SMTP_FQDN=${SMTP_FQDN}"
      # NGINX settings
      - "FASTCGI_READ_TIMEOUT=${FASTCGI_READ_TIMEOUT:-300s}"
      - "FASTCGI_SEND_TIMEOUT=${FASTCGI_SEND_TIMEOUT:-300s}"
      - "FASTCGI_CONNECT_TIMEOUT=${FASTCGI_CONNECT_TIMEOUT:-300s}"
      - "FASTCGI_STATUS_LISTEN=${FASTCGI_STATUS_LISTEN}"
      # PHP settings
      - "PHP_MEMORY_LIMIT=${PHP_MEMORY_LIMIT:-2048M}"
      - "PHP_MAX_EXECUTION_TIME=${PHP_MAX_EXECUTION_TIME:-300}"
      - "PHP_UPLOAD_MAX_FILESIZE=${PHP_UPLOAD_MAX_FILESIZE:-50M}"
      - "PHP_POST_MAX_SIZE=${PHP_POST_MAX_SIZE:-50M}"
      - "PHP_MAX_INPUT_TIME:${PHP_MAX_INPUT_TIME:-300}"
      - "PHP_MAX_FILE_UPLOADS=${PHP_MAX_FILE_UPLOADS:-50}"
      # PHP FPM pool setup
      - "PHP_FCGI_CHILDREN=${PHP_FCGI_CHILDREN:-5}"
      - "PHP_FCGI_START_SERVERS=${PHP_FCGI_START_SERVERS:-2}"
      - "PHP_FCGI_SPARE_SERVERS=${PHP_FCGI_SPARE_SERVERS:-1}"
      - "PHP_FCGI_MAX_REQUESTS=${PHP_FCGI_MAX_REQUESTS:-0}"
      # additional PHP settings
      - "PHP_SESSION_TIMEOUT=${PHP_SESSION_TIMEOUT:-60}"
      - "PHP_SESSION_COOKIE_TIMEOUT=${PHP_SESSION_COOKIE_TIMEOUT:-10080}"
      - "PHP_SESSION_DEFAULTS=${PHP_SESSION_DEFAULTS:-php}"
      - "PHP_SESSION_AUTO_REGENERATE=${PHP_SESSION_AUTO_REGENERATE:-false}"
      - "PHP_SESSION_CHECK_AGENT=${PHP_SESSION_CHECK_AGENT:-false}"
      - "PHP_SESSION_COOKIE_SECURE=${PHP_SESSION_COOKIE_SECURE:-true}"
      - "PHP_SESSION_COOKIE_DOMAIN=${PHP_SESSION_COOKIE_DOMAIN}"
      - "PHP_SESSION_COOKIE_SAMESITE=${PHP_SESSION_COOKIE_SAMESITE:-Lax}"
      # security settings
      - "HSTS_MAX_AGE=${HSTS_MAX_AGE}"
      - "X_FRAME_OPTIONS=${X_FRAME_OPTIONS}"
      - "CONTENT_SECURITY_POLICY=${CONTENT_SECURITY_POLICY}"

  misp-modules:
    image: ghcr.io/misp/misp-docker/misp-modules:${MODULES_RUNNING_TAG:-latest}
    build:
      context: modules/.
      args:
        - MODULES_TAG=${MODULES_TAG:?Missing .env file, see README.md for
instructions}
        - MODULES_COMMIT=${MODULES_COMMIT}
        - MODULES_FLAVOR=${MODULES_FLAVOR:-full}
    healthcheck:
      test: "/bin/bash -c '</dev/tcp/localhost/6666'"
      interval: 2s
```

```
        timeout: 1s
        retries: 3
        start_period: 5s
        start_interval: 5s
      volumes:
      # custom MISP modules are loaded at startup time
      - "./custom/action_mod/:/custom/action_mod/"
      - "./custom/expansion/:/custom/expansion/"
      - "./custom/export_mod/:/custom/export_mod/"
      - "./custom/import_mod/:/custom/import_mod/"

volumes:
    mysql_data:
```

Para arrancar la aplicación, se podría hacer utilizando los siguientes comandos:

```
$ docker compose up
```

Una vez arrancando el servidor, podríamos utilizar las siguientes credenciales por defecto para acceder:

```
https://localhost
User: admin@admin.test
Password: admin
```

Una vez que iniciamos sesión en la aplicación, podemos ir a la pestaña de feeds para ver qué feeds vienen configurados de forma predeterminada en MISP. Los feeds son recursos (obtenidos de fuentes remotas o locales) que generan terceros con información y que podemos recoger para añadirla en nuestra instancia de MISP. Una vez que programamos un trabajo de recolección de fuentes, el motor de MISP visita todas las fuentes de fuentes configuradas, extrae IOC de ellas y las guarda en la base de datos.

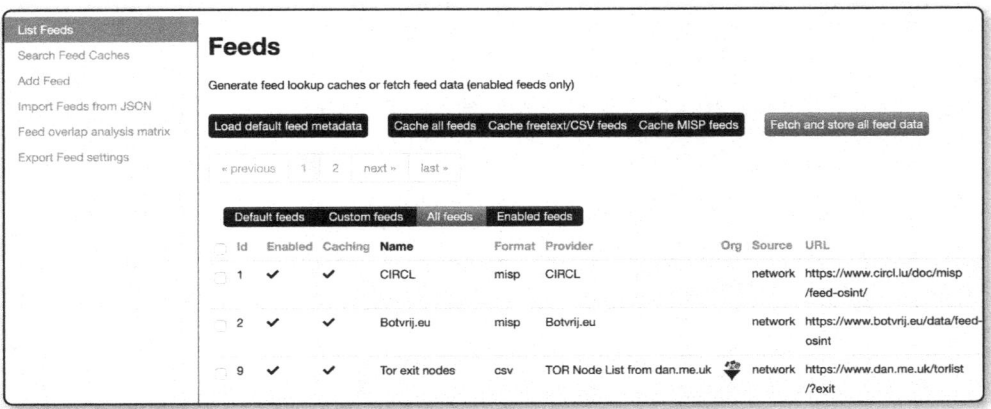

Figura 8.4. Sección de feeds que MISP utiliza para obtener información sobre las amenazas

La plataforma nos ofrece la opción de añadir nuevos feeds, donde el formato de entrada puede ser en formato MISP, CSV o texto plano.

Source Format
MISP Feed
MISP Feed
Freetext Parsed Feed
Simple CSV Parsed Feed

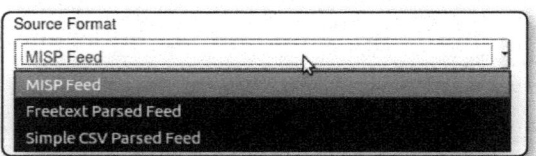

Figura 8.5. Formatos de feeds

Desde la pestaña **Añadir feeds** podemos configurar más feeds que nos interese añadir. En la siguiente captura de pantalla podemos ver el formulario para añadir nuevas fuentes. En la siguiente url https://www.circl.lu/doc/misp/feed-osint encontramos feeds en formato JSON.

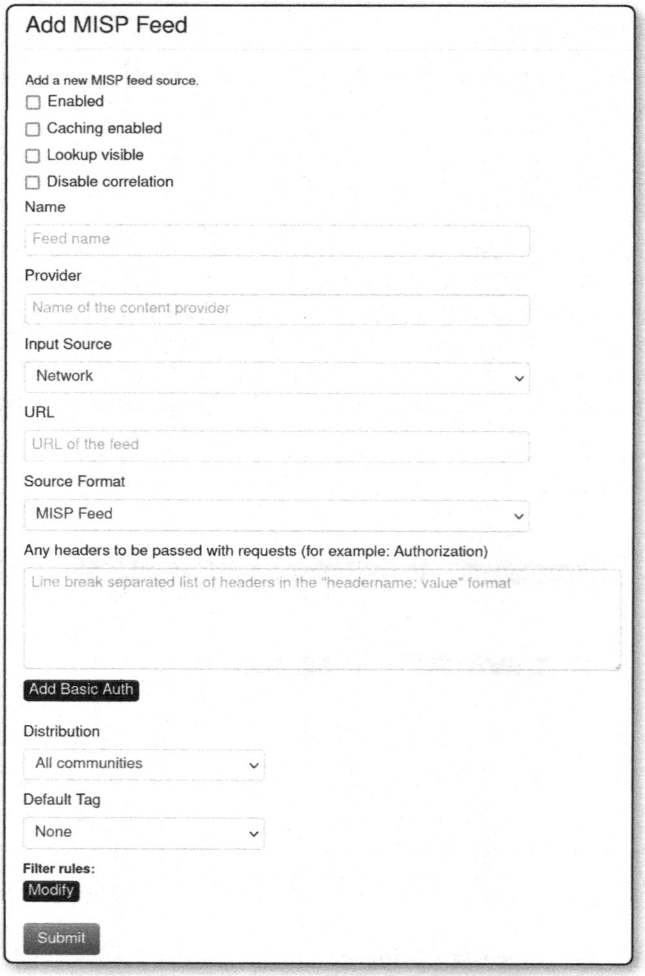

Add MISP Feed
Add a new MISP feed source.
Enabled
Caching enabled
Lookup visible
Disable correlation
Name
Feed name
Provider
Name of the content provider
Input Source
Network
URL
URL of the feed
Source Format
MISP Feed
Any headers to be passed with requests (for example: Authorization)
Line break separated list of headers in the "headername: value" format
Add Basic Auth
Distribution
All communities
Default Tag
None
Filter rules:
Modify
Submit

Figura 8.6. Formulario para añadir una nueva fuente de datos

El **dashboard** de MISP es la interfaz centralizada que te proporciona una visión general del panorama de amenazas tal como lo percibe la instancia de MISP y las fuentes de inteligencia a las que está conectada. Su objetivo principal para la detección de amenazas es ofrecer una rápida comprensión de las amenazas más recientes y potencialmente impactantes para la organización. A través del dashboard, MISP te permite:

▼ **Visualizar las amenazas más recientes:** el dashboard muestra una lista de los eventos de amenaza más recientes que se han añadido o actualizado en la plataforma. Esto permite estar al tanto de las nuevas campañas, malware o ciberamenazas que están activas. Podemos ver información clave como el título del evento, la fecha de creación o modificación, el nivel de amenaza y las etiquetas asociadas.

▼ **Identificar tendencias y patrones**: algunos dashboards de MISP ofrecen gráficos y estadísticas que resumen las tendencias de las amenazas a lo largo del tiempo. Podemos ver la distribución de los tipos de indicadores de compromiso (IOCs), las familias de malware más prevalentes, los sectores o geografías más atacados, y la actividad de ciberatacantes. Esta información ayuda a comprender el panorama general y a identificar patrones que podrían indicar un ataque en curso o futuro contra la organización.

▼ **Evaluar la relevancia de las amenazas**: el dashboard puede mostrar indicadores de relevancia basados en las etiquetas, las taxonomías y los sistemas de puntuación configurados en MISP, lo que ayuda a identificar las amenazas que son más relevantes para tu sector, tu ubicación geográfica o los activos específicos que la organización necesita proteger. También podemos ver información sobre la confianza y la fiabilidad de las fuentes de inteligencia, lo que permite evaluar la credibilidad de la información mostrada.

▼ **Acceder rápidamente a información detallada**: desde el dashboard, podemos acceder a la información detallada de cada evento de amenaza. Esto permite explorar los IOCs asociados (direcciones IP, dominios, hashes, URLs), las vulnerabilidades explotadas, las características del malware, las TTPs (técnicas, tácticas y procedimientos) usadas por los ciberatacantes y cualquier otra información relevante compartida en el evento. Esta información detallada es importante para entender la naturaleza de la amenaza y tomar medidas de detección y mitigación.

▼ **Personalizar la vista**: muchos dashboards de MISP permiten la personalización, lo que permite configurar los widgets y los paneles para mostrar la información que es más importante para tus necesidades específicas de detección de amenazas. Podemos filtrar eventos por tipo, nivel de amenaza, fuente o etiquetas, creando una vista adaptada a las prioridades de cada proyecto.

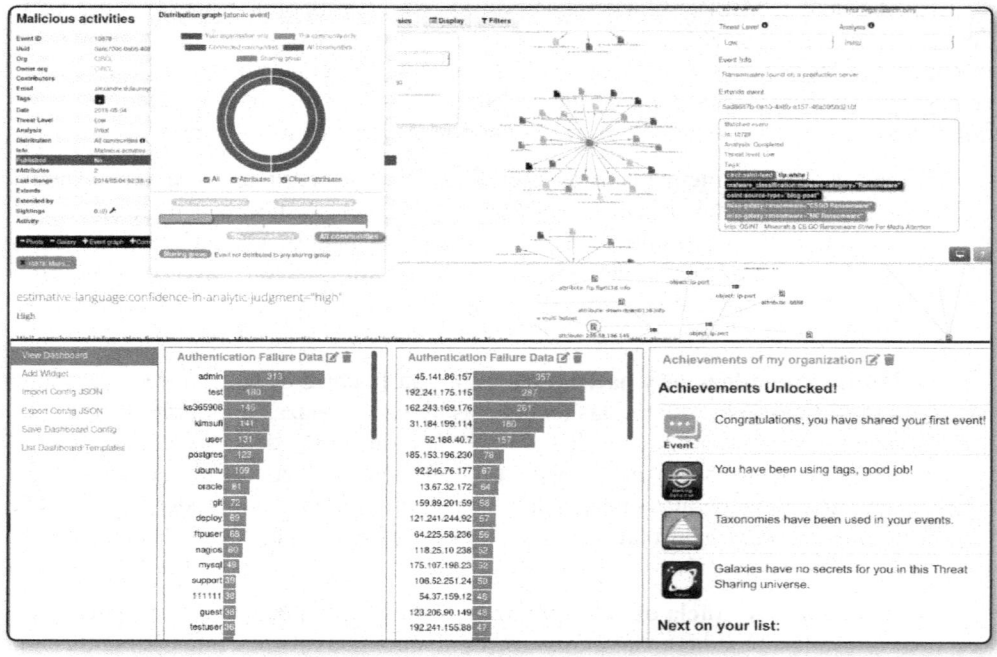

Figura 8.7. Dashboard de MISP

En MISP, las **correlaciones entre eventos** que se producen es una funcionalidad que permite identificar relaciones y conexiones significativas entre diferentes piezas de información sobre amenazas. Estas correlaciones son importantes para obtener una comprensión más profunda y contextualizada de las amenazas, permitiendo así una detección y respuesta más efectiva.

Figura 8.8. Eventos en MISP

MISP realiza correlaciones principalmente a través de los atributos dentro de los eventos. Cuando se añade un nuevo atributo a un evento, MISP automáticamente lo compara con los atributos existentes en otros eventos dentro de la misma instancia y, opcionalmente, con otras instancias conectadas a través de comunidades de intercambio de información. Si encuentra coincidencias basadas en reglas predefinidas, MISP establece una correlación entre esos atributos. Por ejemplo, si dos eventos diferentes contienen el mismo hash MD5 de un archivo, MISP los correlará, sugiriendo que podrían estar relacionados con el mismo actor de amenazas.

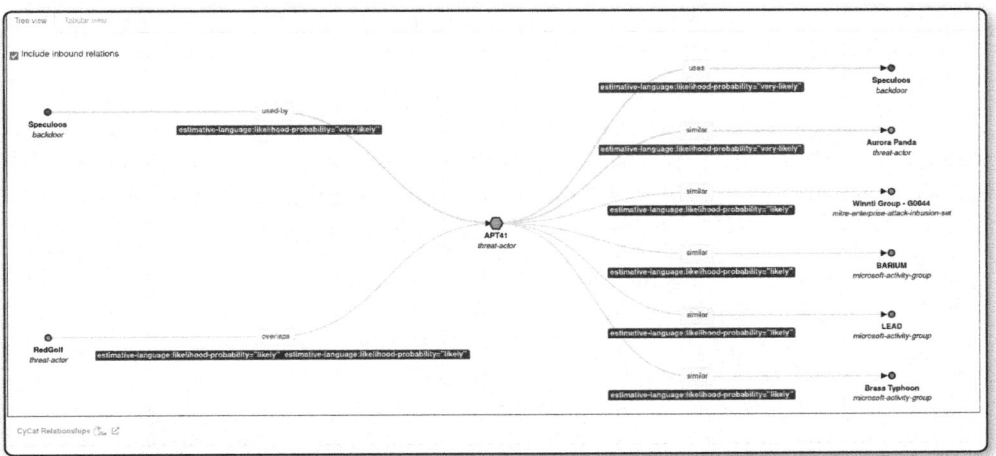

Figura 8.9. Correlación de eventos en MISP

Además de las correlaciones automáticas basadas en atributos, MISP también permite la creación de relaciones explícitas entre atributos. Esto se logra mediante los "**Relationship Attributes**" que son atributos especiales que permiten vincular directamente un atributo con otro, incluso si no son exactamente iguales, pero tienen una relación significativa. Por ejemplo, se podría relacionar un dominio con la dirección IP a la que resuelve, o un nombre de usuario con una dirección de correo electrónico asociada. Estas relaciones explícitas enriquecen la comprensión del contexto de la amenaza y facilitan la investigación. Las correlaciones en MISP son importantes por varias razones:

▶ **Identificación de campañas de amenaza:** al correlacionar diferentes eventos que comparten atributos comunes, se pueden identificar campañas de amenaza más amplias que de otra manera podrían parecer incidentes aislados.

▶ **Enriquecimiento de la inteligencia de amenazas**: las correlaciones permiten combinar información de diferentes fuentes y eventos, enriqueciendo la inteligencia de amenazas con contexto adicional y proporcionando una visión más completa de la amenaza.

▶ **Priorización de amenazas**: al identificar eventos y atributos altamente correlacionados, se pueden priorizar las amenazas que tienen una mayor probabilidad de ser relevantes para la organización.

▶ **Mejora de las reglas de detección**: las correlaciones pueden ayudar a refinar y mejorar las reglas de detección en sistemas de seguridad (como SIEMs o firewalls) al identificar patrones y relaciones que podrían no ser evidentes de forma individual.

▶ **Facilitación de la investigación**: las correlaciones permiten a los analistas de seguridad navegar más fácilmente a través de la información relacionada, facilitando la investigación de incidentes y la comprensión de la cadena de ataque.

MISP también ofrece una API RESTful basada en JSON que se puede usar para automatizar las acciones que permite realizar la plataforma de forma manual. Por ejemplo, disponemos de una biblioteca de Python, PyMISP https://github.com/MISP/PyMISP, desarrollada por CIRCL que permite un fácil acceso a la API. Este módulo permite buscar, añadir o actualizar eventos, añadir o actualizar muestras o buscar atributos. El módulo lo podemos instalar directamente desde el repositorio oficial de Python https://pypi.org/project/pymisp.

```
$ pip3 install pymisp
```

En el repositorio https://github.com/MISP/PyMISP/tree/master/examples encontramos una carpeta con ejemplos de uso de dicha API utilizando este módulo. Por ejemplo, podríamos automatizar un script en Python que permite añadir un feed de amenazas a la plataforma a partir de un fichero o URL. https://github.com/MISP/PyMISP/blob/master/examples/add_feed.py.

```python
#!/usr/bin/env python
# -*- coding: utf-8 -*-

from pymisp import ExpandedPyMISP, MISPFeed
from keys import misp_url, misp_key, misp_verifycert
import argparse

if __name__ == '__main__':
    parser = argparse.ArgumentParser(description='Add a feed')
    parser.add_argument("-f", "--format", required=True, choices=['misp', 'csv',
'freetext'], help="Feed source format")
    parser.add_argument("-u", "--url", required=True, help="URL, or local path")
    parser.add_argument("-n", "--name", required=True, help="Name of the feed")
    parser.add_argument("-i", "--input", required=True, choices=['local',
'network'], help="URL, or local path")
    parser.add_argument("-p", "--provider", required=True, help="Provider name")
    args = parser.parse_args()

    pm = ExpandedPyMISP(misp_url, misp_key, misp_verifycert, debug=True)
    feed = MISPFeed()
```

```
feed.format = args.format
feed.url = args.url
feed.name = args.name
feed.input = args.input
feed.provider = args.provider
response = pm.add_feed(feed, pythonify=True)
print(response.to_json())
```

8.3.4 CRITS (COLLABORATE RESEARCH INTO THREATS)

CRITS https://crits.github.io es una plataforma que ofrece a los analistas los medios para llevar a cabo una investigación conjunta sobre malware y amenazas en seguridad. Podemos encontrar información y documentación para instalar y usar CRIT en el repositorio de GitHub https://github.com/crits/crits.

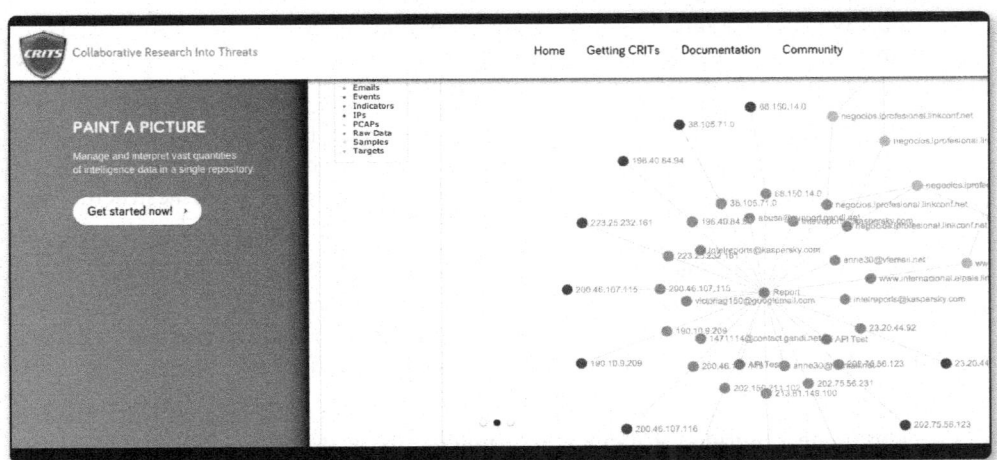

Figura 8.10. Plataforma de compartición de amenazas

La plataforma almacena información sobre amenazas y es una buena opción para organizaciones que reciben o intercambian información utilizando los formatos STIX / TAXII que se usan comúnmente en el dominio de inteligencia de amenazas. Supongamos que tenemos una organización A que utiliza la plataforma X para almacenar y administrar sus datos de inteligencia de amenazas. Los datos se recopilan de fuentes externas, así como de datos internos sobre inteligencia de amenazas. Entre las principales **características** podemos destacar:

- ► **Centralización de datos**: CRITS permite la recopilación y centralización de datos de amenazas de diversas fuentes, incluyendo feeds de inteligencia de amenazas (MISP, TAXII, etc.), informes de seguridad, análisis de malware, y datos de incidentes.

▶ **Análisis y correlación**: la plataforma ofrece herramientas para analizar y correlacionar diferentes tipos de datos de amenazas. Los analistas pueden vincular indicadores de compromiso (IOCs), muestras de malware, campañas y vulnerabilidades para obtener una visión más completa de la amenaza.

▶ **Colaboración**: CRITS está diseñado para la colaboración entre múltiples analistas. Permite compartir información, asignar tareas, realizar comentarios y rastrear el progreso de la investigación de amenazas dentro de un equipo o incluso entre organizaciones.

▶ **Gestión de indicadores de compromiso (IOCs):** CRITS facilita la gestión y el seguimiento de IOCs, incluyendo direcciones IP, dominios, hashes de archivos, URLs y más. Permite marcar IOCs como maliciosos, sospechosos o benignos, y asociarlos a eventos de amenazas específicos.

▶ **Integración con herramientas de análisis de malware:** CRITS se integra con diversas herramientas y sandboxes de análisis de malware (como Cuckoo Sandbox, VirusTotal) para enriquecer la información sobre las muestras de malware y automatizar ciertos aspectos del análisis.

▶ **Visualización de datos**: la plataforma ofrece capacidades de visualización para ayudar a los analistas a comprender mejor las relaciones entre los diferentes elementos de una amenaza, como el flujo de ataque o la infraestructura del atacante.

▶ **API y Extensibilidad**: CRITS proporciona una API robusta que permite la integración con otras herramientas de seguridad y la automatización de tareas. También es extensible, lo que permite a los usuarios desarrollar módulos personalizados para satisfacer sus necesidades específicas.

▶ **Seguimiento de eventos e incidentes**: CRITS puede utilizarse para rastrear eventos de seguridad e incidentes y vincularlos a la información de amenazas relevante para proporcionar contexto y facilitar la respuesta.

▶ **Generación de informes**: la plataforma permite generar informes sobre las investigaciones de amenazas, documentando los hallazgos, los IOCs identificados y las conclusiones del análisis.

8.3.5 FORMATO STIX (STRUCTURED THREAT INFORMATION EXPRESSION)

STIX https://oasis-open.github.io/cti-documentation/stix/intro es un formato impulsado por la comunidad para definir y desarrollar un lenguaje estandarizado para intercambiar inteligencia de ciberamenazas. STIX está diseñado para mejorar muchas capacidades diferentes, como el análisis de amenazas colaborativas y el intercambio automatizado de amenazas.

A nivel granular, el contenido de STIX no es más que un documento XML, que está formateado con ciertas etiquetas que cumplen con el formato de STIX. En la siguiente imagen se puede ver la arquitectura definida con los eventos y objetos que intervienen.

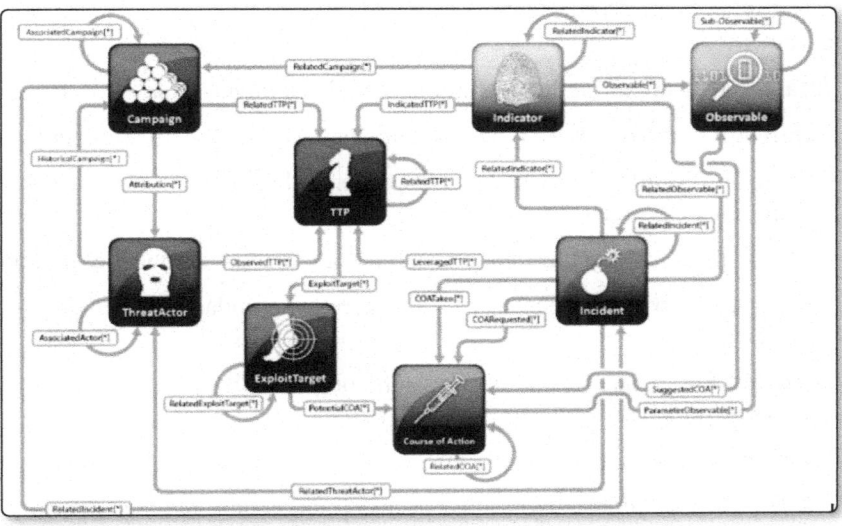

Figura 8.11. Eventos y objetos que intervienen en STIX

Los objetos STIX clasifican cada pieza de información con atributos específicos. Podemos encadenar múltiples objetos mediante relaciones entre ellos dependiendo de lo compleja y relacionada que esté la información que estamos analizando. A continuación se muestra una lista de los objetos que podemos encontrar dependiendo del tipo de información que contenga a través de STIX.

STIX define un conjunto de objetos que representan diferentes aspectos de la información sobre amenazas cibernéticas. Estos objetos se dividen principalmente en dos categorías: objetos de dominio STIX (SDOs) y objetos ciber-observables STIX (SCOs).

Figura 8.12. Lista de objetos que intervienen en STIX

Los objetos de dominio representan conceptos de alto nivel dentro del dominio de las amenazas cibernéticas.

- **Attack Pattern**: patrón de comportamiento de un adversario.

- **Campaign**: conjunto de actividades maliciosas con un objetivo común.

- **Course of Action**: acción tomada para prevenir, detectar, mitigar o recuperarse de un ataque cibernético.

- **Identity**: persona, organización o grupo involucrado en actividades cibernéticas.

- **Indicator**: patrón que puede usarse para detectar actividad cibernética sospechosa o maliciosa.

- **Intrusión Set**: grupo de adversarios con comportamientos, objetivos y recursos de ataque comunes.

- **Malware**: tipo de software malicioso.

- **Observed Data**: información sobre eventos cibernéticos que han ocurrido.

- **Report**: colección de información sobre amenazas.

- **Threat Actor:** individuo, grupo u organización responsable de actividades cibernéticas maliciosas.

- **Tool**: software o hardware legítimo que puede ser utilizado por atacantes.

- **Vulnerability**: debilidad en software, hardware o un proceso que podría ser explotada.

Los objetos ciber-observables representan hechos o eventos que ocurren en el dominio cibernético.

- **Artifact**: archivo informático, ya sea como un flujo de bytes o como un objeto estructurado.

- **Autonomous System**: colección de prefijos de enrutamiento IP bajo el control de uno o más operadores de red.

- **Directory**: directorio del sistema de archivos.

- **Domain-Name:** nombre de dominio.

- **Email-Addr:** dirección de correo electrónico.

- **File**: archivo.

- **IPv4-Addr:** dirección IPv4.

- **IPv6-Addr:** dirección IPv6.

- **MAC-Addr:** dirección MAC.

▶ **Mutex**: objeto de exclusión mutua (mutex).

▶ **Network-Traffic**: flujo de comunicación de red.

▶ **Process**: instancia de un programa informático en ejecución.

▶ **Software**: pieza de software.

▶ **URL**: localizador uniforme de recursos (URL).

▶ **User-Account:** cuenta de usuario.

▶ **Windows-Registry-Key:** clave del registro de Windows.

▶ **X509-Certificate**: certificado X.509.

El formato principal en el que se representa STIX (Structured Threat Information Expression) es JSON (JavaScript Object Notation). Este formato se eligió por su legibilidad, facilidad de análisis por máquinas y su amplia adopción en la comunidad de seguridad.

Un documento STIX en formato JSON se organiza principalmente como un STIX Bundle, que es un objeto JSON que contiene una colección de objetos STIX y relaciones STIX.

Dentro de un Bundle, los objetos STIX se representan como objetos JSON individuales. Cada objeto STIX tiene un conjunto de propiedades definidas por la especificación STIX. Algunas propiedades comunes a la mayoría de los objetos STIX incluyen:

▶ **type**: indica el tipo específico de objeto STIX (ej., indicator, malware, file, ipv4-addr, relationship).

▶ **id**: un identificador único universal (UUID) para el objeto STIX.

▶ **created**: marca de tiempo que indica cuándo se creó el objeto STIX.

▶ **modified**: marca de tiempo que indica cuándo se modificó por última vez el objeto STIX.

Los SDOs tendrán propiedades específicas de su tipo (por ejemplo, un objeto indicator tendrá propiedades como pattern y valid_from), al igual que los SCOs (por ejemplo, un objeto file tendrá propiedades como hashes y name). Las relaciones entre objetos STIX se representan mediante un objeto STIX especial llamado relationship. Este objeto tiene propiedades como:

▶ **source_ref**: el id del objeto STIX de origen de la relación.

▶ **target_ref**: el id del objeto STIX de destino de la relación.

▶ **relationship_type**: el tipo de relación entre los objetos (ej., indicates, uses, related-to).

Todos estos objetos STIX (SDOs, SCOs y relationship) se incluyen dentro de un Bundle en una propiedad llamada objects, que es un array de objetos JSON. A continuación, se muestra un ejemplo simplificado de un objeto STIX del tipo indicador en formato JSON dentro de un Bundle:

```
{
  "type": "indicator",
  "spec_version": "2.1",
  "pattern": "[file:hashes.MD5 = 'd41d8cd98f00b204e9800998ecf8427e']",
  "pattern_type": "stix",
  "valid_from": "2024-10-26T10:00:00.000Z",
  "id": "indicator--a74c05a5-4118-4679-a78f-87a91c166999",
  "created": "2024-10-26T10:00:00.000Z",
  "modified": "2024-10-26T10:00:00.000Z"
}
```

Un Bundle completo contendría la estructura general con la propiedad objects que albergaría este y potencialmente otros objetos STIX, así como objetos de tipo relationship para conectar estos objetos entre sí.

8.3.6 FORMATO TAXII

TAXII https://oasis-open.github.io/cti-documentation/taxii/intro es un protocolo de la capa de aplicación para la comunicación de información de amenazas que funciona sobre HTTPS y permite a las organizaciones compartir datos definiendo una API que se alinee con los modelos comunes de intercambio. TAXII está específicamente diseñado para admitir el intercambio de ciberamenazas representado en el formato de STIX. Las formas de comunicación son:

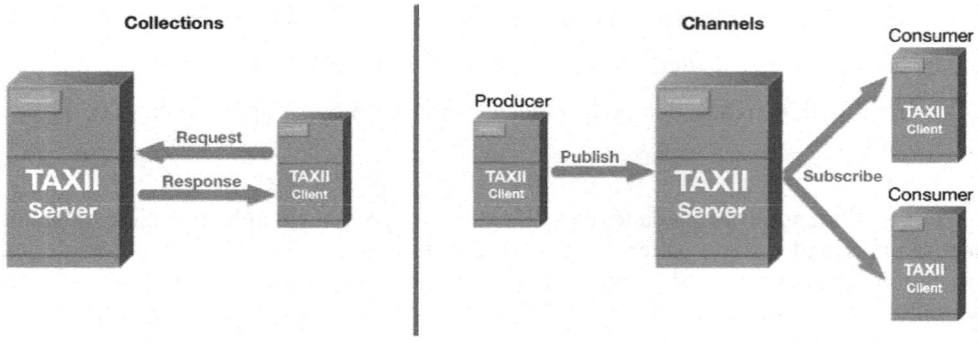

Figura 8.13. Formas de comunicación de TAXII

▸ **Interacción mediante colecciones**: esta es la principal forma de intercambiar información de inteligencia de amenazas. Se basa en un modelo de cliente-servidor donde un Cliente TAXII interactúa con un Servidor TAXII para obtener (Pull) o enviar (Push) objetos STIX (Structured Threat Information Expression).

- **Pull (Obtener información):** un Cliente TAXII envía una solicitud al Servidor TAXII para recuperar información de amenaza de una Colección específica. El Servidor TAXII responde con los objetos STIX solicitados. Esta comunicación se realiza típicamente mediante solicitudes HTTP POST con un cuerpo que contiene un mensaje TAXII específico (definido por el perfil de mensajería utilizado).

- **Push (Enviar información):** un Cliente TAXII envía una solicitud al Servidor TAXII para enviar (publicar) objetos STIX a una Colección específica. El Servidor TAXII responde indicando el éxito o el fallo de la operación. Esta comunicación también se realiza mediante solicitudes HTTP POST con un cuerpo que contiene los objetos STIX a enviar dentro de un mensaje TAXII.

▶ **Interacción mediante canales:** un canal permite a un productor enviar datos a varios consumidores y a los consumidores poder recibir datos de muchos productores a la vez, de esta forma los clientes de TAXII intercambian información con otros clientes de TAXII en un modelo de publish/subscribe.

MISP también tiene la capacidad de integrarse con un servidor TAXII. El contenido compartido a través del servidor TAXII dentro de MISP se coloca en la base de datos del servidor TAXII, así como en la base de datos MISP. Para obtener los detalles completos de la integración de servidores MISP y TAXII, consulte la URL oficial: https://github.com/MISP/MISP-Taxii-Server.

El servidor TAXII dispone de programas cliente escritos en Python, lo que facilita la integración con otras herramientas de forma programática. Al igual que tenemos diferentes servidores web en el mercado, como Apache, nginx y Tomcat, existen algunas implementaciones diferentes de servidores TAXII, entre las que podemos destacar:

▶ https://github.com/eclecticiq/OpenTAXII
▶ https://github.com/oasis-open/cti-taxii-server
▶ https://github.com/freetaxii/server
▶ https://github.com/SecurityRiskAdvisors/sra-taxii2-server
▶ https://github.com/StephenOTT/TAXII-springboot-bpmn

8.3.7 YETI (EVERYTIME THREAT INTELLIGENCE)

La plataforma Everytime Threat Intelligence (YETI) es una herramienta de administración de inteligencia de amenazas con el objetivo de permitir a los analistas organizar y analizar los diversos componentes de la inteligencia de amenazas. Yeti https://github.com/yeti-platform/yeti es una plataforma destinada a organizar y analizar indicadores de compromiso y conocimiento sobre amenazas en un repositorio único y unificado. La herramienta enriquecerá automáticamente los observables (por ejemplo, resolver dominios, geolocalizar direcciones IP) a medida que se vayan registrando los datos.

Uno de los principales aspectos de YETI es que, además de almacenar información sobre amenazas, también puede enriquecer algunos indicadores, incluidas la resolución de dominios y las búsquedas de WHOIS. El proyecto tiene un repositorio de GitHub donde puede encontrar más información sobre la instalación y la documentación https://yeti-platform.github.io. Su objetivo principal es ayudar a los analistas de seguridad a gestionar y comprender mejor el panorama de amenazas. Entre las principales **características** podemos destacar:

- ⚑ **Organización centralizada de datos de amenazas:** YETI permite almacenar y organizar diferentes tipos de información de amenazas, como:

- ⚑ **Indicadores de compromiso (IOCs)**: direcciones IP maliciosas, dominios, hashes de archivos:
  - **Actores de amenazas:** grupos o individuos responsables de ataques.
  - **Campañas**: conjuntos de actividades maliciosas relacionadas.
  - **Vulnerabilidades**: debilidades en sistemas que pueden ser explotadas.
  - **Tácticas, Técnicas y Procedimientos (TTPs)**: patrones de comportamiento de los atacantes.

- ⚑ **Interfaz web:** proporciona una interfaz gráfica de usuario que facilita la navegación, búsqueda y visualización de la información de amenazas.

- ⚑ **API Robusta:** ofrece una API (Interfaz de Programación de Aplicaciones) que permite la integración con otras herramientas y sistemas de seguridad, como SIEMs (Security Information and Event Management), plataformas de automatización de seguridad (SOAR), etc.

- ⚑ **Federación de datos**: YETI puede conectarse con otras fuentes de inteligencia de amenazas, tanto internas como externas, para enriquecer su base de datos.

- ⚑ **Búsqueda y filtrado avanzado:** permite a los analistas buscar información específica utilizando diversos criterios y filtros.

- ⚑ **Visualización de relaciones:** YETI puede mostrar las relaciones entre diferentes entidades de amenazas, lo que ayuda a comprender el contexto y la complejidad de las amenazas.

- ⚑ **Etiquetado y anotaciones**: los analistas pueden etiquetar y añadir notas a la información de amenazas para facilitar su análisis y colaboración.

- ⚑ **Soporte para el estándar STIX:** YETI soporta el estándar STIX (Structured Threat Information Expression) para la representación y el intercambio de información de inteligencia de amenazas.

La instalación se puede realizar a partir del fichero dockerfile y docker-compose que podemos encontrar en el repositorio https://github.com/yeti-platform/yeti/tree/master/extras/docker. El fichero **docker-compose.yaml** se encarga de desplegar los diferentes servicios en contenedores separados utilizando el comando:

```
$ docker-compose -p yeti -f extras/docker/dev/docker-compose.yaml run -p
8080:8080 yeti /docker-entrypoint.sh uwsgi-http
```

La siguiente imagen muestra una investigación titulada "Waterholing attack on financial websites". Un ataque de waterholing es una técnica en la que un atacante compromete un sitio web que es visitado con frecuencia por un grupo específico de usuarios. En lugar de atacar directamente a los objetivos finales, los atacantes esperan a que sus víctimas visiten el sitio web comprometido, donde pueden ser infectados con malware. Este método suele ser efectivo porque los usuarios suelen confiar en los sitios web que visitan regularmente.

Esta investigación, etiquetada con "Lazarus Group", sugiere que los analistas de inteligencia de amenazas han asociado este ataque con este grupo de actores de amenazas. La imagen también muestra varios observables (indicadores de compromiso - IOCs) relacionados con esta investigación:

▼ **Dominios:** se mencionan varios dominios que podrían ser sitios web comprometidos o utilizados en la infraestructura del ataque. La etiqueta "Tagged for" indica que estos dominios están marcados o asociados con esta actividad.

▼ **Dirección IP:** se muestra la dirección IP 129.221.254.13, que también está relacionada con la investigación.

▼ **Hash:** se observan varios hashes que podrían ser de archivos maliciosos o de otros artefactos relacionados con el ataque.

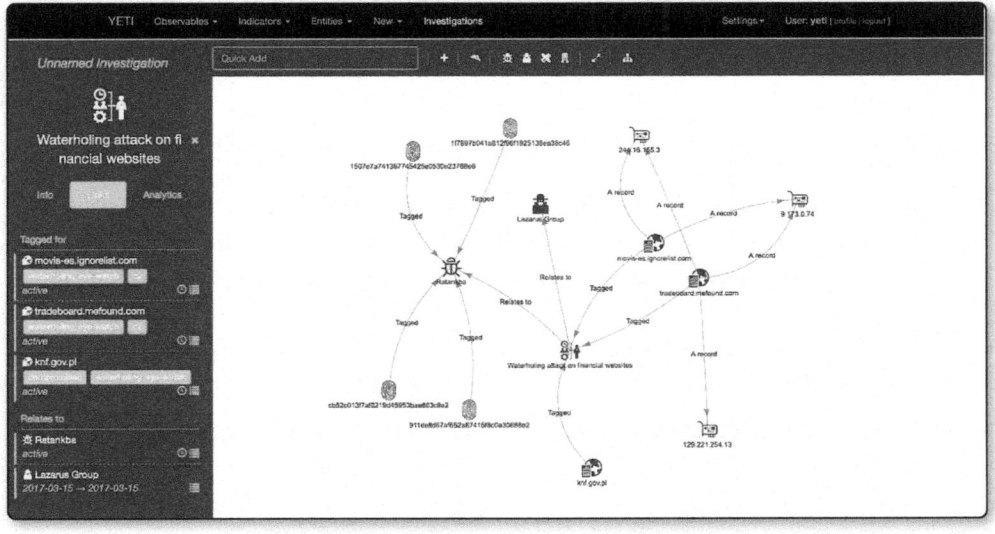

Figura 8.14. Analista de Lazarus Group en YETI

El análisis de esta información con YETI Threat Intelligence proporciona información valiosa sobre las tácticas y la infraestructura utilizadas por el Lazarus Group en ataques dirigidos sobre todo al sector financiero. Esta información es importante para que las organizaciones puedan protegerse mejor contra futuras amenazas de este tipo.

8.3.8 INTELMQ

IntelMQ https://github.com/certtools/intelmq es una solución usada por equipos de respuestas ante incidentes (tipo CERT, CSIRT) para recopilar y procesar flujos de seguridad utilizando un protocolo basado en cola de mensajes. Es una iniciativa impulsada por la comunidad IHAP (Incident Handling Automation Project) diseñada por los departamentos CERT y CSIRT europeos. Su objetivo principal es ofrecer a los equipos de respuestas ante incidentes una forma fácil de recopilar y procesar la inteligencia de amenazas, mejorando así los procesos de respuesta antes incidentes de los CERT.

INTELMQ es una solución para equipos de seguridad informática (CERTs, CSIRTs, SOCs, departamentos de abuso, etc.) para la recopilación y el procesamiento de fuentes de seguridad utilizando un protocolo de colas de mensajes. Es una iniciativa impulsada por la comunidad llamada IHAP (Incident Handling Automation Project). Entre las principales **características** de IntelMQ podemos destacar:

- ▸ **Arquitectura basada en colas de mensajes:** utiliza un sistema de colas de mensajes para mover la información entre diferentes componentes, lo que permite un procesamiento asíncrono y escalable.

- ▸ **Modular y extensible:** su arquitectura modular permite añadir, modificar o eliminar funcionalidades fácilmente mediante el uso de "bots".

- ▸ **Gran variedad de bots:** dispone de una amplia gama de bots predefinidos para diversas tareas, como:

  - • **Collectors (recolectores):** obtienen datos de diversas fuentes como feeds de amenazas.

  - • **Parsers (analizadores):** extraen información relevante de los datos recopilados.

  - • **Experts (expertos):** realizan análisis e inteligencia sobre los datos (detección de patrones, enriquecimiento, etc.).

  - • **Outputs (salidas):** envían los resultados procesados a diferentes destinos (bases de datos, sistemas de ticketing, otras herramientas de seguridad, etc.).

- ▸ **Formato de datos estandarizado**: utiliza un formato de datos interno consistente para facilitar el procesamiento y la interoperabilidad entre los bots.

- ▸ **Herramientas de gestión**: incluye herramientas para la configuración, gestión y monitorización del sistema (como intelmqctl y una interfaz web opcional).

- ▸ **API**: proporciona una API para interactuar con el sistema y desarrollar funcionalidades personalizadas.

Imaginemos un equipo de respuesta a incidentes de seguridad que necesita automatizar la recopilación y el análisis de información sobre posibles amenazas, podrían utilizar IntelMQ de la siguiente manera:

- ▶ **Configurar un collector:** se configura un bot recolector para obtener información de un feed de amenazas específico (por ejemplo, una lista de direcciones IP maliciosas en formato TAXII o STIX).

- ▶ **Configurar un parser:** se define un bot analizador para extraer las direcciones IP relevantes del feed recopilado y convertirlas al formato interno de IntelMQ.

- ▶ **Configurar un expert (Opcional):** se podría añadir un bot experto para verificar si las direcciones IP extraídas coinciden con logs de firewall internos o con información de reputación de otras fuentes.

- ▶ **Configurar un output:** finalmente, se configura un bot de salida para enviar las direcciones IP identificadas como maliciosas a un sistema de bloqueo de firewall o a una plataforma de gestión de incidentes para que los analistas las revisen.

A partir de este punto, IntelMQ comenzaría a recopilar datos del feed de MISP, analizarlos y escribir la información procesada en el archivo de log configurado. En escenarios reales se pueden configurar pipelines más complejos con múltiples bots para realizar diversas tareas de análisis y respuesta a incidentes de seguridad de forma automatizada.

8.4 MITRE ATT&CK

MITRE ATT&CK (Adversarial Tactics, Techniques, and Common Knowledge) https://attack.mitre.org es una base de conocimiento y un marco de trabajo de acceso abierto que describe las tácticas y técnicas utilizadas por los adversarios durante los ciberataques. La base de conocimientos de este repositorio se utiliza como base para el desarrollo de modelos de amenazas y metodologías específicas en los sectores público y privado. Entre las principales **características** de MITRE ATT&CK podemos destacar:

- ▶ **Organización jerárquica:** la información se organiza en una matriz con tácticas en las columnas (los objetivos de alto nivel de un atacante, como "Acceso Inicial", "Ejecución", "Persistencia", etc.) y técnicas específicas en las filas (las formas en que los atacantes logran esas tácticas, como "Phishing" bajo "Acceso Inicial", o "PowerShell" bajo "Ejecución").

- ▶ **Detalle granular:** proporciona un nivel de detalle muy específico sobre las acciones de los atacantes, incluyendo sub-técnicas para refinar aún más la descripción de un comportamiento.

- ▶ **Basado en observaciones del mundo real:** se basa en la observación y documentación de ataques reales, lo que lo convierte en un reflejo práctico de las amenazas actuales.

- ▶ **Cobertura del ciclo de vida del ataque:** abarca las etapas de un ataque, desde el reconocimiento inicial hasta el impacto final.

▶ **Múltiples matrices:** existen diferentes matrices ATT&CK para abordar distintos dominios, como:

- **Enterprise**: enfocado en sistemas Windows, macOS, Linux, Cloud, SaaS y redes.
- **Mobile**: centrado en sistemas operativos Android e iOS.
- **ICS (Industrial Control Systems)**: específico para sistemas de control industrial.

▶ **Información adicional:** para cada técnica, ATT&CK proporciona información detallada como:

- Descripción de la técnica.
- Procedimientos comunes utilizados por los atacantes.
- Ejemplos de grupos de amenazas que utilizan la técnica.
- Software y herramientas asociadas.
- Posibles mitigaciones y detecciones.

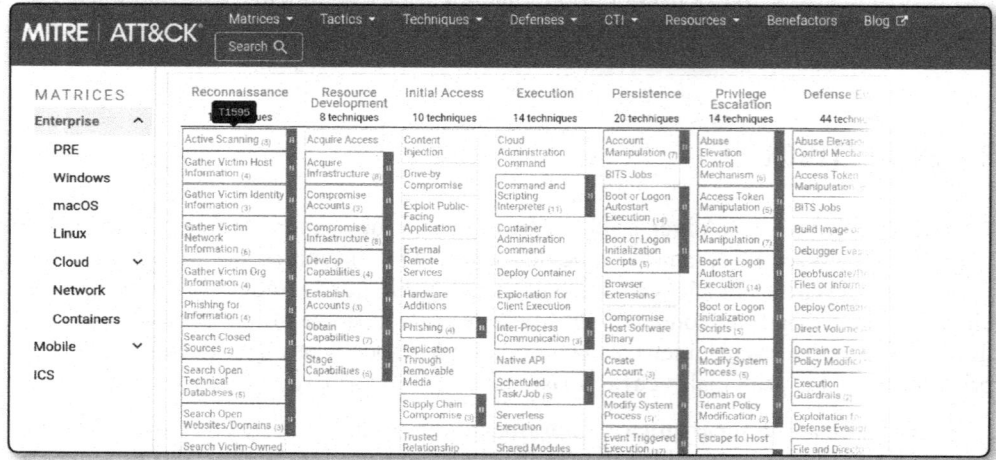

Figura 8.15. Matriz de MITRE ATT&CK

Imaginemos un equipo de ciberseguridad en una empresa que ha detectado una actividad sospechosa en uno de sus servidores: se ha ejecutado un comando PowerShell no autorizado. Para entender mejor lo que podría estar sucediendo y cómo responder, el equipo podría utilizar MITRE ATT&CK de la siguiente manera:

▶ **Identificar la técnica**: el equipo identifica la acción como la técnica T1059.001: Command and Scripting Interpreter: PowerShell dentro de la táctica Ejecución.

▶ **Consultar la matriz ATT&CK:** el equipo consulta la matriz ATT&CK Enterprise y busca la técnica "PowerShell".

▶ **Analizar la información de la técnica**: al hacer clic en la técnica, encontrarán información detallada como:

- **Descripción**: explica cómo los atacantes pueden usar PowerShell para ejecutar comandos y scripts localmente o remotamente.

- **Procedimientos**: describe formas comunes en que los atacantes utilizan PowerShell (descarga y ejecución de malware, movimiento lateral, etc.).

- **Ejemplos**: menciona grupos de amenazas conocidos que utilizan PowerShell (por ejemplo, APT28, FIN6).

- **Mitigaciones**: sugiere controles de seguridad que podrían prevenir o dificultar el uso de PowerShell malicioso (por ejemplo, restringir el uso de PowerShell, implementar la Protected Event Logging).

- **Detecciones**: propone formas de detectar el uso malicioso de PowerShell (por ejemplo, monitorear la creación de procesos de PowerShell con argumentos sospechosos, analizar los logs de PowerShell).

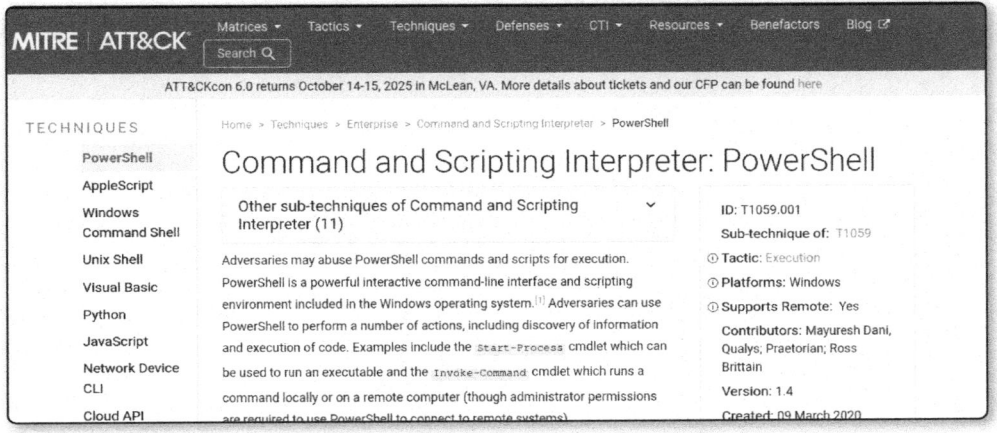

Figura 8.16. Técnica Command and Scripting interpreter

▶ **Aplicar el conocimiento a la respuesta:** basándose en esta información, el equipo de analistas de ciberseguridad podría realizar las siguientes acciones:

- **Entender el contexto:** comprender que la ejecución de PowerShell es una técnica común utilizada por diversos atacantes para diferentes propósitos.

- **Investigar más a fondo:** buscar otros indicadores de compromiso (IOCs) asociados con los grupos de amenazas que suelen usar PowerShell.

- **Implementar detecciones:** ajustar sus sistemas de detección para identificar otras posibles instancias de uso malicioso de PowerShell.

- **Evaluar mitigaciones**: revisar si las mitigaciones sugeridas están implementadas y considerar implementar controles adicionales si es necesario.

- **Informar**: utilizar la terminología de ATT&CK para comunicar de manera clara y concisa la naturaleza de la amenaza a otros equipos o a la dirección.

Para ampliar la información sobre este y otros frameworks de MITRE disponemos de la siguiente página https://start.me/p/onlQRD/mitreando donde se recopilan los principales recursos para conocer en profundidad estas herramientas.

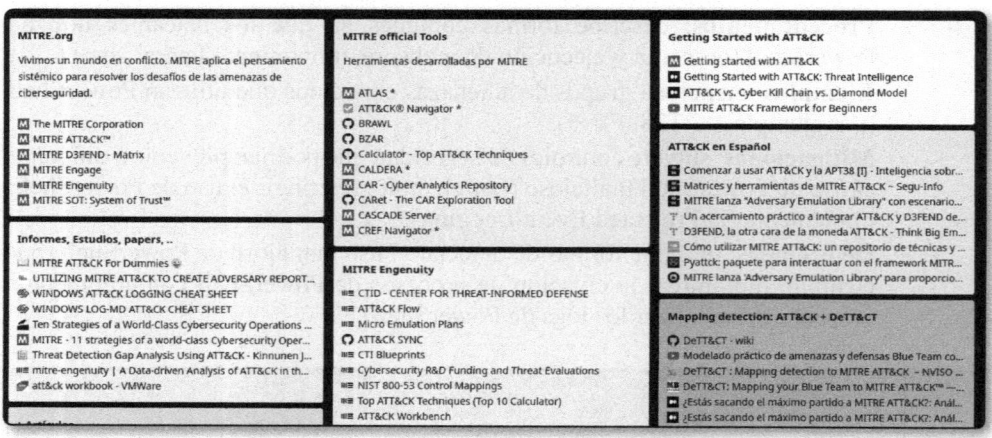

Figura 8.17. Recursos para obtener más información sobre MITRE

GLOSARIO DE TÉRMINOS

▶ **Análisis de malware:** proceso de comprender el comportamiento y las capacidades del software malicioso.

▶ **Amenaza persistente avanzada (APT):** ataque dirigido que aprovecha múltiples tácticas para obtener acceso a la red y permanece sin detectar durante períodos prolongados.

▶ **Ataque de denegación de servicio distribuido (DDoS):** ataque destinado a deshabilitar una red o host específico al inundarlo con solicitudes de múltiples computadoras.

▶ **API REST:** servicio que nos provee de funciones que nos dan la capacidad de hacer uso de servicio web alojados de forma externa.

▶ **APIs (Application Programming Interfaces):** conjuntos de definiciones y protocolos que permiten la comunicación entre diferentes sistemas de software.

▶ **Base de datos de MaxMind:** base de datos popular utilizada para la asignación de direcciones IP a ubicaciones geográficas.

▶ **Base de datos de vulnerabilidades**: colecciones organizadas de información sobre vulnerabilidades de seguridad conocidas, como la Common Vulnerabilities and Exposures (CVE).

▶ **Big Data:** conjunto de datos tan grande y complejo que se requieren tecnologías avanzadas de almacenamiento y procesamiento para manejarlo y analizarlo.

▶ **BinaryEdge:** una plataforma de inteligencia de amenazas que proporciona datos sobre la exposición de activos en Internet, vulnerabilidades y otra información de seguridad.

▶ **Black Widow:** un escáner de aplicaciones web que también se puede utilizar para la enumeración de subdominios.

▶ **Buscadores especializados:** motores de búsqueda diseñados para indexar y buscar tipos específicos de información (ej: imágenes, código fuente, información de personas).

▶ **Búsqueda de imágenes inversas:** una técnica para encontrar la fuente original de una imagen, imágenes similares o sitios web donde aparece la imagen.

▶ **Búsqueda de código fuente en repositorios:** la búsqueda de código específico dentro de plataformas de alojamiento de código como GitHub, GitLab o Bitbucket.

▶ **Cache:** componente de hardware o software que almacena datos para que las solicitudes futuras de esos datos se puedan atender con mayor rapidez; los datos almacenados en un caché pueden ser el resultado de un cálculo anterior o el duplicado de datos almacenados en otro lugar, generalmente, de velocidad de acceso más rápido.

▶ **Censys:** similar a Shodan, es un motor de búsqueda que escanea e indexa la Internet pública, proporcionando información detallada sobre la configuración y los certificados de seguridad de los dispositivos conectados.

▶ **Centro de operaciones de red (NOC):** instalación para monitorear y controlar las redes de computadoras y telecomunicaciones.

▶ **Centro de operaciones de seguridad (SOC):** instalación para monitorear alertas y eventos de seguridad, iniciar investigaciones y reparar daños.

▶ **Ciberinteligencia:** información sobre amenazas y ciberatacantes.

▶ **Ciclo de vida de OSINT**: las etapas involucradas en el proceso de OSINT, que generalmente incluyen planificación, recolección, procesamiento, análisis y diseminación.

▶ **Cookies:** una cookie es una pequeña información enviada por un sitio web y almacenado en el navegador del usuario, de manera que el sitio web puede consultar la actividad previa del usuario. Las Cookies se utilizan también para realizar seguimientos de usuarios a lo largo de un sitio web con el objetivo de obtener estadísticas.

▶ **CMS:** es "una herramienta software para crear, administrar y gestionar un sitio web", aunque acertado, apenas sí cubre lo que deberíamos entender por un gestor de contenidos.

▶ **CRITS (Collaborative Research Into Threats):** plataforma de código abierto para la gestión y el análisis de inteligencia de amenazas.

▶ **Dark web:** la dark web o internet oscura es el contenido público de la World Wide Web que existe en darknets, redes que se superponen a la internet pública y requieren de software específico, configuraciones o autorización para acceder.   Forma parte de la Internet profunda, la parte de la web no indexada por los motores de búsqueda.

▶ **Disciplinas de inteligencia**: las diferentes categorías de inteligencia según la fuente de la que se obtiene la información (ej: HUMINT - inteligencia humana, SIGINT - inteligencia de señales, OSINT - inteligencia de fuentes abiertas).

▼ **Deep web:** Internet profunda o Internet oculta es el contenido de Internet que no está indexado por los motores de búsqueda convencionales.

▼ **Docker:** plataforma de contenedores que permite a los desarrolladores empaquetar aplicaciones y sus dependencias en un contenedor que se puede ejecutar en cualquier entorno.

▼ **Dominio:** sistema de denominación servidores en Internet el cual está formado por un conjunto de caracteres que identifica un sitio de la red accesible por un usuario. Cada dominio es administrado por un servidor de dominios (DNS). Los más comunes son .com, .edu, .net, .org y .es

▼ **DNS:** acrónimo de "Domain Name System" (sistema de nombre de dominio) o "domain name server" (servidor de nombre de dominio). Sistema que almacena información relacionada con nombres de dominio en una base de datos distribuida en redes, como Internet.

▼ **DNSDumpster:** herramienta en línea para el reconocimiento DNS y el descubrimiento de subdominios.

▼ **Equipo de respuesta a incidentes:** es el equipo responsable de investigar y analizar las violaciones de datos y otros ciberataques. También conocido como un equipo de respuesta a incidentes informáticos (CSIRT) o un equipo de respuesta a incidentes de seguridad (SIRT).

▼ **Elasticsearch:** es un servidor de búsquedas basado en Lucene. Provee un motor de búsqueda de texto completo, distribuido y con una interfaz web RESTful. Elasticsearch está desarrollado en Java y está publicado como código abierto bajo las condiciones de la licencia Apache.

▼ **Escáner de vulnerabilidades:** herramientas o servicios que identifican posibles debilidades de seguridad en sistemas, aplicaciones o redes.

▼ **Exiftool:** herramienta de línea de comandos para leer y escribir metadatos en archivos, especialmente imágenes.

▼ **Exploit:** fragmento de software, fragmento de datos o secuencia de comandos o acciones, utilizada con el fin de aprovechar una vulnerabilidad de seguridad de un sistema de información para conseguir un comportamiento no deseado del mismo.

▼ **Feeds de Inteligencia de Amenazas (Threat Intelligence Feeds):** fuentes de datos que proporcionan información actualizada sobre amenazas, como indicadores de compromiso (IOCs).

▼ **Fofa:** motor de búsqueda chino similar a Shodan y Censys, que permite buscar dispositivos conectados a Internet utilizando diversos filtros.

▼ **Formato STIX (Structured Threat Information Expression):** lenguaje y formato estandarizado para representar y compartir información sobre ciberamenazas.

▶ **Formato TAXII (Trusted Automated eXchange of Indicator Information):** protocolo para el intercambio automatizado de información sobre ciberamenazas.

▶ **Footprinting:** proceso de recopilación de información sobre una organización o sistema objetivo antes de un ataque o investigación.

▶ **FreeVulnSearch:** motor de búsqueda online para encontrar información sobre vulnerabilidades de seguridad.

▶ **Geolocalización:** se refiere a la posibilidad de localizar, obtener y mostrar la ubicación de un dispositivo. Es una característica que ha tomado gran relevancia en la web, tanto para dispositivos móviles como también para PCs.

▶ **GeoIP-Python:** biblioteca de Python para trabajar con bases de datos GeoIP.

▶ **GitHub OSINT:** las técnicas y herramientas utilizadas para recopilar inteligencia a partir de la información disponible en la plataforma GitHub.

▶ **Google CSE (Google Custom Search Engine):** herramienta de Google que permite crear motores de búsqueda personalizados para sitios web específicos o conjuntos de sitios web.

▶ **Google Hacking Database (GHDB):** colección de consultas de búsqueda (dorks) diseñadas para encontrar información sensible o vulnerabilidades en sistemas a través de Google.

▶ **Google Dorking:** práctica de utilizar operadores de búsqueda avanzados de Google para refinar las búsquedas y encontrar información específica que no suele ser accesible mediante búsquedas simples. Son combinaciones de operadores de búsqueda especiales que se utilizan para extraer información valiosa o sensible desde el motor de búsqueda de Google.

▶ **Hacking con buscadores:** el uso de técnicas avanzadas de búsqueda en motores de búsqueda para encontrar información específica y a menudo oculta.

▶ **Harpoon:** herramienta para la inteligencia de amenazas y la respuesta a incidentes.

▶ **Honeypot:** computadora conectada a Internet que simula las actividades de servidores o usuarios para recopilar archivos y correos electrónicos de malware utilizados en las campañas de ataque.

▶ **Huella digital:** una huella digital es un conjunto de datos asociados a un mensaje que permiten asegurar que el mensaje no fue modificado. La huella digital o resumen de un mensaje se obtiene aplicando una función, denominada hash, a ese mensaje, esto da como resultado un conjunto de datos singular de longitud fija.

▶ **ID Ransomware:** servicio para identificar el tipo de ransomware que ha cifrado los archivos.

▶ **Indicador de compromiso (IOC):** método estandarizado basado principalmente en metalenguajes y cuyo fin principal es la identificación y detección de manera anticipada de amenazas relacionadas con la seguridad. Un indicador de compromiso, nos describe desde actividad maliciosa hasta un incidente de seguridad por medio de patrones de comportamiento y características que pueden ser parametrizadas y categorizadas.

▶ **Incidentes:** eventos de seguridad que comprometen la confidencialidad, integridad o disponibilidad de la información o los sistemas.

▶ **Interfaz de programación de aplicaciones (API):** conjunto de comandos documentados, funciones y protocolos que permiten que los programas de software se comuniquen y compartan datos.

▶ **Inteligencia de amenazas (Threat Intelligence):** conocimiento basado en evidencias sobre amenazas existentes o emergentes, sus actores, motivaciones y capacidades.

▶ **Información de seguridad y gestión de eventos (SIEM):** sistema o aplicación que recopila y correlaciona alertas de seguridad y eventos.

▶ **Instant Street View:** servicio que proporciona acceso inmediato a imágenes de Google Street View.

▶ **IntelMQ:** solución para equipos de seguridad informática para la recopilación y el procesamiento de fuentes de seguridad.

▶ **Investigaciones:** procesos sistemáticos para descubrir y analizar hechos relacionados con un evento o situación específica.

▶ **JSON:** acrónimo de JavaScript Object Notation, es un formato ligero para el intercambio de datos.

▶ **Knock:** una herramienta para el escaneo y la enumeración de subdominios.

▶ **LinkedIn Scraper:** herramienta diseñada específicamente para extraer datos de perfiles de LinkedIn.

▶ **LinkedIndumper:** herramienta para extraer cuentas de usuario de LinkedIn.

▶ **Malshare:** proyecto que proporciona una colección de muestras de malware para investigación.

▶ **Maltego:** software utilizado para el análisis de enlaces y la minería de datos en investigaciones de inteligencia y cibernéticas.

▶ **Malware:** software malicioso instalado en ordenadores o dispositivos móviles.

▶ **Man in the Middle (MITM):** se trata de un ataque donde alguien está escuchando en medio de una transacción legítima y puede leer la información, por ejemplo entre un usuario y un banco.

▶ **Mapas APRS (APRS Maps):** mapas que muestran datos del Sistema Automático de Reporte de Paquetes, utilizado por operadores de radioaficionados.

▶ **Mapas de ciberamenazas:** representaciones visuales de los ciberataques y la actividad de amenazas en curso en todo el mundo.

▶ **Metadatos:** metadatos son datos que describen otros datos. El metadato puede ser texto, voz o imagen. El metadato ayuda a clarificar y encontrar datos. Por ejemplo, el metadato podría documentar atributos (nombre, tamaño, tipo de dato, etc), las estructuras de los datos (longitud, columnas, campos, etc), y datos sobre datos (donde está localizado, cómo está asociado, etc.).

▶ **Metadefender Cloud Threat Intelligence:** servicio basado en la nube para analizar y clasificar archivos y URL en busca de amenazas.

▶ **MISP (Malware Information Sharing Platform):** plataforma de código abierto para compartir, almacenar y analizar indicadores de compromiso y otra información sobre amenazas.

▶ **MITRE ATT&CK:** base de conocimiento que describe las tácticas y técnicas utilizadas por los adversarios durante los ciberataques.

▶ **Motor de búsqueda:** motor de búsqueda o buscador es un sistema informático que busca archivos almacenados en servidores web gracias a su spider (también llamado araña web).

▶ **Netcraft:** empresa que proporciona servicios de seguridad en Internet y también ofrece herramientas para el análisis de dominios y subdominios.

▶ **NoMoreRansom:** iniciativa colaborativa para ayudar a las víctimas de ransomware a recuperar sus datos sin pagar el rescate.

▶ **Nmap (Network Mapper):** herramienta de línea de comandos utilizada para el escaneo de puertos y el descubrimiento de redes, identificando los servicios y sistemas operativos que se ejecutan en un host.

▶ **OSINT (Open Source Intelligence):** inteligencia obtenida a partir de fuentes de información disponibles públicamente.

▶ **OSINT Framework:** Framework específico basado en web que categoriza herramientas OSINT.

▶ **OSRFramework:** Framework OSINT centrado en la investigación de nombres de usuario y redes sociales.

▶ **Open Threat Exchange (OTX):** plataforma de intercambio de inteligencia de amenazas de AlienVault.

▶ **PGP:** Pretty Good Privacy es un programa cuya finalidad es proteger la información distribuida a través de Internet mediante el uso de criptografía de clave pública, así como facilitar la autenticación de documentos gracias al uso de firmas digitales.

▶ **Phishing:** el phishing es una técnica de ingeniería social utilizada por los delincuentes para obtener información confidencial como nombres de usuario, contraseñas y detalles de tarjetas de crédito haciéndose pasar por una comunicación confiable y legítima.

▼ **Plataformas de inteligencia de amenazas (Threat Intelligence Platforms):** soluciones de software diseñadas para recopilar, analizar y compartir información sobre amenazas.

▼ **Proceso de inteligencia**: el ciclo de actividades que involucra la planificación, dirección, recolección, procesamiento, análisis y diseminación de inteligencia.

▼ **Protocolo:** formato o conjunto definido de reglas, procedimientos que permiten inter-operar a dos dispositivos. Un protocolo sirve para la comunicación en red o entre aplicaciones.

▼ **Proxy:** mecanismo que permite compartir una única conexión desde una red local a una red externa. Un proxy puede definirse como un servidor en el cual está corriendo un servicio de proxy, es decir, un "programa" que permite a ese ordenador actuar de intermediario entre nuestro ordenador y el destino final.

▼ **Python:** Python es un lenguaje de programación interpretado cuya filosofía hace hincapié en una sintaxis que favorezca un código legible. Se trata de un lenguaje de programación multiparadigma, ya que soporta orientación a objetos, programación imperativa y, en menor medida, programación funcional. Es un lenguaje interpretado, usa tipado dinámico y es multiplataforma.

▼ **R3con1zer:** Framework automatizado para realizar tareas de reconocimiento.

▼ **Red Bitcoin:** motor de búsqueda o explorador específicamente diseñado para la blockchain de Bitcoin, permitiendo rastrear transacciones y direcciones.

▼ **ReconDog:** Framework de reconocimiento OSINT que automatiza varias tareas de recopilación de información.

▼ **Recon-ng:** potente Framework de reconocimiento para la recopilación de inteligencia de fuentes abiertas basada en web.

▼ **ReconSpider:** Framework OSINT automatizado para realizar reconocimiento en múltiples fuentes.

▼ **Reputación de una dirección IP:** puntuación de confiabilidad de una dirección IP basada en su comportamiento pasado y asociaciones con actividades maliciosas.

▼ **Reputación de sitios web:** puntuación de confiabilidad de un sitio web basada en diversos factores, incluyendo la seguridad y el historial.

▼ **Reverse DNS:** proceso de consultar un registro PTR (Pointer) en los servidores DNS para determinar el nombre de dominio asociado a una dirección IP.

▼ **Reverse IP Lookup (Búsqueda Inversa de IP):** técnica para identificar los nombres de dominio que están alojados en una dirección IP específica.

▼ **Robtex:** herramienta disponible en línea que proporciona información detallada sobre direcciones IP, nombres de dominio, registros DNS y más.

▶ **Ruby:** lenguaje de programación interpretado y orientado a objetos que combina una sintaxis inspirada en Python y Perl con características de programación orientada a objetos similares a Smalltalk.

▶ **Sandboxing:** consiste en ejecutar un archivo desconocido en un entorno de ejecución virtual aislado para detectar comportamientos maliciosos.

▶ **Selenium:** herramienta de automatización de navegadores utilizada frecuentemente para web scraping.

▶ **Servicios de geolocalización de imágenes:** herramientas o servicios en línea que intentan determinar la ubicación donde se tomó una imagen.

▶ **Servidor de comando y control (C&C):** servidor operado por un ciberatacante para proporcionar instrucciones a bots o comunicarse con sistemas comprometidos dentro de la red.

▶ **SpiderFoot:** herramienta de automatización de inteligencia de código abierto.

▶ **Scraping:** técnica para extraer información de sitios web, a menudo utilizando herramientas automatizadas.

▶ **Shodan:** motor de búsqueda que indexa dispositivos conectados a Internet, permitiendo a los usuarios encontrar servidores web, cámaras, routers y otros dispositivos con información sobre sus banners, puertos abiertos y software.

▶ **SOC:** centro de operaciones de seguridad que permite monitorizar, en tiempo real, la actividad de los sistemas informáticos con la intención de prevenir incidentes de seguridad y así poder realizar una respuesta rápida y adecuada en función de los mismos.

▶ **SSH:** abreviatura de "secure shell". Conjunto de protocolos que proporcionan cifrado de servicios de red, como inicio de sesión remoto o transferencia remota de archivos.

▶ **SSL:** acrónimo de "secure sockets layer" (capa de conexión segura). Norma industrial establecida que cifra el canal entre un explorador web y un servidor web para garantizar la privacidad y confiabilidad de los datos transferidos por este canal.

▶ **Sublist3r:** Script de Python para enumerar subdominios de un sitio web utilizando OSINT.

▶ **Subbrute:** herramienta para el descubrimiento de subdominios mediante fuerza bruta.

▶ **Subcert:** una herramienta para encontrar subdominios mediante el monitoreo de los registros de transparencia de certificados.

▶ **Subfinder:** una herramienta de descubrimiento de subdominios que utiliza fuentes pasivas en línea.

▶ **Tácticas, técnicas y procedimientos (TTP):** patrones de actividades y métodos asociados con grupos de amenazas específicos.

▼ **Talos Intelligence**: grupo de inteligencia de amenazas de Cisco que proporciona información sobre amenazas y vulnerabilidades.

▼ **ThreatMiner:** portal de inteligencia de amenazas para buscar y analizar datos de amenazas.

▼ **URL Maliciosa:** una dirección web que conduce a contenido dañino o se utiliza con fines maliciosos.

▼ **VirusTotal:** servicio en línea multi-motor que analiza archivos y URL en busca de malware y otro contenido malicioso.

▼ **Wayback Machine:** servicio que archiva copias de sitios web en diferentes momentos del tiempo, permitiendo ver versiones antiguas de las páginas.

▼ **WHOIS:** protocolo de consulta que permite acceder a información sobre el propietario y los datos de registro de un nombre de dominio o una dirección IP.

▼ **YETI (Everytime Threat Intelligence):** plataforma para organizar y analizar inteligencia de amenazas.

▼ **ZMap:** escáner de red de código abierto diseñado para realizar escaneos rápidos de grandes porciones del espacio de direcciones IP.

▼ **ZoomEye:** motor de búsqueda que indexa dispositivos y servicios en Internet, ofreciendo capacidades de búsqueda y análisis.

MATERIAL ADICIONAL

El material adicional de este libro puede descargarlo en nuestro portal web: *https://www.ra-ma.es*.

Debe dirigirse a la ficha correspondiente a esta obra, dentro de la ficha encontrará el enlace para poder realizar la descarga.

Cuando descomprima el fichero obtendrá los archivos que complementan al libro para que pueda continuar con su aprendizaje.

INFORMACIÓN ADICIONAL Y GARANTÍA

- ▶ RA-MA EDITORIAL garantiza que estos contenidos han sido sometidos a un riguroso control de calidad.

- ▶ Los archivos están libres de virus, para comprobarlo se han utilizado las últimas versiones de los antivirus líderes en el mercado.

- ▶ RA-MA EDITORIAL no se hace responsable de cualquier pérdida, daño o costes provocados por el uso incorrecto del contenido descargable.

- ▶ Este material es gratuito y se distribuye como contenido complementario al libro que ha adquirido, por lo que queda terminantemente prohibida su venta o distribución.

ÍGUENOS EN INSTAGRAM
Y ACCEDE GRATIS A
NUESTRA BIBLIOTECA
DIGITAL DURANTE
30 DÍAS.

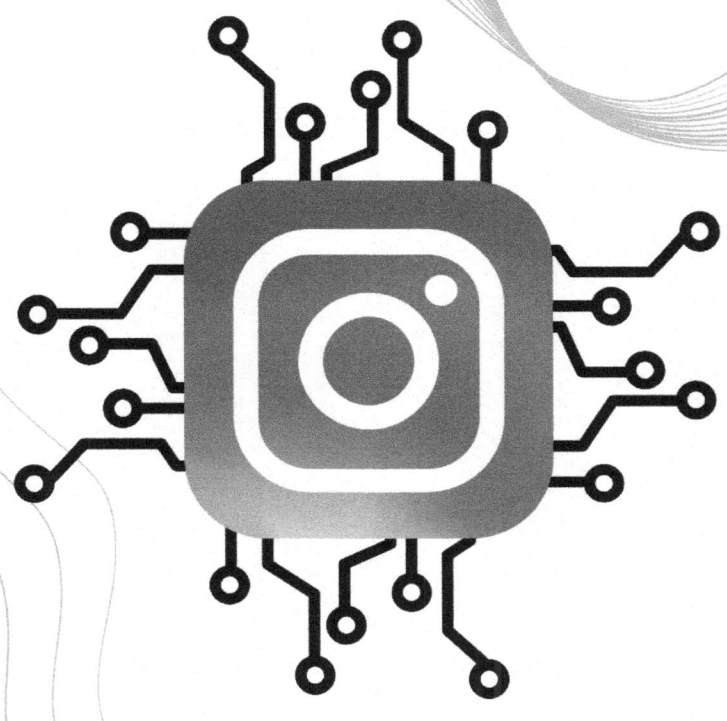

@grupoeditorialrama

¡ENVIANOS TU MAIL POR PRIVADO!

Grupo Editorial
ra-ma

40 ANIVERSARIO